SPRACHWISSENSCHAFTLICHE
STUDIENBÜCHER

ROLAND GLAESSER

Lucan lesen – ein Gang durch das *Bellum Civile*

Universitätsverlag
WINTER
Heidelberg

Bibliografische Information der Deutschen Nationalbibliothek

Die Deutsche Nationalbibliothek verzeichnet diese Publikation in der Deutschen Nationalbibliografie; detaillierte bibliografische Daten sind im Internet über *http://dnb.d-nb.de* abrufbar.

UMSCHLAGBILD

Rom, Palazzo Massimo alle Terme,
Ausschnitt aus einem Sarkophag, ca. 180. n. Chr.

ISBN 978-3-8253-6879-1

Imprimé en Allemagne · Printed in Germany
Druck: Memminger MedienCentrum, 87700 Memmingen

Gedruckt auf umweltfreundlichem, chlorfrei gebleichtem und alterungsbeständigem Papier.

Den Verlag erreichen Sie im Internet unter:
www.winter-verlag.de

Gorgo Medusa, Museo Archeologico di Siracusa

Perseus enthauptet Gorgo Medusa mit Hilfe der Pallas Athene:

Ipsa regit trepidum Pallas dextraque trementem
Perseos aversi Cyllenida derigit harpen
lata colubriferi rumpens confinia colli.
Quos habuit voltus hamati volnere ferri
caesa caput Gorgon! Quanto spirare veneno
ora rear quantumque oculos effundere mortis!

(Lucan. bellum civile 9, 675–680)

Eigenhändig lenkte Pallas den zagen Helden,
richtete mit ihrer Rechten Hermes' Sichel – sie zitterte
in Perseus' Hand, wenngleich er abgewandt war – auf
das Ziel und schlug die Stelle, wo der natternschwere
Hals am Rumpf saß, in ganzer Breite auseinander.
Wie furchtbar blickte Gorgo, als der Hieb des Krummschwerts
sie enthauptete! Unvorstellbar, wieviel Gift ihr Mund verströmte,
wieviel Tod aus ihren Augen sprühte!

(Übersetzung W. Ehlers)

INHALT

VORWORT

Galten Lucan und sein Werk *bellum civile* bzw. vielleicht *Pharsalia*, wie er es selbst an einer Stelle zu nennen scheint (9, 985 f.),[1] noch in der zweiten Hälfte des vergangenen Jahrhunderts als zweitrangig – bezeichnend damals die Klage: „Lucan steht dem heutigen Gebildeten fern"[2] –, so hat sich diese Einschätzung im Laufe der letzten Jahrzehnte gründlich geändert. Als beredtes Zeugnis aus der jüngeren Zeit sei nur auf einige Sammelbände hingewiesen, in denen die neue Wertschätzung und intensive Beschäftigung mit diesem Dichter aus der Zeit des Kaisers Nero deutlich wird.[3]

Die Gründe und wissenschaftlichen Ansätze mögen vielfältig sein – auf jeden Fall ist die von Lucan geschilderte Welt, trotz oder gerade wegen aller Zuspitzungen und Darstellungen grausiger und phantastischer Details,[4] von unserer Lebenswirklichkeit nicht allzu weit entfernt; man halte sich die Horrormeldungen vor Augen, die uns nahezu täglich über die Gräueltaten in aller Welt ins Bild setzen.

Von dem vorliegenden Buch, gedacht als Präsentation des gesamten Werks und Anschneiden einiger Themen und Aspekte des *bellum civile,* werden Studienanfänger, Lehrer / innen, die sich an die unterrichtliche Behandlung Lucans wagen wollen, oder auch allgemein an Literatur Interessierte eher profitieren als Fachleute, da hier kein Forschungsbericht oder eine eingehende fachwissenschaftliche Untersuchung vorgelegt wird. Vielmehr soll unser Dichter, ohne dass die Darstellung allzu oberflächlich gerät, einer breiteren Leserschaft zugänglich gemacht werden. Aus diesem Grund werden die längeren lateinischen Zitate immer übersetzt; hierbei handelt es sich, ausgehend von der Übersetzung von Ehlers (1973), um Versuche des Verfassers, die Eigenart der lucanischen Diktion abzubilden (so weit dies überhaupt möglich ist), auch unter Inkaufnahme mancher Härten im Deutschen. Die Übersetzungen der Homerpassagen stammen aus: Homer Ilias, *Neue Übertragung von W. Schadewaldt*, Frankfurt a. Main 1979. Die Lucanzitate folgen den Ausgaben von Ehlers und Housman (s. Lit.-Verz.).

Zunächst werden, nach der Einleitung, die einzelnen Bücher des *bellum civile* vorgestellt, wobei ihre Behandlung unterschiedlich intensiv ist: Buch 1 mit seinem Proöm und der Charakterisierung der Protagonisten, Buch 7 als Höhepunkt des Werkes in Gestalt der Schlacht von Pharsalus und Buch 9 mit seiner Überlänge und der Präsentation Catos als Caesars eigentlichem Gegner verlangten in den Augen des Verfassers ein längeres Verweilen.

In einem weiteren Teil wird, auf dieser Darstellung basierend, einigen Themen und Aspekten des lucanischen Epos nachgegangen, so dass, trotz manchem, was man vermissen wird, ein Einblick in das Werk dieses römischen Dichters möglich ist.

EINLEITUNG Lucan und seine Zeit

M. Annaeus Lucanus (39–65 n. Chr.) stammte wie sein Onkel, der berühmte Tragödiendichter und Philosoph M. Annaeus Seneca, aus dem spanischen Corduba (*heute:* Cordoba).[5] Er kam schon früh nach Rom, wo er eine gute Ausbildung genoss und wohl bald die stoische Philosophie kennen lernte: Wenigstens war er mit dem Stoiker Cornutus befreundet; zudem darf man den Einfluss seines Onkels Seneca, des wichtigsten Vertreters der Stoa in der damaligen Zeit, nicht außer Acht lassen. Es dürfte keine haltlose Spekulation sein, setzte man Gespräche zwischen Onkel und Neffen voraus, bei denen es um Dichtung, Philosophie und Politik ging. Ein obligatorischer Aufenthalt in Athen führte zur Vervollkommnung seiner Bildung, und er machte sich bereits einen Namen als Dichter. Schließlich wurde er von dem jungen Nero – dieser stand damals noch unter dem mäßigenden und wohltuenden Einfluss seines Erziehers Seneca – nach Rom an den kaiserlichen Hof gerufen.

An den Regierungsantritt des neuen Herrschers hatten sich, nach der von vielen als Willkürregime empfundenen Herrschaft seines Vorgängers Claudius, große Hoffnungen und Erwartungen geknüpft, die durch den jungen Kaiser selbst gefördert worden waren, da er sich von seinen Beratern Seneca und dem Prätorianerpräfekten Burrus leiten ließ. Wie der Historiker Tacitus und der Biograph Sueton berichten,[6] hat sich Nero in einer programmatischen Rede vor dem Senat auf Augustus als Vorbild berufen, dem gemäß er das Wesen des zukünftigen Prinzipats (Tac. *ann.* 13, 4) gestalten wolle. Der Rückgriff auf die Herrschaftsform des Augustus musste auch die Vorstellung vom „Goldenen Zeitalter" wecken, dessen Wiederkehr bereits von dem ersten Prinzeps geschickt durch die bildenden und literarischen Künste propagiert worden war.[7] In diesem Sinne hatte der junge Kaiser in seinem Selbstverständnis als Künstler[8] Literaten gefördert, zu denen neben Seneca, Martial und Petron auch Lucan gehörte.

Ausdruck eben dieses glücklichen ersten Jahrfünfts der Herrschaft Neros (immerhin von einem Kaiser wie Trajan als vorbildlich bezeichnet) und des Aufstiegs Lucans war ein Preislied auf Nero, durch das man anlässlich der vom Kaiser eingerichteten künstlerischen Agone, den Neronia, im Jahr 60 auf unseren Dichter aufmerksam wurde.

Doch mit dem Tode des Burrus und dem sinkenden Einfluss Senecas (Tac. *ann.* 14, 52,1) brachen die bis dahin nur mühsam gebändigten Züge des immer mehr zum Despoten entartenden Kaisers hervor.[9] Für Lucan bedeutete dies die wachsende Eifersucht Neros, die anscheinend in einem Veröffentlichungsverbot gipfelte (Tac. *ann.* 15, 49, 3; Cass. Dio 62, 29, 4, wo von „Verhindern" die Rede ist). Im Jahr 65 erscheint Lucan als ein Opfer der Rache Neros an dem Kreis um L. Calpurnius Piso, der eine Verschwörung angezettelt hatte. Wie sein Onkel Seneca wird Lucan auf Befehl des Kaisers zum Selbstmord gezwungen. Offensichtlich rechnete man ihn zur Opposition. Eine Vita spricht von ihm sogar als dem „Bannerträger (*signifer*) der Verschwörer um Piso.[10]

Während Tacitus, der sonst mit Lob äußerst sparsam umgeht, Senecas Reaktion auf den Selbstmordbefehl und sein anschließendes Sterben glorifiziert (*ann.* 15, 62 ff.),[11] kommt Lucan bei ihm weniger gut weg: Zunächst soll er seine Teilnahme an der Verschwörung abgestritten und sogar seine Mutter als Mittäterin bezichtigt haben (*ann.* 15, 56, 4); dann aber, als es keinen Ausweg mehr gab, habe er sein Sterben mit dem Zitieren aus dem eigenen Werk (3, 365 ff.) begleitet (*ann.* 15, 70). Man darf annehmen, dass das *bellum civile,* schon auf Grund des gewaltsamen Todes seines Schöpfers, nicht vollendet ist, wofür auch die auffällige Kürze des zehnten Buchs und dessen unvermitteltes Abbrechen sprechen.[12]

Lucan, Seneca, Petron und viele andere sind Opfer einer Epoche der Menschheit geworden, in der die Herrscher mit ihrer nahezu unbeschränkten Handlungsfreiheit zu allem, im Guten wie im Schlechten, in der Lage waren und dementsprechend auch verfuhren.

TEIL 1 EINE WERKSCHAU – Das *Bellum Civile* Lucans

Gegenstand und Zeitraum der Erzählung

Lucans Epos handelt, wie er selbst in Vers 1 verkündet, von *bella per Emathios plus quam civilia campos,* also von den Auseinandersetzungen des Bürgerkriegs.[13] Die Ortsangabe „Felder Emathiens" deutet auf die Schlacht von Pharsalus hin, und der Dichter sieht eben diese Entscheidungsschlacht zwischen Caesar und der von Pompeius geführten Senatspartei (48 v. Chr.) als den Höhepunkt seines Werkes an. Dies wird u. a. durch den breiten Raum nahegelegt, den die Darstellung dieser Schlacht einnimmt, nämlich das gesamte siebte Buch, und durch die ausführlichen Reflexionen des Dichters über die weitreichenden welthistorischen Folgen dieses Ereignisses (7, 617–46). Dazu kommt vielleicht noch die Bezeichnung seines Werkes als *„Pharsalia"*, die – wie auch die Untaten Caesars – nicht in Vergessenheit geraten werde (9, 985 f.). Weiterhin sprechen werkimmanente Aspekte für die Schlacht von Pharsalus als Höhepunkt des Epos: einmal die Fokussierung auf Caesar und Pompeius als Antipoden von Beginn an (1, 108–57), bei der die anderen Personen, zunächst auch Cato, im Hintergrund bleiben, zum anderen die intensivere und gesteigerte Darstellung der Akteure, wie später zu sehen sein wird.

Die erzählte Zeit setzt mit der Überschreitung des Rubico durch Caesar ein (Januar 49 v. Chr.), also mit dem Ausbruch des Bürgerkriegs. Sie endet abrupt in Buch 10 mit der Schilderung der Kämpfe im ägyptischen Alexandria (November 48 v. Chr.), während derer Caesar in große Bedrängnis geraten ist.[14]

Im Gegensatz zu den anderen bekannten großen Epen wie Homers *Ilias* und *Odyssee*, Apollonios' *Argonautika* oder Vergils *Aeneis* hat Lucans *bellum civile* historische und nicht mythische Ereignisse zum Gegenstand. Dies ist allerdings keine Neuerung, behandeln doch schon Naevius und Ennius (3. / 2. Jh. v. Chr.) römische Geschichte, und ebenfalls Dichter nach Lucan wie Silius Italicus.

Das erste Buch

Das erste Buch beginnt mit dem ausführlichen Proöm des Werks; im zweiten Teil erfolgt der Einsatz der Handlung mit Caesars Überschreitung des Rubico; ein dritterTeil[0] ist der Schilderung des Kriegsbeginns und der Reaktion in Rom samt diverser Vorzeichen gewidmet.

1 1, 1 – 182: Das Proöm

1.1 zu den Versen 1, 1–7:

Bella per Emathios plus quam civilia campos,
iusque datum sceleri canimus populumque potentem
in sua victrici conversum viscera dextra
cognatasque acies et rupto foedere regni
certatum totis concussi viribus orbis
in commune nefas infestisque obvia signis
signa, pares aquilas et pila minantia pilis.

Über Kriege auf Emathias Feldern, mehr als Bürgerkriege, singen wir
und (darüber), wie das Recht dem Verbrechen ausgeliefert wurde und das mächtige
Volk mit siegreicher Hand gegen eigene Eingeweide sich wandte, und über
blutsverwandte Heere und wie man nach dem Bruch des Herrscherbundes
mit sämtlichen Kräften des erschütterten Erdkreises kämpfte, um gemeinsam einen
Frevel zu begehen, und wie Feldzeichen feindlichen Feldzeichen sich entgegen-
stellten, ebenso gleiche Adler und Speere Speeren drohten.

Der epischen Tradition seit Homer entsprechend wird zu Beginn das Thema, hier der Bürgerkrieg, genannt.[1] Mit dem Zusatz *plus* erweckt Lucan Aufmerksamkeit. Die *bella civilia* erfahren eine qualitative Steigerung: Es geht nicht nur um einen Krieg unter Bürgern, sondern unter Verwandten (*cognatas acies;* vgl. a. 4, 169 ff.),[2] dessen Ausmaß der Dichter durch seine Deutung des Geschehens als Weltuntergang (*funus mundi,* 7, 617 ff.) und Errichtung einer ewigen Knechtschaft (7, 639b ff.)[3] noch steigern wird.

In dem *plus* kann man zudem eine Aussage des Dichters über sein Selbstverständnis, seine Ansiedlung in der Konkurrenzsituation epischer Tradition erkennen: Lucan will „mehr", er will seine Vorgänger übertreffen, und das nicht nur in Bezug auf die Größe und Bedeutung seines Stoffes. Es wird noch zu zeigen sein, dass auch die Art der Darstellung von diesem „Mehr", dem Wunsch nach Überbietung und Erneuerung, geprägt ist, was sich natürlich gerade dort gut ablesen lässt, wo unser Dichter auf Motive und Szenen seiner Vorgänger zurückgreift.[4]

Eine auffällige Neuerung zeigt sich in dem Verzicht des Dichters auf die Anrufung der Musen, also der göttlichen Instanz, die dem Dichter die nötige Inspiration verleiht. Damit wird eine Entwicklung zu Ende geführt, die schon seit Homer ein wachsendes Selbstbewusstsein des Dichters im Sinne einer autonomen Schöpferkraft dokumentiert: In der *Ilias* soll die Muse den Stoff erzählen, in der *Odyssee* erwähnt der Dichter sich immerhin („Nenne mir den Mann, Muse"). Vergil gar scheint seine Aeneis mit einer Demonstration dichterischen Selbstbewusstseins zu beginnen: *arma virumque cano* („Ich besinge die Waffentaten und den Mann"), um diesen Eindruck sogleich in Vers 8 zu korrigieren („Muse, nenne mir die Gründe"). Ovid übernimmt zu Beginn der *Metamorphosen* den Dualismus von Künstler und inspirierenden Gottheiten mit einer Gewichtsverschiebung zu Gunsten des Dichters: Die Götter sollen sein Werk unterstützen (*di, coeptis … adspirate meis …,* 2 ff.), also nur als Helfer fungieren.

Ob der Verzicht unseres Dichters auf die Musenepiklese damit zusammenhängt, dass die Götter in seinem Werk als Initiatoren und Träger der epischen Handlung nahezu fehlen? Die Entfernung des Götterapparats, eines als notwendig erachteten Bestandteils des Epos, hat in der Antike folgerichtig Kritik an Lucan hervorgerufen.[5] Eine weitere Neuerung unseres Dichters besteht darin, dass er im Proöm einen Helden nicht erwähnt.[6] Lucan scheint sich nicht für eine Hauptperson entschieden zu haben.[7]

1.2 zu den Versen 1, 8–23:

Der Erzähler, der, wenn nicht ausdrücklich hervorhoben, aus Gründen der Variation bedeutungsgleich auch „Dichter" oder „Lucan" genannt werden wird, lässt nun eine Frage folgen, mit der er, wie so oft, seiner Entrüstung über den Krieg Ausdruck verleiht, 8: *Quis furor, o cives, quae tanta licentia ferri?* – „Welcher Wahn, o Mitbürger, / welche so große Hemmungslosigkeit zu töten (hat euch zu diesem Krieg getrieben)?"

Sowohl formal, in Gestalt der Frageform, als auch inhaltlich, mit der Erwähnung des Zornmotivs, bewegt sich Lucan in traditionellen Bahnen des Epos: In der *Ilias* ist von der μῆνις des Achill und dem Zorn des Gottes Apoll die Rede, die die epische Handlung verursachen; in der *Odyssee* bereitet der Zorn des Poseidon dem Helden Ungemach, und in Vergils *Aeneis* ist es die zornige Iuno, die in ihrem *furor* und Hass auf die Trojaner die Ankunft des Aeneas in Italien erschwert, um die Gründung des römischen Reiches mit allen Mitteln, wenn nicht zu verhindern, so doch wenigstens hinauszuzögern. Dazu klingt noch die Klage des Horaz (*epod.* 7) über den Ausbruch eines Bürgerkriegs an: Der bevorstehende Krieg zwischen Oktavian und dem Sohn des Pompeius, Sextus Pompeius, wird dort ebenfalls als *furor* (13) verurteilt.

Den Rückgriff auf epische Formeln[8] und Motive modifiziert Lucan allerdings, indem er das Zornmotiv von den bei ihm nicht erwähnten Göttern auf die Menschen überträgt; sie, nicht die Götter, sind Verursacher der epischen Handlung. Abweichend von Homer und Vergil, die ihre Fragen mehr oder weniger schnell beantworten[9], erhebt der Dichter zunächst eine horazisch anmutende Klage[10] über die sinnlose Vergeudung der Kräfte in einem frevelhaften Bürgerkrieg (21), die eine Vernachlässigung der militärischen Ziele gegen die äußeren Feinde zur Folge habe. So bleibe z. B. die Niederlage des Crassus ungerächt (11).

1.3 zu den Versen 1, 24–32:

Nun beklagt der Dichter die verheerenden Auswirkungen des Bürgerkriegs: den ruinösen Zustand der Häuser, den drastischen Bevölkerungsrückgang und die von der ungezähmten Natur überwucherten Felder. Er endet mit dem Statement, weder Pyrrhus noch die Punier hätten Italien dermaßen verwüstet wie dieser Bürgerkrieg. Mit dieser Klage bereitet der Dichter seine späteren Kommentare über die Bedeutung der Schlacht von Pharsalus vor (7, 387 ff. u. 617 ff.).

1.4 zu den Versen 1, 33–66:

Diese Verse haben, ziemlich überraschend, ein Lob Neros zum Gegenstand. Seine Herrschaft rechtfertige, so der Dichter, die vorherigen, unerhörten Verbrechen (*scelera ipsa nefasque,* 37); in diesem Zusammenhang taucht mit der Erwähnung des *fatum* (hier im Plural) eine übermenschliche Instanz auf, die die geschichtlichen Prozesse Roms positiv zu lenken scheint, 33–38a:[11]

Quod si non aliam venturo fata Neroni
invenere viam magnoque aeterna parantur
regna deis caelumque suo servire Tonanti
non nisi saevorum potuit post bella gigantum,
iam nihil, o superi, querimur: scelera ipsa nefasque
hac mercede placent.

Aber wenn das Schicksal keinen anderen Weg für das Kommen Neros gefunden hat,
ewige Herrschaft für die Götter (nur) zu einem hohen Preis geschaffen wird
und der Himmel seinem Donnerer nur nach fürchterlichen Kämpfen mit den
Giganten gehorchen konnte, so klagen wir in keiner Weise, ihr Götter:
Sogar die Verbrechen und der Frevel sind uns bei solch einem Lohn willkommen!

Dieses Lob Neros – befremdlich bei Berücksichtigung des gesamten Epos – gipfelt in der Gleichsetzung des jungen Kaisers mit dem „Donnerer“, also Iuppiter.

Mit der sodann folgenden Vorwegnahme der Vergöttlichung Neros führt unser Dichter die unter Augustus einsetzende Panegyrik fort.[12] Zunächst wird der Preis für Neros Herrschaft, also *scelera* und *nefas,* expliziert, wobei der Dichter in seiner Rückschau den Bogen spannt von den Kämpfen Caesars bei Pharsalus und Munda zu den von Oktavian geführten Bürgerkriegen bei Perusia, Mutina und Actium (38b–46a). Sie erscheinen als notwendige Etappen auf dem Weg zur Gründung des Prinzipats und somit als Voraussetzung der Herrschaft Neros. Hier ergibt sich ein nahezu unauflöslicher Widerspruch zu der Ablehnung des Prinzipats, die der Dichter überdeutlich in Buch 7 demonstriert. Dort bezeichnet er das Regime der Kaiser als Folge der Schlacht, durch die die vormals freien Bürger für alle Zeiten zu Sklaven geworden seien.[13]

Für diese Diskrepanz kann man einige Gründe anführen: War das Nerolob ein obsoletes Überbleibsel aus einer Zeit des guten Einverständnisses zwischen Dichter und Kaiser, dessen Weiterexistenz der allzu frühe Tod Lucans ermöglichte? Wollte der Dichter mit dieser Schmeichelei ein Erscheinen seines Werkes sichern in einer Zeit der wachsenden Eifersucht Neros oder handelt es sich gar um eine bissig-ironische Persiflage mit dem Ziel der Verspottung des Herrschers, seiner Marotten und körperlichen Gebrechen?[14] In jedem Fall drängt sich die Parallele zur Iuppiter-Prophezeiung bei Vergil auf, in der die Herrschaft des Augustus als die Rückkehr des Goldenen Zeitalters und somit als Ziel der vom *fatum* in Gang gesetzten Leiden des Aeneas erscheint. Die Anklänge an die Iuppiter-Prophezeiung über Augustus werden in den folgenden Versen noch verstärkt, wenn der Dichter von der zukünftigen Apotheose Neros und der darauf anbrechenden Epoche ewigen Friedens spricht (45 ff.).[15]

Der Dichter beendet sein Lob mit der Erhebung des Kaisers zur Muse, die ihm als Quell der Inspiration diene, 66: *Tu satis ad vires Romana in carmina dandas* („Du reichst aus, um Kräfte für ein römisches Epos zu geben"). Wie auch bei den zuvor genannten Versen lässt sich, unter Berücksichtigung des Gesamtwerks, Ironie oder zumindest Doppelbödigkeit nicht völlig ausschließen, was diese Eloge mit dem Rest des Werkes versöhnen würde.[16]

1.5 zu den Versen 1, 67–182:

Im Gegensatz zu seinen epischen Vorgängern wendet sich Lucan reichlich verzögert[17] mit der ovidischen Formel *fert animus* seiner in Vers 8 gestellten Frage nach den Ursachen des den Bürgerkrieg auslösenden Wahnsinns zu: Mit der auf den *furor*-Begriff von Vers 8 zurückgreifenden Frage *quid in arma furentem / impulerit populum* (68 f.) erläutert der Dichter ohne die traditionell fällige Hilfe der Musen (sieht man von Nero ab!) die Gründe dieses Krieges. Seine Ursachenforschung, in der Manier eines Historikers,[18] bietet drei miteinander verknüpfte Ansätze:[19]

a) die philosophisch-theologische Begründung (67–82a):

Als erster Grund erscheint eine schicksalhafte Verkettung (*invida fatorum series*, 70), die sich in dem allgemeingültigen Naturgesetz der Notwendigkeit des Niedergangs gerade auf Grund eigener Größe konkretisiert: *summisque negatum / stare diu … nec se Roma ferens,* 70b–72a (vgl. Hor. *epod.* 16, 2; Liv. *praef.* 4); angereichert wird dies einerseits mit der stoischen Lehre vom Weltuntergang in Form der Ekpyrosis – als Illustration des Niedergangs Roms und als Beleg für die Unausweichlichkeit dieses Prozesses[20] – und andererseits dem alten Motiv vom Neid bzw. der Missgunst der Götter, die jedem hemmungslosen Wachstum eine Grenze gesetzt hätten (81–82a).[21] Motive des Tragischen und stoischer Determinismus gehen eine Verbindung ein, um die Zwangsläufigkeit dieses außerordentlichen Geschehens zu vermitteln.

Zieht man die Einleitung zum zweiten Kausalkomplex hinzu (82b–84a), ist die Nennung gleich dreier überirdischer Mächte auffällig (*fata, numina, Fortuna*), die für das Unglück Roms verantwortlich gemacht werden. Dem Problem, das in dieser indifferenten Begrifflichkeit, aber auch in der Frage liegt, ob und inwieweit göttliche Mächte ihren Anteil an dem im Epos geschilderten Geschehen haben, müssen wir uns später zuwenden.[22]

b) die individuell-historische Begründung (82b–158a):
Das menschliche Handeln, dem durch den „Neid der Fortuna“ (84a) der Boden bereitet wird, tritt nun ins Blickfeld. Die Gründung des Triumvirats in Form einer Machtteilung wird als verhängnisvoller Fehler beklagt, da Vielherrschaft naturgemäß zu Konflikten zwischen den Machthabern führen müsse (84b–93a).

Mag der Leser an die Worte des Odysseus über den Wert der Alleinherrschaft denken, mit denen er in der *Ilias* seine Loyalität zum Oberfeldherrn Agamemnon unter Beweis stellt,[23] so verbietet Lucan seinem Publikum geradezu solcherlei Assoziation (*nec gentibus ullis / credite*…93b f.) mit dem Hinweis auf die eigene, römische Vergangenheit, die einen ausreichenden Beleg für seine These der Gefährlichkeit einer Machtteilung liefere, 95: *fraterno primi maduerunt sanguine muri* („vor Bruderblut troffen die ersten Mauern“). Doch der Rückgriff auf den Gründungsmythos Roms, den Mord des Romulus an seinem Bruder Remus, dient nicht nur dem Beweis der obigen These, sondern setzt Mythos und Historie in eine aufschlussreiche Beziehung zueinander: Der jetzige Bürgerkrieg zwischen Caesar und Pompeius ist die grandiose Transformation des Mythos in die historische Wirklichkeit. Der gewaltige Verwandtenmord findet seine Erklärung im Beispiel gebenden Mythos von den blutigen Anfängen Roms.[24]

In den folgenden Versen wird der allmähliche Zerfall dieses brüchigen Bündnisses (*concordia discors,* 98) skizziert: Mit dem Tod des Triumvirn Crassus und der Tochter Caesars, Iulia (54 bzw. 53 v. Chr.), entfallen die Hindernisse für eine Konfrontation zwischen den beiden übrig gebliebenen Machthabern, deren Verschwägerung (99b–118) und damit Verwandtschaft betont wird – auch durch die Anspielung auf den Mythos vom Raub der Sabinerinnen, deren Funktion als Friedensstifterinnen hier Julia übernimmt.[25]

Mit dem Begriff *aemula virtus* (120) erfasst Lucan die Eifersucht, den Ehrgeiz und das Machtstreben beider Feldherren, die jeder exklusiv für sich die führende Stellung beanspruchen (121 ff.).[26] Auch in diesen individuellen Faktoren sieht er die Unvermeidlichkeit des Konflikts begründet.

War er in seiner Analyse bisher auf Neutralität bedacht, so ändert sich das zunächst auch dann nicht, wenn er der Frage, wer das größere Recht auf seiner Seite habe, mit der Bemerkung ausweicht, dies zu wissen, sei nicht möglich bzw. nicht erlaubt (*quis iustius induit arma / scire nefas,* 126b f.); beide könnten sich auf bedeutende Fürsprecher berufen. Aufhorchen lässt aber der nächste Vers, 128: *victrix causa deis placuit, sed victa Catoni* („die siegreiche Sache gefiel den Göttern, die besiegte Cato“). Caesar hatte, so der Dichter, die Götter auf seiner Seite, während Cato für die unterlegene Sache eintrat. Durch die Erwähnung von Caesar, Pompeius und nun Cato auf engstem Raum (125–28) wird die Bedeutung der drei Personen für das Epos evident, wobei sich eine Hierarchie zeigt: Cato wird als Antipode der Götter zum Richter über die Bürgerkriegsgegner und zur moralischen Instanz in diesem Streit erhoben.[27] Der erbitterte Gegner Caesars hatte sich 46 v. Chr. nach der Schlacht von Thapsus getötet, um so der Begnadigung durch seinen Feind zu entgehen. Mit dieser Tat als Ausdruck der Selbstbehauptung gegenüber einem Tyrannen avancierte er in neronischer Zeit zum Exempel des Widerstands gegen den Prinzipat an sich.[28] So impliziert die Nennung Catos im Zusammenhang mit der Frage nach der gerechteren Sache eine moralische Aufwertung der unterlegenen Partei, verbunden mit der Diskreditierung der Götter samt Caesar und dem julisch-claudischen Mythos.

Ab Vers 143b werden die beiden Rivalen Pompeius und Caesar vorgestellt und durch einen jeweils die Charakteristik abschließenden Vergleich so kontrastiert,[29] dass klar wird, wer in diesem Konflikt der Sieger sein wird. Wenn der selbstgefällige, von seinem alten Ruhm zehrende Pompeius mit einer morschen, obgleich verehrungswürdigen Eiche, der energiegeladene, aggressive Caesar hingegen mit einem zerstörerischen Blitz verglichen wird, so sind die Rollen vorgegeben: Die Eiche wird dem Blitz zum Opfer fallen. Hier, in der Synkrisis, legt der Dichter die Dämonisierung Caesars an, die in Buch 7 ihren Höhepunkt finden wird. Es fällt die sinnlose Zerstörungswut und -freude auf (z. B. *gaudensque viam fecisse ruina,* 150), eine Eigenschaft, die im Vergleich mit dem Blitz, der sogar in die Tempel seiner Gottheit einschlägt, illustriert wird (151 ff.). Hierdurch wird Caesar zwar über Menschenmaß gehoben, aber das Fragwürdige einer solchen „Göttlichkeit" bereits zu Beginn des Epos angedeutet.[30]

c) die gesellschaftlich-politische Begründung (158b–182):
Der letzte Teil der Analyse ist den allgemeinen gesellschaftlichen Faktoren, die dem Bürgerkrieg den Nährboden boten (*publica belli / semina,* 158b f.), in einer Weise gewidmet, die an die Motivation und Schilderung des Sittenverfalls bei Sallust (*Catil.* 10 f.) erinnert: Wie bei dem Historiker hängt die Peripetie der römischen Geschichte mit dem Wirken der Fortuna zusammen; während jedoch Sallust die Zerstörung Karthagos (146 v. Chr.) als Wendepunkt der Erfolgsgeschichte Roms ansieht, verzichtet Lucan auf ein historisch fixiertes Datum zu Gunsten der unverbindlichen Formulierung „Nach der Unterwerfung der Welt" (160: *mundo … subacto*). Beide erklären die große Machtentfaltung und den maßlosen Reichtum zum Auslöser des Verfalls der guten Sitten, die der Verschwendungssucht, Korruption und Machtgier weichen mussten.

Bei allen drei Begründungsansätzen wird sowohl die Schuld bzw. Verantwortung der Menschen betont (Stichwort: *furor*) und gleichzeitig auf eine dem Schicksal und der menschlichen Natur innewohnenden Gesetzmäßigkeit hingewiesen, durch die das kommende Geschehen als unausweichlich erscheint. So verbindet sich eine episch-tragische, theologische Tradition (etwa das alte Motiv des Götterneids, wie es sich bei Herodot findet) mit philosophischen Deutungsmustern stoischer Herkunft.[31]

2 1, 183 – 391: Rubico-Überschreitung und eine Redetrias

Im Gegensatz zu seinen ausführlichen Erörterungen des Proöms, die uns ebenfalls ein längeres Verweilen abgenötigt haben, lässt der Dichter die Handlung überstürzt einsetzen, sprachlich unterstrichen durch *iam* und das Plusquamperfekt *superaverat* (183): Caesar hatte bereits die Alpen überschritten, sich zum Bürgerkrieg entschlossen und war bereits an den Rubico gelangt (185). Der rasante Einstieg in die erzählte Handlung korrespondiert mit Caesars historisch bezeugter Schnelligkeit, die seine Feldzüge prägten; durch das Abweichen von der historischen Wirklichkeit (Caesar war schon länger im diesseitigen Gallien und wartete die Verhandlungen mit dem Senat ab, Plut. *Caes.* 32)[32] stellt der Dichter diese caesarische Dynamik heraus.

2.1 1, 186–227: Die Patria und der fehlende Würfel

Der Forcierung des Erzähltempos – sie zeigt sich auch darin, dass die Ekphrasis des Rubico erst knapp 30 Verse später nachgetragen wird[33] – wirken retardierende Elemente entgegen, die die Handlung des ersten Buchs nur stockend voranschreiten lassen: eingeschobene Reden und die Skizzierung einer Atmosphäre des Kalten und Starren, sowohl Natur als auch Menschen betreffend (d. h. die Ariminenser, deren Stadt als erste von Caesar besetzt wird).[34] Das Ungeheuerliche des künftigen Krieges tritt so umso stärker hervor.

Die Überschreitung des Rubico verzögert sich durch die Erscheinung der Patria, die mit ihrer Mahnung (186–92a) Caesar am Weitermarsch zu hindern sucht. Der Feldherr erstarrt vor Schreck und verharrt am Ufer. Das Wort *horror* und das Phänomen der sich sträubenden Haare (*riguere comae,* 192b f.) lassen u. a. an die Reaktion des Aeneas auf die Erscheinung Merkurs denken, der den Helden an seinen von den Göttern erteilten Auftrag erinnert (Verg. *Aen.* 4, 279 f.).[35] Caesar verdrängt sein zu Tage tretendes schlechtes Gewissen durch eine selbstbewusste Antwort, in der er jede Schuld an dem Kommenden zurückweist und auf Pompeius schiebt (195–203). Zudem lässt sich in dem *en adsum victor terraque marique / Caesar,* 201 f. („Sieh, da bin ich als Sieger zu Lande und zu Wasser, / ich, Caesar") mehr als nur Selbstbewusstsein herauslesen: Er stellt sich der Patria gleich. Man berücksichtige zudem noch den Kontrast, der sich vor dem Hintergrund der Worte des Aeneas ergibt, der sich Venus so vorstellt, *Aen.* 1, 378 f.: *sum pius Aeneas* („Ich bin der fromme Aeneas"); hier der dem Götterwillen gehorchende fromme Gründer, dort der Zerstörer Roms, der die Götter herausfordert!

Darauf setzt man mit Mühe über den Fluss, der (als letztes Hindernis vor Ausbruch des Krieges) in episch-dichterischer Überhöhung als von den Wassermassen angeschwollen dargestellt wird (204 f.; 217 ff.) – die Natur scheint sich Caesars Ansinnen entgegenzustemmen. Hiervon ist in der historiographischen Überlieferung keine Rede, speziell nicht davon, dass man den Fluss durch Fluten hindurch überqueren musste (Suet. *Iul.* 31, 2; Plut. *Caes.* 32, 5 ff.; App. *civ.* 2, 35).

Der Löwenvergleich illustriert die Gemütslage des Feldherrn, die von anfänglichem Zögern über Selbstanstachelung bis zum Losstürmen reicht; zugleich wird angedeutet, dass der Löwe, d. h. Caesar, trotz mancher Verwundung aus dem (erzählten) Geschehen sicher (*securus*) hervorgehen wird (205b–12). So erscheint er als ein in die Geschichte eingetretener (und dieses Mal erfolgreicher) vergilischer Turnus, der in seiner Wildheit ebenfalls mit einem Löwen verglichen wurde.[36]

Die fällige Beschreibung des Rubico (213–19) schiebt sich sogleich vor die Handlung, um in die Wiedergabe von Caesars Worten zu münden, mit denen er seinen Fortuna-Glauben und sein Verhältnis zu den *fata* hervorhebt (226: *te, Fortuna, sequor* – „dir, Fortuna folge ich"; 227: *credidimus fatis* – „wir vertrauen auf das Schicksal"[37]); der berühmte Ausspruch „Der Würfel ist gefallen" im Sinne des bei Plutarch wohl korrekt zitierten „In die Höhe sei der Würfel geworfen"[38] findet sich nur angedeutet wieder: *utendum est iudice bello* („zum Richter muss man den Krieg heranziehen"), d. h. der Krieg soll entscheiden (225–27).

2.2 1, 228–261: Schockstarre in Ariminum und stille Klagen

Nun setzt die Handlung mit dem Marsch auf Ariminum (Caesars Schnelligkeit wird mit einer Balearenschleuder und einem Partherpfeil verglichen) und mit der Besetzung der Stadt wieder abrupt ein (228–35). Doch die *primi belli tumultus* (233), deren Ausbrechen der Leser jetzt wähnt, kommen sogleich wieder zum Stillstand: Der Dichter befasst sich mit der Reaktion und inneren Verfassung der vor Furcht erstarrten Einwohner Ariminums, indem er ihre Gedanken in Form einer „wörtlichen" Rede wiedergibt (248b–57a); die Ariminenser klagen über ihr Schicksal, das sie schon immer der Gefahr der Eroberung durch auswärtige Völker aussetzte und nun zur Beute von Rasenden (*furentum,* 250) werden lasse. Die Parallelisierung von Kimbern und Teutonen mit Caesars Truppen, die durch den Begriff *furentes* negativ gezeichnet werden, spricht für sich, ebenso wie der obige Vergleich der Schnelligkeit Caesars ausgerechnet mit einem Partherpfeil, waren doch die Parther Roms Erzfeinde! Der Dichter, in der Rolle des allwissenden Erzählers, schließt diese Gedankenrede[39] mit der Bemerkung ab, niemand habe gewagt, diese Gefühle auszusprechen, und erzeugt wieder eine Atmosphäre der Erstarrung und Winterkälte. Bezeichnenderweise sind die letzten Worte *tanta quies* (261a), worin das äußerliche oder scheinbare Sich-Fügen der Einwohner Ariminums in die neue Lage angedeutet wird: Die Ruhe des zivilen Friedens ist von Caesars Einmarsch gebrochen (*rupta quies,* 238) und durch eine „Friedhofsruhe" (*tanta quies,* 261a) ersetzt worden, in der niemand offen widerspricht.[40]

2.3 1, 262–391: Eine Redetrias: die Überwindung der *pietas*

Als Überleitung zur ersten „echten" Rede erwähnt Lucan die Vertreibung der auf Caesars Seiten stehenden Volkstribunen aus Rom, woran das Bemühen Fortunas deutlich werde, Caesars Sache zu rechtfertigen (261b–71). Hierbei tritt, obwohl nur als Begleiter genannt, der junge Curio in den Vordergrund, dessen Charakter in den Worten *audax* und *venali lingua* aufleuchtet.[41] Curio trifft auf einen Caesar, der in seiner Besorgnis (befremdlich genug nach seinen entschlossen klingenden Worten bei der Rubico-Überschreitung!) wieder an Vergils Aeneas erinnert,[42] 272 f.: *utque ducem varias volventem pectore curas / conspexit* („Und als er den Führer verschiedene Sorgen im Herzen bewegen / sah"). Curios Appelle an das gekränkte Ehrgefühl und das Machtstreben entflammen den laut

Lucan zuvor schon kampfbereiten Caesar (291b ff.),[43] was durch den folgenden Vergleich mit einem ungeduldigen Rennpferd verdeutlicht wird (293b–95).

Caesars Rede vor seinen Soldaten (296–351)[44] besteht hauptsächlich in polemischen Ausfällen gegen Pompeius; mit seinem Vorwurf, der Rivale halte trotz altersbedingter Erschlaffung an seinem Machtanspruch fest (311–17), nimmt er Lucans Urteil auf (1, 129–31).[45] Caesars Berufung auf die Schicksalsmächte in Gestalt der Fortuna und der Götter (309–11a) ist ein Verfahren, dessen sich alle „Herrenmenschen" und „-völker" bedienen. Seine Worte rufen jedoch eine zwiespältige Reaktion bei den Soldaten hervor, die einen Rest von *pietas*, eine respektvolle Liebe zur Heimat (352), verspüren.[46]

Es bedarf einer weiteren Rede, nämlich der des Laelius (359–86a), die sowohl im Tonfall (er schreit, *exclamat*, 359, Caesars Worte wurden durch *ait*, 300, eingeleitet) als auch im Inhalt gesteigert ist. Laelius, als Vertreter fanatischer Loyalität zu seinem Führer,[47] entwirft die radikale Absage an alle bis dahin heiligen Werte Roms. Die *pietas* mit ihrer normativen Kraft in Religion, Staat und Familie wird entmachtet, geradezu umgewertet[48] und durch das Prinzip des absoluten Gehorsams gegenüber dem Führer Caesar, gleichsam als neue *pietas*, ersetzt. Seinen Höhepunkt erreicht das Monströse dieser Äußerungen in dem Eid, den Laelius leistet (*iuro*, 375): Auf Befehl seines Führers werde er alle Untaten bis hin zur Zerstörung der Tempel, ja selbst Roms begehen. Erst diese Rede beseitigt die Skrupel der Soldaten und ruft frenetischen Jubel hervor (386–91).[49]

Die Rolle des Laelius als Kriegshetzer scheint von Lucan erfunden zu sein, findet sich doch in den Quellen kein Hinweis auf diese Szene.[50] Hingegen werden die anwesenden Volkstribunen M. Antonius und C. Cassius Longinus, die, als Vertreter Caesars im Senat, Rom verlassen mussten und sich nach Ariminum begeben hatten, nur nebenbei erwähnt, offensichtlich, um alles Licht auf Curio fallen zu lassen. Die Bevorzugung Curios liegt darin, dass er noch einmal eine wichtige Rolle spielen wird (4, 581b ff.). Mit der Positionierung der Caesarrede in Ariminum hält sich der Dichter offensichtlich an den historischen Ablauf und wendet sich gegen Caesars Chronologie (*civ.* 1, 7), der wohl aus propagandistischen Gründen seine Rede an die Soldaten vor die Rubico-Überschreitung und die Eröffnung des Bürgerkriegs ansiedelt.[51]

2.4 1, 392–465: Katalog der Truppen Caesars

Auch im Rest des ersten Buchs behalten Exkurse, Reflexionen und Reden die Oberhand über das epische Erzählen einer fortschreitenden Handlung: Caesar ruft alle seine Truppen zusammen (392–95), was den Dichter zu einer Aufzählung der von den besetzten Gebieten Galliens nach Norditalien strömenden Soldaten veranlasst (396–455); in diesen Katalog der ihre Standorte verlassenden Legionen mischen sich Kommentare über die ehemals unterworfenen Völker, die sich nun ihrer Freiheit erfreuen dürften. Hiermit wird Caesar indirekt als Machtmensch charakterisiert, der durch die Aufgabe der Kontrolle über Gallien die Pflichten als Statthalter seiner Gier nach Herrschaft unterordnet.

3 1, 466 – 695: Stimmung in Rom, Vorzeichen und Vorhersagen

Caesar breitet sich nun mit seinen Truppen „über ganz Italien“ (467 f.) aus; diese Aussage leitet zur Schilderung der verheerenden Wirkung eines „leeren Gerüchts“ (*vana fama,* 469) in Rom über (469–522a):[52] In der Furcht vor der Zukunft werden die Gefahren aufgebauscht, und eine (im Urteil des Dichters törichte) Panik ist die Folge. Das Chaos in Rom findet sich versinnbildlicht in dem Vergleich mit einem manövrierunfähigen Schiff, das, von Steuermann und Besatzung voreilig verlassen, dem Untergang ausgeliefert ist (498b ff.). Die Erwähnung des Schiffs vertieft den Eindruck der kommenden Katastrophe, lässt sich dieses doch über den Vergleich hinaus als Metapher für den Staat ansehen.[53] Die Schilderung der turbulenten Ereignisse endet mit der lapidaren Bemerkung über die Flucht des „Steuermanns“ Pompeius, die diese Panik der Bevölkerung verständlich mache (521 f.).[54]

Bis zum Schluss des Buches herrscht nun eine Atmosphäre des Gespenstischen und Unheilvollen, die für Roms Schicksal nichts Gutes erahnen lässt. Zunächst werden üble Vorzeichen geschildert (522b–83), Unglück verheißende Himmels- und Naturerscheinungen, die in ihrer Eigenart zum Teil an die Vorzeichen erinnern, die laut einigen Quellen nach der Ermordung Caesars beobachtet wurden.[55] Die Erwähnung der feindlichen Brüder Atreus und Thyest (540–44) erzeugt auf der Ebene des Vergleichs eine Atmosphäre des Tragischen.[56] Dass Sullas und Marius' Geister aus den Gräbern aufsteigen und Schlimmes verkünden (580 ff.), fügt sich zu dem Schrecken des bevorstehenden Krieges unter Bürgern.

Diese Prodigien führen zum *haruspicium* des Priesters Arruns (584–638); angesichts des entsetzlichen Zustands der Leber (die Teilung des Organs in einen schlaffen und einen bösartig pulsierenden Teil, 628 f., ist ein Hinweis auf die beiden Rivalen und ihren in der Synkrisis dargestellten gegensätzlichen Charakter[57]) verweigert er eine Prophezeiung.[58] Konkreter wird der Astrologe Figulus, der, wenn auch dunkel, die viele Jahre dauernden Bürgerkriege vorhersagt[59] und die nachfolgende Friedenszeit als Knechtschaft ankündigt (639–72) – ein erster Hinweis auf die später deutlich zu Tage tretende Verurteilung des Prinzipats, 670: *cum domino pax ista venit* („mit dem Herrscher kommt dieser Frieden da“). Die dritte und klarste Vorhersage einer rasenden Matrone,[60] die den Tod des Pompeius (sie „sieht“ seinen Rumpf im Wasser treiben[61]), und über diesen Bürgerkrieg hinaus, die Schlacht von Philippi ankündigt (673–95), beschließt das gesteigerte Grauen[62] zusammen mit dem ersten Buch.

Das zweite Buch

Nach einer kurzen Einleitung wird weiterhin die Reaktion der Bevölkerung, nun in Form von Klagen, geschildert; im dritten Teil befasst sich der Dichter mit Cato und seinen Dialogpartnern Brutus und Marcia. Nach dem Cato-Block werden die Aktionen der Antagonisten Pompeius und Caesar in den Blick genommen.

1 2, 1 – 15: Einleitung, *liceat sperare timenti*

Nahtlos setzt sich die düstere Atmosphäre zu Beginn dieses Buchs fort mit der Feststellung, der Zorn der Götter sei offenkundig und die Natur, im Wissen um die Zukunft (*praescia*), verkünde durch das Außer-Kraft-Setzen der Weltordnung (*foedera rerum*) das kommende *nefas*. Durch das Adjektiv *praescia*, attributiv oder prädikativ zu verstehen, erhält eben diese Natur etwas Personales, das an das Weltgesetz der Stoiker denken lässt; zugleich aber muss man erschüttert zur Kenntnis nehmen, dass ausgerechnet diese vernünftige Natur „verrücktspielt". Die Umkehrung der kosmischen Ordnung entspricht dem Paradoxon des beginnenden Krieges: Dieser Kampf zwischen Bürgern ist widernatürlich, also im stoischen Sinn „unvernünftig".

Der Dichter fragt klagend den *rector Olympi*, warum er den Menschen ermögliche, durch Orakel einen Blick in die Zukunft werfen zu können.[1] In den folgenden Versen (7–15) entfaltet Lucan in einer epikureisch anmutenden Floskel (*sive … sive*)[2] die Alternative zwischen dem von einem Weltschöpfer unveränderlich festgelegten Kausalnexus (*fixit in aeternum causas,* 9) und dem vagen Zufall (*fors incerta,* 11), um zu fordern, der Mensch solle besser nichts von seiner Zukunft wissen, um bei aller Furcht wenigstens die Hoffnung zu behalten: *liceat sperare timenti* (15).[3] Diese Verse lassen sich, wegen ihres theologisch-philosophischen Gehalts, unabhängig davon, ob sie vielleicht Kritik an der stoischen Lehre bzw. Ungewissheit Lucans hinsichtlich der göttlichen Mächte zum Ausdruck bringen, als Proöm verstehen, mit dem auf das zweite Buch eingestimmt wird.

2 2, 16 – 233: Reaktion in Rom, eine Klagetrias

2.1 2, 16–28a: Allgemeine Erstarrung

Der Erzähler wendet sich nun wieder der Stimmung in Rom zu. Der Stillstand aller Geschäfte (*iustitium,* 18) – eine Wirkung der Prodigien auf die Menschen – wird mit der Schockstarre bei einem soeben eingetretenen Todesfall verglichen (*funere primo,* 21), den man noch nicht recht begriffen hat. In dem Bild der Matrone, die sich über ihren gerade verstorbenen Mann (?) wirft, Trauerbekundungen im Hause verbietet und selbst über das Unglück zunächst nur stutzen kann (*miraturque malum,* 28b), hält der Dichter diesen Schwebezustand, der noch keinen offenen Ausbruch der Trauer ermöglicht, eindrucksvoll fest. Die Schilderung des stummen Schmerzes (*erravit sine voce dolor,* 21b) der über dem Toten erstarrten Frau besitzt eine doppelte Funktion: Zum einen wird die Erinnerung an die Reaktion der Ariminenser auf den Einmarsch Caesars (1, 246 ff.) wachgerufen und sogleich durch die folgenden Klagereden intensiviert, zum anderen wiederholt sich das Motiv des privaten Trauerfalls abgewandelt in den Worten Catos, mit denen er seine absolute Treue zu Rom unterstreichen wird (297 ff.). So verdichtet sich diese Szene eines familiären Trauerfalls zu einem Bild des kommenden Untergangs Roms.

2.2 2, 28b–233: Öffentliche Klagen

Hierauf folgen drei Bevölkerungsgruppen mit ihren anonymisierten Klagen, die anders als beim Einmarsch Caesars in Ariminum, nicht als Gedanken-, sondern als wörtliche Reden gestaltet sind.[4]

2.2.1 2, 28b–42: Die Frauen

Die Schilderung der ersten Gruppe, der in Trauerkleidung erscheinenden und zu den Göttern betenden Matronen, wird abgeschlossen durch den Ausruf einer von ihnen, jetzt die Zeit für Klagen zu nutzen, da nach dem Sieg eines der beiden Rivalen nur noch Platz für (geheuchelte) Freude möglich sei, 41b f.: *cum vicerit alter, /gaudendum est* („sobald einer gesiegt hat, / muss man sich freuen").[5]

2.2.2 2, 43–64a: Die wehrfähigen Männer

Diese beschweren sich über die Ungnade der späten Geburt, die ihnen eine Teilnahme an dem Bürgerkrieg nicht erspare (43 ff.). Die anschließende Aufzählung der Völker, mit denen man sich einen Krieg wünscht, um dem Bürgerkrieg die Kräfte zu entziehen, ist eine Variation des vom Dichter im Proöm geäußerten Gedankens (1, 8 ff.). Wandte sich Lucan mit seiner Klage über die frevelhafte Vergeudung der Kräfte an das Volk und an „Rom", so sprechen die Männer nun die Götter an. Beschlossen wird diese Rede mit der Verurteilung beider Führer oder der Götter, was syntaktisch auch möglich wäre, 60b f.: *tantone novorum / proventu scelerum quaerunt, uter imperet urbi* („mit einem so ungeheueren Aufwand / an nie da gewesenen Verbrechen forschen sie, wer von beiden über die Stadt herrschen soll")? [6]

2.2.3 2, 64b–233: Die Alten

Die dritte und längste Rede hält ein *aliquis*,[7] stellvertretend für die Elterngeneration; zunächst korrigiert er die Behauptung seiner Vorredner über die Einzigartigkeit des Geschehens (*non alios … motus tunc fata parabant*, 68) im Sinne eines „Das gab es früher auch schon", um seine Meinung durch einen Rückblick auf den Bürgerkrieg zwischen Marius und Sulla zu untermauern. Diese *aliquis*-Rede lässt sich u. a. als ein der Historiographie entliehenes Element betrachten: Wie bei einigen griechischen und römischen Historikern wird dem eigentlichen Gegenstand der Erzählung eine Vorgeschichte vorangestellt, um das das aktuelle Geschehen durch den Blick in die Vergangenheit plausibel zu machen.[8]

Darüber hinaus dient die Rede dem *aliquis*, wie Lucan bemerkt, als *exempla timori* (67), um auf das Grauen des kommenden Krieges einzustimmen. Dieser Binnenerzähler liefert natürlich keine politisch-historische Analyse, sondern konzentriert sich, als Augenzeuge,[9] auf das von den beiden Rivalen Marius und Sulla ausgelöste Morden, wobei er unglaublich grausige Details schildert, darin dem primären Erzähler nicht unähnlich.[10]

Zunächst befasst er sich mit Marius' Schicksal nach der Ächtung zum Staatsfeind (88 v. Chr.), der wohl erfundenen[11] Kerkerhaft, wo er einem Mordanschlag entgeht, seiner Flucht nach Karthago und der Rückkehr nach Rom (69–98a).

Höhepunkt dieses ersten Teils der Rede ist die Szene im Kerker: Ein Kimber, also ein Angehöriger eines von Marius zuvor besiegten Stammes, wird zu ihm geschickt, um ihn umzubringen. Eine Erscheinung hält den Mann vom Mord an dem verhassten Feind mit dem Hinweis ab, ihm sei es nicht bestimmt, Marius anzurühren. Die „Geisterstimme" fährt fort, 84 f.: *si libet ulcisci deletae funera gentis, / hunc, Cimbri, servate senem* („wenn ihr die völlige Vernichtung eures Stammes rächen wollt, / dann lasst, ihr Kimbern, diesen alten Mann leben").

Die paradox klingende Aufforderung wird begründet mit dem Hinweis auf den Schutz, den Marius von Seiten der zornigen Götter genieße, und dem Willen des Schicksals, Rom mit Hilfe eben dieses Mannes zu vernichten (85b–88a). So erscheint Marius als Vorläufer Caesars. Die Schilderung der Rückkehr des Kondottiere nach Rom endet nicht zufällig mit dem Wort *nefas,* in dem sein zusammengewürfeltes Heer geübt sei (98a).

Nefas leitet zugleich den zweiten Teil der *aliquis*-Rede ein, so dass der Leser keine Zeit zum Luftholen hat: Im gleichen Vers präludiert[12] ein emphatischer Ausbruch des Binnenerzählers die späteren entsetzten Kommentare Lucans zu den Ereignissen des siebten Buchs. Mit Marius' Einmarsch setzt ein blutiges Gemetzel ein, dem der Redner den Titel *mors saeva* (100) gibt. Hinter der suggestiven und modern anmutenden Formulierung *quantoque gradu mors saeva cucurrit* („mit welch gewaltigen Schritten raste der grausige Tod dahin!", 100b), flackern in dem Leser von heute ausdrucksstarke Bilder von der Art eines Arno Böcklin („Die Pest", 1898) oder Alfred Kubin („Der Krieg", 1912) auf.

Im Vordergrund steht der sich austobende Blutrausch (*furoris impetus,* 109 f.), für den keinerlei Motivation oder wenigstens eine scheinbare Rechtfertigung gegeben wird; stattdessen liest man die lapidare Bemerkung 109: *sed satis est iam posse mori* („aber es genügte bereits sterben zu können"). Aus der Anonymität der zahlreichen Opfer treten einige Personen samt ihrer Todesart hervor, so Baebius, dessen Zerfetzung (119 ff.) auf die Zerstückelung des Marius Gratidianus während der sullanischen Proskriptionen (174 ff.) vorbereitet.

Nach der Aufzählung weiterer Einzelschicksale und einem epigrammartigen Nachruf auf C. Marius (131–33) behandelt der *aliquis*-Erzähler das Morden unter Sulla, der, als Rächer (139) und schneidender Arzt eingeführt, in seiner Absicht, den Staat zu heilen, über das Ziel hinausschießt, 141–43a:

dumque nimis iam putria membra recidit,
excessit medicina modum nimiumque secuta est,
qua morbi duxere, manus.

und während er bereits die allzu fauligen Glieder (des Staates) abschnitt,
überschritt sein Heilmittel das Maß, und allzu sehr folgte seine Hand (dorthin),
wo die Krankheiten sich ausbreiteten.

Mit einer aus der Philosophie geläufigen Analogie zwischen menschlichem Körper und Staat[13] wird die bei Sallust zu findende Andeutung über Sullas nur anfänglich gutes Wirken (*Catil.* 10, 4) veranschaulicht; was als sachliche Kritik an ihm beginnt, schlägt um in die Schilderung einer im Vergleich zu den Marianischen Gemetzeln ins Unfassbare gesteigerten Orgie des Abschlachtens. Dieses Geschehen nennt der *aliquis*-Erzähler *nefas* (147) und ergeht sich in der Beschreibung grausiger Details (abgeschlageneKöpfe, verwesende Körperglieder etc.).

Den Höhepunkt bildet die Zerstückelung des Marius Gratidianus, eines Neffen des alten Marius (173b ff.); sein langsames Sterben wird mit jedem weiteren abgeschlagenen Körperteil drastisch vor Augen geführt. Gewiss ist eine solche Schilderung von den Erfahrungen der Gladiatorenkämpfe mitgeprägt.[14] Darüber hinaus deutet dieses Verstümmeln des Körpers als Sinnbild für die Vernichtung der Republik schlechthin[15] auf den allgemeinen Untergang voraus.

Die Schilderung des Mordens unter Sulla erfährt in den Versen 201–06 eine Überspitzung ins Abstruse: Die Masse der Opfer ist inzwischen so gewaltig angewachsen, dass die Mörder weder zum Tod bringenden Streich ausholen noch die Hingerichteten zu Boden fallen können; Lebende und Tote behindern sich gegenseitig. Über dieser apokalyptischen Szenerie thront Sulla, von allem unbeeindruckt (206 f.) – eine Szene, die sich in Caesars Verhalten nach der Schlacht von Pharsalus wiederholen wird (7, 786 ff.).[16]

Nach der *aliquis*-Rede, die mit einer sarkastischen Glückseligpreisung Sullas (man denke an den historischen Sulla, der sich *felix* nannte[17]) und unheilvollen Ahnungen noch größerer Katastrophen endet, wechselt die Szenerie.

3 2, 234 – 391: Der Cato-Block – die *causa victa*

3.1 2, 234–325: Cato – Brutus

Dieser Klagetrias folgt ein ruhigerer Teil in Dialogform, in dessen Zentrum Cato steht. Zunächst wird dieser von Brutus aufgesucht, der im Epos, abgesehen von seiner Rolle als zukünftiger Caesarmörder, keine Rolle spielt.[18] Das einleitende *at* und die Bezeichnung *magnanimus* (234) heben ihn von der panischen Menge ab. Auf einen zum stoischen Weisen und sorgenvollen Patrioten stilisierten Cato[19] treffend (239–41), verurteilt er beide Kriegsparteien und will Cato, den er als seinen Führer sieht (247), zur Neutralität überreden. Zwei Argumente führt er ins Feld: Bei einer Beteiligung an dem Krieg würde Cato sich schuldig machen (259). Diesem ethischen Aspekt fügt er die kosmologische und zugleich relativierende Sicht der Stoiker hinzu, nach der ein Bürgerkrieg (*discordia*, 272) das große Ganze nicht gefährde und für den Kosmos ohne Belang sei. Mit der Ankündigung, sich nach dem Krieg gegen den Sieger stellen, krönt er seine Rede, 281b–84a:

Quod si pro legibus arma
ferre iuvat patriis libertatemque tueri,
nunc neque Pompei Brutum neque Caesaris hostem
post bellum victoris habes.

Wenn es dir (*sc. Cato*) aber gefällt, Waffen
für die Gesetze der Väter zu tragen und die Freiheit zu schützen,
so hast du einen Brutus, der jetzt weder Pompeius' noch Caesars Feind ist,
nach dem Krieg aber Feind des Siegers sein wird.

Die Antwort (286 ff.) des mit der Aura eines stoischen Weisen oder Heiligen versehenen Cato (285: *arcano sacras reddit Cato pectore voces* – „heilige Worte entließ Cato aus dem Inneren seines Herzens")[20] lässt dagegen keinen Zweifel an seiner Kampfbereitschaft. Für ihn ist der Bürgerkrieg, trotz seines Charakters als *summum nefas*, vom Schicksal gegeben, dem ein stoischer Weiser zu folgen habe. Seine Begründung ist eine Variante des Ausspruch Senecas: *ducunt volentem fata, nolentem trahunt* („den Willigen leitet das Schicksal, den Unwilligen zerrt es fort[21]), 286 f.:

Summum, Brute, nefas civilia bella fatemur,
sed quo fata trahunt, virtus secura sequetur.

Dass Bürgerkriege der höchste Frevel sind, Brutus, gestehen wir,
aber wohin (uns) das Schicksal auch zerrt, wird die Tugend frei von Sorge folgen.

Danach geht Cato auf Brutus' Argumente ein; er hält dessen Besorgnis, im Falle seines Eingreifens schuldig zu werden (259), entgegen, 288.: *crimen erit superis et me fecisse nocentem* („die Götter wird der Vorwurf treffen, auch mich schuldig gemacht zu haben").

Im Gegensatz zu Brutus deutet er (wie der Dichter) den Bürgerkrieg, hierbei die stoische Vorstellung von der Ekpyrosis beschwörend,[22] als kosmische Katastrophe, die Untätigkeit und Gelassenheit verbiete (289 ff.). Dieses patriotische Engagement, aber auch die Hoffnungslosigkeit, äußert sich in einem Gefühlsausbruch, der so gar nicht zu dem stoischen Ideal der ἀπάθεια passen will. Cato ist bereit, wie ein trauernder Vater, der seine Kinder verloren hat und nun ihrem Leichenzug vorangeht, an Rom und seiner Freiheit festzuhalten, auch wenn es sich nur noch um deren Schatten handele. Das Bestattungsmotiv weist auf den Beginn des Buches zurück, wo die Stimmung in Rom mit einem privaten Trauerfall verglichen wird (s. o. S. 22), und verstärkt so den Eindruck der Verzweiflung und Aussichtslosigkeit; die Schattenmetapher (302 f.: *tuumque / nomen, Libertas, et inanem persequar umbram* – „deinem Namen, Freiheit, werde ich auch als einem Schatten ohne Bedeutung folgen.") ruft Lucans Aussage über Pompeius *stat magni nominis umbra* (1, 35), den Verfechter der *causa victa,* wach und lässt in dem Wort *inanis* einen angedeuteten Vorbehalt des Redners ihm gegenüber erblicken.

Es sei dahingestellt, ob dies die Worte eines Stoikers oder eines glühenden Patrioten sind [23] – der Redner steigert das Pathos durch Bilder, die seine Opferbereitschaft für die *res publica* sogar über die eines Decius stellen;[24] ja, Cato scheint in die Nähe desjenigen zu rücken, dessen Anhänger in der römischen Literatur erstmals in Gestalt lebender Fackeln, die Rom auf grauenvolle Weise beleuchteten, erwähnt werden, 321 f.:[25]

Hic redimat sanguis populos, haec caede luatur,
quidquid Romani meruerunt pendere mores.

Dieses (mein) Blut erlöse die Völker, durch diesen Mord (an mir) werde gebüßt,
was immer die Sitten der Römer zu büßen verdient haben.

Diesem Ausbruch lässt Cato die Ankündigung folgen, sich Pompeius anzuschließen, um ihn, dessen Machtgelüste er nicht verkennt (320–22), als moralische Instanz zu kontrollieren, 322b f.: *ideo me milite vincat, / ne sibi vicisse putet* („daher mag er mit mir als Soldat siegen, / damit er nicht glaubt, für sich gesiegt zu haben“).

Diese Worte entflammen Brutus zu Zorn und übergroßer Leidenschaft (*nimios amores,* 325) – eine Formulierung, in der man, auch vor dem Hintergrund stoischer Psychologie, eine Kritik des Erzählers herauslesen könnte.[26]

3.2 2, 326–391: Cato – Marcia

Sogleich nach diesem Gespräch sucht Marcia ihren ehemaligen Mann auf, um sich ihm erneut, dieses Mal zu ihren Bedingungen, als Ehefrau anzubieten. Cato hatte sie zwischenzeitlich an den Redner Hortensius zum Zweck der Erzeugung von Nachkommen einvernehmlich „ausgeliehen“ (oder verstoßen).[27] Unmittelbar von dessen Bestattung kommend,[28] erscheint sie völlig zerzaust und in Asche und trifft so offensichtlich die Stimmung Catos (*non aliter placitura viro,* 236), der seinerseits noch ganz in Gedanken an Roms Begräbnis versunken ist (297 ff.).

Marcia stellt sich den künftigen Ehebund als Leidensgemeinschaft vor (347 f.), und so intensiviert die Wiedervereinigung der Partner in ihrer beidseitigen Untergangsstimmung das Bild der *causa victa.*[29] Statt einer Antwort Catos folgen die Skizzierung einer nüchternen Hochzeit, bei der jede Feierlichkeit fehlt (350–80a), und eine *laudatio* des Dichters auf Cato, die wie ein Nachruf klingt, mit der Aufzählung der wesentlichen, einen stoischen Weisen auszeichnenden Eigenschaften wie Mäßigung, Leben gemäß der Natur, Weltbürgertum u. a. (381–91).[30]

4 2, 392 – 736: Pompeius und Caesar im Wechsel

In dem Rest des Buches nimmt der Dichter die beiden Rivalen und ihre Aktionen und Reaktionen abwechselnd in den Blick:

4.1 2, 392–438: Pompeius I

Der Feldherr bzw. sein Marsch nach Capua wird, ganz im Kontrast zu der Stimmung Catos und seiner Gesprächspartner, als ängstlich (*trepido … agmine,* 392) bezeichnet. Von Capua aus will Pompeius Caesars Vormarsch stoppen. Ein geographischer Exkurs, der Italien als den kommenden Kriegsschauplatz vorstellt, beherrscht diesen Teil, in dem der Po überraschend eine herausragende Rolle spielt: Er wird den größten Flüssen der Welt gleichgesetzt und durch die Erwähnung des durch Phaethon, den Sohn des Sonnengotts, ausgelösten mythischen Weltbrands, von dem allein er keinen Schaden genommen habe, ins Erhabene gesteigert. Der Eindruck des Düsteren überwiegt hierbei (392–438).[31]

4.2 2, 439–525: Caesar

Im Kontrast zu Pompeius erscheint ein rasch vorrückender Caesar, der in seiner Raserei an den Turnus Vergils erinnert: *Caesar in arma furens* (439).[32] Allerdings wird aus dem vergilischen Einzelkämpfer ein rasender Städteeroberer. Zum ersten Mal im Epos trifft der Begriff *furens* Caesar allein. Die in der Synkrisis angelegte Negativzeichnung mit ihrer Betonung der Kampfeslust und Zerstörungsfreude wird aufgegriffen (1, 144b–47; 150 vgl. 2, 439 f.). Caesar betritt Italien nicht ohne Gegenwehr, sondern kann Kriege führen (442b f.), wie es seiner Zerstörungsfreude entspricht. Der Schrecken, den er dabei verbreitet, findet Widerhall in der Furcht der Gegner,[33] die der Reihe nach das Weite suchen (462–77).

Im Gegensatz dazu (und zur historischen Überlieferung[34]) wird L. Domitius Ahenobarbus, ein Vorfahre Neros, in der folgenden Schilderung der Einnahme Corfiniums als erstes Beispiel ungebrochenen Widerstands gegen Caesar hervorgehoben. Als *pugnax* (479), „kämpferisch", eingeführt, fordert er die Verteidiger auf, eine Brücke abzubrechen (was misslingt, da Caesars Soldaten ihre Gegner vertreiben) und Dämme einzureißen, um durch die Überflutung des Geländes den Vormarsch des Feindes zu stoppen (484–90). Letztere Maßnahme könnte eine Erfindung Lucans sein. Caesar reagiert hierauf zornerfüllt, 495–98a:

> *Obstruitis campos fluviisque arcere paratis,*
> *ignavi? Non si tumido me gurgite Ganges*
> *summoveat, stabit iam flumine Caesar in ullo*
> *post Rubiconis aquas.*
>
> Ihr versperrt die Felder und wollt mich fernhalten durch Fluten,
> ihr Feiglinge? Auch wenn mich der Ganges mit geschwollener Strömung
> fortreißen sollte, wird Caesar in keinem Fluss mehr stecken bleiben,
> nach der Überschreitung der Wogen des Rubico.

Auffällig ist der Wechsel von der ersten (*me*) zur dritten Person innerhalb eines Satzes, mit dem Caesar pathetisch sein Selbstverständnis als unbesiegbar unterstreicht; zugleich greift er mit *non stabit* Domitius' Vorhersage *hic primum stans Caesar* (490) auf (so als hätte er dessen Ansprache an die Soldaten hören können) und widerspricht ihr: Ein Caesar lässt sich durch nichts aufhalten. Dieser Kunstgriff eines „Ferndialogs" tritt deutlicher bei der Rede des Pompeius zu Tage, die sogleich betrachtet wird.

Die Formulierung *post Rubiconis aquas* gestattet einen Einblick in das Innenleben des lucanischen Caesar: Die Überschreitung des Rubico bildete eine Hemmschwelle, nach deren Überwindung es nun für ihn kein Hindernis mehr gibt Hiermit greift Lucan das Phänomen des Verbrechens auf, wie es Senecas Tragödien vorstellen: Mit der ersten Untat werden alle Skrupel beseitigt, und man hat den Willen zu neuen, größeren Verbrechen.[35] Die Worte Caesars erhalten durch die Vermischung der Ebenen einen besonderen Reiz: Die innere Kraft, die zum Überschreiten des Rubico nötig war, lässt ihn nun auch jeder äußeren Gefahr trotzen, da er keine Skrupel mehr kennt.

Bei Beginn der Belagerung Corfiniums wird Domitius unverzüglich Caesar ausgeliefert, was Lucan als *nefas belli* verurteilt (507; s. dagegen Caes. *civ.* 1, 16 ff., wo sich die Städter von dem zur Flucht bereiten Domitius im Stich gelassen fühlten und ihn deshalb auslieferten).

Indem der Dichter Domitius gegen die historische Wirklichkeit zum Helden erklärt, desavouiert er die berühmt gewordene *clementia Corfiniensis* Caesars, dank derer Domitius (mit anderen Senatoren) freigelassen wurde und die bei Italiens Bevölkerung durchaus Anklang fand.[36] Caesar erscheint als der *superbus* (508), der Domitius den ersehnten Tod verweigert und ihn mit der Begnadigung demütigen will, 551: *scit Caesar poenamque peti veniamque timeri* („Caesar wusste, dass Domitius Strafe erhalten wollte und Gnade fürchtete").

In dieser Art des allwissenden Erzählers, der Einblick in die Gedanken seiner Figuren für sich in Anspruch nimmt, verfährt Lucan wie später Tacitus, der sich in die Seelen seiner Figuren, zumeist der Kaiser, versenkt, um ihre finsteren Motive ans Licht zu zerren.[37]

Die endgültige Umdeutung der *clementia Corfiniensis* ins Negative erreicht unser Dichter in seinem vernichtenden Kommentar zu Caesars Worten, mit denen dieser Domitius laufen lässt, und in der Wiedergabe des Selbstgesprächs des Begnadigten (517–25), das seine stolze und ungebrochene Haltung als die eines todesbereiten Kämpfers dokumentiert. So verlässt Domitius den Ort, wenn nicht als militärischer, so doch als moralischer Sieger.[38]

4.3 2, 526–736: Pompeius II und seine Flucht aus Italien

Der Blick richtet sich wieder auf Pompeius, in bezeichnender Weise *nescius* genannt; konkret bezieht sich dieses Urteil zwar auf die Gefangennahme des Domitius (*capti ducis,* 526), doch strahlt es auch auf seine nun folgende Ansprache an die Soldaten aus.

Pompeius' Worte ergeben zusammen mit der Caesarrede im ersten Buch einen Redeagon; er bezieht zu einzelnen Gedanken, Vorwürfen und Gehässigkeiten seines Gegners Stellung, so als habe er dessen Rede mitgehört. Die Technik des „Ferndialogs", wie sie bei der vorherigen Episode um Domitius und Caesar im Ansatz zu beobachten war, findet sich hier weiterentwickelt; der Leser kann an dem Wortgefecht als Beobachter teilnehmen, er wird vom Erzähler dazu aufgefordert, sich sein eigenes Urteil zu bilden.

Pompeius' Taktik besteht in der Umkehrung der Argumentation seines Gegners bzw. in der Erwiderung auf dessen Vorwürfe und Beschimpfungen mit gleicher Münze. Von den Gedanken, Motiven und Vorwürfen, die aufeinander bezogen sind, seien drei Punkte hervorgehoben, an denen der Charakter eines „Fernduells" im eben genannten Sinn klar wird:

1) Caesars Lob der eigenen, siegreichen Soldaten (1, 299–302) und der Schmähung seines Gegners als eines im Frieden erschlafften Greises (1, 311) hält Pompeius entgegen, 559b–61:

Licet ille solutum
defectumque vocet, ne vos mea terreat aetas:
dux sit in his castris senior, dum miles in illis.

Mag jener mich auch als erschlafft
und verbraucht bezeichnen, so soll euch mein Alter nicht schrecken:
Der Führer in diesem Lager mag älter sein, wenn es nur die Soldaten in jenem sind.

2) Caesars Berufung auf eine ihm günstig gesonnene Fortuna (1, 309 f.), mit der er seine Siegesgewissheit unterstreicht, kontert er mit der Bemerkung, Fortuna könne gar nicht so blind sein, Caesar den Sieg zu verleihen (566b–68a).

3) Während sich dieser in seiner Rede als Opfer präsentiert, auf den die Jagd eröffnet sei (1, 305b–11a), betont Pompeius die von seinem Gegner bereits angerichteten Verwüstungen in Italien und den dadurch hervorgerufenen Schrecken der Bevölkerung (534–36).

Mit dem Ausspruch *iam tetigit sanguis pollutos Caesaris enses* („schon hat Blut die befleckten Schwerter Caesars berührt", 536) nimmt er das Bild vom Schwert auf, das Caesar zuvor gehässig gegen ihn verwendet hat, um ihn als Sullas Zögling darzustellen; das „Lecken am Schwert seines Lehrmeisters" (*Sullanum … lambere ferrum*, 1, 330) habe seinen *furor* und Blutdurst ausgelöst.

Dieser Ferndialog, durch den der Leser als deutende und wertende Instanz einbezogen wird, besitzt zudem das in der Historiographie geläufige Mittel der indirekten Charakterisierung: In den Worten des Pompeius, an Caesar adressiert, 575: *heu demens, non te fugiunt, me cuncta secuntur* („ach du Wahnsinniger, nicht vor dir fliehen sie, mir folgt alles") lässt sich ein Element des Tragischen entdecken: Pompeius wirft seinem Gegner genau das vor, was auf ihn selbst zutrifft, nämlich *demens* („verblendet") zu sein.[39] Der Eindruck tragischer Verblendung bestätigtt sich im Folgenden, wenn er hymnisch seine bisherigen Leistungen aufzählt, so, als böten sie ihm Sicherheit für alle Zeit. Dieser selbstverliebte Blick zurück auf die eigene glorreiche Vergangenheit (583–94: hier finden sich acht Mal Pronomina der ersten Person!) hindert ihn daran, die gegenwärtige Bedrohung zu erkennen.[40] Es liegt nahe, die gesamte Passage ab 575 als Ausführung der Verse zu verstehen, in denen Lucan Pompeius' Vertrauen in sein vergangenes Glück betont (*multumque priori / credere fortunae*, 1, 134 f.) und ihn mit einer Eiche vergleicht, die, ohne neue Blätter hervorzubringen, nur noch ihre kahlen Äste mit den alten Kriegstrophäen zur Schau stellt, ohne fest im Boden zu haften (1, 136 ff.). Dass sich die gesamte Rede als rednerische Bemühung sehen lässt, die Soldaten für sich zu gewinnen, muss zu der soeben skizzierten Auffassung von Pompeius als einer verblendeten Gestalt, die ihrem Machtanspruch nicht mehr gerecht werden kann, nicht im Widerspruch stehen.[41]

Bei diesem Wortgefecht fällt das Versagen beider Rivalen als Redner auf: Caesar benötigt die Hilfe eines unbedeutenden Offiziers (Laelius), um die Begeisterung seiner Soldaten zu entflammen (der Dichter entwertet so Caesars selbst von Cicero anerkannte Fähigkeit als Redner![42]); Pompeius' Versuch, die Kampfbereitschaft seiner Truppen zu erkunden (529 f.), mündet in den Entschluss zur Flucht nach Brundisium (596).[43]

Das Buch endet mit der Schilderung des Wechselspiels von Caesars Vorrücken und Pompeius' Zurückweichen. Eingeschlossen in Brundisium,[44] gelingt das Durchbrechen der caesarischen Seeblockade: Der große Feldherr verlässt Italien. Die Apostrophe des Dichters an Pompeius, in der die hoffnungslose Situation betont wird (Fortuna hat ihn verlassen, er muss als Verbannter fliehen, 727b–30), und der Ausblick auf sein Ende in Ägypten (732–36) beschließen das zweite Buch.

Das dritte Buch

Im Buch 3 haben wir es zunächst mit drei kleineren Abschnitten zu tun: Es wird die Flucht des Pompeius aus Italien, sodann Caesars Einmarsch in Rom behandelt, danach folgt ein Katalog der Truppen des Pompeius, während die Schilderung der Ereignisse um die Stadt Massilia den größten Raum einnimmt.

1 3, 1 – 45: Widerruf des Gründungsmythos

Nahtlos wird die Erzählung fortgeführt: Pompeius blickt im Gegensatz zu seinen Leuten unablässig auf die kleiner werdenden Berge Italiens zurück. Es zeigt sich ein isolierter (*solus*, 4) Held, der von seiner Heimat und seiner glorreichen Vergangenheit, an der er so hängt, endgültig (*litora numquam / ad visus reditura*, 5 f.) Abschied nehmen muss. Dieser Abschied wird mit dem nahenden Untergang Roms verknüpft, evoziert doch diese Szene das Bild des sich Italien nähernden Aeneas, dessen Begleiter das erwünschte Ziel erkennen und froh begrüßen (Verg. *Aen.* 3, 521–24) – auch wenn sie es zunächst noch nicht erreichen, sondern nach Karthago verschlagen werden sollten. Pompeius verliert das (5 f.), was Roms Stammvater Aeneas einst errungen hat.[1]

Nun versinkt er in einen Schlaf (vielleicht für seine Schwäche symptomatisch), und es erscheint ihm seine verstorbene Frau Iulia (Caesars Tochter) aus der finsteren Unterwelt mit der Drohung, jede Nacht vor ihn zu treten. Ihr gespenstischer Auftritt erinnert u. a. an die Furie Allecto im siebten Buch der *Aeneis*;[2] doch während Allecto im Auftrag Iunos Turnus mit der Kriegsraserei gewissermaßen infiziert, verbreitet Iulia in eigener Sache Schrecken: Sie ist erzürnt über ihre Verbannung aus den Gefilden der Seligen (nach Ausbruch des Krieges, 12–14a) und zudem offensichtlich eifersüchtig (26 f.) auf Cornelia, Pompeius' neue Gattin, der sie eine Mitschuld an dem Unglück gibt, da sie sich in ihre Ehe eingedrängt habe (20–23).[3] Neben dem Aspekt der Rivalität ist die düstere Stimmung zu beachten, die sich in den die Katastrophe ankündigenden Worten Iulias ausbreitet. Als eine neue, allerdings übelwollende Sibylle (auch diese spricht als Augenzeugin über die bekannten Strafen im Tartarus: *vidi*, Verg. *Aen.* 6, 585), aber auch als „Vorgängerin" der Hexe Erictho (6, 775 ff., die sich von dem wiederbelebten Leichnam als Augenzeugen die Vorgänge im Jenseits berichten lässt) erwähnt Iulia die Vorbereitungen in der Unterwelt auf die Ankunft der fast nicht zu bewältigenden Zahl der Opfer des kommenden Bürgerkriegs und die für sie vorgesehene Bestrafung (14–19); sie droht ihrem Mann mit ständigem Heimsuchen (24 ff.).

Ihre düstere Warnung schlägt Pompeius in den Wind, indem er seine Unerschrockenheit hervorkehrt, die er mit einer philosophischen Floskel eher epikureischer als stoischer Natur[4] untermauert, 38–40a:

et „quid" ait „vani terremur imagine visus?
aut nihil est sensus animis a morte relictum
aut mors ipsa nihil."

und er sprach: „Warum lassen wir uns von dem Bild einer nichtigen Erscheinung schrecken? Entweder hat der Tod den Seelen nichts an Bewusstsein gelassen oder der Tod selbst ist ein Nichts."

Die sichere Landung des Pompeius an einem nicht näher bezeichneten Ort in Griechenland (30–40a) beendet diese Szene.

2 3, 46 – 168: Caesar in Rom – Vorgeschmack auf die Tyrannis

Immer noch mit dem Wechsel zwischen den beiden Gegnern beschäftigt, wendet sich der Dichter nun wieder Caesar zu. Seine bereits aus der Synkrisis bekannten Züge (1, 145) werden aufgegriffen: Trotz der Vertreibung des Feindes aus Italien ist er frustriert, da dieser Erfolg ohne eine Schlacht, d. h. ohne Blutvergießen, zu Stande gekommen ist, 48–52a.

Es folgen seine Rückkehr nach Rom und die dortigen Maßnahmen, die ihn als Prototyp der Kaiser erscheinen lassen: Er beschäftigt sich mit der Getreideversorgung der *plebs*, um sich ihre Gunst zu erkaufen (52 ff.), stellt seinen Marsch auf Rom als friedliche Aktion dar (71–73a) und erfreut sich, als Gegenbild des von Seneca gezeichneten idealen Herrschers,[5] an der Furcht des Volkes nach dem Motto des Tragikers Accius *oderint, dum metuant* („mögen sie mich hassen, solange sie mich fürchten"), das Caligula laut Sueton (*Cal.* 29) häufig im Munde führte, 82b–83: *gaudet tamen esse timori / tam magno populis et se non mallet amari* („dennoch freute er sich, den Völkern Anlass zu so großer Furcht zu sein, / und würde nicht vorziehen geliebt zu werden").[6]

Auch die folgenden Worte an das vor ihm liegende Rom dienen der Charakterisierung des Sprechenden: Rom, das in Pompeius einen Feigling zum Führer gehabt habe, solle Fortuna dankbar sein, dass es nicht dem *furor* auswärtiger Völker anheim gefallen, sondern dass nur ein Bürgerkrieg ausgebrochen sei

(93–97a). „*Bellum civile*“ wird im gesamten Werk vom Erzähler als Ergebnis eines verbrecherischen *furor* bezeichnet. Wenn Lucan seinen Caesar eine Umwertung vornehmen lässt – der *furor* wird auf die auswärtigen Feinde „abgeschoben“, und der Begriff *bellum civile* in einen positiven Kontext gestellt oder zumindest relativiert –, dann zeichnet er ihn als einen Zyniker und Wortverdreher. Der historische Caesar war dagegen verständlicherweise um die Vermeidung des Wortes „Bürgerkrieg“ bemüht (z. B. Cic. *Att.* 10, 9 B, 2: *abesse civilibus controversiis* – „fernzubleiben von Streitigkeiten unter Bürgern“).

Die Zeichnung als Despot setzt sich fort in der Erwähnung der Senatssitzung im Palatintempel, der erst von Augustus erbaut wurde. Durch diesen Anachronismus wird der Eindruck eines *dominus* Caesar, eines Tyrannen, geweckt und in den Worten *omnia Caesar erat* („alles war Caesar“, 108) offen ausgesprochen.[7] Auf eine Schilderung dieser Sitzung, wie sie sich bei Caesar findet (*civ.* 1, 32, dort in apologetischer Absicht), verzichtet Lucan und lässt an ihre Stelle einen Kommentar treten, in dem es um die Kommunikation zwischen Herrscher und Untertanen geht. Besonders deutlich wird dies an seiner Brandmarkung des vorauseilenden Gehorsams der Senatoren gegenüber Caesar (hier überträgt er wohl die Verhältnisse des Prinzipats auf die erzählte Zeit des Epos[8]), 109b–12a:

Sedere patres censere parati,
si regnum, si templa sibi iugulumque senatus
exiliumque petat; melius, quod plura iubere
erubuit quam Roma pati.

Es saßen die Väter da, bereit den (entsprechenden) Beschluss zu fassen,
falls er die Herrschaft, falls er Tempel für sich, die Ermordung des Senats
oder die Verbannung fordern sollte. Welch ein Glück, dass er mehr zu befehlen
sich schämte, als Rom (es tat, seine Befehle) geduldig hinzunehmen.

Indes wird Caesars friedliches Verhalten durch die Weigerung des Metellus, wie Domitius *pugnax* genannt (113)[9], den Roms siegreiche Geschichte dokumentierenden Staatsschatz (155–67) herauszugeben, demaskiert. Im Widerspruch zu seinen eigenen Worten (135 f.) scheint Caesar angesichts der Weigerung des Tribunen die Beherrschung zu verlieren und voller Zorn[10] bereit zu sein, Metellus zu töten zu lassen, 142b f.: *saevos circumspicit enses / oblitus simulare togam* („Caesar blickte umher auf die grausen Schwerter, / da er vergessen hatte, den Mann im Friedensgewand zu spielen“).

Cotta (vielleicht spricht durch ihn der Dichter in dieser von ihm wohl erfundenen Szene[11]) bringt Metellus von seinem Widerstand (*audaci coepto,* 144) mit Worten ab, die auf Erfahrungen unter der Herrschaft Neros beruhen könnten: Durch das Befolgen der Anordnungen bleibe wenigstens ein Schatten der Freiheit gewahrt, während mutiger Widerstand gegen einen Despoten diesen Rest von Freiheit zerstörten (145–47a). Die stoische Lebensweisheit, die das Verhältnis zwischen Schicksal und Willensfreiheit des Menschen beschreibt, findet sich als Regel des Umgangs mit einem Herrscher neu formuliert.[12]

Lucans Kommentierung der anschließenden Plünderung des Staatsschatzes schließt mit der Bemerkung des „ersten Mals", durch die ein Wendepunkt markiert werde; so stellt der Dichter wieder einen Bezug zur eigenen Zeit her, 168:[13] *pauperiorque fuit tum primum Caesare Roma* („und damals ist Rom zum ersten Mal ärmer gewesen als ein Caesar").

3 3, 169 – 297: Katalog der Truppen des Pompeius [14]

Der Dichter wendet sich wieder Pompeius zu, um sogleich klarzustellen, dass die gewaltigen Truppenmassen, die er nun aufzählt, dem Untergang geweiht seien (169 f.): Dieses Aufgebot, größer als das eines Kyros, Xerxes oder Agamemnon (284 ff.), sei letztlich nur dazu da, den Leidensweg des Pompeius prächtig auszustatten, und biete Caesar die Möglichkeit, die ganze Welt auf einen Schlag zu besiegen (290–292; 296 f.). Ergebnis und Bedeutung der Schlacht von Pharsalus werden wieder einmal vorweggenommen. Die Erwähnung Caesars (297) leitet einen erneuten Personen- und Ortswechsel ein.

4 3, 298 – 762: Die Ereignisse um Massilia

4.1 3, 298–372a: Vergebliche Verhandlungen

Auf dem Weg nach Spanien gelangt Caesar zur Stadt Massilia, deren Einwohner laut Lucan entgegen griechischer Wankelmütigkeit als verlässliche Partner Roms auftreten und ihren Status der Neutralität wahren wollen. Es mutet als Verkehrung der stoischen Maxime an, wenn Lucan lobend betont, die Stadt wage es, der Rechtslage und nicht dem Schicksal zu folgen (*causas, non fata sequi,* 303). Diese Verkehrung der von einem stoischen *proficiens* bzw. Weisen erwarteten Verhaltensweise, nämlich dem Schicksal freiwillig zu folgen, liegt konsequenterweise in Lucans Deutung der *fata* begründet, die für ihn eben nicht Ausdruck einer vernünftigen Weltordnung sind, sondern, auf Caesars Seite, alles in ein sinnloses Chaos stürzen. Inwieweit eine solche Textstelle als Beleg für eine Kritik des Erzählers an der stoischen Lehre herangezogen werden kann, sei offen gelassen.

Unstrittig aber wird hier Caesar völlig negativ und als von *furor* ergriffen dargestellt, dessen zornige Haltung die Gesandten Massilias durch ein „Frieden schaffendes Gespräch" (*pacifico sermone,* 305) zu beruhigen versuchen: Sie betonen ihren Willen zur Neutralität in diesem Konflikt, den sie in einer scheinbaren *captatio benevolentiae*[15] mit dem Kampf zwischen den olympischen Göttern oder den Giganten vergleichen: Kein frommer Mensch wage sich da einzumischen. Man bietet beiden Feldherrn als Unbewaffneten Asyl an (330–35), verweist auf die Bedeutungslosigkeit der Stadt (336 ff.), betont dabei aber auch die Liebe zur Freiheit, für die man zu Opfern bereit sei wie seinerzeit die Einwohner Sagunts im Kampf gegen Hannibal (342 ff.). Der schon öfter begegnende Vergleich Caesars mit dem punischen Erzfeind dient wieder der Negativzeichnung, die in dessen Erwiderung auf das Ansinnen der Massilienser deutlich hervortritt.

Schon die Einleitung seiner Rede (355b–57) zeigt einen seinem Jähzorn ausgelieferten Menschen, dessen Gemütslage am Gesichtsausdruck abzulesen ist; hier spielt die stoische Psychologie hinein;[16] doch ist Caesar mehr als nur der Typ des stoischen Toren, wie noch zu sehen sein wird.

Bleiben wir noch bei seiner seltsamen Rede, in der er den Eindruck eines psychisch Kranken macht: Er antwortet nicht, wie zu erwarten, den Gesandten Massilias, sondern spricht unvermittelt seine Soldaten (*gaudete cohortes,* 360) mit Worten an, in denen wieder – im Sinne der Synkrisis des ersten Buchs – seine Zerstörungswut und zweckfreie Freude am Kampf sichtbar wird. Das Angebot eines Asyls lehnt Caesar, wie zu sich selbst gesprochen, empört ab (367–69a), um sich zuletzt endlich den Massiliensern zuzuwenden, 370b–72a:

Dabitis poenas pro pace petita
et nihil esse meo discetis tutius aevo
quam duce me bellum.

Strafe werdet ihr zahlen für euer Bitten um Frieden
und werdet lernen, dass zu meinen Lebzeiten nichts sicherer ist
als Krieg unter meiner Führung.

4.2 3, 372b–452: Schanzarbeiten und Abholzen des heiligen Hains

Bis Vers 398 werden die Schanz- und Baumfällarbeiten als Vorbereitung für die Belagerung beschrieben. In der für den Erzähler typischen Weise tritt wieder ein Kommentar vor die Handlung: Lucan lobt die Einwohner Massilias, deren Tapferkeit Caesars Vormarsch und die Pläne Fortunas, der Welt einen Herrscher aufzuzwingen, ins Stocken gebracht habe (388–94a). Er kostet geradezu diesen kurzen Aufschub der Katastrophe aus, wie er es auch später während der Schilderung der Schlacht von Pharsalus tun wird (7, 460 ff.).

Darauf folgt die Abholzung der Wälder ringsum (394b–98), so die Episode um den Hain von Massilia einleitend. Dieser Ort erscheint nicht als der klassische *locus amoenus* (Hom. *Od.* 5, 63 ff., Höhle der Kalypso) oder der in Ovids Narcissus- und Echoepisode vorgeführte *locus mirabilis* (*met.* 3, 407 ff.), sondern als ein *locus horribilis* bzw. *horridus.*[17] Der Hain wird als so unheimlich und abstoßend beschrieben, dass sich für einen Moment die provokante Frage stellen lässt, ob die befohlene Abholzung dieses Ortes des Grauens tatsächlich als Frevel Caesars gegen die einheimischen Götter verstanden werden muss.[18] Allerdings ist die Wirkung des Hains auf die Soldaten so Furcht erregend, dass sie zögern, die Axt an das Holz zu legen; der Dichter hat auf die Ungeheuerlichkeit dieses Befehls vorbereitet, wenn er den Hain als „nie entweiht" (399) einführt und, bei Beginn des Abholzens, als „im Krieg niemals angetastet" (427) bezeichnet (s. A. 17 u. 18).

Caesar fällt als erster eine alte Eiche und fordert seine Soldaten auf, es ihm gleichzutun, er nehme sämtliche Verantwortung für dieses *nefas* auf sich: *credite me fecisse nefas* (437: „glaubt, dass ich den Frevel begangen habe").[19] Damit ist die

Tat negativ gewertet, und Caesar zeigt sich als jemand, der vor nichts zurückschreckt. Die Soldaten folgen seinem Befehl, da sein Zorn für sie offensichtlich bedrohlicher ist als derjenige der Götter, 437b–39:

> *Tum paruit omnis*
> *imperiis non sublato secura pavore*
> *turba, sed expensa superorum et Caesaris ira.*

> Da gehorchte die ganze Schar
> den Befehlen, nicht weil sie sich, nach Beseitigung ihrer Furcht, etwa sicher fühlte,
> sondern weil sie den Zorn der Götter mit demjenigen Caesars abgewogen hatte.

Neben die zuvor beobachtete Zeichnung Caesars als eines stoischen Toren ist die eines Herausforderers der Götter getreten,[20] dessen Dämonie in der Synkrisis des ersten Buchs angelegt ist und im siebten Buch ihren Höhepunkt erreichen wird. Gleichzeitig unterstreicht Lucan höhnisch die Machtlosigkeit der hier allerdings auswärtigen Götter in seinem Kommentar: Sie könnten nur unglücklichen Menschen zürnen (449; s. a. u. S. 121 f.).

4.3 3, 453–762: Die Kämpfe um Massilia [21]

Zunächst erfährt man, dass Caesar, seiner Ungeduld folgend, sich nach Spanien wendet und das langwierige Geschäft der Belagerung seinen Feldherrn überlässt (453–455a). Nahtlos erfolgt nun die Schilderung der ersten Phase des Krieges, eines vergeblichen Versuchs, die Stadt zu Lande einzunehmen (455b–508). Anstelle militärischer Aktionen steht die Mechanik des Kriegsgeräts im Vordergrund, deren Darstellung von dem zu Beginn errichteten und am Ende darniederliegenden Damm (*agger*, 455 u. 508) eingerahmt wird – bezeichnend für den Fehlschlag des Unternehmens zu Lande.

Die Schilderung der folgenden Seeschlacht (509–762) besitzt, neben der Einleitung, zwei Teile, deren erster (ab 521) den Manövern auf See und anonym gehaltenen Aktionen gewidmet ist. Auf Grund des Befehls des Brutus (559 ff.) geht man zum Nahkampf über, so dass sich das Kriegsgeschehen zu einer maritimen Landschlacht entwickelt. Der zweite Teil (ab 583) bietet eine ausführliche Darstellung von Einzelkämpfen und -schicksalen. Hierbei haben wir es nicht mit Aristien herkömmlicher Art zu tun; der Blick des Erzählers ruht auf den Opfern und ihren ans Unvorstellbare grenzenden Todesarten, die als manieristisches Schauspiel inszeniert werden,[22] wie er selbst betont, 633b f.: *multaque ponto / praebuit ille dies varii miracula fati* („und viele Wunder / unterschiedlicher Todesfälle bot jener Tag dem Meer") (vgl. a. 652b f.). Das grausame Sterben vollzieht sich mitunter Körperglied für Körperglied (642b ff.),[23] und die *virtus* (690) der Kämpfer besteht u. a. darin, dem Feind noch während des eigenen Sterbens Schaden zuzufügen. So bittet der bereits tödlich getroffene Tyrrhenus die Kameraden, ihn aufzurichten, damit er noch eine Lanze werfen kann, 716–21a.:[24]

„vos", ait, „o socii, sicut tormenta soletis,
me quoque mittendis rectum componite telis.
Egere, quod superest animae, Tyrrhene, per omnes
bellorum casus. Ingentem militis usum
hoc habet ex magna defunctum parte cadaver:
viventis feriere loco.

Er sprach: „O Kameraden, wie ihr es mit Wurfmaschinen zu tun pflegt,
so stellt auch mich hin, damit ich Geschosse schleudern kann.
Schleudere hinaus, Tyrrhenus, was noch an Leben übrig ist, über sämtliches Kriegsgeschehen! Den gewaltigen Nutzen eines Soldaten
hat noch dieser zum großen Teil (bereits) tote Körper:
An Stelle eines Lebenden wirst du getroffen werden".

Dieser Lanzenwurf löst auf der Gegenseite ein Drama aus: Ein Vater, der seinen Sohn – ihm gilt das Mitleid des Erzählers (*miserum,* 736) – tödlich getroffen sieht, will diesen nicht überleben, sondern gibt sich selbst den Tod, ohne ihm den letzten Dienst eines Abschieds gewährt zu haben.[25]

Das dritte Buch endet mit der Hervorhebung des Decimus Brutus, der den ersten Sieg zur See für seinen Meister errungen habe (761 f.).

Das vierte Buch

Lucans Bemerkung, die folgenden Kämpfe sollten für beide Gegner eine große Bedeutung haben (1 ff.), markiert eine Steigerung zu dem bisher behandelten Geschehen. Das Buch besteht aus zwei[1] Hauptteilen: den Kämpfen Caesars in Spanien und dem Untergang Curios mit seinem Heer in Africa. Im ersten Teil erscheint Caesar als der moralische Sieger, da die Gegner den Waffenstillstand brechen. Das beide Teile verbindende Thema ist die Auseinandersetzung zwischen Caesar und (s)einer widerspenstigen Fortuna.

1 4, 1 – 401: Caesar in Spanien

1.1 4, 1–143a: Unblutige Kämpfe und eine ausgebliebene Sintflut

Nach der kurzen Bemerkung über die Bedeutung der beginnenden Kämpfe (1–3) werden die beiden Generäle des Pompeius, Afranius und Petreius, als Gegner Caesars genannt, und, nach einer Ekphrasis des Ortes (11–23), die ersten Kämpfe skizziert (24 ff.).[2] Diesem relativ unblutigen Vorgeplänkel machen sintflutartige Regenfälle (48 ff.) ein Ende, so dass Caesar in Bedrängnis gerät. Die pathetische Schilderung dieses Unwetters (76–120), der Lucan eine breite wissenschaftliche Erklärung vorausschickt (50–75), bezieht den Kosmos ein[3] und erhält ihren Gipfel in dem (freilich vergeblichen) Gebet an Iuppiter (*rector,* 111) und an Neptun, sämtliche Flüsse ins Land zurückfließen lassen, um durch eine echte Sintflut diese Gebiete dem Bürgerkrieg zu entziehen, 120: *miseras bellis civilibus eripe terras*

(„entreiße die armen Länder den Bürgerkriegen“).[4] Der Dichter zeigt sich bereit, um der Beendigung der Kriege willen den Weltuntergang in Kauf zu nehmen.

In den folgenden Versen wird das zur Sintflut erhobene Unwetter als Spiel der Fortuna gedeutet, mit dem sie ihrem Schützling Caesar einen Schrecken einjagen wollte, um ihn sodann umso reicher zu beschenken (121–22a). Die Erwähnung der launischen Göttin leitet über zu dem bemerkenswerten Zusatz des Dichters, 122b–23a: *solitoque favere secundi / et veniam meruere dei* („und geneigt, sich mehr als üblich günstig zu zeigen, verdienten sich auch die Götter Gnade“).[5] In der Unterwerfung der Macht der Götter und der Naturelemente zeigt sich der Prozess der Dämonisierung Caesars. Das Unwetter ebbt ab, und das Land steigt wieder aus den Fluten empor. Die Reste des Wassers werden von Caesar in Form der Kanalisierung „bestraft“ (*dat poenas,* 123b–143a). Eine verständliche Vorsichtsmaßnahme (Verhindern weiterer Überschwemmungen, 141 f.) wird so zum Gehabe eines Tyrannen vom Schlage des Xerxes, der den Hellespont auspeitschen ließ (Hdt. 7, 35), umgewertet.[6]

1.2 4, 143b–259a: Neue Kämpfe und fehlgeschlagene Fraternisierung

Worin das eigentliche „Verdienst“ der Götter besteht, wird in der folgenden Episode deutlich, aus der Caesar unerwartet als Verfechter der besseren Sache hervorgeht (258 f.). Zunächst wird, nach der Schilderung neuer Kämpfe, die Verbrüderung der feindlichen Heere erzählt, die ihr Lager einander gegenüber aufgeschlagen haben. Die Sichtweite[7] bewirkt die Erkenntnis des verbrecherischen Ausmaßes des Krieges: *deprensum est civile nefas* (172); hierbei lässt sich allerdings ein Widerspruch zur Charakterisierung der Kämpfe vor Einsetzen der Regenfälle ausmachen; schon damals waren sich beide Seiten ihres Tuns bewusst und kämpften nur verhalten, wie der Dichter festhielt, 26b f: *piguit sceleris, pudor arma / furentum continuit* („man bereute das Verbrechen, Scham hielt die Waffen der Rasenden zurück“).

Wie dem auch sei, mit seiner Bemerkung von Vers 172 betont Lucan die Singularität der kommenden Begebenheit. Die aus der Erkenntnis des Bürgerkriegs als Verbrechen resultierende Fraternisierung der Gegner wird psychologisch nachvollziehbar und ermöglicht ihm, die Chance zur Beendigung des Krieges als einen, wenn auch nur kurz währenden Traum vorzuführen. Geradezu einfühlsam schildert er die Phasen der Verbrüderung: Man überschreitet die Wälle, erkennt sich (es handelt sich um Verwandte und Freunde), umarmt sich und weint unter Küssen (172 ff.). Dann appelliert er an die Soldaten und entwirft die Vision eines Caesar, der seinen Schwiegersohn in die Arme schließt (188); nach einem Gebet an die Macht der Liebe und Eintracht (190 ff.) führt er den besonderen Moment der Entscheidung vor Augen,191b–94a:

> *Magnum nunc saecula nostra*
> *venturi discrimen habent. Periere latebrae*
> *tot scelerum, populo venia est erepta nocenti:*
> *agnovere suos.*

Nun haben unsere Zeiten die große Gelegenheit,
eine Entscheidung für die Zukunft zu treffen. Dahin sind die Ausreden
für so viele Verbrechen, dem Volk ist, wenn es sich schuldig macht, die Möglichkeit
genommen, begnadigt zu werden: Sie haben die Ihrigen erkannt.

Auch an dieser Stelle bewirkt der Kommentar des Dichters, abgesehen davon, dass der Bürgerkrieg wieder als frevelhafter Kampf unter Verwandten verurteilt wird, eine Retardierung, die ein Nachdenken über die Situation erzwingt. Um diese besondere Gelegenheit hervorzuheben, an der die Geschichte einen anderen Verlauf hätte nehmen können,[8] tut der Erzähler so, als wäre es noch möglich, das Verhängnis aufzuhalten. Mit der Formulierung „unsere Zeiten" und dem Gebrauch des Präsens (*habent*) erreicht er eine Vergegenwärtigung des Geschehens, stellt sich als von der Handlung Betroffener dar und vermischt somit die Ebenen der Erzählung und seiner eigenen Zeit.[9] Umso frevelhafter erscheint nun das Eingreifen des Petreius, der die Versöhnung mit Worten beendet, in denen sich Sinnlosigkeit dieses Krieges zeigt, aber gleichzeitig zum Durchhalten aufgefordert wird, 212–15a:[10]

Immemor o patriae, signorum oblite tuorum,
non potes hoc causae, [11] *miles, praestare, senatus*
assertor victo redeas ut Caesare: certe,
ut vincare, potes.

O Soldat, der du das Vaterland, der du die Feldzeichen der Deinen vergisst,
du kannst als Kämpfer der Sache des Senats nicht erreichen,
nach einem Sieg über Caesar heimzukehren; aber gewiss
kannst du (es schaffen), besiegt zu werden.

Der Erfolg dieser Rede beruht nicht etwa auf Argumenten, sondern darauf, dass sie vom Zorn diktiert ist, 211: *addidit ira ferox moturas proelia voces.* Dem Redner gelingt es, seine Affekte auf die zuhörenden Soldaten zu übertragen, 235b f.: *sic fatur et omnes / concussit mentes scelerumque reduxit amorem* („so sprach er, erschütterte alle / Gemüter und brachte die Lust zu Verbrechen zurück").

Die von *ira* (einer Vorstufe des *furor*[12]) inspirierte Rede bleibt in einer Zeit der Raserei nicht wirkungslos: Wie bei nur vorübergehend gezähmten Raubtieren (der Mensch wird mit einer Bestie verglichen[13]) kehrt die Wildheit als *rabies, furor* (240) und *ira* (242) zurück, also als der psychische Ausnahmezustand, in dem die ungeheuerlichsten Verbrechen möglich werden.[14] Unter dem Motto *itur in omne nefas* (244) wird das folgende Morden an den Caesarianern angekündigt, an dessen Ende ihr Feldherr (das ist das Geschenk der Fortuna und der Götter, 122 f.) als Führer der besseren Sache dastehen wird (258 f.).[15]

1.3 4, 259b–401: Die Kapitulation der Generäle

Diese situationsbedingt positive Darstellung Caesars (nimmt man Lucans letzte Sentenz ernst) setzt sich fort: Als sich die Pompejaner, von der Wasserzufuhr abgeschnitten und von großem Durst gequält, selbstmörderisch in den Kampf stürzen wollen, nimmt er die Schlacht nicht an, 274: *non ullo constet mihi sanguine bellum* („kein Blut soll mich der Krieg kosten"). Eine solche Haltung steht zu seiner bisher beobachteten Lust, keinen Kampf auszulassen, in einem seltsamen Widerspruch, es sei denn, man sähe in der Inkaufnahme der unsäglichen Qualen der dürstenden Soldaten eine zynische Variante der Kriegsführung, was vielleicht auch möglich ist.

Die Leiden (292 ff.) werden erst durch die Kapitulation beendet (337 ff.). Hier zeigt sich ein milder Caesar, der den Bitten des nur scheinbar unterwürfigen Afranius[16] um Gnade und Entlassung des Heeres stattgibt, 363b f.:

At Caesar facilis voltuque serenus
flectitur atque usus belli poenamque remittit.

Aber Caesar, zugänglich und mit heiterer Miene,
ließ sich bewegen und erließ den Kriegsdienst und die Strafe.

Diese Inszenierung hebt sich von Lucans sonstiger Tendenz ab, die *clementia Caesaris* zu diffamieren. Ein Vergleich mit der entsprechenden Passage des *bellum civile* Caesars (1, 71 ff.), in der der Feldherr sein behutsames Vorgehen gegen die Feinde (sehr zum Unmut seiner Soldaten, *civ.* 1, 72:) und die demütige Haltung des Afranius bei der Kapitulation hervorhebt (*civ.* 1, 84, 5) lehrt indes, dass Lucan die *clementia Caesaris,* wo er sie nicht abstreiten kann, zumindest nicht lobt – dazu ist die Reaktion Caesars zu knapp und obendrein, mit der Verwendung des Herrschern vorbehaltenen *serenus,* ambivalent geschildert.[17]

Im Rest dieses Teils kritisiert Lucan die begnadigten, halbverdursteten Soldaten, die in ihrer Gier, den Durst zu löschen, krank werden.[18] Wichtiger als dieser moralisierende Ausfall ist jedoch der Gegensatz, den der Dichter zwischen den begnadigten Feinden und den Caesarianern aufbaut, die weiter über den gesamten Erdkreis ihr Blut werden vergießen müssen (382 ff.).[19] Die Entlassenen hingegen preist er glücklich, da sie als einzige ohne Parteinahme dem weiteren Geschehen als (epikureische [20]) Zuschauer folgen könnten (400b f.).

Mit diesem Kontrast zwischen glücklichen Besiegten und unglücklichen Siegern wird die Etappe der bisher erfolgreichen Caesarhandlung zum Abschluss gebracht und gleichzeitig ihre Fortsetzung angekündigt.[21]

2 4, 402 – 824: Rückschläge für Caesar

2.1 4, 402–581a: *furor* des Vulteius im Gewand der *virtus*

Der Schauplatz wechselt, aber die Szene wird mit der vorherigen durch das Wirken der Fortuna (402 f.) thematisch verbunden: Hat sie während der Ereignisse in Spanien Caesar nur ein wenig geneckt, ihn dann sogar damit belohnt, als Führer der besseren Sache zu gelten (258 f.), so „wagt" sie nun etwas gegen seine Partei (402 f.). Hierbei tritt das eigentliche Geschehen, die Kämpfe auf der Adria vor der illyrischen Küste, in den Hintergrund, um die Kulisse zu bilden,[22] vor der in umso grelleren Farben Einzelszenen hervorleuchten, in denen sich das ganze Pathos lucanischer Dichtkunst entlädt.[23] Zwar werden die Kommandeure der Parteien genannt, aber konkret wird der Dichter nur, insoweit er den Bau von Flößen erwähnt, auf denen die eingeschlossenen Caesarianer zu entkommen suchen (415 ff.); weiterhin beschäftigt er sich ausführlich mit der Falle der gegnerischen Kilikier, in die eines der Flöße mit Vulteius als Kommandanten geraten ist (445 ff.); die Voraussetzungen, die zu dieser Lage führen, werden zwar anschaulich geschildert, aber gleichzeitig wird der Schauplatz durch den Vergleich mit der von Scylla und Charybdis bewohnten Meeresenge (455 ff.) mythologisch überhöht und zu einer Bühne, auf der nun Außerordentliches geboten wird:[24] Angesichts der Aussichtslosigkeit, das Floß von den Stricken zu befreien oder den Kampf gegen die Übermacht der Feinde zu bestehen (467), lässt Lucan Vulteius in der auf die kurze erbitterte Gegenwehr folgenden Nacht zum kollektiven Selbstmord aufrufen (474–520a);[25] dieses gegenseitige Morden (520b–81a) gerät, wie schon der Schauplatz, durch Vergleiche mit mythischen Begebenheiten (549b–56a) in eine Sphäre des Ungewöhnlichen und Einmaligen, vor dem das eigentliche Geschehen des Krieges, wie bereits bemerkt, in den Hintergrund tritt. Das Vorhandensein einiger Signalwörter wie *furor* und *nefas* lassen die Szene als ein zur Schau gestelltes Exempel des gesamten Bürgerkriegs lucanischer Prägung erscheinen: Es ist der *furor*, der Vulteius beherrscht und ihm den Gedanken an den wechselseitigen Mord eingibt, 516 f.:[26]

Proieci vitam, comites, totusque futurae
mortis agor stimulis; furor est.

Hingeworfen habe ich mein Leben, Kameraden, und völlig von Leidenschaft
für den künftigen Tod werde ich getrieben; Raserei ist es (, die mich treibt).

Mit den Versen, die nun den Übergang vom Kampf mit den Feinden zur gegenseitigen Tötung markieren (*versus ab hoste furor,* 539 ff.), verkehrt Lucan sarkastisch seine eigene Forderung an die Römer, erst nach einem Sieg über die auswärtigen Feinde ihrer Lust auf einen Bürgerkrieg zu frönen (1, 21–23a).

Weiterhin: Er wertet den Selbstmord der Caesarianer (wie den Bürgerkrieg überhaupt) als *nefas* (549)[27] und verankert dieses Urteil in dem nachfolgenden mythologischen Doppelvergleich, der die Tötung unter Verwandten zum Thema hat; diese Passage endet bezeichnender Weise mit dem Wort *nefas* (556), dem abschließenden Urteil Lucans über die gegenseitige Tötung der Sparten in Kolchis, für die die Zauberin Medea verantwortlich ist und vor der sie nun selbst erschaudert.[28]

Darüber hinaus lassen die Worte des Vulteius Rückschlüsse auf den hypnotischen Einfluss Caesars zu, der bereits bei der Abholzung des heiligen Haines von Massilia zu erkennen war; hier tritt dieses Phänomen deutlicher hervor:[29] Vulteius wird durch den Gedanken an Caesar, den er trotz seiner Abwesenheit anspricht, zu der von *furor* inspirierten Tat getrieben, 500–02:

Namque suis pro te gladiis incumbere, Caesar,
esse parum scimus. Sed non maiora supersunt
obsessis, tanti quae pignora demus amoris.

Denn wir wissen, Caesar, dass es zu wenig ist, sich für dich
in die eigenen Schwerter zu stürzen. Aber für uns, die wir bedrängt sind,
bleiben keine stärkeren Beweise unserer so großen Liebe, die wir dir geben können.

Neben der Steigerung der Caesarfigur ins Dämonische hat die Szene das Wesen der *virtus* zum Thema. In seinem abschließenden Kommentar preist Lucan die von ihm zuvor als von *furor* geprägte und als *nefas* verurteilte Handlungsweise der Leute des Vulteius nun als *exemplum* einer *virtus* (573b ff.), durch die sich der Mensch von einer bedrückenden Knechtschaft befreien könne – eine nicht zu überhörende Bezugnahme auf die eigene Zeit![30]

Den Gedanken, dass *virtus* auf Seiten der Caesarianer immer nur verkehrt sein kann, da sie der Inthronisierung eines Tyrannen diene, hebt sich der Erzähler für die Scaeva-Episode im sechsten Buch auf und begnügt sich hier mit einer Andeutung, 579: *ignorantque datos, ne quisquam serviat, enses* („und sie wissen nicht, dass es Schwerter gibt, damit niemand Knechtdienst leiste").[31]

2.2 4, 581b–824: Der Untergang des Curio – Tragödie ohne Katharsis

Mitten im Vers 581 wechselt der Erzähler den Schauplatz und die Personen, behält aber das Thema bei: Auch in der folgenden Episode, den Kämpfen in Africa, geht es um das Wirken der Fortuna, die Caesar einen Rückschlag bereitet; sie übernimmt die Rolle der griechischen Götter, die eine von Verblendung heimgesuchte Person (hier Curio) in trügerische Sicherheit wiegen, um sie sodann ins Unglück zu stürzen (711b–12; 730).[32] Zu dieser Konzeption passt die Einführung Curios als *audax* (583; vgl. *incautus*, 719); hiermit nimmt Lucan den *Curio audax* von 1, 269 wieder auf. Schien dort jene Bewertung der alten republikanischen Terminologie des innenpolitischen Kampfes zu entstammen, so wird die *audacia* in Africa in einen epischen Kontext gestellt, so dass Curio insgesamt als eine Mischung u. a. aus Catilina und Turnus erscheint.[33]

Der Dichter entfernt sich dabei gar nicht so weit von Caeasars Urteil über das Verhalten seines Feldherrn in Africa;[34] zu Beginn der Episode hält dieser fest, Curio habe von Beginn an die Truppen des Varus unterschätzt (Caes. *civ.* 2, 23, 1: *ab initio copias … despiciens*), später falschen Gewährsmännern blind Glauben geschenkt und deshalb seine Pläne geändert (*civ.* 2, 38, 2: *temere credens consilium commutat*), um nun doch den Kampf aufzunehmen. Als entschuldigende Motive führt er neben dessen Jugend (auch Lucan nennt ihn in seinem Nachruf *iuvenis*, 4, 813), die *magnitudo animi* an, die man im Kontext als beschönigende Wendung für *audacia* verstehen kann. Auch die Zuversicht auf Grund der bisherigen Erfolge (*fiducia*, später: *spes*, *civ.* 2, 39, 6), lässt Curio bei Caesar in einem tragischen Licht erscheinen: Seine Fehleinschätzungen und daraus resultierenden Handlungen führen zum Untergang (*civ.* 2, 38–42); er selbst will nach dem Verlust des ihm anvertrauten Heeres Caesar nicht mehr unter die Augen treten und stirbt den Heldentod (*civ.* 2, 42, 4).

Zurück zu Lucan: Wie bei der Vulteius-Episode wird auch hier der Schauplatz in eine Aura des Mythischen gehüllt, wenn der Erzähler Libyen „Reich des Antaeus" (590) nennt und statt einer Ortsbeschreibung den Mythos des Kampfes zwischen Hercules und Antaeus folgen lässt, den Curio von einem alten Mann hört (593 ff.). So erscheint Africa als Land der Giganten und als ein den Römern feindlicher Kontinent[35] – ein Motiv, das im neunten Buch mit der Beschreibung Libyens und Catos Marsch durch die Wüste seine Vollendung findet.

Zwischen Antaeus und Curio deuten sich Parallelen an, so dass der Mythos auf den Feldzug und Untergang Curios vorausdeutet.[36] Der alte Mann beschließt seine Erzählung mit der Erwähnung des Siegers über Hannibal, Scipio, der in eben dieser Gegend sein Lager aufgeschlagen haben soll (656–60); gerade diese Bemerkung lässt Curio hoffen, der Kampf gegen seine überlegenen (665) Feinde erledige sich von selbst – ein fataler Irrtum, wie im angefügten Katalog der Truppen des Varus und des Maurenkönigs Iuba deutlich wird (666–86).

Indes weist die mit Caesars Darstellung fast kongruente Konzeption Curios als tragischer Gestalt einen zusätzlichen Aspekt auf: Es scheint, als büße dieser nun die Untaten aus der Zeit seines Volkstribunats, 689: *quo superos humanaque polluit* („in dem Jahr, in dem er Götter und Menschen schändete"). Hierbei betont der Dichter in einem Kommentar die bittere Ironie der Geschichte: Ausgerechnet jener Curio, der Caesar den Weg zur Alleinherrschaft geebnet habe, wollte Iuba im gleichen Jahr durch ein Dekret vom Thron stürzen, um Libyen von einem Tyrannen zu befreien. Dadurch habe er sich die Feindschaft des Königs zugezogen, die ihm nun zum Verhängnis werde (687–93).[37] Bei der Nachricht, dass er es neben Varus auch mit diesem Iuba zu tun habe, ahnt Curio zwar nichts Gutes, bleibt sich aber als *audax* treu, wenn er nichts desto trotz den Kampf sucht, wie seine *adhortatio* zeigt, 702 f.: *audendo magnus tegitur timor: arma capessam / ipse prior* („durch wagemutiges Handeln lässt sich große Furcht verbergen; ich werde / vorher selbst zu den Waffen greifen").

Der Erfolg gegen Varus scheint ihm, von Fortuna getäuscht (711b f.), zunächst Recht zu geben; doch unterliegt er, als Opfer seines Leichtsinns (731; 737a), Iubas Kriegslist, deren Erfolg Fortuna ermöglicht (730): Die Katastrophe nimmt ihren Lauf, und der Bürgerkrieg reißt seinen Urheber in den Abgrund.

Auffälligerweise vergisst Lucan sowohl bei der Vulteius-Episode als auch hier den Römer in sich nicht: In beiden Fällen sind es auswärtige Truppen, die mit List und Tücke (*fraus*, 730, 736, 742; *dolus*, 737, *simulata ars*, 744; vgl. 448 f. u. 465), also „barbarischen" Mitteln, ihren Sieg über die Caesarianer erringen, die Römer sind (Vulteius und seine Leute waren romanisierte Gallier); zudem kommentiert er nach der Schlacht, kurz vor Curios Tod, 791–93a:

Romanam, superi, Libyca tellure ruinam
Pompeio prodesse nefas votisque senatus:
Africa nos potius vincat sibi.

O welch Frevel, ihr Götter, dass der Untergang von Römern im Libyerland
Pompeius nützt und den Wünschen des Senats:
Africa mag uns lieber in seinem Interesse besiegen.

Lucan variiert seine Forderung im Proöm (1, 21–23), sich erst nach der Bewältigung auswärtiger Kriege gegen die eigenen Bürger zu wenden.

Bei der Schilderung der Katastrophe selbst herrscht das Abstruse und Paradoxe vor: Die Soldaten, entsetzt vor Furcht, suchen weder den Kampf noch ergreifen sie die Flucht, sondern lassen sich auf ihren Pferden den Feinden entgegentragen, wodurch deren Speeren ein Teil ihres Wegs erspart wird (749–64). Danach zeigt Lucan das Schicksal des Fußvolks, das immer mehr eingeschlossen wird, bis zuletzt kein Raum bleibt, das Schwert ohne Verletzung der eigenen Leute zu zücken. Die Soldaten werden so zusammengedrängt, dass die Toten nicht zu Boden fallen können (769 ff.). Sie verlieren ihre Individualität, ihr Menschsein, und werden zu *stipata membra* (782).[38] Hierbei handelt es sich um eine Motiv-Wiederholung des Gemetzels während der Proskriptionen unter Sulla (2, 201 ff.): Die unerträgliche Paradoxie des Bürgerkriegs ist an die nächste Generation vererbt. Doch neben der Erschütterung, der Lucan, wie soeben gesehen, pathetischen Ausdruck verleiht, erscheint das Geschehen als Inszenierung, wie schon an anderer Stelle zu sehen war: Dem siegreichen Feind bietet sich kein frohes Schauspiel, wie es ihm Fortuna verschaffen wollte, da wegen des Gedränges der Opfer keine Ströme von Blut zu sehen sind, 784–87:

Non tam laeta tulit victor spectacula Maurus
quam Fortuna dabat; fluvios non ille cruoris
membrorumque videt lapsum et ferientia terram
corpora; compressum turba stetit omne cadaver.

Kein so frohes Schauspiel trug der siegreiche Maure davon,
wie Fortuna es bereiten wollte; denn jener sah nicht Ströme von Blut
und nicht das Herabfallen von Gliedern und auch nicht Körper auf die Erde
schlagen; zusammengedrückt durch die Masse stand jede Leiche fest (am Platz).

Ein misslungenes Schauspiel! (An der Qualität wird Fortuna arbeiten, wie später zu sehen sein wird, 6, 190 f.). Eine solche Darstellung muss man nicht als Effekthascherei abtun. Durch die Anspielung auf einen Gladiatorenkampf[39] wird der Szene größere Anschaulichkeit verliehen (s. a. u. S. 56, zu Scaeva).

Gleichzeitig steht diese Katastrophe in einem mythisch-historischen Kontext, wenn sie als grässliches Sühneopfer (*dira piacula*, 790) für Karthagos Untergang bezeichnet wird (788–93).

Es folgt die kurze Schilderung von Curios Tod in der Schlacht als Heldentat, die ihm laut Lucan aufgezwungen wird (*virtute coacta*, 798); der Nachruf auf ihn fällt, seinen Lebensphasen vor und nach der Bestechung durch Caesar entsprechend zwiespältig aus und endet mit dem vernichtenden Urteil, alle Politiker – Sulla, Marius, Cinna und das Haus der Caesaren werden genannt 825 f., womit wieder Kritik am Prinzipat hörbar wird[40] – hätten Rom gekauft, er aber verkauft (*emere omnes, hic vendidit urbem*, 824). Der käufliche Politiker (1, 269) ist zum Verkäufer geworden (4, 819 f.);[41] die Umdeutung eines von Tragik umwehten, tapferen jungen Mannes, wie er in Caesars *bellum civile* erscheint, zu einer fragwürdigen Gestalt ist vollkommen. Lucan verwendet zwar, wie gesehen, Elemente des Tragischen, doch stellt sich nach diesem Nachruf keine Sympathie des Lesers ein; im Gegenteil: Curio hat seinen Untergang verdient.[42]

Das fünfte Buch

Das fünfte Buch besitzt drei Hauptteile, deren einer der Senatspartei in Griechenland (Senatssitzung und die Orakelbefragung des Appius) gewidmet ist; der zweite, weitaus größere, hat Caesars Schwierigkeiten mit Mensch (Meuterei) und Natur (Seesturm) zum Gegenstand; das Buch endet mit dem Blick auf Pompeius und Cornelia, um so in einer gedrückten Stimmung auszuklingen.

1 5, 3b – 236: Die Senatspartei in Griechenland

1.1 5, 3b–64a: Tagung des Senats

Nach Lucans Resümee der vergangenen Kämpfe, Fortuna habe durch die bisherigen Verluste beider Parteien für ein Gleichgewicht der Kräfte gesorgt (1–3a),[1] tritt die Seite des Pompeius wieder ins Blickfeld: Der aus Rom geflohene Senat tagt in Epirus,[2] und der Konsul Lentulus sucht die Gemüter aufzurichten, indem er die unwandelbare Legitimität dieses Gremiums, selbst wenn es außerhalb Roms tage, unterstreicht, 29b f.: *non umquam perdidit ordo / mutato sua iura solo* („niemals hat der Stand / seine Rechte durch einen Ortswechsel verloren").[3]

Lentulus nimmt den Untergang Curios zum Anlass, trotzig Zuversicht auszustrahlen (37b–40) und wie ein Feldherr zu den Senatoren zu sprechen; er ruft dazu auf, Pompeius den Oberbefehl zu übertragen. Diese nachgeschobene[4] Ermächtigung erhebt diesen endgültig zum Vertreter der *res publica* d. h. der besseren Sache (14; 46b f.). Die folgende Schilderung von Ehrungen Verbündeter mündet mit der Nennung des Ptolemaeus in die Vorhersage über Pompeius' Ende in Ägypten (57–64a).

1.2 5, 64b–236: Ein (un)missverständliches Orakel für Appius

Aus der Menge der zum Krieg Rüstenden hebt der Dichter den Statthalter Griechenlands, Appius,[5] hervor, der das Orakel in Delphi aufsucht. Auch diese Szene wird mit einer Einleitung versehen, die den Ort des Geschehens in das Licht mythischer Vergangenheit taucht (71–85); es folgen skeptische Worte Lucans über die Beglaubigung dieser angeblich von Göttern inspirierten Orakelstätte (85 ff.) und die Beschreibung der Wirkung Apolls auf die Priesterin (97 ff.).[6] Der Dichter beklagt das Schweigen des Orakels zu seiner Zeit (111b ff.). Auch

hier lässt sich Kritik am Prinzipat ablesen: In ihrer Furcht vor der Zukunft haben die Herrscher den Göttern zu reden verboten (114: *et superos vetuere loqui*). Der Verlust der Redefreiheit betrifft nicht nur die Menschen.
In diese Ruhe dringt Appius ein, um seine Zukunft zu erfahren; seinem Auftritt haftet etwas Gewaltsames an, wie die Verben zeigen, mit denen sein Verhalten gegenüber dem heiligen Ort und der Priesterin charakterisiert wird (*sollicitat*, 123, *corripuit cogitque … irrumpere*, 127). Die Priesterin zögert die Wahrsagung hinaus:[7] In ihrer Angst vor der Heiligkeit des Ortes behauptet sie, das Orakel sei verstummt (128–40). Gerade diese Angst, so der Dichter, sei ein Beweis für die Existenz des Göttlichen (141 f.). Danach, von einem Priester in das Heiligtum hineingestoßen, täuscht sie prophetische Besessenheit so schlecht vor (146 ff.), dass Appius in Zorn gerät und ihr mit Gewalt droht. Hierauf flieht sie zum Dreifuß (157b ff.) und wird von Apoll mit einer Gewalt ergriffen, die erotischen Beigeschmack hat (161 b ff., vgl. a. 193: *domita iam virgine*).[8] Sie „rast" nun wie die vergilische Sibylle (169 f.)[9] und gibt Unklares (194–96) von sich.

Neben dem Widerstand der Priesterin erkennt man als weitere Variante des Topos „Orakelbefragung" die unterbundene Enthüllung der Wahrheit (176 f.): Apoll würgt die Priesterin gewissermaßen ab (197).[10] Folglich gibt sie ihrerseits den Gott nicht frei, mit dessen Macht sie doch vorher nicht in Berührung kommen wollte (208b ff.). Ihr doppeldeutiger Spruch (194–96) verleitet Appius zu dem Glauben, unbeteiligt an den Kämpfen in einem abgelegen Winkel der Welt seine Ruhe zu finden (224b–27). Lucan macht sich über ihn und seinen fatalen Irrtum lustig, 228–30a:

Heu demens, nullum belli sentire fragorem,
tot mundi caruisse malis, praestare deorum
excepta quis morte potest?

Ach du Törichter, keinen Kriegslärm zu hören,
von so viel Übeln der Welt befreit zu sein, wer von den Göttern
kann dies gewähren außer dem Tod?

Schon bei einem flüchtigen Blick erscheint diese Orakelszene u. a. als Gegenbild zur Befragung der Sibylle (in 183 erwähnt) durch Aeneas (Verg. *Aen.* 6, 42 ff.):[11] Dort ist Aeneas der Zögernde, der von der Sibylle zu Gebeten aufgefordert werden muss (*<u>cessas</u> in vota precesque … <u>cessas</u>*, *Aen.* 6, 51 f.), während Appius, auf Gebete verzichtend, darüber in Zorn gerät, dass sich die Prophezeiung hinauszögert (*sensit tripodas <u>cessare</u>*, 157), die Priesterin Phemonoe als *impia* beschimpft und ihr droht. Die beiden Ratsuchenden sind ihr genaues Gegenteil: Dem *pius* Aeneas steht ein respektloser Appius gegenüber. Lucan entweiht so zu sagen den Kult, wenn er einen Unwürdigen und Unbedeutenden (dessen Los schwierig genug zu finden ist, da es unter denen bedeutender Männer verborgen liegt, 186b–89) das Orakel aufsuchen und die Priesterin ihre Raserei zunächst nur spielen lässt (s. o.) – eine Kränkung weniger für Appius als für den Gott (151 f.), wie er selbst betont.

Zudem zeigen die Priesterinnen ein gegensätzliches Verhalten: Der Widerstand der Sibylle gegen die Inbesitznahme durch Apoll wird nur kurz geschildert (*Aen.* 6, 77–80), wodurch er als gewöhnliches Ritual erscheint. Die Weissagung verläuft danach ohne Hindernisse „von selbst" (*sponte sua, Aen.* 6, 82) und wird nicht von Apoll „abgewürgt". Ihr prophetischer *furor* legt sich (*Aen.* 6, 102), während die lucanische Priesterin, die nicht alle Geheimnisse verraten darf, von ihrer Raserei durch einen Trank des Vergessens befreit werden muss (210–24a).

Indem Lucan den Fokus eher auf die Priesterin und ihr Verhalten während der Besessenheit durch Apoll richtet (169–93 u. 208b–24a) und die Weissagung selbst zurücktreten lässt,[12] wird aus der von heiligem Schauder umwehten vergilischen Szene die Darbietung einer Sensation in Gestalt des Kampfes zwischen Apoll und seiner Priesterin, bei dem auch erotische Anspielungen unverkennbar sind.

Die Appiusepisode bereitet die Nekromantie des sechsten Buchs vor, wo die Hexe Erictho eine Zukunft enthüllen wird, die jetzt noch verborgen bleibt.

2 5, 237 – 721: Caesar im Kampf mit Mensch und Natur

2.1 5, 237–373: Die Meuterei von Placentia

Nun wechselt der Erzähler zu Caesar, der auf dem Rückweg von Spanien mit einer Meuterei seiner Soldaten konfrontiert wird. Der Verzicht auf die Ortsangabe (Placentia)[13] und die bei dieser Gelegenheit unhistorische Anrede „Quirites", die Caesar verwendet (358), zeigen den Vorrang poetischer Intention vor der Historizität. Die Szene lässt sich wie folgt gliedern:

Teil 1: Einführung	
a) Situation	237–244a
b) Motive der Soldaten für die Meuterei	244b–248
c) Caesars Gefährdung – Entschlossenheit der Soldaten	249–260
Teil 2: Aktion und Reaktion	
a) Klage der Soldaten	261–295a
b) Aufruhr im Lager; Lucans Kommentar und seine Wendung an Caesar	295b–316a
c) Caesars Gegenrede	316b–363a
Teil 3: Abschluss	
a) Konsequenz: Bestrafung der Soldaten	363b–373

Die zur Meuterei führenden Gründe sind unklar und widersprüchlich, und zwar bereits auf der Ebene des Erzählers, der die Soldaten als der Bluttaten überdrüssig bezeichnet (*satiatae sanguine,* 246). Dieser Behauptung lässt er eine Doppelmotivierung folgen: Ihre bisherige Raserei könne durch die Kampfpause abgeklungen sein oder man wolle mehr Sold für die Verbrechen erhalten (244b–48). Diese Indifferenz wiederholt sich auf der Ebene der Erzählung: Die Meuterer lehnen es ab, weiterhin Opfer in einem Krieg zu sein, in dem es genug Tote gegeben habe (261–63a); die Positionierung dieses Gedankens fast an den Beginn der Rede spricht für die Dringlichkeit ihres Anliegens, das sie noch einmal vorbringen, wenn sie erklären, auf „natürliche“ Weise, also als Zivilisten, sterben zu wollen (278–83). Diesen Wunsch bezeichnen sie als *vota improba* (277), so als hätten sie sich noch nicht völlig vom Bann Caesars gelöst.[14] Aber auch die vom Erzähler genannten Motive schwingen in ihren Worten mit: Beutegier und ein schlechtes Gewissen wegen ihrer Untaten (270–73a; 285–90). Die Kumulation der unterschiedlichsten Gründe lässt darauf schließen, dass es Lucan nicht so sehr auf den Kontext einer historischen Situation ankommt, sondern auf den generellen Machtkampf zwischen den Untergebenen und ihrem Führer.[15]

Weiterhin: Die erzählte Handlung tritt zurück, und es entsteht ein Verfremdungseffekt durch das Eingreifen des Dichters in das Geschehen: Den Forderungen der Soldaten Nachdruck verleihend, appelliert dieser an Caesar, vom Bürgerkrieg zu lassen (310–16a). In seinem Mitempfinden wird der Erzähler scheinbar zur beteiligten Person, steigert so das Pathos und führt sein Publikum einerseits näher an das Geschehen, schafft aber andererseits eine Distanz durch den genannten Verfremdungseffekt.

Kommen wir zur Caesarrede: Der Dichter charakterisiert zuvor die Gefahr, in der sich Caesar befindet, mit folgenden Worten, 249–51:

Haud magis expertus discrimine Caesar in ullo,
quam non e stabili, tremulo sed culmine cuncta
despiceret staretque super titubantia fultus.

Bei keiner Gefahr erfuhr Caesar in größerem Maße,
von welchem nicht festen, sondern schwankenden Gipfel er auf alles
herabblickte und auf welch unsicheren Grund sich stützend er stand.

Die Metapher[16] des erhöhten Orts, der Caesar auf alles verächtlich herabschauen lässt, überführt Lucan nun in die konkrete Situation aufgetürmter Rasenstücke, von denen aus der Feldherr zornerfüllt seine Rede eröffnet, 315b–17:

Stetit aggere fulti
caespitis intrepidus voltu meruitque timeri
non metuens atque haec ira dictante profatur.

Er stand auf einem Damm aufgehäuften
Rasens, unerschrocken blickend, verdiente gefürchtet zu werden,
weil er keine Furcht hatte, und sprach folgende Worte, wobei der Zorn sprach.

Mit Metapher und Rasenhügel präsentiert Lucan einen einsamen, über der Welt thronenden Großen; aber die sich andeutende Bewunderung für Caesars Unerschrockenheit wird von etwas anderem überlagert. Der Dichter wendet sich gegen den von den Quellen bezeugten kameradschaftlichen Umgang des Feldherrn mit seinen Soldaten:[17] Caesar erscheint als der von Egomanie und Größenwahn geprägte Machtmensch, dem seine Soldaten nichts bedeuten, 335–42a:[18]

Caesaris an cursus vestrae sentire putatis
damnum posse fugae? Veluti, si cuncta minentur
flumina, quos miscent pelago, subducere fontes,
non magis ablatis umquam descenderit aequor,
quam nunc crescit, aquis. An vos momenta putatis
ulla dedisse mihi? Numquam sic cura deorum
se premet, ut vestrae morti vestraeque saluti
fata vacent: procerum motus haec cuncta secuntur,
humanum paucis vivit genus.

Oder glaubt ihr, dass Caesars Sturmlauf es als Verlust bemerken
kann, wenn ihr desertiert? (Es ist so,) wie der Meeresspiegel, wenn auch alle
Flüsse die Quellen dem Meer zu entziehen drohen, die sie (ihm) beimischen,
trotz des Entzugs von Wassermassen niemals stärker sinken könnte,
als er jetzt steigt. Glaubt ihr etwa, irgendeine Bedeutung für mich
gehabt zu haben? Niemals wird sich die Sorge der Götter derartig belasten,
dem Schicksal Zeit zu geben, sich um euren Tod oder eure Rettung
zu kümmern: Nach den Regungen der Großen richtet sich dies alles hier (auf der
Welt), und das Menschengeschlecht lebt für die Interessen Weniger.

Auch bei dieser, von Zorn eingegebenen Rede – der Auszug soll als Beispiel genügen – geht es weniger um die Argumente im Dienste einer Überredungsstrategie als vielmehr um die Zeichnung eines größenwahnsinnigen und zugleich dämonischen Caesar, der den Soldaten durch seine Unerschrockenheit Furcht einflößt und ihnen seinen Willen aufzwingt.

Hierzu passt, neben den Beschimpfungen, die Anrede „Quirites" (358). War sie die „Zauberformel", mit der der historische Caesar die Meuterei vor dem Africafeldzug, 46 v. Chr., beendete (Suet. *Iul.* 70), so wird ihr durch den Zusatz *ignavi* (358) die ursprüngliche psychologische Finesse genommen, um als offene Beschimpfung die Strafe in Form der Dezimierung einzuleiten. Die in der Synkrisis und der Abholzung des heiligen Hains von Massilia deutlich gewordene Dämonisierung Caesars wird in der Schilderung der nun folgenden Bestrafung fortgesetzt: Die Schwerter scheinen auch gegen den Willlen ihrer Träger dem Befehl zur Hinrichtung folgen zu können.[19] Durch die Erwähnung der Angst Caesars (368), sein Vorhaben könne fehlschlagen, wahrt der Dichter die Möglichkeit, die Dämonisierung später noch zu steigern. Hier wird seine Furcht mit der unglaublichen Willfährigkeit nicht nur der Vollstrecker, sondern sogar der Hinzurichtenden, kontrastiert 364b–70:

Tremuit saeva sub voce minantis
volgus iners unumque caput tam magna iuventus
privatum factura timet, velut ensibus ipsis
imperet invito moturus milite ferrum.
Ipse pavet, ne tela sibi dextraeque negentur
ad scelus hoc, Caesar; vicit patientia saevi
spem ducis et iugulos, non tantum praestitit enses.

> Es erzitterte unter der Stimme des ungestüm Drohenden
> die Masse tatenlos, und die so gewaltige Mannschaft, die dabei war, einen Einzigen
> zum Privatmann zu machen, ängstigte sich, als ob er unmittelbar über die Schwerter
> verfüge, um das Eisen auch gegen den Willen der Soldaten in Bewegung zu setzen.
> Caesar selbst war in Furcht, Waffen und Hände könnten sich ihm
> zu diesem Verbrechen verweigern; es übertraf die Willfährigkeit die
> Erwartung des wilden Führers und bot ihm Kehlen, nicht nur Schwerter dar.

Die Soldaten, durch Caesars Zorn in einer tranceartigen Furcht erstarrt (*volgus iners*), stehen unter seinem hypnotischen Einfluss. Der verengte Blick auf die exekutierenden Schwerter, die sich von selbst bewegen, und Kehlen, die sich zur Hinrichtung anbieten, bewirkt eine Eliminierung der Soldaten als menschliche Wesen. Die gespenstische Szene wird abgeschlossen mit Lucans Bemerkung, dieses Blutopfer diene der Bekräftigung des Pakts, und die Mannschaft wende sich wieder ihren Aufgaben zu; hier am Ende (das letzte Wort der Szene ist *iuventus,* 373) erhalten die übrigen Soldaten ihre menschliche Existenz zurück.

2.2 5, 374–721: Von Brundisium nach Dyrrhachium

2.2.1 5, 374–475: Überfahrt mit Hindernissen

Nach einer kurzen Beschreibung von Brundisium, dem Schauplatz weiterer Ereignisse (374–80), werden Caesars politische Maßnahmen in Rom bzw. seine Wahl zum Konsul und Diktator geschildert. Hierbei bietet Lucan einen historischen Durchblick auf die Zustände seiner Zeit, wenn er das Berichtete als Präzedenzfall für das von Angst und Schmeichelei geprägte Verhalten der Untertanen gegenüber den Kaisern deutet, 385 f.:[20] *namque omnes voces, per quas iam tempore tanto / mentimur dominis, haec primum repperit aetas* („denn alle Worte, mit denen wir schon seit so langer Zeit / unseren Herrschern etwas vorlügen, hat diese Zeit zum ersten Mal erfunden"). Wahlen werden nur zum Schein abgehalten, Vorzeichen nicht beachtet (392 ff.).

Der anschließende Teil (403 ff.) ist den Geschehnissen um Brundisium, genauer gesagt, Caesars Ringen mit den Naturgewalten, gewidmet. Zunächst ist wegen der Winterstürme ein Verlassen Italiens unmöglich (406 ff.); nachdem aber die Schiffe dennoch in See gestochen sind (412 ff.), setzt eine das Unternehmen gefährdende Windstille ein (430 ff.). Die Paradoxie des Bürgerkriegs lässt sich an neuartigen Gebeten ablesen: Die Seeleute beten um einen Sturm (450 ff.), der sie dem Zugriff der feindlichen Flotte entziehen soll. Dieser erhebt sich tatsächlich und bringt sie nach Griechenland (455b–60), wo sich die Gegner nun Auge in Auge einander gegenüberstehen. In dieser Situation sagt Lucan wieder einmal das Ende des Pompeius in Ägypten voraus (471b–75).

2.2.2 5, 476–721: Größenwahn versus Naturgewalten

Diesem Vorspiel folgt, bei Wechsel der Tonart, der eigentliche Kampf Caesars gegen die Naturgewalten. Den historischen Hintergrund bildet die sich verzögernde Verlagerung der Truppen aus Italien. Aus dem waghalsigen, aber erfolglosen Unternehmen Caesars, die stürmische Adria zu überqueren (Suet. *Iul.* 58; Plut. *Caes.* 38; App. *civ.* 2, 57), wird bei Lucan ein grelles Gemälde, auf dem der Titan im Kampf mit den rasenden Naturgewalten zu beobachten ist.[21]

Nach vergeblichen Aufforderungen an Antonius (481b–98), dessen Titulierung als *audax* (478)[22] in Kontrast zu seinem Zögern (498) steht, entschließt sich Caesar dazu, die Truppen selbst abzuholen. Der Dichter hebt den außerordentlichen Wagemut hervor, diese Überfahrt nach Italien auf einem Kahn erzwingen zu wollen (500–04); dennoch geht es ihm, trotz der unüberhörbaren Faszination, nicht um die Zeichnung eines Helden, sondern eines einsamen Großen,[23] eher gar eines Größenwahnsinnigen, der sich nicht so sehr im Vertrauen auf die Unterstützung göttlicher Mächte auf dieses Risiko einlässt, als vielmehr die Gefahr geradezu sucht, in der Fortuna sich ihm beweisen kann.[24] Caesar verlässt in tiefer Nachtruhe, die nur für unbedeutende Menschen bestimmt ist (505 f.), einzig von Fortuna begleitet (508–10a), das Lager, und stößt am Strand auf die ärmliche Behausung eines Fischers.

Man mag sich an die aus ähnlichem Material gebaute Hütte des greisen Paares Philemon und Baucis erinnert fühlen,[25] das von Iuppiter und Merkur aufgesucht wird (Ov. *met.* 8, 626 ff.). Im Gegensatz zu den Olympiern, die bis zur ihrer Epiphanie (*met.* 8, 679 ff.) ihre menschliche Gestalt behalten, um die *pietas* ihrer Gastgeber zu prüfen und dem Paar zur Belohnung die Strafe zu erlassen, die die Nachbarn für ihre Hartherzigkeit treffen wird (*met.* 8, 689 ff.), klopft Caesar – auch er verkleidet, als Bürger! – so rücksichtslos an die Tür, dass die Kate wackelt (519 f.). Bei seiner Aufforderung, nach Italien gebracht zu werden, lässt er dem Fischer Amyclas keinen Zweifel, mit wem er es zu tun hat, 537 f.:[26]

Ne cessa praebere deo tua fata volenti
angustos opibus subitis implere penates.

Zögere nicht, einem Gott dein Schicksal anzuvertrauen, der
dein enges Haus mit unerwarteten Schätzen anfüllen will.

Trotz der Warnungen des wetterkundigen Amyclas (540–59) sticht man in See. Die bald einsetzenden Böen veranlassen den Fischer, Caesar zur Rückkehr zu drängen (568b–76), worauf nun dessen spezielle „Epiphanie“ erfolgt, 577–86a:

Fisus cuncta sibi cessura pericula Caesar
„sperne minas“, inquit, „pelagi ventoque furenti
trade sinum. Italiam si caelo auctore recusas,
me pete. Sola tibi causa est haec iusta timoris
vectorem non nosse tuum, quem numina numquam
destituunt, de quo male tunc Fortuna meretur,
cum post vota venit. Medias perrumpe procellas
tutela secure mea. Caeli iste fretique
non puppis nostrae labor est; hanc Caesare pressam
a fluctu defendet onus.

Darauf vertrauend, alle Gefahren wichen vor ihm, rief Caesar:
„Achte nicht auf das Drohen des Meeres, sondern übergib das Segel dem rasenden
Wind. Wenn du (als Ziel) Italien ablehnst, weil das Wetter dich drängt,
dann steuere es an, weil ich dich dränge. Als einzig triftigen Grund für deine Furcht
kannst du nennen, deinen Passagier nicht zu kennen, (einen Mann), den die Götter
niemals verlassen und um den Fortuna sich dann schlecht verdient macht,
wenn sie erst nach den Gebeten erscheint. Brich mitten durch die Wogen,
sorglos unter meinem Schutz! Himmel und Meer müssen sich mühen,
nicht unser Schiff; da es von Caesar bemannt ist,
wird dieses Gewicht es schützen vor der Flut.

Auf Caesars letzte Worte, Fortuna suche geradezu eine solche Gelegenheit, um sich ihm anzudienen (592 f.), lässt der Dichter Stürme losbrechen, bei deren Schilderung (593b–654a) die traditionellen Motive übersteigert werden.[27] Der Seesturm wird, als Katastrophe globalen Ausmaßes, mit der Sintflut (620 ff.) bzw. der Rückkehr des urweltlichen Chaos (634) assoziiert.[28] Diese pathetische Gestaltung ist Ausdruck des Aufbegehrens göttlicher Mächte; jedenfalls sieht es Lucans Caesar so, 654b–56a:

„Quantusne evertere", dixit,
„me superis labor est, parva quem puppe sedentem
tam magno petiere mari!

Er sprach: „Welch große Mühe
haben die Götter, mich zu stürzen, den sie, der nur in einem kleinen Nachen sitzt,
mit so gewaltiger Meeresflut angegriffen haben.

Mit dem Begriff *labor* – sonst nur der Charaktersierung menschlicher Mühsal vorbehalten,[29] – degradiert Caesar die göttlichen Mächte und stellt sich über sie: Vergeblich mühen sie sich an ihm ab, dem neuen Gott.

Daneben erscheint er hier als „Gegen-Aeneas".[30] Während der vergilische *pius Aeneas* im von Iuno entfesselten Seesturm (*Aen.* 1, 81 ff.) mit Verzweiflung über seine von den *fata* auferlegte Mission reagiert und es bedauert, nicht vorher im Kampf um Troja gefallen zu sein (*Aen.* 1, 92 ff.), ist Caesar, im stolzen Bewusstsein seiner erreichten Taten und Titel, trotzig bereit zu ertrinken und auf jegliche Grabesehren zu verzichten (668b ff.) – für einen epischen Helden wie Odysseus in der gleichen Lage (Hom. *Od.* 5, 311 f.) ein unerträglicher Gedanke! Gerade diese wilde und gottlose Entschlossenheit, von der seine Ansprache an die Götter zeugt,[31] zwingt die Naturgewalten (und die dafür verantwortlichen Götter[32]) zum Einlenken. Wie bei der Niederschlagung der Meuterei (316, s. o. S. 48) kennzeichnet *intrepidus* (658) die Unbeugsamkeit, die ihn obsiegen lässt:[33] Nach seinen letzten Worten wird er von der zehnten, im Allgemeinen Tod bringenden[34] Woge an Land gespült (672–77). Sein Scheitern ist zugleich sein Erfolg: Er erreicht zwar nicht Italien, aber die Götter geben es auf, ihn zu vernichten, Fortuna hat sich als verlässlich erwiesen, er seinerseits die Probe bestanden. Obendrein wird er Gegenstand der Sorge seiner Soldaten, die ihm die Waghalsigkeit dieses Unternehmens vorwerfen (682–99). Mit der Überfahrt der Truppen des Antonius nach Griechenland (703–21) endet die Episode.

3 5, 722 – 815: Pompeius' Abschied von Cornelia

Der Szenenwechsel wird von einem scharfen Kontrast begleitet: Hatten wir eben eine pathetische Schilderung des Kampfes eines größenwahnsinnigen und dämonischen Caesar mit den rasenden Naturgewalten erlebt, so treten jetzt mit Pompeius und Cornelia Menschen vor Augen, denen jeglich Übersteigertes abgeht. Die Sympathie des Lesers für die beiden Liebenden wird geweckt, der spätestens hier erkennt, auf wessen Seite der Dichter steht. In der intimen Situation des Schlafgemachs wird man Zeuge einer von Wehmut und düsteren Vorausahnungen erfüllten Abschiedsszene.[35] Dem resignierenden Pompeius, der die Übermacht Caesars erkennt, 742: *iam totus adest in proelia Caesar* („schon steht Caesar völlig zum Kampf bereit") wird in dieser Szene die „affektbetonte Reaktion seiner Gattin gegenübergestellt"[36] – eine Konstellation, die sich im weiteren Verlauf des Werks wiederholt.

Pompeius beschließt, Cornelia nach Lesbos in Sicherheit bringen zu lassen (722–31), aber noch fehlen ihm (wie Aeneas Dido gegenüber, Verg. *Aen.* 4, 283 f.) die Worte, und als er sie schließlich findet, ist Cornelia erschüttert; sie wertet seinen Plan als Verrat an ihrer Liebe (761–65) und als Sieg ihrer toten Rivalin Iulia (766–67a).[37] Danach bricht sie, wie Vergils Dido (*Aen.* 4, 388 ff.), zusammen (*labitur infelix*, 799), um sogleich auf das Schiff gebracht zu werden, welches sie nach Lesbos bringen wird.[38]

Gewiss hat sich der Dichter neben der Dido-Episode der Aeneis auch von dem Abschied zwischen Hektor und Andromache (Hom. *Il.* 6, 382 ff.) inspirieren lassen. Vorherrschendes Prinzip der Umgestaltung dieses Vorbilds ist das Mittel der Kontrastimitation (Umkehrung der Motive), mit der ein Rollentausch einhergeht.[39] Hier sei nur erwähnt: Beide Szenen spielen angesichts einer Bedrohung durch die Feinde (5, 722 ff. vgl. Hom. *Il.* 6, 386 ff.); doch das Ethos der Personen ist unterschiedlich. Hektors Motiv, sich wieder in den Kampf zu begeben (er verlässt Andromache, während Pompeius Cornelia wegschickt), ist vom aristokratischen Ideal der shame-culture geleitet, immer unter den Ersten zu kämpfen (*Il.* 6, 444 ff.), und hierbei interessiert ihn, überspitzt formuliert, seine Frau nur, als sie ihm, im Falle seines Todes, Schande bereiten könnte, müsste sie als Sklavin in Griechenland dienen (*Il.* 450 ff.). Auch Lucans Pompeius beruft sich auf den *pudor*, der ihn zu seinem Entschluss veranlasst habe, 749b–53:[40]

> *Nam me iam Marte parato*
> *securos cepisse pudet cum coniuge somnos*
> *eque tuo, quatiunt miserum cum classica mundum,*
> *surrexisse sinu. Vereor civilibus armis*
> *Pompeium nullo tristem committere damno.*

Denn ich schäme mich, wenn der Krieg schon bereitet ist,
mit der Gattin sorglose Nächte zu verbringen
und mich, wenn die Signale die arme Welt erschüttern, aus deiner Umarmung
zu erheben. Ich scheue davor zurück, den Bürgerkriegen
einen Pompeius zu übergeben, der keinen Verlust betrauert.

Nur scheinbar ist dieser *pudor* mit Hektors αἰδώς identisch. In der Einleitung des Gesprächs zwischen den Partnern feiert der Dichter die Liebe des Pompeius zu Cornelia, die ihn seine Gattin in Sicherheit wünschen lässt (727–31a). Für Pompeius ist die Trennung nicht nur seinem Ansehen geschuldet, sondern auch ein persönliches Opfer; somit wird sein *pudor* zur *pietas erga patriam* aufgewertet.

Unter dem Aspekt der Sorge um die Sicherheit des Partners findet zudem ein Rollentausch statt: Die homerische Andromache hat Angst um ihren Mann, während bei Lucan Pompeius den sich sorgenden Part übernimmt. Die Sorge der Andromache gründet sich allerdings weniger in ihrer Liebe zu ihrem Partner (wie dies bei Pompeius der Fall ist, 727 ff.), sondern beruht auf pragmatischen Erwägungen: Hektor ist für sie der letzte Schutz, bei dessen Verlust sie dem Schicksal der Sklaverei entgegensähe (*Il.* 6, 407 ff.).

Lucan sucht den Anschluss an Vorgänger, indem er ähnliche Situationen kreiert, begleitet von wörtlichen Anklängen, aber die Szenen durch Kontrastierung, Steigerung bzw. Überbietung umdeutet. Bei Lucan stehen die Ehepartner ethisch höher und sind „moderner" als Hektor und Andromache, die den Rollen ihrer Adelswelt verpflichtet sind.

Dass Pompeius hier als Hektor auftritt, ist nicht verwunderlich: So wie dieser Vorkämpfer Trojas, der „Mutterstadt" Roms, in tragischer Weise[41] scheitern wird, ist auch Pompeius, der Vertreter des wahren Rom, samt der Republik dem Untergang geweiht. Entsprechend endet das Buch mit der Vorausdeutung auf seinen Tod (814 f.).

Das sechste Buch

Zunächst werden die militärischen Aktionen um Dyrrhachium erzählt, dann wechseln Schauplatz und Thema: Thessalien mit Hexenkult und Totenbefragung steht im Vordergrund. So wird auf die Appius-Szene (Buch 5) zurückgewiesen und auf die pharsalische Schlacht als Höhepunkt des Werks eingestimmt.

1 6, 1 – 322: Dyrrhachium

1.1 6, 1–117: Gegenseitiges Einschließen und die Folgen

Wie bei der Belagerung von Massilia in Buch 4 werden die Vorbereitungen auf den Kampf ausführlich beschrieben, allerdings wieder, ohne eine genaue räumliche Vorstellung zu vermitteln.[1] Dem laut Lucan in seiner unermesslichen Größe noch nie da gewesenen Belagerungswerk Caesars (29 ff.) – vielleicht reflektiert diese Behauptung auch das Selbstverständnis des Dichters[2] – begegnet Pompeius mit einer Umzingelung (64 ff.). Der Dichter leistet sich einen Widerspruch, wenn er einerseits die Größe des von Caesar eingeschlossenen Gebiets hervorhebt (39–47), andererseits von einer für die Kämpfe vorgesehenen „engen Arena" (63) spricht. Die Präsentation des Bürgerkriegs als Schauspiel, mit der Lucan Buch 6 eingeleitet hat (2 f.: *parque suum videre dei,* Götter als Publikum), wiederholt sich hier, wie auch später beim Auftritt Scaevas, 191: *parque novum Fortuna videt concurrere* („ein nie dagewesenes Paar sah Fortuna aufeinandertreffen"). In Folge der gegenseitigen Blockade entstehen Pest, Hunger und Durst.

1.2 6, 118–262: Ein Mann gegen eine ganze Armee

Der sich anschließende Ausbruchsversuch des Pompeius bietet den Hintergrund für das Auftreten des Scaeva, der dieses erfolgreich begonnene Unterfangen an seiner Stellung allein vereitelt (138 ff.).[3] Was jedoch als die Aristie eines epischen Helden erscheint, wird durch die Worte Lucans gleich zu Beginn dieser Szene als Beispiel pervertierter *virtus* eines Einzelkämpfers entlarvt,[4] der die verbrecherische Dimension seines Heldentums nicht ermisst, 147 f.:

pronus ad omne nefas et qui nesciret, in armis
quam magnum virtus crimen civilibus esset.

bereit zu jedem Frevel und einer, der nicht wusste,
welch großes Vergehen Tapferkeit in Bürgerkriegen bedeutet.

Die Umkehrung der Werte und die von den Historikern seit Thukydides beklagte Vertauschung der Begriffe[5] manifestiert sich in Scaevas *adhortatio* an seine Mitkämpfer: Um sie von der Flucht abzuhalten, appelliert er an ihre Soldatenehre mit römischen Tugendbegriffen wie *pietas* und *pudor* (150 f.: *pavor … impius,* 154: *non pudet,* 155: *pietate remota*), mit dem Ziel, ihre Kampf- und Todesbereitschaft zu wecken. Seine Vorstellung eines Caesar als Augenzeugen entflammt aber eher die eigene Bereitschaft zu sterben (158–61)[6] und den eigenen *furor* (165) als den der Kameraden; nur ihre Neugierde als Zuschauer wird geweckt (s. u.).[7] *Furor* und *amor mortis* sind die Scaeva zu seiner Heldentat treibenden Kräfte,[8] von ihm selbst euphemistisch *pudor* und *pietas* genannt. Im folgenden Kampf werden Grauen und Ekel erregende Details geschildert, die jegliche Wahrscheinlichkeit überschreiten, sich verselbstständigen und so ein Bild des sinnlosen und grässlichen Gemetzels des Bürgerkriegs liefern (169–227). Die Problematik dieses Heldentums wird am Ende der Szene aufgegriffen. Die Kameraden ehren den erfolgreichen, aber völlig entstellten und halbtoten Kämpfer: Sie beten seine *vivam magnae speciem Virtutis* an (254).[9] Der Erzähler dagegen korrigiert diese Sicht seiner Figuren, indem er Scaeva auf die verpasste Gelegenheit, „Gück" zu erlangen, aufmerksam macht (er leitet seine Anrede in bedauerndem Tonfall mit *felix* ein).[10] Zugleich verdeutlicht er, dass seine Tat eben nicht ein Ausdruck altrömischer *virtus*, sondern ein Fehler mit fatalen Folgen ist, 257b–62:

Felix hoc nomine famae,
si tibi durus Hiber aut si tibi terga dedisset
Cantaber exiguis aut longis Teutonus armis;
non tu bellorum spoliis ornare Tonantis
templa potes, non tu laetis ululare triumphis:
infelix, quanta dominum virtute parasti!

Glücklich wegen dieses Ruhmestitels wärst du gewesen,
wenn der zähe Iberer vor dir die Flucht ergriffen hätte oder vor dir der Kantabrer
mit den kurzen oder die Teutonen mit ihren langen Waffen geflohen wären;
du kannst nicht mit Kriegsbeute die Tempel des Donnerers schmücken
du kannst nicht auf frohen Triumphzügen Geheul anstimmen:
Elender, mit welch großer Tapferkeit hast du (den Weg für) den Herrscher bereitet!

Der *felix*, der Scaeva hätte sein können, ist in Wirklichkeit ein *infelix,* ein Unglücklicher, der zudem Unglück schafft, indem er mit seiner verkehrten *virtus*, einer *species Virtutis*, der Etablierung der Tyrannis Vorschub leistet.

Dieses ethisch-politische Thema wird, wie bereits angedeutet, „theatralisiert", auf eine Bühne (vgl. 63) gestellt. Als Zuschauer fungieren nicht nur die Götter (3) und Fortuna, die Zeugin einer Sensation wird, wenn das Fechterpaar aus einem einzigen Mann und einem Heer besteht(191 f.); auch die Kameraden folgen nach Scaevas flammenden Appell ihrem Vorkämpfer, weil sie „gaffen", nicht aber kämpfen wollen (167: *avidi spectare*). Der Eindruck eines Kampfes in der Arena wird verstärkt durch den Vergleich des von einem Pfeil getroffenen Scaeva mit einer verwundeten pannonischen Bärin (220–223)[11] und durch die heimtückische Finte, mit der der Kämpfer, scheinbar kapitulierend, einen Feind namens Aulus anlockt und tötet (228 ff.) – in der Kunst der Verstellung seinem Meister Caesar nahekommend.[12] Diese theatralische Darstellungsweise könnte dazu zu verleiten, Lucans Wertung der Bürgerkriege als *nefas* und seine immer wieder vorgetragene Erschütterung und Empörung zu bezweifeln und als bloße Deklamation zu betrachten. Jedoch wird mit diesem Zur-Schau-Stellen offensichtlich an die Lebenswirklichkeit des Publikums angeknüpft, das sich an den Veranstaltungen von Gladiatorenkämpfen ergötzte. So wird die Handlung als Spektakel mit Unterhaltungswert „vor Augen" geführt.

In dieser Episode wird zudem die Klage des Erzählers über die Vergeudung der Kräfte (1, 8 ff.) thematisiert und an Scaeva und seiner pervertierten *virtus* exemplifiziert. Dies aber ist gerade nicht das *exemplum*, das Scaeva bieten wollte!

Weiterhin: In Scaevas höhnisch-triumphierender Rede an die Feinde zeigt sich, wie schon in seiner *adhortatio* (152–54; 158–60a; 165), die ganze Absurdität dieses Krieges, bei dem es in erster Linie darum geht, sich tollkühn in den Tod zu stürzen, 245 f.: *Pompei vobis minor est causaeque senatus / quam mihi mortis amor.* („weniger Leidenschaft für Pompeius und die Sache des Senats habt ihr / als ich für den Tod").[13]

Es ist auffällig, wie sich Caesars Sache mit dem Tod verbindet. Hieraus ergibt sich ein letzter Aspekt dieser Szene, Caesars unheimlicher Einfluss auf die Soldaten: Sein *furor*, wirkt, wie schon bei Vulteius, auch während seiner Abwesenheit[14] und überträgt sich, begleitet von *amor mortis*, auf Scaeva. Und so kann Lucan diesen Kämpfer zum Stellvertreter Caesars erheben oder zum Werkzeug abwerten (bei entsprechender Wiedergabe des *pro*), 201: *stat non fragilis pro Caesare murus* („er stand an Caesars Stelle – *oder:* für Caesar – als feste Mauer da").[15]

1.3 6, 263–332: Pompeius und die neue Art zu siegen

Nach Lucans letzten Worten an Scaeva tritt wieder Pompeius in den Vordergrund, dessen letztlich erfolgreicher Ausbruch mit dem Wüten des Meeres, das sich trotz aller Hindernisse seinen Weg bahnt (263–67), und dem alles überflutenden Po (272–78a) verglichen wird. Der Vergleich von Pompeius mit einer Naturgewalt ist, abgesehen von 1, 98, singulär;[16] so wird die Besonderheit seines temporären Sieges deutlich.

Die Befreiung aus der Umklammerung erweckt wiederum den *furor* seines Gegners, der sich zu einem Angriff ohne Rücksicht auf Verluste verleiten lässt (282–84). Caesar handelt wie Vergils Turnus, der sich in seinem *furor* um den Sieg bringt und so seinen eigenen Untergang vorbereitet.[17] Die Sinnlosigkeit dieses *furor* betont Lucan: *ire vel in clades properat*, 284. Doch zum Glück für Caesar nutzt Pompeius seinen Sieg nicht, sondern hält die „rasenden Schwerter" zurück (300b f.: *ipse furentes / dux tenuit gladios*).

Während Vergil über den dank Turnus' *furor* ausgebliebenen Untergang der Aeneaden erleichtert räsoniert, *Aen.* 9, 749: *ultimus ille dies bello gentique fuisset* („jener Tag hätte dem Krieg und dem Volk das Ende bereitet"), beklagt Lucan Pompeius' Unterlassung, den Feind zu vernichten, mit dem bissigen Hinweis, ausgerechnet ein Sulla hätte bei solcher Gelegenheit „richtig" gesiegt und so paradoxerweise Roms Freiheit garantiert, 299b–305:[18]

> *Totus mitti civilibus armis*
> *usque vel in pacem potuit cruor: ipse furentes*
> *dux tenuit gladios. Felix ac libera regum,*
> *Roma, fores iurisque tui, vicisset in illo*
> *si tibi Sulla loco. Dolet heu semperque dolebit,*
> *quod scelerum, Caesar, prodest tibi summa tuorum,*
> *cum genero pugnasse pio. Pro tristia fata!*

> Ganz hätte das Blut vergossen (und so) dem Bürgerkrieg
> bis zum Beginn des Friedens (entzogen) werden können: Er selbst,
> der Führer, hielt die rasenden Schwerter zurück. Glücklich und von Königen frei,
> Rom, hättest du werden können und Herr über dich selbst, hätte an jener Stelle
> Sulla für dich gesiegt. O es schmerzt und wird immer Kummer bereiten,
> dass es dir, Caesar, als Gipfel deiner Verbrechen Nutzen bringt,
> mit einem braven Schwiegersohn gekämpft zu haben. Welch trostloses Geschick!

Auch hier wird die Vereitelung des Erfolgs thematisiert, jedoch unter umgekehrten Vorzeichen: Scaeva bringt sich mit seiner fehlgeleiteten Tapferkeit um das Glück wahren Ruhms, während Pompeius' Abbruch des Kampfes Rom den Segen einer Beendigung des unseligen Krieges verwehrt. In den letzten Versen (303 ff.) entschuldigt Lucan allerdings diesen taktischen Fehler[19] mit dessen *pietas*, die ihn von einer blutigen Vollendung des Sieges über seinen Schwiegervater abgehalten habe. So wird dem erfolgreichen *pius Aeneas* Vergils das Scheitern eines *pius Pompeius* gegenübergestellt, welches in seinem Charakter, aber auch in dem Vernichtungswillen der *fata* und der Fortuna begründet liegt. Diese apologetische Tendenz, verbunden mit der Aufwertung des Pompeius im Sinne eines moralischen Siegers, findet in Buch 7 ihre Entfaltung.

Gleichzeitig zeigt sich wieder die Paradoxie des Bürgerkriegs: Die tradierten Tugenden haben ihre Macht verloren, da sie umgewertet (wie die *pietas* in der Laeliusrede und die *virtus* eines Vulteius und Scaeva) oder gar entwertet werden wie die *pietas* des Pompeius in der soeben behandelten Passage. Tragischerweise hätte dieser, seine *pietas* vergessend, dem *furor* seiner Leute nachgeben müssen, um der besseren Sache zum Sieg zu verhelfen. Sowohl ein Festhalten an den alten Werten (auf der Seite der „Guten") als auch ihre Umwertung (auf der Seite der „Bösen") haben den Untergang der alten Ordnung und die Errichtung der Tyrannis zur Folge.

Mit der Verlegung der Truppen durch Caesar, der diesen für ihn ungünstigen Ort (*averso numine,* 314) verlässt, enden die Rückschläge für ihn.

Die moralische Aufwertung des Pompeius wird am Ende der Szene fortgesetzt. Im Nachhinein rechtfertigt der Feldherr seine Flucht aus Italien, indem er die Vorschläge, wenigstens jetzt Italien zu besetzen (316–19), mit der Begründung seiner Flucht aus der Heimat ablehnt: Er habe damals Rom die Last des Krieges ersparen wollen (326b f.) und werde auch jetzt so verfahren. Stattdessen folgt er Caesar zum schicksalhaften Ort der Entscheidung, Pharsalus (329b–32).

2 6, 333 – 830: Thessalien, verfluchtes Land[20]

2.1 6, 333–412: Der finstere Ort der Entscheidung

Das pointiert an den Anfang gestellte *Thessaliam* (333), die Bezeichnung für die Landschaft, in der Pharsalus liegt, leitet die ungewöhnlich lange Ekphrasis[21] ein, die zunächst als Exkurs über die geologischen Verhältnisse in der Urzeit beginnt (333–47a). Auffällig, wie öfter bei Passagen solcher Art, ist die anthropomorphisierende Beschreibung, die den feindseligen Charakter Thessaliens (vgl. später Libyen in Buch 9) hervortreten lässt.[22] Mit der Nennung des Hercules, der durch die Trennung des Ossa vom Olymp das angestaute Wasser abfließen ließ und so die Landschaft umgestaltet, erweitert sich der Charakter der Ekphrasis, sie wird mit mythischen Gestalten stärker „belebt" und so zur Topothesie: Das Schildern des aus den Fluten auftauchenden Pharsalus, als Reich des Achill[23] bezeichnet (350), das besser unter Wasser geblieben wäre, und weiterer zum Vorschein kommender Orte, mit denen sich Gestalten aus dem thebanischen Sagenkreis verbinden (Protesilaus, Philoktet, Pentheus, Agaue, Nessus), erzeugen eine Stimmung des Gewalttätigen und Düsteren – eine Stimmung, die in dem nachfolgenden Katalog der Völker, Flüsse und Götter (347b–94) erhalten bleibt. So lässt sich z. B. die Erwähnung der Agaue (357b–59) als Anspielung auf das kommende Schicksal des Pompeius verstehen.[24] Thessalien erscheint als unheimliches Land, in dem auf Grund seiner mythischen Vergangenheit der Tod regiert. Es werden die Verbrecher der Vorzeit (s. o.) genannt, der Titaressos als Unterweltsfluss beschrieben (375–80)[25] und die gesamte Region, ein Schauplatz von Kämpfen der mythischen Vorzeit, als Mutterboden für Kriege und daher als für die kommende Schlacht geradezu prädestiniert charakterisiert (395–412).

2.2 6, 413–569: Die Hexen und der Auftritt Ihrer satanischen Majestät

Die Topothesie abschließend, stellt der Dichter fest, dass sich beide Heere an diesem verfluchten Ort gesammelt hätten, womit er noch einmal die verhängnisvolle Bedeutung des Landes hervorhebt, 413 f.: „Sobald die Feldherren in diesem vom Schicksal verdammten Land / ihre Lager aufgestellt hatten".

Aus der Menge der ängstlich Verzagten tritt als Akteur, wohl unhistorisch und eine Erfindung Lucans[26], der „unwürdige Sohn des Pompeius" (419 f.) hervor; aus Angst vor der ungewissen Zukunft (423) beschreitet er nicht den üblichen Weg der Orakelbefragung[27] wie zuvor Appius, sondern nimmt zu unterweltlichen Riten und Hexerei Zuflucht. Die Gestalt des Sextus ist, wie die des Appius, negativ gezeichnet: In seiner Angst ist er ein Vertreter der pompeianischen Partei, die sich, wie auch ihr Führer selbst, schon früher durch Furcht ausgezeichnet hat.[28] Sein Entschluss zu dieser ungewöhnlichen Befragung wird von Lucan als *vanus furor* (434) verurteilt, was die Charakterisierung des Sextus abrundet und zugleich die Sinnlosigkeit seines Unterfangens zeigt, die Zukunft erfahren zu wollen. Bestärkt in seinem „verrückten" Wunsch wird er durch das düstere, von Hexen bewohnte Land (430b–37).

Diese Feststellung ist die Überleitung zu einer weiteren Digression (438 ff.), in der Thessalien (*Thessala* betont am Anfang) als Land der Hexen und somit finstere Kulisse der Handlung vorgeführt wird. Das der Macht der Götter spottende Treiben dieser Wesen und die Erwähnung der „Urmutter" aller Hexen, Medea (441b f.), passt zum Eindruck des Phantastischen und Unheimlichen.

Aus der Menge dieser Ungeheuer, die die Naturordnung außer Kraft setzen können (461 ff.),[29] stellt der Erzähler als Gipfel der Abscheulichkeiten Erictho vor (507 ff.).[30] Das Tun der Kolleginnen ist aus ihrer Sicht „übertriebene Frömmigkeit" (*nimia pietas,* 508) – so haben wir es auch in dieser Welt mit einer Pervertierung der Werte zu tun! [31] –, und ihr von Lucan beschriebenes grauenvolles Treiben, von dem Shakespeares Hexen einiges gelernt haben dürften, steht heutigen Vampir- und Horrorfilmen in nichts nach (529 ff.). Erictho wird wegen ihrer Zaubersprüche sogar von den Göttern gefürchtet, weshalb sie ihr jegliches *nefas* gestatten (527 f.). So erhält sie als Mittlerin zur Unterwelt einen Auftritt, bei dem der eigentliche Erzähler überraschenderweise auf seine sonst üblichen Kommentare verzichtet.[32]

2.3 6, 570–830: Die Nekromantie

Die Nekromantie lässt sich unter inhaltlichen Aspekten, wie folgt, gliedern:[33]

1) Sextus sucht Erictho auf und trägt sein Anliegen vor (570–603)
2) Ericthos Antwort und ihre Entscheidung für die Nekromantie (604–23)
3) Auswahl eines frischen Toten vom Schlachtfeld (624–53)
4) Auffüllen des Toten mit Blut und Zaubertränken (654–84)
5) Beschwörung der Unterweltsgötter, die Seele des Toten freizugeben (685–718)
6) Verzögerte Wiederbelebung des Toten, Drohung Ericthos (719–62)
7) Erictho nennt dem Untoten das Anliegen des Sextus (763–76)
8) Zweiteilige Antwort des Untoten (777–820a)
9) Bestattung des Toten und Rückkehr des Sextus ins Lager (820b–30)

Nach der Beschreibung allerlei Schauerlichkeiten (besonders ab 529 ff.) setzt die Handlung ein: Sextus macht sich in tiefer Nacht mit einigen Begleitern auf den Weg. Er findet Erictho brütend über Zauberformeln, mit denen sie den Krieg in Thessalien erzwingen will, um sich an den zu erwartenden Massen der Leichen gütlich zu tun (570–83). Nachdem er sie zwar respektvoll angesprochen (590), seine Bitte aber voller Hybris vorgetragen hat (590–603), antwortet sie (604 ff.) überraschend freundlich.[34] Dies und ihr unnötiges[35] Geständnis, ihre Macht sei durch durch das Schicksal eingeschränkt (611–15a: *fata* und Fortuna ohne Unterschied!) lassen die Horrorgestalt für einen Moment „menschlich" erscheinen. Nach ihrem Einfall, einen Leichnam zu befragen (619–23), sucht sie einen Toten aus der Schar soeben Gefallener heraus. Lucan geht hier entweder von einer bereits stattgefundenen Schlacht aus, was der Chronologie widerspräche,[36] oder lässt Erictho die Szenerie zum Zwecke der Nekromantie in die Zukunft nach der Schlacht von Pharsalus versetzen,[37] damit sie ihre eigene Bühne erhält.

Ihre Erscheinung[38] (die Aas fressenden Tiere ergreifen bei ihrem Anblick die Flucht, 627 f.) und ihre Vorbereitungen auf das Ritual versetzen Sextus und seine Begleiter in Schrecken (657 ff.); sie muss ihre Kunden unter Beschimpfungen (*ignavi,* 666) zurechtweisen, damit die Befragung des Toten[39] erfolgen kann. Seine Erweckung mit Hilfe allerlei Gebräus und das sich anschließende Gebet an die Unterweltsgötter (667–718) dürften in dieser Form unerreicht sein – man vergleiche dagegen die „harmlosen" Vorbereitungen Medeas zur Zerstückelung und Verjüngung Aesons (Ov. *met.* 7, 238–84) oder zur Tötung Creusas bei Seneca (*Med.* 673–839)! Ericthos Worte sind geradezu eine satanische Parodie auf die Divinationsriten und Gelübde an die Götter, besonders 706–11:[40]

(...)
exaudite preces. Si vos satis ore nefando
pollutoque voco, si numquam haec carmina fibris
humanis ieiuna cano, si pectora plena
saepe dedi, lavi calido prosecta cerebro,
si quisquis verstris caput extaque lancibus infans
imposuit victurus erat, parete precanti.

erhört meine Bitten. Wenn ich euch mit zu Genüge frevlerischem
und beflecktem Munde rufe, wenn ich diese Sprüche niemals,
ohne menschliche Eingeweide zu verzehren, vortrage, wenn ich
oft volle Brüste spendete und sie, abgeschnitten, mit warmem Hirn gewaschen habe,
wenn jegliches Kind, das seinen Kopf und seine Eingeweide in eure Opferschalen
gelegt hat, weiter leben sollte, gehorcht mir, die ich euch bitte.

Als dieses Gebet keinen Erfolg zeitigt – die Weissagung verzögert sich (wie bei Appius), als solle das Schreckliche nicht ans Licht kommen – lässt Erictho ihre „*pietas*" beiseite, ergeht sich in Drohungen und wüsten Beschimpfungen, ja sie kündigt an, sich zur Durchsetzung ihrer Wünsche an den namentlich nicht genannten, über allen Unterweltsgöttern stehenden Herrscher zu wenden.[41] Gleichzeitig trägt sie das Ansinnen des Sextus vor, alles über Pompeius und seine Anhänger (716 f.) zu erfahren; sie erhebt nun ihre *spumantia ora* (719), um in diesem Zustand der Tollwut[42] abzuwarten, und tatsächlich: Nun belebt sich der Leichnam, dessen Seele sich zuvor geweigert hat, von neuem das Gefängnis seines Körpers zu betreten (720–22a).[43] Der ausführlich geschilderte Vorgang der Wiederbelebung (750–62a) führt zu einem Stadium zwischen Tod und Leben, 758b f.: *nondum facies viventis in illo, / iam morientis erat* („er hatte noch nicht das Aussehen eines Lebenden, sondern eines bereits Sterbenden an sich").

Gemessen an dem erzählerischen Aufwand, mit dem die Vorbereitungen zur Befragung geschildert werden und der sich mit der Absicht Lucans erklären lässt, Erictho einen eigenen „Auftritt" zu ermöglichen, fällt die Prophezeiung an sich recht kurz aus:[44] Zunächst präzisiert der Untote zwar den Bericht Iulias (3, 12 ff.), indem er die Vorgänge der Unterwelt als Abbild der künftigen Ereignisse im Diesseits vorstellt (aber danach war nicht gefragt worden): Die Toten haben sich, wie die Lebenden, in zwei Parteien gespalten. Die Aristokraten sind bedrückt ob der bevorstehenden Niederlage des Pompeius, und Sulla, dem in der Rückschau auf die Proskriptionen ein denkbar schlechtes Zeugnis ausgestellt wurde (2, 139 ff.), erscheint überraschend als der Exponent der „Guten". Er beklagt sich bei Fortuna über den Krieg, während die Trauer Scipios und Catos auf den Tod ihrer Nachfahren hinweist (784b–90).[45] Das Ende Caesars findet sich zwar angedeutet in der Erwähnung der exzeptionellen Freude des Gründers der Republik, Brutus (791 f.), aber es besteht kein Zweifel an seinem Sieg, wie der Jubel der Popularen von den Gracchen bis hin zu dem seine Ketten sprengenden und drohend umherhüpfenden Catilina (ein Bild nicht ohne belustigende Wirkung[46]) verdeutlicht (793–96).

Auch in der Unterwelt haben sich die Dinge auf den Kopf gestellt: Die Verbrecher beanspruchen die den Guten vorbehaltenen Gefilde der Seligen (*campos piorum / poscit turba nocens,* 789b f.). Doch neben diese trübe Analogie von Ober- und Unterwelt tritt ein Kontrast, wenn der Untote die Vorbereitungen des Königs der Unterwelt zur Bestrafung der Sieger erwähnt (799b–802a). Mit diesem Hinweis auf eine im Jenseits ausgleichende Gerechtigkeit (806–09) und der Entwertung des Kaiserkults (*Romanorum manes calcate deorum,* 809)[47] will Lucan vielleicht der tristen Realität ein trotziges Zeichen entgegensetzen.

Den Schluss bildet die Vorhersage über das Schicksal des Pompeius und seiner Söhne, die, auf drei Erdteile verteilt, ironischerweise ihre Ruhestätte an den Orten ihres jeweiligen Triumphes finden werden (812–20). Die letzten Worte treiben die tragische Ironie auf die Spitze, wenn der Untote ausgerechnet Pharsalus als den sichersten Ort für Pompeius' Familie bezeichnet. Bedeutungsschwer klingt das letzte Wort *Emathia* nach.

Mit der Nekromantie wird sowohl der unklare Bericht Iulias aus dem dritten Buch ergänzt als auch die Appiusszene des fünften Buchs gesteigert. Gleichzeitig wird ein Gedanke wiederholt, der schon in der Vulteius- und Scaevaepisode anklang: In dem *properate mori* (807), das Sextus und seinen Begleitern entgegenschallt, tritt der Tod als sinnentleertes Telos des Ganzen hervor.[48] So wird wieder einmal auf die Schlacht von Pharsalus als Höhepunkt des Grauens eingestimmt, gleichzeitig aber auch auf die Nichtigkeit menschlichen Strebens und Tuns hingewiesen (hierzu s. a. u. S. 141 f.).

Neben internen lassen sich auch werkexterne Bezüge erkennen. Schon rein formal, nämlich durch die erste Person Singular und die damit ausgedrückte Autopsie der Unterwelt, wird an die literarische Tradition angeknüpft (Nekyia, *Od.* 11; Unterweltsfahrt des Aeneas, *Aen.* 6; Bericht des Er am Ende von Platons Staat, *rep.* 614 b ff.). Doch ist der Topos der Jenseitsschau seiner religiösen Aura beraubt und zu einer ekelhaften und Grauen erregenden Horrorstory umgestaltet.

Man darf sich allerdings von diesen Details die Sicht auf die Bedeutung der Nekromantie nicht nehmen lassen:[49] Nicht nur mit ihrer Positionierung in Buch 6 ist sie ein Gegenstück zu der an gleicher Stelle der *Aeneis* beschriebenen Katabasis des Helden: Dem *pius Aeneas*, der aus der Prophezeiung Kraft zu weiteren Taten schöpft, steht Sextus Pompeius als degenerierter und der schwarzen Magie zugewandter Vertreter der *causa victa* gegenüber, der aus der Botschaft des Untoten keine Schlüsse zieht – Lucan erwähnt keine Reaktion des Sextus, nicht einmal Angst; offensichtlich versteht er den Sinn der Worte im Gegensatz zum Publikum nicht. Erictho ist in ihrer Monstrosität einerseits das höhnisch verzerrte Echo auf die von heiliger Verzückung erfasste Sibylle Vergils,[50] andererseits Repräsentantin einer grausigen Gegenwelt, deren finstere Mächte die poetisch erzählte „Realität" zu untergraben drohen.[51]

Abschließend gesehen: Lucan revidiert die Trost verheißende Zukunft der vergilischen Römerschau durch eine Verkehrung dieser Sicht,[52] um so auf die kommende Katastrophe vorzubereiten.[53] Seine Totenwelt, als Parallelkosmos zum bedrückenden Diesseits geschaffen, und die Konzeption der Erictho als Horrorwesen erweisen sich im Konzert der literarischen Tradition auch als Polemik an eben dieser.

Als wäre das Repertoire an Grässlichkeiten (vorerst) erschöpft, klingt die Szene als sachlicher Bericht aus: Erictho gestattet dem Untoten, erneut zu sterben, und geleitet Sextus, von dem, wie bereits oben festgestellt, keine Reaktion auf das Orakel genannt wird, ins Lager zurück, unter dem Schutz der von ihr in die Länge gezogenen Nacht.

Das siebte Buch

Der Höhepunkt des vorliegenden Werkes ist erreicht. Mit Caesar und Pompeius treffen Vertreter gegensätzlicher Prinzipien aufeinander: *furor*, Herrschsucht und Beutegier auf der einen und auf der anderen Seite die *pietas*, die sich in dem Bestreben nach Schonung möglichst vieler Menschenleben zeigt. Dazu tritt der Gedanke einer *libertas*, die auf immer verloren geht; die politische Bedeutung der Schlacht wird hierdurch unterstrichen. Caesar ist zu einem Ungeheuer angewachsen. Die Schuldzuweisung ist eindeutig. Diesem Buch, das sich gegenüber den vorangegangenen durch die Einheit des Ortes auszeichnet (schon dies ein Indiz für dessen zentrale Bedeutung), wenden wir uns ausführlicher zu.

1 Vorspiel
1.1 Der Kampf des Sonnengotts – die Ruhe des Pompeius
1.2 Zur Schlacht getrieben
1.3 Rüstung unter Vorahnung und Vorzeichen
2 Die Schlacht von Pharsalus – ein Weltuntergang
2.1 Aufbruch ins Verderben
2.2 Reden der Feldherren
2.3 Die Schlacht als Weltuntergang
2.4 Peripetie: Flucht als moralischer Sieg
3 Düsteres Nachspiel
3.1 Der schreckliche Sieger in Pharsalus
3.2 Die verlassene Walstatt

1 7, 1 – 213:[1] Vorspiel

1.1 7, 1–44: Der Kampf des Sonnengotts – die Ruhe des Pompeius

Als Folge der unnatürlichen Verlängerung der Nacht durch Erictho verzögert die Sonne ihren Aufgang (*segnior,… quam lex aeterna vocabat*). Naturwissenschaftliche und mythologische Anschauung verbinden sich, wenn Lucan feststellt, die Sonne, die er *Titan* (2) nennt, werde vom Himmelsgewölbe mitgerissen, hülle sich jedoch in Wolken, um das Drama nicht beleuchten zu müssen (*ne Thessalico luceret in orbe,* 6).[2] Die Unabänderlichkeit des das Geschehen bestimmenden Schicksals findet in dem Ringen zwischen *Titan* und *lex aeterna* ihren kosmischen Widerhall.

Ein weiteres präludierendes Element ist Pompeius' Traum,[3] von Lucan als der letzte Teil seines Glücks bezeichnet (7): Der Held träumt von Ovationen, die ihm in seinem Theater entgegengebracht werden (7–19a). Das aus der Synkrisis bekannte Motiv seiner Selbstinszenierung im eigenen Theater dient hier der Vorausdeutung. Lucan erklärt den Traum entweder als Flucht vor der Realität, als Ankündigung des Unheils oder als Gnade der Fortuna, ihrem ehemaligen Schützling wenigstens so Rom noch einmal vor Augen zu führen (19b– 24a).[4]

Die erste, psychologisierende Deutung reflektiert Pompeius' Charakterzug der Rückwärtsgewandtheit (vgl. 2, 526 ff.), aber der Dichter zeigt hier Verständnis für diese Schwäche: Mit der Bitte, man möge Pompeius nicht stören, da der

Tag für ihn nur Schrecken bereit halte (24–27), appelliert er zugleich an das Mitgefühl des Publikums. Und so wird die Traumdeutung auf die Vorhersage des Todes seines Helden gelenkt: Der Abschnitt klingt nicht zufällig mit dem Traumdetail der ihre Brüste schlagenden Frauen aus (*pleno pariter planxere*, 44).[5]

1.2 7, 45–127a: Zur Schlacht getrieben

Es ist Tag geworden, und die um das Feldherrnzelt stehenden Soldaten fordern unter vielfältigem Geraune das Signal zum Kampf; der akustische Effekt der p-Alliteration im vorherigen Abschnitt setzt sich moduliert in m- und f-Anklängen fort, durch die das Gemurmel der Soldaten unterlegt wird (*mixto murmure …/… fremuit fatisque …*, 45 f.), und kehrt in der Forderung nach Kampf wieder (*petit pugnae*, 47). Die wechselnden konsonantischen Anklänge begleiten das Erwachen des Pompeius in die Realität des Tages,[6] dessen Härte durch das *vicerat* zu Beginn dieser Szene angedeutet wurde.

Der in dem Sonnenaufgang beschriebene Kampf zwischen Gestirn und Naturgesetz wiederholt sich nun abgewandelt auf der menschlichen Ebene: Das Schicksal zieht die Welt mit sich fort (*fatisque trahentibus orbem*, 46), und die Soldaten beschleunigen, im Gegensatz zur Sonne, voller *rabies* den eigenen Untergang, 51 f.: *dira subit rabies: sua quisque ac publica fata / praecipitare cupit* („eine schreckliche Raserei tritt auf: Ein jeder begehrt, seinen eigenen Untergang und den des Staates / überstürzt herbeizuführen").

Die Einbeziehung des kosmischen Geschehens in die menschliche Handlung zeigt sich auch bei der Kritik der Soldaten an Pompeius: Sie bezeichnen ihn ebenso wie Lucan zuvor den Sonnengott als *segnis* (52; vgl. *segnior*, 1). Wie der sich sträubende Sonnengott wird Pompeius den Dingen ihren Lauf lassen müssen (123b–26a), d. h. dem Drängen seiner Leute nachgeben.

Dazu jedoch bedarf es zuvor Ciceros, der aus der Menge hervortritt (wieder haben wir es mit einer „Zoomtechnik" zu tun), und als ihr Sprecher Pompeius zum Entscheidungskampf aufruft (62–85a). Die unhistorische Szene – an dieser Schlacht hat Cicero nicht teilgenommen, sondern zum Frieden bzw. Hinauszögern des Kampfes geraten [7] – nutzt Lucan erneut, um die Paradoxie der Ereignisse vorzuführen: Ausgerechnet der Meister der Rhetorik (62b f.) und bekannte Verfechter des Friedens (65 f.) verhilft mit seiner kämpferischen Rede der schwachen Sache zum Sieg (67):[8] Pompeius, der das listige Wirken der Götter und den Widerstand der *fata* spürt (85 f.), gibt nach. In seiner Replik (85b–127a)[9] legt er die Führung ab. Er will sich sich der Verantwortung entziehen, indem er eine Position einnimmt, die der des Erzählers ähnelt. Hilfe bei ihm suchend,[10] verurteilt er das Verlangen nach Kampf im Sinne des Proöms: *quis furor, o caeci, scelerum?* (95, vgl. 1, 8: *quis furor, o cives?*). Durch die Aneignung der auktorialen Haltung glaubt sich Lucans Pompeius entlastet, 112: *Pompei nec crimen erit nec gloria bellum* („weder Schuld noch Ruhm wird der Krieg Pompeius bringen"). Sein Ausspruch lässt sich als Antwort auf des Erzählers bange Frage zuvor verstehen, der das Drängen auf den Kampf so kommentiert hatte, 58 f.:

Hoc placet, o superi, cum vobis vertere cuncta
propositum, nostris erroribus addere crimen?

Gefällt es euch, ihr Götter, wenn ihr schon den Vorsatz habt,
alles zu vernichten, unseren Irrtümern Schuld hinzuzufügen?

Danach beteuert Pompeius, dass ein Sieg ohne Blutvergießen möglich gewesen wäre (92b ff.), und schließt mit Worten, die wieder der Sicht des Erzählers ähneln, 121–123a: *omne malum victi, quod sors feret ultima rerum, / omne nefas victoris erit* („sämtliches Unheil, das der unwahrscheinlichste Zufall bringen wird, wird auf den Besiegten, / sämtlicher Frevel auf den Sieger fallen"). Mit diesen Worten wird auf seine ähnlich motivierte, spätere Flucht vorausgewiesen

Es lassen sich jedoch auch kritische Untertöne heraushören; Lucan kommentiert Pompeius' Einlenken mit einem Vergleich, 123b–27a:

Sic fatur et arma
permittit populis frenosque furentibus ira
laxat et ut victus violento navita coro
dat regimen ventis ignavumque arte relicta
puppis onus trahitur.

So sprach er, gestattete den Völkern
den Kampf und lockerte den vor Wut Rasenden die Zügel,
und wie ein vom heftigen Nordwind besiegter Seemann
überließ er die Lenkung den Winden, und trieb, nach Aufgabe der Seemannskunst,
nun als träge Last des Schiffes dahin.

In diesen Versen wird die Wandlung des Pompeius von einem lenkenden Steuermann zu einer bloßen Last illustriert; zugleich stellt sich die Vorstellung des vom Staatsmann im Stich gelassenen und hilflos dahingleitenden Staatsschiffs ein:[11] Vergleich und Metapher durchdringen sich. Mit dem wenig schmeichelhaften Begriff *ignavum onus* verurteilt Lucan – die Diskrepanz zur eigenen apologetischen Tendenz in Kauf nehmend – Pompeius' Passivität. Das seit Beginn dieses Buchs mit *segnior* (1, über den Sonnengott, vgl. *segnis pavidusque vocatur*, 52) angeklungene und durch den *patientia*-Begriff (*ac nimium patiens soceri*, 53; *vinci socerum patiare rogamus*, 71, Worte Ciceros) ergänzte Leitmotiv erreicht einen vorläufigen Höhepunkt. Es hat den Anschein, als korrigiere Lucan seine eigene Begründung für Pompeius' Verzicht auf ein gründliches Auskosten des Sieges bei Dyrrhachium: Dort war die *pietas* Grund seines passiven Verhaltens (6, 305, s. o. S. 57 f.). Als Führer gebot er dem *furor* seiner Leute Einhalt (6, 300b f.: *ipse furentes / dux tenuit gladios*), während er nun diesem *furor* nachgibt (124b f.) und als Führer abtritt – sein Niedergang beginnt sich abzuzeichnen.

Diese Passivität, entsprungen aus der momentanen Erkenntnis, Götter und Schicksal gegen sich zu haben (85 f.), und der Wunsch, von Schuld frei zu bleiben (112), geraten weiterhin ins Zwielicht, berücksichtigt man Catos Antwort auf Brutus' Bitte, sich aus diesem Krieg herauszuhalten, 2, 286–88:

Summum, Brute, nefas civilia bella fatemur,
sed quo fata trahunt, virtus secura sequetur:
crimen erit superis et me fecisse nocentem.

Dass Bürgerkriege, Brutus, der höchste Frevel sind, gestehen wir,
aber wohin (uns) das Schicksal auch zerrt, wird die Tugend frei von Sorgen folgen:
Der Vorwurf wird an den Göttern haften, auch mich schuldig gemacht zu haben.

Cato, absoluter Maßstab – seine Worte an Brutus erhalten von Lucan eine religiöse Weihe (2, 284b f.) –, ist, anders als Pompeius, zur Übernahme von Schuld bereit: Wenn die Welt untergeht, will er nicht tatenlos zusehen (2, 289–92a); dagegen flüchtet sich Pompeius bei dem allgemeinen Untergang der Völker in eine Opferrolle (89–92 a). Lucan verzichtet selbst hier in Buch 7, wo die Rollenverteilung von Gut und Böse eindeutig ist, nicht auf differenzierende Grautöne: Pompeius, der Vertreter der guten Sache, wird als passiv und schwach gezeigt; seinem Gegner unterlegen, bleibt hinter der eigenen *adhortatio* zurück, in der er vollmundig dessen Bestrafung angekündigt hatte (2, 531–39a).[12]

1.3 7, 127b–213: Rüstung unter Vorahnung und Vorzeichen[13]

Nach dieser resignierten Abdankung des Oberfeldherrn schildert der Dichter die Stimmung im Lager. Die Angst, die alle ergriffen hat, wird durch *trepido … tumultu* (127b) hervorgehoben; die Geräuschkulisse, die die Empörung über Pompeius begleitete (*fremuit*, 45), bleibt unverändert (*fremunt*, 128). So als hätte sich die Resignation des Feldherrn auf alle übertragen (unklar bleibt, ob Pompeius' Antwort nur Cicero gilt oder eine Heeresvesammlung anzunehmen ist[14]), ahnen diese den nahenden Tod und Weltuntergang (129–37a). Doch erhebt Lucan die gedrückte Stimmung zu einer Fürsorge, die an diejenige Catos erinnert. Wurde dieser in dem Gespräch mit Brutus als um seine Mitbürger und Rom besorgt eingeführt,[15] so gelten Furcht und Sorge der Soldaten ihrem Feldherrn und Rom (133a–38). Die folgende Rüstung, die Lucan mit der Vorbereitung auf die Gigantomachie vergleicht, wird in diesem Sinne motiviert (139–50).

Nun werden die von Fortuna gesendeten und den Untergang (*venturos … casus*, 151) ankündigenden Vorzeichen aufgezählt (151–213): Zuerst manifestiert sich der (vergebliche) Widerstand der göttlichen Mächte (*aether*, 153) gegen das Ansinnen der aufmarschierenden pompeianischen Truppen (151–64); dazu deutet der Vorfall, dass sich ein Opferstier losreißt und blindlings auf den Kampfplatz stürmt (*praeceps*, 166), die kommende Katastrophe an: Wie der Stier werden die Soldaten des Pompeius ein Opfer sein (vgl. o. 51 f. … *praecipitare cupit*).

Die Apostrophe des Dichters an Caesar, der in seiner Affinität zur Unterwelt an eine zweite Erictho erinnert,[16] unterbricht den Vorzeichen-Katalog, 168–71:

At tu quos scelerum superos, quas rite vocasti
Eumenidas, Caesar? Stygii quae numina regni
infernumque nefas et mersos nocte furores
impia tam saeve gesturus bella litasti?

Aber du, welche Götter für Verbrechen, welche Eumeniden hast du rituell
angerufen, Caesar? Welche Gottheiten des stygischen Reiches,
welchen unterweltlichen Frevel und welche nachtfinsteren Wahnsinnszustände
hast du im Gebet gewonnen,[17] um ruchlose Kriege so grausam zu führen?

Die düsteren *omina* erscheinen den Soldaten im Folgenden als Vision: In ihrem Wahn meinen sie (*visus*, 173), Olymp und Pindus stießen zusammen und Ströme von Blut flössen durch den Bobeis-See usw. (172–76). Dazu erscheinen ihnen die Schatten ihrer Ahnen (177–80a).

Offensichtlich beschrieb Lucan zunächst die *omina* der Pompeianer (151–67), um sich ab Vers 172 denjenigen zuzuwenden, welche die Caesarianer betreffen;[18] so legt er den Kontrast zwischen Opfern und Tätern an, der die Schlachtschilderung durchzieht. Folgende Verse legen diese Deutung nahe, 181–84:

Hoc solamen erat, quod voti turba nefandi
conscia, quae patrum iugulos, quae pectora fratrum
sperabat, gaudet monstris mentisque tumultu[19]
atque omen scelerum subitos putat esse furores.

Es war ein Trost, dass, im Bewusstsein des frevelhaften Wunsches,
die Masse, welche die Kehlen der Väter und Herzen der Brüder (zu treffen) hoffte,
sich an Wunderzeichen und dem Aufruhr ihres Gemüts erfreute
und glaubte, ihr aufgetretener Wahn sei ein gutes Vorzeichen für Verbrechen.

Schlagwörter der Caesar-Apostrophe finden sich wieder und verknüpfen so beide Passagen (*scelerum*: 183 vgl. *scelerum*, 168; *voti … nefandi*: 181 vgl. *nefas*, 170; *furores*: 184 vgl. *furores*, 170; die Umschreibung des Verwandtenmords: 182 vgl. *impia bella*, 171). Caesars vom Dichter unterstellte Gebete haben den *furor* seiner Leute entfacht, einen *furor*, der das volle Bewusstsein für das eigene Tun einschließt, also nichts mit einem haltlosen Wahnsinn zu tun hat.[20]

Ein dritter Teil befasst sich mit den auf der ganzen Welt zu beobachtenden Vorzeichen (185–204). Die Nachricht, nach der ein gewisser Cornelius aus Patavium Caesars Sieg vorausgesagt haben soll,[21] ändert Lucan, indem er einen nicht genannten Seher allgemein auf das kommende Verbrechen hinweisen lässt, 195 f:

„Venit summa dies, geritur res maxima", dixit,
„impia concurunt Pompei et Caesaris arma."

Er sprach: „Gekommen ist der letzte Tag, gefochten wird der gewaltigste Kampf,
Pompeius' und Caesars ruchlose Heere treffen aufeinander.

Der dreiteilige Katalog der *omina* wird beschlossen durch eine auktoriale Bemerkung (207–13), mit der Lucan sich unter Inkaufnahme eines Bruchs der Erzählstruktur an die Leser und Pompeius wendet: Jene würden erschüttert von den Ereignissen lesen, als ob sie noch in der Zukunft lägen (*venientia fata*, 212), und ihm, Pompeius, (*tibi, Magne*, 213) ihre Gunst schenken. Mit dieser Prophezeiung lässt Lucan seine Leser an der erzählten Vergangenheit mithoffen und mitleiden,[22] als ob es sich um ihre eigene Zeit handele. So werden sie in die Erzählung hineingezogen, um zu von den Ereignissen betroffenen Zuschauern zu werden.

2 7, 214 – 727: Die Schlacht von Pharsalus – ein Weltuntergang

2.1 7, 214–234: Aufbruch ins Verderben

In den Versen 214–34 beschreibt Lucan den Aufmarsch der Soldaten des Pompeius, unter Betonung eines strategischen Nachteils: Sie blicken in die (jetzt scheinende) Sonne: *miles … adverso Phoebi radiatus ab ictu,* 214). Aus der Menge treten Domitius, Lentulus und Scipio als Führer namentlich hervor.[23] Hiernach werden die zahlreichen fremdländischen Hilfstruppen aufgeführt (224 ff.). Lucan beendet diesen Pompeius gewidmeten Abschnitt, indem er den Feldherrn sarkastisch auffordert, das Blut dieser Völker zu vergießen, um so dem Sieger die Möglicheit zu verwehren, Gefangene auf seinem Triumphzug mitzühren (233 f.).

2.2 7, 235–384: Reden der Feldherren

Nun tritt zunächst Caesar in den Vordergrund, der die Feinde aufmarschieren und die von ihm heiß ersehnte Stunde der Entscheidung gekommen sieht. Vor den nun folgenden Feldherrnreden entwirft der Dichter ein Psychogramm Caesars (235 ff.). Der in der Synkrisis angelegte Charakterzug (1, 144b ff.) wird zugespitzt, wenn Caesar in seiner Gier nach Alleinherrschaft (*cupidine regni,* 240) die Schlacht kaum erwarten kann und den Bürgerkrieg als ein nur langsam vonstattengehendes Verbrechen verurteilt (241 f.: *coeperat … civilia bella / ut lentum damnare nefas*). Seine beim Anblick des Feindes entstehende freudige Ungeduld wird aber von einer Unschlüssigkeit und dem Ermatten der Raserei abgelöst (245–47: *rabies promptissima paulum / languit …/ mens stetit in dubio*). Dies erinnert an seine Haltung bei der Überschreitung des Rubico, eine Ähnlichkeit, die sprachlich angezeigt wird (*languor,* 1, 192b–94; *subsedit dubius,* 1, 205–07, Löwengleichnis). In beiden Fällen überwindet Caesar seine Anwandlung,[24] das Innehalten des Verbrechers vor der Tat, durch eine Rede. Diesen Prozess zeigen die zur *adhortatio* überleitenden Worte Lucans: *formidine mersa / prosilit hortando melior fiducia volgo* („nachdem die Furcht geschwunden war, / trat Selbstgewissheit hervor, geeigneter, die Masse anzustacheln.").

Wie in Buch 1 bzw. 2 treten die Feldherren mit einem Redeagon auf. Die Gepflogenheit der Historiker, zunächst den Unterlegenen sprechen zu lassen,[25] ändert Lucan dem eigenen Dictum gemäß (*victrix causa deis placuit, sed victa Catoni,* 1, 128), indem er den künftigen Sieger beginnen lässt. In der vertauschten Abfolge manifestieren sich Ungeduld und Ungestüm Caesars. Auffällig ist weiterhin, dass seine Rede nahezu doppelt so lang ist wie die des Pompeius, vielleicht weil dieser bereits vorher zu Wort gekommen war.

Am Beginn des Agons[26] führt Lucan den Gegensatz der Rivalen noch einmal vor Augen: Caesar überwindet Zögern und Furcht schnell. Pompeius verdrängt zwar seine Gefühle (*premit inde metus*, 341)[27] wie Vergils Aeneas bei der Ansprache an die Gefährten nach dem Seesturm (*Aen.* 1, 208 f.: *curisque … aeger /… premit altum corde dolorem*); doch am Ende seiner Rede scheint die Furcht wieder hervorzubrechen, wie noch gezeigt wird. Caesar zeigt sich aggressiv, wie der unvermittelte Beginn unter Verzicht auf ein einführendes *verbum dicendi* zeigt: *„O domitor mundi"* (250) spricht er seine Soldaten an; dagegen steht ein mitten im Vers beiläufiger Einsatz der Worte des Pompeius, die, durch das eingeschobene *inquit* unterbrochen, weiter an Nachdruck verlieren, 342 ff.: *sublimi praevectus equo „quem flagitat", inquit /"vestra diem virtus … / quem quaesistis, adest."*

Beide Redner stellen fest, der Moment der Entscheidung sei gekommen, und verwenden ein ähnliches Vokabular: *copia* (251) vgl. *dies* (343); *optare* (251) vgl. *flagitare, quaerere* (342, 344); *pugna* (251) vgl. *civilia arma* (343). Pompeius jedoch, der die Verantwortung für das kommende Geschehen zuvor abgelehnt hat (112), distanziert sich von seinen Soldaten. Mit dem Begriff *flagitare* tadelt er ihren Wunsch nach Kampf; in der zweiten Person Plural (*quaesistis*) wird die Distanz deutlich: „Ihr habt den Kampf gewollt."

Es finden sich die für eine *adhortatio* typischen Motive, wie die Leichtigkeit des Kampfs und der greifbare Sieg (Betonung der eigenen Stärke und Abwertung des Feindes), zugleich der Anspruch, als Verfechter der besseren Sache die Götter auf seiner Seite zu haben (dazu s. u.).

Der Gegensatz zwischen den Rednern als Vertreter der Prinzipien „Tyrannis" und „Freiheit" tritt hervor: Caesar entlarvt sich durch widersprüchliche Äußerungen als Heuchler, wenn er die Soldaten als „Bezwinger der Welt" anspricht (250), seine Abhängigkeit von ihnen betont (*in manibus vestris, quantus sit Caesar, habetis*, 253) – schon diese Formulierung lässt aufhorchen –, dazu Sorge um ihre Freiheit beteuert (264 f.) und seinen Wunsch unterstreicht, ein Leben als Privatmann zu führen (266 f.). Diese trügerische Passage wird abgeschlossen mit der erklärten Bereitschaft des Redners, „eine Rolle zu spielen" (welche auch immer, 268: *nihil esse recuso* [28]), wenn nur seinen Soldaten „alles erlaubt sei"; er werde alle Missgunst auf sich zu nehmen, wenn diese nur herrschten (269: *invidia regnate mea*).[29] Die Inszenierung als eines uneigennützigen Vertreters seiner Gefolgsleute gerät zur Selbstentblößung, wenn er sich jetzt in den Mittelpunkt stellt: Als Günstling der Götter werde ihm (also nicht seinen Soldaten) nach der Schlacht erlaubt sein,[30] den Besitz der Besiegten zu verteilen (298 ff.).

Pompeius spricht stattdessen von der hehren Aufgabe, die Republik zu verteidigen. Die Berufung auf die Gunst der Götter (349–54a) und die Helden der glorreichen Vergangenheit, deren Hilfe gewiss wäre, würden sie auferstehen (385–60a), soll dem Nachweis des größeren moralischen Gewichts seiner Partei und dem Ausdruck eigener Siegeszuversicht dienen. Jedoch gerade die Formulierung in 349: *causa iubet melior superos sperare secundos* („die bessere Sache fordert dazu auf, auf günstig gesonnene Götter zu hoffen") erlaubt einen Rückschluss auf seine Zweifel, die von einem zur Schau getragenen Optimismus mühsam kaschiert werden. Darüber hinaus erscheint seine Berufung auf die Decier, Curier und Camiller als imaginäre Helfer im Licht tragischer Ironie, bedenkt man die während der Nekromantie geschilderte Trauer eben dieser Helden, denen das kommende Unheil bekannt ist (6, 785–87a). Ebenso versteht sich Pompeius' Versuch, die Annahme eines Zorns der Götter auf die Völker und Rom zu widerlegen; das Argument (354 f.) vermag den Leser nicht zu überzeugen, erinnert er sich doch an die Äußerung des Erzählers, 2, 1: *iamque irae patuere deum* („schon war der Zorn der Götter offenkundig") und die Prophezeiungen der Bücher 5 und 6. Mit dieser *adhortatio* versucht Pompeius, seine Vorahnungen (er erkennt die Schicksalstunde, 338) für den Moment zu verdrängen, um die Pflichten als Feldherr zu erfüllen. Andere korrespondierende Elemente sind:

1) Die Unterlegenheit des Gegners: Caesar (269b–94) bezeichnet die meisten Feinde als ungeübte Griechen und verweichlichte Mitläufer aus dem Osten, die man vernichten solle. Mit dem abschließenden Befehl, fern aller *pietas* vor den eigenen Verwandten keinen Halt zu machen, sondern auf ihre Gesichter zu zielen (*vultus gladio turbate verendos*, 322), offenbart sich Caesar als der zynische Unmensch, der sich seiner Untaten bewusst ist. Pompeius betont ebenfalls die eigene Stärke (360b–64) und Unterlegenheit der Feinde, 366b–68a:

Paucas victoria dextras
exigit, at plures tantum clamore catervae
bella gerent.

Wenige Hände verlangt der Sieg,
aber mehrere Scharen werden nur mit Geschrei
den Krieg führen.

Aber statt einer Herabsetzung des Gegners folgt ein lapidares *Caesar non sufficit armis* (368b) in dem Sinn: „Caesar kann uns nicht das Wasser reichen."

2) Die Vorstellung der eigenen Niederlage, mit dem die Redner an die Tapferkeit ihrer Soldaten appellieren: Caesar führt seine grausame Bestrafung auf dem Marsfeld vor Augen (er spricht bezeichnenderweise nur von sich, obwohl er seine Männer meint!): Von Pompeius sei keine Gnade zu erwarten (304–07), da er schon in Dyrrhachium seiner Blutrünstigkeit freien Lauf gelassen habe (314b–17). Kurz zuvor präsentierte er sich, diese Lüge über Pompeius' Grausamkeit vorbereitend, als auf Schonung seiner Gegner bedacht (311–14a), so wie der historische Caesar im Rahmen seiner *clementia* tatsächlich verfuhr. Mit seinem darauf folgenden Mordbefehl (320 ff.) konterkariert er diese Beteuerung.

Auch Pompeius stellt sich bei seiner auf Erweckung von Mitleid bedachten *peroratio* ins Zentrum: Er erniedrigt sich vor den Soldaten (als Irrealis: *volverer ante pedes*, 379), fleht sie an, ihn nicht zum Gespött seines Schwiegervaters werden zu lassen,[31] und dafür zu sorgen, dass er nicht als alter Mann lernen müsse, Knechtdienst zu leisten (376–82a).

Merkwürdigerweise hat Pompeius mit dieser von Trauer getragenen Rede (*maesta voce*, 382b f.) Erfolg:[32] Die Begeisterung ist groß (*flagrant animi*, 383), und die römische *virtus* „richtet sich auf" (*Romanaque virtus / erigitur*); aber nicht der Kampfesmut wird geweckt, sondern die Bereitschaft, den Tod auf sich zu nehmen (*placuitque mori*, 384), falls sich die Furcht des Feldherrn bewahrheiten sollte (*si vera timeret*). Die Soldaten haben also die Untertöne gehört, die ihr Führer zu verbergen suchte.

Angemerkt sei, dass Pompeius die Beurteilung dieser Schlacht als zukunftsweisend für das Schicksal späterer Generationen (374–76a) dem Erzähler hier „vorwegnimmt" (vgl. 641 f.).[33] Auch Caesar tritt aus seiner Rolle, wenn er sich neben den eigentlichen Adressaten an seinen Schöpfer zu wenden scheint und dessen Aussage *quis iustius induit arma / scire nefas* (1, 126b f.) entgegenhält, 259 f.: *haec, fato quae teste probet, quis iustius arma / sumpserit* („dies ist der Tag, der vor den Augen des Schicksals beweist, wer mit größerem Recht die Waffen ergriffen hat", s. a. u. S. 154).[34]

Der Redeagon ist trotz korrelierender Motive nicht so gestaltet, als sei der andere jeweils als Zuhörer anwesend.[35] Dafür entsteht durch die Umkehrung der Reihenfolge der Reden (s. o. S. 68) der Eindruck, Caesar könne seinen Auftritt nicht abwarten (Ungeduld attestiert ihm der Erzähler ja mehrfach), sondern dränge sich vor; wieder verlässt die Caesarfigur ihre Rolle.[36] Der Weltuntergang hat bedrohliche Auswirkungen auf die Stabilität der narrativen Struktur.

2.3 7, 385–646: Die Schlacht als Weltuntergang

Nun stürzt man aufeinander los, aus gegensätzlichen Motiven; die Schlacht wird zum Kampf zweier Prinzipien, 386: *metus hos regni / spes excitat illos* („Furcht vor Tyrannei treibt die einen, Hoffnung darauf die anderen an"). Offensichtlich sind die Affekte und Ziele der Führer auf ihre Soldaten übergesprungen. Der folgende Text, in dem Reflexionen stark vertreten sind, besitzt eine fünf Teile:[37]

1) 387–459: Die Bedeutung der Schlacht I
2) 460–505: Angriff der Caesarianer
3) 506–544: Untergang von Pompeius' Reiterei und Hilfstruppen
4) 545–616: Vernichtung der Kerntruppen und Totentanz Caesars
5) 617–646: Die Bedeutung der Schlacht II

2.3.1 7, 387–459: Die Bedeutung der Schlacht I

Der nun folgende ungewöhnlich lange, die epischen Konventionen sprengende Kommentar Lucans lässt glauben, die Handlung sei zum Stillstand gekommen; doch tritt der Erzähler als „Reporter" vor die im Hintergrund aufeinander zustürmenden Kämpfer, um die „Bühne" bzw. den „Bildschirm" für sein Publikum freizugeben, sobald jene ihre Position erreicht haben (ab 460). In der Zwischenzeit nimmt er Motive seines Proöms (1, 24–32) auf und beklagt die verheerende Wirkung dieser Schlacht, die man noch in seiner eigenen Zeit ablesen könne. Er betrauert die nicht mehr auszugleichenden Menschenverluste, das Verfallen einst bedeutender Städte und die Verödung brachliegender Felder (387–411).

Durch die Verknüpfung der zeitlichen Ebenen stilisiert sich der Erzähler zu einem von der Vergangenheit direkt Betroffenen, 400b–02a:[38]

Toto populi, qui nascimur orbe,
nec muros implere viris nec possumus agros:
urbs nos una capit.

Wir Völker, die wir auf dem ganzen Erdkreis geboren werden,
können weder Städte noch Ländereien mit Männern bevölkern:
Eine einzige Stadt nimmt uns auf.

Ergänzt werden diese Klagen durch die Gedanken des plötzlichen Umschwungs und tiefen Sturzes, wie sie in den attischen Tragödien und bei dem Historiker Herdot zu finden sind. Hierbei tritt Fortuna an die Stelle der Götter und führt durch dieses nie dagewesene Aufgebot an todgeweihten Truppen Rom vor Augen, wie groß sein Reich war und wie gewaltig sein Sturz an diesem einen Tag sein wird.[39] Die Schlacht von Pharsalus bedeutet die Peripetie in Roms Schicksalsverlauf und macht alles bisher Erreichte mit einem Schlag zunichte (415–27a), s. besonders 426 f.: *sed retro tua fata tulit par omnibus annis / Emathiae funesta dies* („aber der Todestag von Pharsalus, an Gewicht allen (früheren) Jahren gleich, / hat den (guten) Verlauf deines Schicksals ins Gegenteil gewendet").

Die im Proöm beklagte Vernachlässigung der eigentlichen Aufgaben (Rache an den Parthern, 1, 10 ff.), findet sich im Anschluss an die zitierten Verse wieder und wird durch den Freiheitsgedanken ergänzt: Die *libertas* flüchtet vor dem *civile nefas* zu den Barbaren jenseits des Tigris und Rheins. Mit dem Zusatz, sie werde niemals zurückkehren (*numquam reditura,* 432), verbindet Lucan wiederum die erzählte Vergangenheit mit seiner Lebenszeit; so erhält diese Feststellung (in Variation wiederholt in 638 ff.) Bedeutung für die Gegenwart des Erzählers: Die Kritik bleibt nicht mehr auf Caesar beschränkt, sondern trifft auch den Prinzipat und damit Nero.[40] Wir haben es mit einem Widerruf des Nerolobs zu tun: Im Proöm wie auch hier sind zwar die *scelera* und das *nefas* der Bürgerkriege für die historischen Folgen ursächlich; doch die Bewertung von Ursache und Wirkung fällt konträr aus. Im ersten Fall wurden die Untaten der Bürgerkriege relativiert bzw. als unausweichlich gesehen, da sie Neros Herrschaft als positives Ziel der Geschichte ermöglichten; diese Deutung wird nun durch die Klage über den dauernden Verlust der Freiheit als Folge der Bürgerkriege ersetzt.

Lucan bedauert weiterhin, dass Fortuna die Bruti geschickt habe (*de Brutis, Fortuna, queror,* 440), wodurch es den Römern unglücklichweise vergönnt gewesen sei, von dieser Freiheit zu kosten und über ihren Verlust – anders als die stets von einem Despoten beherrschten Orientalen – Scham und Schmerz zu empfinden (440–45a). Das Wirken des ersten Brutus (die Gründung der Republik) erscheint nur als Intermezzo, als böswilliges Spiel der Fortuna auf dem Weg zur Tyrannis. Die Verwendung des Plurals (*de Brutis*) schließt eine Andeutung auf den zweiten Brutus und die Ermordung Caesars ein. Die beiden letzten Verse dieses Passus enthalten einen Angriff auf die Kaiserherrschaft, die für Lucans

Generation ein *servitium* bedeutet: *ex populis, qui regna ferunt, sors ultima nostra est,/ quos servire pudet* („von den Völkern, die Alleinherrschaft ertragen, ist unser Los das schlimmste, / die wir uns schämen, Knechte zu sein").

Doch Lucan belässt es nicht bei diesen Klagen, sondern versteigt sich in seiner Verzweiflung dazu, die Existenz eines (sinnvollen) Götterregiments abzustreiten, 445b f.: *sunt nobis nulla profecto / numina* („für uns gibt es wahrlich keine Götter"). Statt dessen hält er den blinden Zufall als allwaltendes Prinzip für möglich, betont grimmig die Nichtexistenz bzw. fehlende Fürsorge der Götter für die Menschen (454b f.: *mortalia nulli / sunt curata deo*),[41] und bezeichnet schadenfroh die künftigen Apotheosen als eine Strafe für die Götter (455b–59): Der Bürgerkrieg entthront diese, indem er ihnen die vergöttlichten Kaiser, bloße Schatten (459) genannt, zugesellt, 457: *bella pares superis facient civilia divos* („die Bürgerkriege werden die Vergöttlichten den Göttern gleichstellen"). Nebenbei bemerkt, gerät so die Nero verheißene Vergöttlichung (1, 45b ff.) ins Zwielicht.

Durch die epikureische These des Desinteresses der Götter an den Menschen werden jene, zumindest an dieser Stelle, von einer Beteiligung am menschlichen Handeln ausgeschlossen. Hierin kann man eine Absage Lucans an die stoische Auffassung eines sinnvollen Götterregimes und Weltgeschehens erblicken und so vielleicht den Verzicht auf den klassischen Götterapparat im *bellum civile* wenigstens teilweise erklären.

2.3.2 7, 460–503: Angriff der Caesarianer

Während dieser Reflexionen Lucans haben die Schlachtreihen ihre Stellung bezogen, von wo aus sie ihre Verwandten und das ungeheuere Ausmaß ihres Unterfangens erkennen können. Die Situation von Ilerda (4, 168 ff.) wiederholt sich abgewandelt: Damals ermöglichte die *pietas* eine vorübergehende Versöhnung. Jetzt aber wird sie nach anfänglicher Erstarrung überwunden (*percussa pietate*, 468), und man beginnt ohne Caesars Befehl die Schlacht, durch den Lanzenwurf des Crastinus [42] aufgepeitscht.

Ein Seitenblick auf Homer (*Il.* 4, 78 ff.) und Vergil (*Aen.* 12, 216 ff.) lehrt die sukzessive Verschiebung von göttlich zu menschlich motivierter Handlung: In der *Ilias* veranlasst Athene den Troer Pandaros zu einem Speerwurf auf Menelaos und damit zum Bruch des Waffenstillstands.[43] In der *Aeneis* löst Tolumnius auf Zureden Iuturnas (der vergöttlichten Schwester des Turnus) und der allgemeinen Stimmung folgend, durch seinen Speerwurf auf Aeneas neue Kämpfe aus, die in das Wüten des Turnus münden. Bei Lucan handelt Crastinus aus eigenem Antrieb, ohne göttlichen Impuls, ja sogar ohne Befehl Caesars. Diese Schuld betont der Dichter, wenn er Crastinus verflucht (470–75a).[44] So wird sein Handeln zum Ausdruck des die caesarische Seite charakterisierenden *furor*.

Ein akustischer „Paukenschlag" – Signaltöne, die zum Olymp dringen und in den umgebenden Bergen als „Laute wahnsinniger Raserei" (*voces furoris*) ihr Echo finden (475b–84) – leitet den Angriff auf die still stehenden Pompeianer ein. Der Dichter konfrontiert das Verbrecherische der Caesarianer mit der Schuldlosigkeit der Gegenseite, die sich in ihrer Passivität ausdrücke, 486 f.:[45] *volnera pars optat, pars terrae figere tela / ac puras servare manus* („die eine Seite wünschte, Wunden zuzufügen, die andere, die Geschosse in den Boden zu rammen / und reine Hände zu behalten"), und 501b–03:

Civilia bella
una acies patitur, gerit altera: frigidus inde
stat gladius, calet omne nocens a Caesare ferrum.

Den Bürgerkrieg
nahm die eine Seite hin, die andere führte ihn. Kalt blieb dort
das Schwert, jede Waffe erhitzte sich und wurde schuldig auf Caesars Seite.

2.3.3 7, 504–544: Untergang von Pompeius' Reiterei und Hilfstruppen

Ein Verspaar, in dem Fortuna als für das Unheil verantwortlich genannt wird (504 f.), leitet den Abschnitt ein. Nach dem Angriff der pompeianischen Reiterei und der Hilfstruppen, der rasch abgewehrt wird,[46] wiederholt der Dichter die Rollenverteilung der Parteien, 533: *hinc iugulis, hinc ferro bella geruntur* („hier wurden die Kämpfe mit Kehlen, dort mit Schwertern geführt").

Mit der verzweifelten Bitte Lucans, Pharsalus möge sich mit dem Blutzoll entweder der Barabaren oder der Römer zufrieden geben, endet dieser Teil. Der als erfüllbar formulierte Wunsch (*utinam … sufficiat cruor*, 535 f.) schafft die Illusion, das Geschehen könne doch noch anders verlaufen.

2.3.4 7, 545–616: Vernichtung der Kerntruppen und Totentanz Caesars

Mit dem Angriff der Caesarianer auf die Kerntruppen (*robur Magni*, 545) wird der Höhepunkt der Schlacht erreicht. Der Kampf artet zum Mord an den Verwandten aus, und für Lucan ist Caesar endgültig der Alleinschuldige, 550 f.:

Ille locus fratres habuit, locus ille parentes,
hic furor, hic rabies, hic sunt tua crimina, Caesar.

An jener Stelle standen Brüder, an jener Stelle Eltern,
hier tobt dein Wahnsinn, hier deine Raserei, hier sind deine Verbrechen, Caesar.

Der sonst vor der Schilderung grässlicher Details nicht zurückschreckende Erzähler ruft sich zu einem Verzicht auf die Beschreibung dieses Mordens auf, erreicht aber gerade mit seiner Weigerung, die überkommene Aufgabe eines Dichters als Verkünder von Taten zu erfüllen,[47] den Gipfel des Pathos, 552–56:

Hanc fuge, mens, partem belli tenebrisque relinque
nullaque tantorum discat me vate malorum,
quam multum liceat bellis civilibus, aetas.
A potius pereant lacrimae pereantque querellae:
quidquid in hac acie gessisti, Roma, tacebo.

Wende dich ab, mein Geist, von diesem Teil des Krieges, lass' ihn im Dunkeln,
und keine Epoche soll von mir als Künder so großer Übel erfahren,
wieviel den Bürgerkriegen (anzurichten) erlaubt war.
Ach, eher sollen die Tränen, sollen die Klagen vergehen:
Was immer du, Rom, bei dieser Schlacht getan hast, darüber werde ich schweigen.[48]

Stattdessen folgt die Inszenierung eines wahrhaften Totentanzes des zum Dämon des *furor* gewordenen Caesar, dessen Macht sich in seiner Allgegenwart erweist (557 ff.).[49] Er, der *stimulus furorum* (557), geht im Heer herum, um alle Verbrechen zu ermöglichen; er betrachtet die Schwerter, ob sie vom Blut befleckt sind oder nicht, und überprüft die Bereitschaft seiner Leute zum Verbrechen. An die Hexe Erictho erinnernd, geht er von Leiche zu Leiche und drückt die Wunden der Verletzten zu, um so ihr Leben und Leiden zu verlängern.[50] Die ohnehin die Grenze des Realen überschreitende Szene, eingerahmt durch die Aussage seines unbestimmten Umherschweifens (*it vagus*, 559; *quacumque vagatur*, 567), wird noch gesteigert durch den Vergleich dieses Treibens mit dem Wüten der Bellona oder des Mavors, das nun eine „Finsternis der Verbrechen" (*nox scelerum*, 571) hervorruft. Die hier zu beobachtende Verarbeitung epischer Vorbilder, der Aristien des Agamemnon und Turnus (dazu A. 49), dient weniger einer Veranschaulichung der Schrecken des Kampfes als vielmehr einer Verurteilung des Bürgerkriegs, wie es auch in *nox ingens scelerum* deutlich wird.

Doch lässt sich *nox* nicht nur als Metapher für das Schweigen des Erzählers oder die verübten Untaten der Kämpfer deuten: Wörtlich genommen löscht Lucan wie ein Filmregisseur das Licht für kurze Zeit und bietet dem Publikum nur die Geräusche, die sich in dieser Dunkelheit vernehmen lassen, 572: *immensae vocis gemitus* („Stöhnen gewaltigen Geschreis") 573: *arma sonant confractique ensibus enses* („Waffen klirren und Schwerter, die auf Schwerter schlagen").

Sodann „sehen" wir wieder Caesar bei der Fortsetzung seiner „Aristie": Er reicht seinen Leuten Waffen – die Atmosphäre des Gespenstischen bleibt jedoch erhalten –, verhindert jegliches Zurückweichen und lenkt den Angriff auf den Senat, den letzten Hort der Freiheit (574–81a). Seinem Befehl gemäß (322) fallen „ehrwürdige Gestalten" (*veneranda corpora*, 582), d. h. Senat und Ritterstand.

Während dieser Schilderung – der Dichter hat seine Sprache zurückgewonnen – fällt ein Licht auf den als einfachen Soldaten getarnten Brutus, den Lucan warnt, sich allzu weit vorzuwagen, da er sonst das ihm bestimmte Schicksal zunichte machen würde (586–96). Diese Apostrophe bietet einen historischen Durchblick auf Caesars Ermordung und Brutus' Tod in der Schlacht von Philippi;[51] zudem wird auf Verg. *Aen.* 9, 638 ff. angespielt, wo Apollo Iulus auffordert, sich keiner weiteren Gefahr auszusetzen. In der Parallelisierung des von den Göttern begünstigten Urahns der Iulier mit Brutus, dem die Aufgabe zukommt, dessen Nachfahren zu töten, wird die Entartung Caesars offenbar.

Nun wendet sich der Dichter der währenddessen fortgeschrittenen Handlung zu: Der gesamte Adel liegt am Boden, und Caesar trifft auf den sterbenden *pugnax Domitius* (vgl. 2, 507 ff.), den er höhnisch anspricht. Der antwortet trotzig, er wahre durch den Tod seine Freiheit, 611b f.: *liber ad umbras / et securus eo* („frei gehe ich zu den Schatten / und sorglos"). Wahrscheinlich hätte dieser Gedanke bei der Darstellung von Catos Selbstmord als Manifest politischen Widerstands seine grandiose Entfaltung gefunden, wäre Lucan dazu gekommen.[52]

Die Situation des Wortwechsels zwischen Sieger und sterbendem Besiegten ruft das homerische Vorbild auf. Wie Hektor Achill (*Il.* 22, 355 ff.), sagt Domitius Caesar den Tod richtig voraus, auch wenn er geht in seiner Hoffnung auf einen Sieg fehlgeht;[53] zudem bleibt er, wie vielleicht auch Hektor, moralischer Sieger.[54]

2.3.5 7, 617–646: Die Bedeutung der Schlacht II

Die Reflexionen über die Bedeutung der Schlacht werden nun fortgeführt, die Aposiopese von 552 ff. (s. o. S. 74 f.) findet sich in Form einer Präteritio wieder: Auf eine Schilderung des Sterbens Einzelner (*singula fata*, 617) verzichtet Lucan und bricht die Aufzählung der möglichen Todesarten ab mit dem Hinweis, Trauer über Einzelschicksale sei unangemessen (619–31). Stattdessen betont er die verhängnisvolle Auswirkung der Schlacht für die ganze Welt, die in dem Tod unzähliger Menschen und Völker bestehe. Das eigentliche Unglück aber nennt er in den Versen 638–41:

> *Maius ab hac acie, quam quod sua saecula ferrent,*
> *volnus habent populi, plus est quam vita salusque,*
> *quod perit: in totum mundi prosternimur aevum,*
> *vincitur his gladiis omnis, quae serviet, aetas.*

> Eine größere Wunde als die, die ihre Zeiten davontrugen,
> haben die Völker seit dieser Schlacht, mehr als Leben und Wohlergehen ist das,
> was untergeht: Für alle Ewigkeit der Welt werden wir zu Boden gestreckt, und
> besiegt wird von diesen Schwertern jede Generation, die künftig dienen muss.

Lucan greift das *plus*-Motiv von 1, 1 auf und erklärt jetzt, warum der von ihm besungene Gegenstand mehr als ein Bürgerkrieg ist: Es handelt sich um eine globale Katastrophe, die in dem unwiederbringlichen Verlust der Freiheit gipfelt. Wir lesen weiter, 642–46:

> *Proxima quid suboles aut quid meruere nepotes*
> *in regnum nasci? Pavide num gessimus arma*
> *teximus aut iugulos? Alieni poena timoris*
> *in nostra cervice sedet. Post proelia natis*
> *si dominum, Fortuna, dabas, et bella dedisses.*

> Womit hat es die folgende Generation oder womit haben es die Enkel verdient,
> in eine Tyrannei geboren zu werden? Haben wir etwa furchtsam die Waffen geführt
> oder unsere Kehlen geschützt?[55] Die Strafe für eine Furcht, die nicht die unsere ist,
> lastet auf uns. Wenn du den nach den Kämpfen Geborenen immer wieder einen
> Herrscher gabst, Fortuna, dann hättest du auch Kriege (gegen ihn) geben sollen.

Der Erzähler hat seine Rolle verlassen und präsentiert sich als von den Ereignissen direkt Betroffener (*prosternimur*; 640; *gessimus*, 643; *in nostra cervice,* 643). Er ist sowohl in der erzählten (*prosternimur*) als auch in seiner eigenen Zeit anwesend und spürt die Folgen am eigenen Leib (*in nostra cervice*). Wieder hat das Heraustreten des Erzählers aus seiner Position und der Erzählung zur Folge, dass der Aufruf zum Widerstand gegen den Prinzipat (vgl. o. 432) und somit auch der Widerruf des Nerolobs (1, 33 ff.) unüberhörbar wird.[56]

2.4 7, 647–727: Die Peripetie – Flucht als moralischer Sieg

Während der Katastrophe hat Pompeius eine Erkenntnis, die an die Anagnorisis griechischer Tragödien in Form der Beseitigung einer Verblendung erinnert. Er bemerkt den Seitenwechsel der Götter (647 f.: *iam Magnus transisse deos Romanaque fata / senserat infelix* („schon hatte der unglückliche Große erkannt, dass die Götter und das römische Geschick / übergelaufen waren").[57] Diese Erkenntnis löst die Peripetie der Handlung aus: Nach einem Gebet an die Götter (*superi*) und Fortuna, in welchem er seine Niederlage einräumt und sich als Opfer für das Überleben der Welt anbietet (659–66a), sieht man ihn, als Gegenbild Caesars,[58] umhergehen (*circumit*, 668 vgl. 559 ff.), um seine Leute davon abzuhalten, sich in den Tod zu stürzen.

Seine nun folgende Flucht, in den historischen Quellen verurteilt,[59] deutet der Dichter als Ausdruck höchster *pietas*:[60] Pompeius will der Welt den Untergang im Kampf um seine Leiche ersparen (669b–74a). Die Verse enden mit dem ihm vom Erzähler zugedachten Urteil eines *infelix*, wodurch der Beginn der Erkenntnisszene (648) gegenwärtig wird; mit der ausdrücklichen Wiederholung dieses Begriffes widerspricht Lucan Pompeius' Selbsteinschätzung (*multumque priori / credere fortunae,* 1, 134 f.; *Sullā felicior,* 2, 528) und offenbart die triste Wirklichkeit. Tragische Gestaltung und apologetische Tendenz bzw. moralische Aufwertung sind wichtige Elemente des lucanischen Pompeius. In diesem Sinne wird seine Flucht nur beiläufig erwähnt und zusätzlich mit seiner Liebe zu Cornelia, also der „privaten" *pietas,* motiviert 675b f.: *sed tu quoque coniunx / causa fugae* („aber auch du, Gattin, / warst ein Grund für seine Flucht").

Nur noch Objekt des Geschehens, wird er von seinem Pferd davongetragen (677b f.); die Flucht an sich wird von einer langen Apostrophe (680–711) überlagert: Als Wegbegleiter preist Lucan seinen Pompeius für die Furchtlosigkeit und die Standhaftigkeit (678, 679–81a), also für den Zustand eines stoischen *proficiens* (682b–87a).[61] In diesem Duktus fordert er ihn zu einer von Niederlage und bevorstehendem Tod unbeeindruckten Haltung auf (698–711), um mit dem Hinweis *vincere peius erat* (706a) die moralische Überlegenheit des militärischen Verlierers zu betonen.[62] Dann schildert er, wieder im Modus des Erzählens, Pompeius' Flucht nach Larisa, deren Einwohner ihn unterstützen wollen, was dieser (in wörtlicher Rede) ablehnt (720 f.). Der Abschnitt endet mit Klagen des Erzählers, seiner Verwünschung der Götter und dem Trost, dass Pompeius im Unglück echte Liebe von Seiten der Bevölkerung erfahre (712–27).

3 7, 728 – 872: Düsteres Nachspiel

3.1 7, 728–824: Der schreckliche Sieger

In einer Rückblende zum Ort der Schlacht sieht man Caesar, wie er das Blutvergießen beendet, da sich nur noch unbedeutende Gegner auf dem Feld befänden (728–31a). Auch an diesem Detail wird die Rolle Caesars als Scheusal deutlich.[63] Es folgen Eroberung und Plünderung des Lagers durch die Caesarianer, die gierig die Belohnung für ihre Verbrechen erwarten. Die luxuriöse Ausstattung des Lagers, die Caesar (*civ.* 3, 96, 1) hervorhebt, um Verschwendungssucht und Hybris seiner Feinde vor Augen zu führen, wird bei Lucan zur Kulisse, derer sich quasi Barbaren unbefugt bemächtigen, 760b–63:[64]

Capit impia plebes
caespite patricio somnos stratumque cubile
regibus infandus miles premit inque parentum
inque toris fratrum posuerunt membra nocentes.

Ruchloses Pack suchte auf für
Patrizier bestimmten Rasenpolstern Schlaf, abscheuliche Soldaten
lasteten auf für Könige hingebreiteten Lagerstätten, und die Schuldbefleckten
legten ihre Glieder auf die Lager ihrer Väter und Brüder.

Es folgt die Beschreibung der auf einem schlechten Gewissen beruhenden und durch die Nähe des Schlachtfelds ausgelösten Alpträume. Die Schläfer werden von den Erscheinungen ihrer getöteten Verwandten gepeinigt (764–76a). Lucan gewährt einen zeitlosen Einblick in die Täterpsyche.[65] Dann richtet sich der Blick auf Caesar (776b–86a): Während jeder seine eigenen Alpträume hat, treten vor ihn alle Toten, 776b: *omnes in Caesare manes*. Seine angedeuteten Gewissensbisse werden mit den seelischen Zuständen des Orest (also eines Vatermörders), des Pentheus und dessen Mutter Agaue verglichen; zugleich wird wieder seine Ermordung als Bestrafung für diese Untaten angekündigt (782).

In der anschließenden Szene (786b–829) vollendet sich die lucanische Caesarfigur zu einem Ungeheuer. Während Caesar (*civ.* 3, 98, 3) einen Aufenthalt nach der Schlacht nicht erwähnt, Appian von zwei Tagen spricht, die den Götteropfern und der Erholung der Soldaten dienten (App. *civ.* 2, 88) – aber auch hier von Bestattung der Toten keine Rede! –, gestaltet Lucan einen Caesar, der in seinem *furor* zu einem blutrünstigen Unheuer entartet ist, wiederum der Hexe Erictho nicht unähnlich:[66] Trotz seiner Alpträume ist er darauf versessen, die Berge der Toten zu inspizieren und sich einen Platz bereiten zu lassen, von dem aus er speisend die Gefallenen betrachten kann (786b–94a). Das Grauen der Bürgerkriege, das in dem unbeteiligten Thronen Sullas über den Haufen der Hingerichteten (1, 207–10, s. o. S. 25) einen ersten Höhepunkt erreicht hatte, wird übertroffen: Nach Art der Unholde Senecas erfreut sich Caesar an seinen Untaten.[67] Während aber bei Seneca der lustvolle Blick des Täters auf die einzelnen Phasen seines Verbrechens im Vordergrund steht,[68] blickt Lucans Caesar auf das

Ergebnis seines Wirkens (das bezeichnenderweise ein Erkennen der Landschaft in ihrem gewöhnlichen Zustand verhindert) und verlängert sein Vergnügen als Betrachter, indem er die Toten nicht bestattet. Nahezu als „Künstler" bietet er dem Himmel, d. h. den machtlosen, aber dennoch schuldigen Göttern[69] und wohl auch dem Publikum sein „Meisterwerk" zur Begutachtung an, 794b–99a:

> *Iuvat Emathiam non cernere terram*
> *et lustrare oculis campos sub clade latentes:*
> *fortunam superosque suos in sanguine cernit.*
> *Ac ne laeta furens scelerum spectacula perdat,*
> *invidet igne rogi miseris caeloque nocenti*
> *ingerit Emathiam.*

> Freude bereitete es ihm, Emathias Boden nicht sehen zu können,
> und mit Blicken die Felder zu mustern, die sich unter dem Unheil verbargen:
> Am Blut (der Toten) erkannte er sein Glück und seine Götter.
> Und um in seiner Raserei nicht das heitere Schauspiel zunichte zu machen,
> missgönnte er den Armen das Feuer des Scheiterhaufens, und dem schuldigen
> Himmel drängte er den Anblick des emathischen Landes auf.

Caesar übertrifft hierbei an Unmenschlichkeit sogar Hannibal, der die Toten von Cannae wenigstens bestatten ließ (799b–803a). Damit wird der öfter auftauchende Vergleich Caesars mit dem punischen Erzfeind zum Abschluss gebracht.[70]

Im Folgenden verlässt der Dichter wieder seine Rolle als Erzähler, um als Sprecher der Toten (in der Wir-Form!) mit Caesar zu diskutieren, 803b f.: *petimus non singula busta / discretosque rogos: unum da gentibus ignem* („wir bitten nicht um Einzelbestattungen / und gesonderte Scheiterhaufen: Gib den Völkern eine einzige Feuerbestattung"). Verzweifelt macht er sein Anliegen Caesar mit der Vorstellung schmackhaft, Pompeius' Leid könne sich noch verstärken, sähe er vom Meer aus die in den Himmel steigenden Rauchsäulen (806–08). Danach hält er Caesar trotzig entgegen, die einsetzende Verwesung und schließlich der Weltbrand würden sein Wüten gegen die Toten sinnlos machen und auch ihn schließlich tilgen (809–819) – eine Vorausdeutung auf Caesars Tod.

Währenddessen scheint die Verwesung der Leichen so weit fortzuschreiten, dass Caesar, wie der Schluss der Apostrophe (820 ff.) widerspiegelt, die Flucht ergreift und Lucan die Opfer zu den eigentlichen Siegern der Schlacht erklärt.

So wird Caesar zum ersten Mal motivisch mit einer Niederlage verbunden,[71] und die Toten erscheinen mächtiger als der eine Überlebende.

3.2 7, 825–872: Die verlassene Walstatt

Mit Caesar hat die letzte Person, abgsehen von Lucan, die Bühne verlassen; der Zuschauer sieht nun die wilden Tiere über die Toten herfallen; doch sie werden der ungeheuren Menge nicht Herr:[72] Der größte Teil bleibt verschmäht liegen (844b f.) und muss durch Sonne und Regen allmählich aufgelöst werden (845b f.). Beschlossen wird das Buch durch Lucans Verfluchung Thessaliens und den Hinweis, dass die späteren (von Oktavian geführten) Kriege die Katastrophe von Pharsalus sogar in den Schatten stellen würden (869–72). Dies klingt wie eine Relativierung, doch wird in dieser Weise auf die Etablierung des Prinzipats, also der Tyrannis, vorausgewiesen.

Das achte Buch

Dieses Buch ist ausschließlich Pompeius gewidmet; es zerfällt in zwei Teile, von denen der erste die Stationen seiner Flucht mit der Senatssitzung in Kilikien, der zweite seinen Tod in Ägypten zum Thema hat. Das Furioso des siebten Buchs wird von einem Tonfall der Erschütterung und Klage abgelöst.

1 8, 1 – 471: Auf der Flucht

1.1 8, 1–32: Vergangene Größe als Last

Man sieht nun einen fliehenden Pompeius, der bei jedem ungewohnten Geräusch zusammenzuckt (5 ff.), ein Gegenbild zu seinem ungebrochenen Abgang aus der Schlacht (7, 677–86) bietend.[1] Auktoriale Einlassung und empathische Schilderung wechseln sich ab.[2] Hierbei steht das Motiv des Sturzes aus großer Höhe im Vordergrund, verbunden mit der Vorstellung über das wandelbare Glück des Menschen, wie sie u. a. bei Herodot im Gespräch zwischen Solon und Kroisos zu finden ist (Hdt. 1, 29 ff.). Wenn Pompeius seine vergangenen Erfolge als verfrüht ansieht (*festinatos nimium … honores*, 24) und der Dichter hinzufügt, vergangenes Glück werde dann zur Schmach, wenn der letzte glückliche Tag nicht mit dem Lebensende zusammenfalle (29–32), dann ist das eine Variation des solonischen Ausspruchs, man könne das Glück eines Menschen erst an seinem Lebensende beurteilen (Hdt. 1, 32, 7 ff.). So zeigt sich die besondere Tragik des Pompeius darin, den eigenen Ruhm und Sturz überlebt zu haben, und dies auch noch zu erkennen. In diese Ausgestaltung mischen sich stoische Vorstellungen über die rechte Kunst des Sterbens.[3]

1.2 8, 33–108: Wiedersehen mit Cornelia

Der noch immer ängstliche Pompeius (*trepidum*, 35, *pavidus*, 39) besteigt ein Schiff nach Lesbos. Mitten im Satz (40–43a) blendet der Dichter zu der dort wartenden Cornelia über und zeichnet ihre Gemütslage, bestehend aus Trauer, Vorahnungen und Angst (43b–45a). Beim Anblick ihres geschlagenen Mannes reagiert sie mit einem Ohnmachtsanfall (45b–61a). Dagegen zeigt sich Pompeius geradezu philosophisch-gelassen. Zu Beginn und am Schluss seiner Trostrede tadelt er sie: Letztlich richte sich ihre Trauer auf Äußerlichkeiten, wie das verlorene Glück (72–85).[4] Doch haben diese Worte keinen Erfolg; Cornelia, ihrem Selbstverständnis nach eine Unglücksbringerin, macht sich Vorwürfe, Pompeius geheiratet und so ins Verderben gezogen zu haben; sie will sich opfern und spricht die tote Iulia an, der sie sich geschlagen gibt (86–105a). Der Kontrast zwischen der klagenden Cornelia und ihrem gefassten Mann wird insofern abgeschwächt, als der Dichter Pompeius' Rührung auf diese Klagen zeigt, 107b f.:

Duri flectuntur pectora Magni
siccaque Thessalia confudit lumina Lesbos.

Das Herz des unbeugsamen Großen wurde gerührt,
und Lesbos machte seine Augen feucht, die in Thessalien trocken geblieben waren.

Die Erwähnung seiner Gelassenheit angesichts der thessalischen Katastrophe kann im Vergleich zu Catos patriotischen Ausbrüchen wiederum auch als Kritik des Dichters verstanden werden.

1.3 8, 109–201: Abschied von Lesbos und Zwischenspiel auf See

Pompeius lehnt das Angebot der Einwohner von Lesbos, ihm Asyl zu gewähren, mit einem hohen Lob auf die Treue der Insulaner ab. Unter vor allem der Cornelia geltenden Klagen gestaltet sich die Abfahrt (109–58). Auf hoher See befragt ein unschlüssiger Pompeius den Steuermann, wohl um durch Betrachtung des Kosmos in stoischer Manier Trost zu finden,[5] nach den Sternenbildern und ihrer Bedeutung für die Seefahrt. Die Frage des Steuermanns nach dem Ziel der Fahrt beantwortet er resigniert, dies dem Zufall überlassen zu wollen (159–92a). Mit dem die Antwort einleitenden *dubio … pectore* (186) wird die Ratlosigkeit des Pompeius unterstrichen.

1.4 8, 202–455: Sammeln der Kräfte / Der Senat am falschen Ort

Zunächst erfährt man, dass die nach Pharsalus auseinandergestobenen Überlebenden dem Pompeius wieder zulaufen; weiterhin: Der Osten ist noch nicht verloren gegangen, und Pompeius schickt König Deiotarus mit einem Hilfsgesuch zu den Parthern. Mit der Erfindung dieser historisch nicht bezeugten Gesandtschaft[6] stellt Lucan Pompeius' negative Züge, so seine verblendete Selbstgefälligkeit, noch einmal heraus. In der Botschaft an die Parther, die er Deiotarus mitgibt, spricht er von einem bestehenden Bündnis (217a f.), das es so nicht gab, und behauptet zudem, bei seinem Vordringen in den Osten das Partherreich geschont und nach Crassus' Niederlage bei Carrhae die berechtigten Rachegelüste Roms besänftigt zu haben (222–34).

Gemessen an Lucans Forderung nach Rache an den Parthern (1, 10 ff.) lässt sich Pompeius' Vorgehen als Verrat ansehen, will man es nicht mit purer Verzweiflung über seine Lage entschuldigen. Der Schluss der Botschaft („Siegt für Pompeius, ihr Parther!", 236) zeigt den alten Pompeius, dessen Läuterung in Pharsalus offensichtlich nur vorübergehend war.

Die folgenden Verse (238b–58a) – mit der Erwähnung der Mission des Deiotarus zum Partherkönig und weiterer Stationen der Flucht – leiten zur Senatssitzung im kilikischen Syhedra über. Hier nimmt Pompeius' Schicksal seinen Lauf: Gegen seinen Willen wird Ägypten zum Fluchtpunkt auswählt (*victa est sententia Magni*, 455). Diese Szene (258b–455) soll näher betrachtet werden:

Durch Lucans Feststellung, ein großer Teil des Senats sei nach der Schlacht dem flüchtenden Führer" [7] gefolgt (258b f.), erhält der anschließende Redeagon zwischen Pompeius und Lentulus den Charakter einer Senatsdebatte. Allerdings muss sich der unbefangene Leser über die wundersame Auferstehung des Senats wundern, sollte er Lucans Behauptung vom Tod (fast) aller Patrizier und Senatoren bei Pharsalus ernst genommen haben – angesichts der erwähnten Leichenberge (7, 597 f.). An solchen Übertreibungen zeigt sich das Bemühen unseres Dichters, aus einer Szene das Letzte herauszuholen. Die Erzählung droht sich in Einzelszenen und -bilder aufzulösen und der Erzähler selbst in den Verdacht der Unzuverlässigkeit zu geraten. Dieses Phänomen wird im zweiten Teil der Ausführungen betrachtet werden.

Auch die „Senatsrede" des Feldherrn (262a–327a) könnte man mit dem soeben angedeuten „stationären Charakter"[8] der Einzelszenen erklären, tritt hier doch der „alte" Pompeius auf, dessen Läuterung gegen Ende des siebten Buchs offensichtlich nur vorübergehend war. Dieser Rückfall zeigte sich schon in der zuvor erfolgten Botschaft an die Parther (s. o. S. 81).

Zunächst: Der Feldherr beginnt seine Rede, mit der er den Senat anfeuern will, in dem gleichen Tonfall wie seine *adhortatio* in Pharsalus (*<u>maesta</u> ora resolvit*, 261; vgl. 7, 382a f: *tam <u>maesta</u> locuti / voce ducis*). Auf Grund der Diskrepanz zwischen hochgemuten Aussagen und der gedrückter Stimmung, die den Vortrag prägt, ist der Misserfolg vorprogrammiert; zu den einzelnen Gedanken:

1) 262b–266a: Einleitung

Pompeius spricht seinem Gefolge Mut zu und kündigt *novae res* (265) an. Hinter diesem Begriff verbirgt sich das beabsichtigte Bündnis mit den Parthern – der Redner ist sich der Ungeheuerlichkeit seines Planes bewusst.

2) 266b–276a: Argumentation

Er führt Argumente für seine Zuversicht an und spielt die soeben erlittene Niederlage herunter: Wenn ein Marius wieder erstarken konnte, so werde er sich erst recht zu alter Stärke erheben, da ihn doch nur ein sanfterer Schlag der Fortuna getroffen habe (*me pulsum <u>leviore</u> manu*, 271). Pompeius' rückt sich durch seinen Vergleich mit dem machtgierigen und vom Dichter gebrandmarkten Marius, der zudem der politischen Gegenseite angehörte, ins Zwielicht.

Sodann zählt er seine noch vorhandenen Kräfte im Osten auf (272–73a), um die Schlacht als Betriebsunfall erscheinen zu lassen, 273b f.: *sparsit potius Pharsalia nostras / quam subvertit opes* („eher zerstreut hat die Schlacht von Pharsalus unsere / Kräfte als vernichtet").

Lässt sich diese Beschwichtigung – zumal der Dichter den Begriff *spargere* in ähnlichem Zusammenhang verwendet (*sparsus …quicumque …/ assequitur Magnum*, 8, 203 f.) – noch als Mittel der Überredung verstehen, so zeugt doch das Folgende von der Selbstgefälligkeit und Verblendung, in die Pompeius offenkundig zurückgefallen ist, 274b–76a:[9]

Sed me vel sola tueri
fama potest rerum, toto quas gessimus orbe,
et nomen, quod mundus amat.

Aber mich kann sogar allein der Ruhm
meiner Taten schützen, die ich auf dem ganzen Erdkreis vollbrachte,
und mein Name, den die Welt liebt.

3) 276b–308: Erörterung

Als geeignete Bundesgenossen kommen für Pompeius nur die Parther in Frage, deren Mut und wirkunsvolle Waffen er lobt, um zum Schluss bedauernd auszurufen, ausgerechnet auf dieses Volk zurückgreifen zu müssen (306–08).

4) 309–327a: Schluss

Die Billigung aller voraussetzend, verkündet er als *conclusio* seinen Entschluss (309: *effundam populos*) und führt weitere Vorteile seines Planes ins Feld: Bei einer Niederlage werde seine Leiche für Caesar unerreichbar sein; diese Ichbezogenheit verstärkt sich, wenn er seine alten Ruhmestaten im Orient preist, 316b–19:

Sed cuncta revolvens
vitae fata mea semper venerabilis illa
orbis parte fui, quantus Maeotida supra,
quantus apud Tanain toto conspectus in ortu!

Aber, wenn ich mein gesamtes Schicksal wieder
vor Augen führe, bin ich immer in jenem Erdteil verehrungswürdig gewesen,
als wie bedeutend wurde ich jenseits der Maeotis,
als wie groß beim Tanais im gesamten Osten angesehen!

Er endet mit einem letzten, bauernschlau anmutenden Argument, 325b–27a:

Cum Caesaris arma
concurrent Medis, aut me Fortuna necesse est
vindicet aut Crassos.

Wenn die Waffen Caesars
auf die Meder treffen, dann muss Fortuna entweder mich
oder die beiden Crassi rächen.

In dieser indifferenten Behandlung der Alternativen zeigt sich wieder seine Selbstbezogenheit, zumindest verfängt dieses Argument nicht; einmal mehr steht er als erfolgloser Redner da, wie die ablehnende Reaktion der Zuhörer (327b f.) und die von den alten republikanischen Idealen geprägte Gegenrede des Lentulus zeigen.

Dieser hatte laut Lucan auf der ersten Senatssitzung im Exil (5, 46b f.) Pompeius den Oberbefehl übertragen; nun wird er als ernst zu nehmende Gegenstimme charakterisiert:[10] Er trägt eines Konsulars würdige Worte vor (328b–30), die auch durch die Positionierung an die zweite Stelle dieses Duells ein stärkeres Gewicht erhalten.

Der Beginn (331–62a) wird von rhetorischen Fragen beherrscht, mit denen der Konsular seine Empörung ausdrückt (331–41a), dann das Bittgesuch an den Partherkönig als eines Pompeius unwürdig (341b–49a) und seinen Plan als Verrat brandmarkt (349b–58). Er führt hierbei die Parther vor Augen, die unter der Führung des Pompeius gar mit den bei Carrhae erbeuteten Feldzeichen gegen Rom ziehen könnten. Eine letzte rhetorische Frage, mit der Lentulus an den Menschenverstand des Feldherrn appelliert – der Partherkönig, vorher bei unklarer Lage neutral, werde nun nicht so dumm sein, den Sieger Caesar herauszufordern (359–62a) –, leitet zu einem argumentativen Teil über. Sachkundig erläutert Lentulus Kriegswesen und Charakter der Parther, um das Lob seines Vorredners zu widerlegen (362b–90a). Er streift Pompeius' Wunsch nach einem Grab in fremder Erde (390b–96a) und malt geschickt Cornelias Zukunft als Liebessklavin des perversen Königs aus (369b–416). Der wichtigste Gedanke folgt nun: Ein Bündnis mit den Parthern (an Stelle des Verzichts auf die fällige Rache an ihnen) sei nicht statthaft (417–41a). Dieses Argument ist deshalb so schlagkräftig, da es der Auffassung des Dichters aus dem Proöm entspricht,[11] dessen Forderung nach Rache Lentulus bekräftigt: Hierbei geht er sogar soweit, Caesar, im Falle seines Sieges im Bürgerkrieg, Glück für einen Partherfeldzug zu wünschen, 427–30:

Et si Thessalia bellum civile peractum est,
ad Parthos, qui vicit, eat: gens unica mundi est,
de qua Caesaris possim gaudere triumphis.

Und wenn in Thessalien der Bürgerkrieg beendet worden ist,
dann soll der Sieger gegen die Parther ziehen: Es ist das einzige Volk der Welt,
bei dem ich mich über einen Triumph Caesars freuen könnte.

So legt Lentulus gegen Pompeius' nahezu gleichgültige Sicht der Alternativen Einspruch ein (s. o. 325b–27) und beschließt seine *refutatio* mit der sarkastischen Aufforderung an den Feldherrn, sich doch eher gleich Caesar zu unterwerfen, wenn er schon die Schande eines Gesuchs an die Parther auf sich nehmen könne (439b–41a). Schlussfolgernd (441b–55a) schlägt er Ägypten als Ziel vor und begründet dies gut römisch mit der Verpflichtung des Königs Pompeius gegenüber. Der Vorschlag findet Anklang, und Pompeius muss klein beigeben: *victa est sententia Magni* (455b). Sein in Buch 7 eingeleiteter politischer Sturz ist vollzogen.

Die für den Bürgerkrieg typische Tragik leuchtet darin auf, dass Lentulus aus einer ehrenwerten Haltung heraus zum Falschen rät. Andererseits hat Lucan schon mehrfach Ägypten als den für Pompeius' Tod vorherbestimmten Ort genannt (2, 732 ff.; 5, 471b ff.; 7, 704) „Göttliche" und menschliche Motivation des Geschehens fließen zusammen.

Während der Skizzierung der Überfahrt nach Ägypten lässt Lucan es sich bei der Erwähnung Zyperns als Station nicht nehmen, in neckischer Weise auf die „schaumgeborene" Venus zu sprechen zu kommen (456–71).

2 8, 472 – 872: Ägypten – Das Schicksal vollzieht sich

2.1 8, 472–560a: Entscheidung am Königshof

Sodann führt er an den ägyptischen Königshof. In dieser nun folgenden zweiten Debatte des achten Buches wird über das Schicksal des Pompeius entschieden. Hierbei konzentriert sich der Dichter auf die obsiegende Meinung, die er als direkte Rede dem Eunuchen Pothinus[12] in den Mund legt.

Dieser antwortet in einer macchiavellistischen Rede (479–535) seinem Vorredner, dessen Argument (das zwischen Ägypten und Pompeius bestehende Treueverhältnis, 475–81) der Dichter nur beiläufig nennt (in Form der indirekten Rede) und somit als wirkungslos charakterisiert.[13]

Zunächst führt Pothinus Argumente reinen Macht- und Nützlichkeitsdenkens an (479–95). In sophistischer Manier nennt er hehre Begriffe (*rectum*, 488; *iusta*, 489; *honestum*, indirekt *pietas*, 494; *virtus*, 494), um deren Unvereinbarkeit mit einer erfolgreichen Herrschaft zu betonen. Den laut Platon unglücklichsten Menschen der Welt, den Tyrannen,[14] feiert er als jemanden, der die Wahlfreiheit besitzte, alle Verbrechen zu begehen (*libertas scelerum*, 491). Danach (455–535) wird diese Einlassung auf den „Fall Pompeius" angewandt: Ihm Schutz zu gewähren, gefährde Ägypten, das er in seinem Sturz mitreißen werde (501–11). Pothinus schließt mit der Verdrehung eines weiteren Wertbegriffs: *Fides* bestehe nicht darin, in Not Befindliche zu Freunden zu wählen (535).

So zeigt sich der ägyptische Hof als Gegenwelt, in der römische Normen (auf die Lentulus baut) nichts gelten. Lucan stellt abschließend fest, 536: *assensere omnes sceleri* („alle stimmten dem Verbrechen zu"). Es folgen die Beschreibung der Vorbereitungen zum Mord und eine von Empörung diktierte Verurteilung Ägyptens, die in der Apostrophe an den „Halbmann" (552) Ptolemaeus gipfelt, der es wage, sich an dem großen Feldhern zu vergreifen – ein Verbrechen, das nur Caesar und nicht einem degenerierten Ägypter zustehe (549 f.).

2.2 8, 560b–872: Das Ende des Pompeius

2.2.1 8, 560b–711: Landung in Ägypten und Tod

Mit einem die Handlung vorantreibendem *iam* (560b) wird zu Pompeius' Landungsversuch (*infanda petebat litora*, 561b f.) übergeleitet, den die Mörderbande vereitelt; sie zwingt den Feldherrn, aus seinem „hochragenden Schiff" (*celsae de puppe carinae*, 564) in ein kleines Boot zu steigen (*in parvam iubet ire ratem*, 656): Szene und Wortwahl veranschaulichen den Niedergang. Pompeius folgt, trotz unguter Vorahnungen seiner Begleiter (571–74), dem Befehl, „er weicht dem Schicksal" (*sed cedit fatis classemque relinquere iussus / obsequitur*).

Im Kontrast zu dieser gelassenen Haltung tritt Cornelia ins Rampenlicht, die erneute Trennung von ihrem Gatten laut beklagend (582b–92a). Ihrer Angst um ihn (*anxia*, 590) hält Lucan die politische Sorge des Gefolges entgegen (*anxia classis*, 592), der Feldherr könne sich als Bittflehender erniedrigen (592b–95a).

Durch Perspektivenwechsel und eingeschobene Klagen wird die Ermordung hinausgezögert; das Tempo der Erzählung gleicht sich der erzählten Zeit an, ja scheint bisweilen zum Stillstand zu kommen.[15] Die Dramatik des Moments wird hervorgehoben. So auch jetzt, als Lucan einen ehemaligen Legionär den Feldherrn, der gerade in das Boot steigen will, begrüßen lässt (595b–97a), um eine Kurzcharakteristik dieses Septimius und Vorwürfe gegen Fortuna folgen zu lassen (bis 610a).

Mit einem weiteren *iam* (610b) setzt die Handlung wieder ein, und das Motiv von Pompeius als Befehlsempfänger ist (wieder durch *iam*) zum Abschluss gebracht (*perdiderat iam iura sui*, 612): Seine Freiheit ist dahin, und er sieht sich den gezückten Schwertern seiner Mörder gegenüber. Hier, in diesem letzten Moment, verleiht Lucan ihm die vermisste (freilich zuvor angedeutete) Größe. Bekannte Einzelheiten über Caesars Verhalten während seiner Ermordung verwendet der Dichter für die *magna mors* seines Pompeius:[16] Der entscheidet sich bewusst, in die Barke zu steigen, den Tod der Furcht davor vorziehend (573), so wie der historische Caesar mit einer ähnlichen Begründung in seinen letzten Lebenstagen auf eine Leibwache verzichtete.[17] Die Verhüllung des Hauptes beim Anblick der Mörder (613b–15a) kommt als weitere Gemeinsamkeit hinzu.[18] Pompeius' tapfere Haltung wird jedoch – und da ist er sich als *famae petitor* (1, 131) treu geblieben – mit seinem Ruhmesstreben[19] motiviert, 615b–17:

Tum lumina pressit
continuitque animam, nequas effundere voces
vellet et aeternam fletu corrumpere famam.

Darauf presste er die Augen zusammen
und hielt den Atem an, um nicht irgendwelche Laute hervorzubringen
und seinen Ruhm durch Jammern auf ewig zu Grunde zu richten.

Mit dieser Geste (die Erzählzeit wird eingefroren) entzieht sich Pompeius der Welt;[20] doch in Erkenntnis des öffentlichen Charakters seines Todes[21] schafft er sich in Gedanken eine Bühne, von der er ungebrochen abtreten will, 622–27a:

Saecula Romanos numquam tacitura labores
attendunt aevumque sequens speculatur ab omni
orbe ratem Phariamque fidem: nunc consule famae.
Fata tibi longae fluxerunt prospera vitae:
Ignorant populi, si non in morte probaris,
an scieris adversa pati.

Die Jahrhunderte, die niemals römische Taten verschweigen werden,
sind gespannt, und das folgende Zeitalter betrachtet vom gesamten
Erdkreis den Kahn und die Treue Ägyptens: nun sorge für deinen Ruhm.
Ein günstiges Schicksal floss dir in Form eines langen Lebens zu:
Die Völker wissen nicht, wenn du es beim Sterben nicht unter Beweis stellst,
ob du Widrigkeiten zu ertragen verstehst.

So scheint er sich in seinem inneren Monolog als *proficiens*[22] dem Ideal des stoischen Weisen anzunähern; den Tod, von ihm relativierend „Widrigkeit" (*adversa*) genannt, versteht er als Prüfung seiner Leidensfähigkeit. Dazu fügt sich seine Äußerung über sein Glück, das unabhängig von Göttern und dem Tod gewahrt bleibe (629b–32a), womit die Autarkie des Weisen anklingt. Tatsächlich zollt ihm der Dichter Anerkennung, 635b f.: *talis custodia Magno / mentis erat, ius hoc animi morientis habebat* („solche Beherrschung seines Geistes / hatte Magnus und diese Herrschaft über sein sterbendes Bewusstsein übte er aus.").

Mit dem Imperfekt wird die Anstrengung – oder auch nur der Versuch – des Pompeius deutlich, nach dem Verlust der äußeren Freiheit (*ius*, 612) wenigstens die innere Freiheit (*ius*, 636) zu retten. Das Motiv der Ruhmsucht wird im Augenblick des Todes „gereinigt" (zumindest in den Hintergrund gedrängt), dem Kontext stoischer Moralphilosophie angepasst und zugleich der Darstellung einer römischen *magna mors*, eines würdevollen Sterbens, dienstbar gemacht.

Die Mordszene dehnt der Dichter weiter in die Länge, indem er noch einmal Cornelia im Kontrast zur gefassten Haltung ihres Mannes[23] (eingeleitet durch *at*, 637–62) auftreten lässt. Sie wiederholt ihre Selbstvorwürfe und deutet den Mord als Auftrag Caesars, den sie bereits in Ägypten wähnt (639–42a). Ihr Wunsch, sich zu töten, um ihrem sterbenden Mann zuvorzukommen, wird durch die Mannschaft verhindert, und wieder wird sie, halb ohnmächtig vom Ort des Geschehens gebracht (*lapsa*, 662; vgl. 5, 799: *labitur infelix*).

Nun folgen Mordtat, Enthauptung und Mumifizierung des Kopfes (663–91). Obwohl Lucan grausige Details schildert, so das mühevolle Abtrennen des Kopfs durch Septimius (668–73), das aufgespießte Haupt (679–84a) und die Mumifizierung (688–91), wahrt er doch die Verehrungswürdigkeit des Pompeius: Das Grauen wird vor Augen gehalten, aber das Stichwort *sacer* (664, 669, 677) bereitet die im neunten Buch erfolgende Apotheose vor.

Die Mordszene wird durch Lucans Vorwurf an Ptolemaeus beschlossen, die Schändung der Leiche zugelassen zu haben (692–700). Dazu zieht er ein Fazit des Schicksals des Pompeius, 701–08a:

> *Hac Fortuna fide Magni tam prospera fata*
> *pertulit, hac illum summo de culmine rerum*
> *morte petit cladesque omnes exegit in uno*
> *saeva die, quibus immunes tot praestitit annos,*
> *Pompeiusque fuit, qui numquam mixta videret*
> *laeta malis, felix nullo turbante deorum*
> *et nullo parcente miser: semel impulit illum*
> *dilata Fortuna manu.*

> Mit dieser Verlässlichkeit führte Fortuna das so glückliche Schicksal des Großen
> bis an sein Ende, mit dieser Verlässlichkeit zog sie jenen vom Gipfel der Macht
> in seinen Tod herab und forderte grausam an einem einzigen Tage
> alles Unheil ein, vor dem sie ihm so viele Jahre Sicherheit geboten hatte,
> und Pompeius ist ein Mann gewesen, der niemals Glück mit Leid vermischt sah,
> der erfolgreich war, als keiner der Götter ihn störte,

und glücklos, als niemand ihn schonte; mit einem einzigen Schlag
warf Fortuna jenen nieder, nachdem sie ihre Hand lange zurückgehalten hatte.

Langes, ungetrübtes Glück, scheinbare Sicherheit vor Schicksalsschlägen, Feindschaft der Götter (hier der Fortuna) und plötzlicher Sturz aus größter Höhe sind die bekannten Elemente des Tragischen. Diese Verse jedoch, die eine letzte Bilanzierung Lucans zu sein scheinen, gehen unvermittelt in die Schilderung der weiteren Handlung über: Der metaphorische Schlag der Fortuna (*impulit,* 707) erweist sich nun als das konkrete Herabstoßen des Rumpfs von der Küste ins Meer (*pulsatur harenis,* 708). Dem Pathos des Resümees wird durch diesen artifizellen Überraschungseffekt der Schwung genommen. Oder haben wir es hier mit einem Beispiel grimmig-sarkastischen Humors unseres Dichters zu tun?

2.2.2 8, 712–872: Nachspiel

Wie den Gefallenen von Pharsalus in Buch 7 soll auch Pompeius eine Bestattung versagt bleiben. Doch anders als den unter freiem Himmel verwesenden Pompeianern verschafft Fortuna, so Lucan, ihm ein armseliges Grab (712–14): Cordus, ein bisher unerwähnter Gefolgsmann,[24] der sich am Ufer versteckt hielt, wagt sich hervor (wieder denkt man an einen Bühnenauftritt) und zieht, der *pietas* eingedenk (718), die Leiche seines Führers aus den Fluten (717b–28). Mit der Bezeichnung *truncus* für den Toten (722, vgl. 698 [25]) weist Lucan ein letztes Mal auf das Eichengleichnis in Buch 1 zurück.[26] Die der damaligen Charakterisierung des Pompeius innewohnende Vorausdeutung ist nun in Erfüllung gegangen.

Cordus beginnt, nach längerer Klage (729–42), einigen mühevollen Vorbereitungen (743–59a) und letzten Worten des Bedauerns, dem Toten nicht die ihm zukommende Ehren erweisen zu können,[27] mit der Einäscherung. Jedoch analog zur Ermordung verzögert sich auch dieser Akt: Es wird bereits Tag, und er bricht aus Furcht die Verbrennung ab, um sich erneut verstecken (778b–80). Doch die Schelte des Erzählers (781–85a) scheint ihn dazu zu veranlassen, sich wieder auf seine *pietas* dem Toten gegenüber zu besinnen, 785b f.: *cogit pietas imponere finem / officio* („es zwang ihn die Liebe, den Dienst / zu vollenden"). Zumindest erweckt der Erzähler den Eindruck einer solchen Kommunikation mit seiner Figur.[28] Trotz dieser „Regieanweisung" ist die Einäscherung unvollkommen, und den Resten wird ein kleiner Grabstein mit einer simplen Aufschrift gesetzt. Hierdurch fühlt sich der Erzähler zu einer langen empörten Einlassung über die Bestattung und Inschrift provoziert, die ein Pompeius verdient hätte (793–822).[29]

Am Schluss dieses Buches stehen die Verfluchung Ägyptens (823–50) und Gedanken über den Vorteil dieser elenden Bestattung (851–72). Lucan verspricht seinem Pompeius trotz dieses unwürdigen Grabes Ruhm (858b f.), einen Ruhm, den der *famae petitor* allerdings so wahrscheinlich nicht angestrebt hätte.

Die inhaltliche Diskrepanz dieser beiden Abschnitte könnte die Vermutung einer Doppelfassung nahelegen, wobei man den zweiten Teil für die endgültige Version hielt.[30]

Das neunte Buch

Das mit seinen 1078 Versen, auch auf Grund der zahlreichen Exkurse und geographischen Beschreibungen, längste Buch erscheint uneinheitlich. Das Pompeius-Thema ist mit Ende des Buchs 8 noch nicht erledigt, sondern wird 217 Verse weitergeführt; außerdem findet sich Caesars Besuch in Troja und seine Ankunft in Ägypten an das Hauptthema „Cato" (217b–949) angefügt.[1]

1 9, 1 – 217a: Pompeius

1.1 9, 1–18: Eine Apotheose ohne Vollendung

Pompeius' Seele steigt in die von Heroen bewohnte Sphäre auf und betrachtet von dort unbeschwert das Geschehen auf der Erde (1–14); doch sie hat sich nicht völlig gelöst, sondern taucht, beim Anblick des Schlachtfelds von Pharsalus, wieder herab und setzt sich als Rachegeist in Brutus und Cato fest (15–18);[2] so kann der Kampf gegen Caesar, wenn auch unter neuer Führung und mit neuen Zielen, fortgeführt werden. Die Widersprüchlichkeit des Pompeius bleibt über seinen Tod hinaus bestehen, während mit der Erwähnung des Brutus der Mord an Caesar angekündigt wird.

1.2 9, 19–50: Die Übernahme der Führung durch Cato

In einem vorgezogenen Prolog – der Abschnitt 1.3 (bis 217a) ist noch Pompeius gewidmet – hat Cato, seit Buch 2 nicht mehr in Erscheinung getreten, einen Auftritt, der sich später zu einer Aristie steigert und Pompeius' Bedeutung relativiert. Dies zeigt sich sogleich in dem kurzen Lob (19–22), bei dem seine reservierte Haltung gegenüber Pompeius (*oderat et Magnum,* 21) genannt wird. Durch die Verwendung des *ille* (19) für Cato, statt eines *hic*, klingt die Passage wie ein Nachruf. Obwohl von Lucan als *pectore toto / Pompeianus* („von ganzem Herzen / Pompeianer", 23b f.) bezeichnet, agiert er nicht als Führer in dessen oder gar in eigener Sache, sondern als Vorkämpfer für die Freiheit, 27–29a:

nec regnum cupiens gessit civilia bella
nec servire timens. Nil causa fecit in armis
ille sua ...

und er führte den Bürgerkrieg weder, weil er die Herrschaft begehrte,
noch weil er Knechtdienst zu leisten fürchtete.[3] Nichts tat jener unter Waffen
in eigenem Interesse …

Mit der „Übergabe" an Cato hat sich der Machtkampf zu einem gerechten Krieg für die Freiheit gewandelt.[4] Erste Taten Catos werden genannt: Auf Korkyra sammelt er die Überlebenden der Schlacht ein. Der Dichter spricht von „tausend Kielen" (32), die die Besiegten aufnehmen und nicht den Eindruck einer besiegten Truppe erwecken (34 f.), sondern das Meer als zu eng für sie erscheinen lassen. Mit dieser poetischen Überhöhung[5] betont der Dichter die neue Qualität der Caesargegner.

1.3 9, 51–217a: Trauer um Pompeius

Dieser Abschnitt ist, wie oben festgestellt, noch einmal Pompeius gewidmet. Thema ist die Trauer um ihn und die letztgültige Bewertung seiner Person durch Cato, der auf diese Weise vor seinem eigentlichen Auftritt präsent bleibt.

1.3.1 9, 51–166: Cornelia und die Söhne des Pompeius

Doch zunächst wendet sich der Dichter (an 8, 662 anknüpfend) Cornelia zu. Die Küste Ägyptens bildet die Kulisse für ihre Klagen (51–82). Dem Gedanken, ihren Mann nicht bestatten zu können (55–68), folgen Überlegungen, die Elemente der philosophischen *consolatio* enthalten:[6] Als wahrhaft Liebende trage sie das Bild ihres Mannes in sich und benötige keine Reliquien, wie etwa seine Asche (70–72). Von der Trauer überwältigt, scheint sie ihm nachfolgen zu wollen (80–8 2).

In einer Klagepause gibt sie das Vermächtnis des Pompeius an seine Söhne bzw. den anwesenden Sextus bekannt (84–97): Sie sollten dafür sorgen, dass niemals ein Mann vom Schlage Caesars herrschen werde, solange irgendein Mitglied ihrer Familie lebe (87–90a). Catos Führungsanspruch wird bestätigt durch die Aufforderung, sich nur diesem unterzuordnen. Die Bedingung „wenn er (Cato) Partei für die Freiheit ergreift" (*si faciet partes pro libertate*, 97), erhebt Pompeius' Wirken rückblickend zum Freiheitskampf gegen das Caesarentum, und so wird in den Worten Cornelias die ambivalente Beurteilung Lucans durch eine positive Wertung ergänzt.

Danach gibt sie sich wieder der Trauer hin (98–116). Das Pathos wird bis zur Widersprüchlichkeit auf die Spitze getrieben: Zunächst scheint es, als wolle sie sich vor lauter Schmerz umbringen, 101 f.: *iam nunc te per inane chaos, per Tartara, coniunx, / si sunt ulla, sequar* („schon jetzt werde ich dir, mein Gatte, durch die leere Finsternis und den Tartarus folgen, / wenn es ihn überhaupt gibt"); doch dann wird klar, dass sie weiterleben will, um sich an ihrer Trauer zu laben, wie Lucan verdeutlicht, 111b f.:

> saevumque arte complexa dolorem
> perfruitur lacrimis et amat pro coniuge luctum.

> und an den wilden Schmerz sich kunstvoll klammernd,
> genießt sie die Tränen und liebt statt des Gatten die Trauer.

Bereits ohne Kenntnis intertextueller Bezüge wird Kritik spürbar, und unter Berücksichtigung der stoischen Affektenlehre ist die Hingabe an den Schmerz eine sich selbst richtende Verhaltensweise;[7] Schwäche zeigt sich als Element der Corneliafigur Lucans.[8] In den letzten Versen (113–16), während der Überfahrt nach Zypern, wird sie als Frau geschildert, die mit dem Leben abgeschlossen hat.

Mit ihrer Ankunft in Africa, in Catos Lager (119), ist der Orts- und Personenwechsel vollzogen: Gnaeus, Schlimmes ahnend (*tristis*, 120), kann die Landung des Schiffes nicht abwarten, sondern segelt ihm überstürzt (*praeceps*, 122) entgegen, um den seine Mutter begleitenden Sextus nach dem Vater zu befragen. Die unvermittelte Frage (*dic, ubi sit, germane, parens*, 123) zeigt die Ungeduld des Gnaeus, der Gewissheit erlangen will;[9] seine *pietas* gewinnt mit der zweiten Frage „Besteht die höchste Macht und das Haupt (*caput*) der Welt noch?“ [10] eine politische Dimension (123b f.). Seine Sorge gilt neben dem Vater auch der Republik, 124b f.: „oder sind wir verloren und hat der Große das römische Geschick zur Schattenwelt mit sich fortgenommen ?“.[11]

Sextus' Augenzeugenbericht über das Geschehene (126–45)[12] enthält den Vorwurf gegen Schicksal (*iniuria fati*, 143) und Götter, Pompeius' Kopf überhaupt erhalten zu haben, (*servata de parte queror*, 145).[13] Die Erwähnung des abgehackten Kopfs überträgt die Empörung des Redners auf Gnaeus, dessen *pietas*, nun mit dem Zusatz *iusta* versehen, zu einem *furor* anwächst, 147: *iusta furens pietate.*

Und so ruft Gnaeus seine Leute, ohne den Bruder zu beachten, zu einem Feldzug gegen Ägypten auf, maßlose Rache ankündigend (148–64). Das Verb *praecipitare*, mit dem er seine Leute auffordert, in See zu stechen (148), weist auf sein eigenes Ungestüm zu Beginn dieser Szene zurück (*praeceps*, 122). Das Nachwort Lucans lenkt die Aufmerksamkeit auf Cato, 165 f.:

Dixerat et classem saevus rapiebat in undas;
sed Cato laudatam iuvenis compescuit iram.

So hatte er gesprochen und ging wild daran, die Flotte aufs Meer zu ziehen;
aber Cato gebot dem jugendlichen Zorn, nachdem er ihn gelobt hatte, Einhalt.

Mit Catos Lob erfährt Gnaeus' *furor*, der seine *pietas* zu einem unkontrollierbaren Affekt zu steigern drohte und nun zur *ira* abgeschwächt ist, seine Rechtfertigung.

1.3.2 9, 167–217a: Allgemeine Trauer und Catos Nachruf auf Pompeius

Zunächst schildert der Dichter die weltumfassende Trauer (*totis litoribus*, 168), um sogleich sein vom Eindruck eines globalen Ereignisses erfülltes Publikum zum Ort des Geschehens zurückzuführen, wo Cornelia einen letzten Auftritt erhält (171–79a): Sie verbrennt die Insignien und Gewänder ihres Mannes; die Trauergemeinde folgt ihrem Beispiel, so dass die Toten von Pharsalus ihre symbolische Bestattung erhalten. Das Aufflammen der Scheiterhaufen wird mit dem Abbrennen von Feldern durch apulische Bauern verglichen (182–85).[14] Die über das Tertium hinausgehende Begründung solchen Tuns (man will Platz schaffen für neues Gras, 182 f.) markiert den Neueinsatz der Handlung: Pompeius und die Schlacht von Pharsalus sind Vergangenheit, die Nachfolger können jetzt den Kampf mit frischen Kräften aufnehmen.

In den Versen 186–89 bemerkt der Dichter, Pompeius' Schatten habe die allgemeinen Vorwürfe gegen die Götter weniger gerne gehört als den nun folgenden Nachruf Catos, was angesichts der kritischen Töne überrascht. So entsteht der Eindruck eines nach seinem Tode vom Ehrgeiz geläuterten Pompeius. In diese Richtung wies bereits das Vermächtnis an seine Söhne (84 ff.).[15] Catos Worte selbst,[16] die „aus einem von Wahrhaftigkeit erfüllten Herzen kommen" (189), erhalten durch eben diese Bemerkung (*veri*) ihre Autorisierung. Überhaupt geben solche Einleitungen dem Leser einen Hinweis, wie er die jeweils folgenden Worte zu werten hat. Man denke auch an die Ausführungen des Lentulus, mit denen er Pompeius' Plan tadelt[17] (s. o. S. 83 f.). Die Rede lässt sich in drei Teile gliedern:

1) 190–207: Pompeius als Politiker
2) 208–211: Bewertung seines Todes
3) 212–214: Wunsch bezüglich des eigenen Todes

Cato beginnt folgendermaßen (190–92a):

„Civis obit", inquit, „multum maioribus impar
nosse modum iuris, sed in hoc tamen utilis aevo,
cui non ulla fuit iusti reverentia;

„Ein Bürger", sprach er, „ist gestorben, den Vorfahren bei weitem darin unterlegen,
den Maßstab des Rechts zu beachten, aber dennoch nützlich in dieser Zeit,
die nicht den geringsten Respekt vor dem Rechtmäßigen besessen hat;"

Schon das emphatische *civis* zeigt seine Absicht, die herausragende Stellung des Toten[18] zu relativieren bzw. in das Gefüge der *res publica* einzuordnen, indem er seinen eigenen moralpolitischen Maßstab anlegt, dem gemäß jeder Römer ein Bürger und nicht mehr ist. Es ist dieselbe Einstellung, mit der der historische Cato eine Begnadigung durch Caesar ablehnte (Plut. *Cat. min.* 66, 2). In diesem Sinn unterlässt er eine Erwähnung der drei Triumphe des Toten, die bei einer regulären *laudatio funebris* hätten genannt werden müssen.[19] Den Tadel der moralischen Inferiorität gegenüber den Vorfahren mildert er, indem er ihn als nützlich (*utilis*) in einer rechtlosen Zeit bezeichnet. Andererseits klingt dieses Lob im Vergleich zur Selbsteinschätzung des Pompeius zurückhaltend; wie der Historiker Sallust (vgl. Sall. *Catil.* 31, 6, über Cicero) korrigiert der lucanische Cato allzu großes Eigenlob.[20] Der Nützlichkeitsgedanke wird wiederholt bei der Erwähnung des Ruhms, den der Tote unter den Völkern auch zum Nutzen Roms genossen habe (202b f.). Zwischen diesen beiden Äußerungen lobt der Redner Pompeius' behutsame Machtausübung, verwendet dabei allerdings Formulierungen, die in ihrer Widersprüchlichkeit eine Spannung zwischen Freiheit und Herrschaft andeuten (*potens*, 193; *rector senatus*, 194; *ducem*, 200). In seinem Resümee entlarvt Cato Pompeius' wahre Stellung, 204–06a:

Olim vera fides Sulla Marioque receptis
libertatis obit: Pompeio rebus adempto
nunc et ficta perit.

Einst ging, als man Sulla und Marius (in Rom) aufnahm, echte Verlässlichkeit der freiheitlichen Verfassung verloren: Nachdem Pompeius der Welt entrissen worden ist, geht nun auch ihre geheuchelte Form zu Grunde.[21]

Die Nachtrag, niemand werde in Zukunft davor zurückschrecken, offen und ohne Scheinlegitimation zu herrschen (206b f.), offenbart einerseits Pompeius' Bedeutung als Regent einer Übergangszeit;[22] andererseits weist das Futur (*pudebit*) über die erzählte Zeit hinaus, und lässt sich in ihrem Bezug auf die Prinzipatszeit als Kritik an dieser verstehen.[23] Der Redner schließt mit einer vorsichtigen Seligpreisung des Toten[24] und dem Wunsch, dereinst ein ähnliches Ende zu erlangen (208–14).

In Lucans Kommentar, diese Ehrung ziehe der Tote den Lobsprüchen auf den *rostra* in Rom vor (215–17a), wird die Einleitung der Rede (186–89) variiert.

2 9, 217b – 949: Cato – *virtus* um ihrer selbst willen?

2.1 9, 217b–293: Meuterei

Mitten im Vers[25] wird mit dem Signalwort *fremit* in eine Meuterei eingeführt.[26] Cato, jetzt endgültig die Hauptperson, weist den zur Abfahrt rüstenden kilikischen Rädelsführer Tarcondimotus[27] barsch zurecht, 222–24a:

> *„O numquam pacate Cilix, iterumne rapinas*
> *vadis in aequoreas? Magnum fortuna removit:*
> *iam pelago pirata redis."*

> O niemals zu zähmender Kiliker, wendest du dich von neuem
> der Seeräuberei zu? Ein übles Geschick hat Pompeius beseitigt:
> Und schon kehrst du als Pirat aufs Meer zurück.

Doch dies ist erst Auftakt zur Meuterei, die Lucan wohl erfindet,[28] um seinen Cato als Anti-Caesar zu installieren, der eine ähnliche Situation bewältigen musste (s. o. S. 47 ff.).[29] Im Gegensatz zu der für Caesar von der Masse ausgehenden Bedrohung (*effudere minas*, 5, 261) trägt hier ein anonymer Sprecher (*quorum unus*, 225) die Gedanken höflich (*da veniam*, 227) vor: Die Soldaten fühlen sich nach dem Tod ihres Führers, dem zu Liebe sie am Krieg teilnahmen, von ihrer Aufgabe entbunden, sie geben die Sache verloren (227–30). Wie die meuternden Soldaten Caesars (5, 274 ff.) wollen sie als Zivilisten sterben und sind sogar bereit, dessen Herrschaft zu akzeptieren, der immerhin Römer sei (236b ff.). Nicht ungeschickt schließt der Anonymus: Die Fortführung des Bürgerkriegs sei ein Verbrechen, 248 f.: *Pompeio scelus est bellum civile perempto, / quo fuerat vivente fides* („nach dem Tod des Pompeius ist Bürgerkrieg ein Verbrechen, / zu dessen Lebzeiten er treue Pflichterfüllung gewesen war"). Hiermit kritisiert er Catos Vorhaben und bedient sich bequem eines legalistischen Arguments, wenn er erklärt, nun dem römischen Konsul Caesar folgen zu wollen (250 f.).

Cato, wieder in eine sakrale Aura getaucht (255), macht in empörten rhetorischen Fragen klar, dass es nicht mehr um die Parteinahme für einen Machthaber, sondern um die Freiheit gehe (256–67). Seine Aufforderung, das Heer zu verlassen (268–73), erinnert an Caesars Worte, doch im Gegensatz zu seinem egomanen Gegenspieler stellt er die *res publica* und den Freiheitsgedanken in den Vordergrund. Mit der Entlassung der Soldaten, Beschimpfungen (*o famuli turpes*, 274), der sarkastischen Aufforderung, auch seinen Kopf Caesar zu überbringen (278–81), und dem Ausspruch, Flucht sei ein für Feiglinge typisches Vergehen (283), gelingt ihm die Wiederherstellung der Disziplin: Die auf dem Meer befindlichen Schiffe kehren zurück. Dies wird durch einen Vergleich illustriert (284–92a), der Cato in die Nähe des homerischen Odysseus rückt.[30] Die Soldaten sind für den gerechten Kampf bereit (*iusti patientia Martis*, 293); das Stichwort *patientia* deutet die kommenden Leiden an.

2.2 9, 294–949: Aristie der Leidensfähigkeit

2.2.1 9, 294–371a: Die Syrten und der Tritonsee

Nach dem Zwischenspiel der Einnahme Kyrenes (294–99) erfährt man von Catos Entschluss, den verbündeten König Iuba in Mauretanien aufzusuchen und hierzu die Syrten zu durchqueren. Die *virtus* Catos wird „personifiziert" (*sperat*) und mit dem fragwürdigen Zusatz *audax* versehen (302) – war doch Curio ein *audax*!

Lucans alternative Erklärungsform für die zwitterhafte Existenz der Syrten (*in dubio pelagi terraeque*, 304) verbunden mit der Ekphrasis (303–18), schafft den Eindruck einer dem Menschen feindlichen Gegend. Und so bricht ein Sturm los, der mit Fluten und wandernden Sandbänken die Flotte nur unter Verlusten den Tritonsee erreichen lässt (314–47). Der Dichter verstärkt durch die Erwähnung lokaler Sagen (348–67), besonders der des Hercules und der Hesperiden, die Atmosphäre des Unheimlichen: In diesem Zuge spricht er von der Funktion der Mythen für die Dichtung, 359 f.: *invidus, annoso qui famam derogat aevo, / qui vates ad vera vocat* („missgünstig ist, wer der alten Zeit den Ruhm abspricht, / wer die Seher zur Wahrheit aufruft"). Damit beansprucht er für sich, sein Epos auch mit „unwahren" Mythen anzureichern, was angesichts der oft begegnenden rationalistischen Haltung Lucans überrascht; aber durch Rückgriffe auf den Mythos, gerade bei topographischen Einleitungen, erzeugt er eine unheilvolle Szenerie.

2.2.2 9, 371b–949: Der Marsch durch die Wüste

Zentrales Thema ist jetzt Catos *virtus*, die keinen Aufschub duldet: *impatiens virtus haerere Catonis* (371). Mit dem Anklang an die *virtus* Caesars (*nescia virtus / stare loco*, 1, 144b f.) tritt zugleich die fundamentale Verschiedenheit der Antagonisten bzw. ihrer *virtus* zu Tage, die beide zu entgegengesetzten Zielen treibt.

Die gesamte Episode dient der Darstellung Catos als eines von den Schrecknissen der feindlichen Umwelt unbeeindruckten Helden, der sich (und seinen Soldaten) den Weg zur Behauptung der inneren Freiheit bahnt.

2.2.2.1 9, 379–410: *Catos adhortatio, eine praemeditatio malorum*

In diesem Sinn bezeichnet Cato zu Beginn seiner auf den Marsch einstimmenden Worte den Tod als einzige Möglichkeit, die Freiheit zu bewahren, und appelliert an die Soldaten, sich in ihrer *virtus* auf die größten Leiden vorzubereiten, 379–81:

> *O quibus una salus placuit mea castra secutis*
> *indomita cervice mori, componite mentes*
> *ad magnum virtutis opus summosque labores.*
>
> Ihr, denen es, meinem Lager folgend, als einziges Heil erschienen ist,
> unbezwungenen Nackens zu sterben, richtet eure Sinne
> auf ein bedeutendes Werk eurer Tapferkeit und auf die größten Leiden.

Todesbereitschaft charakterisierte auch die Caesarianer Vulteius und Scaeva;[31] während sie dort Ausdruck einer entarteten, mit *furor* verbundenen *virtus* war, ist sie für Cato die Möglichkeit zur Bewahrung der eigenen Freiheit. In Form einer *praemeditatio malorum*[32] nennt er die künftigen Gefahren (382–84); so erscheint der Marsch als Bewährungsprobe im Angesicht des Todes, gerät aber dabei fast zum Selbstzweck, 385–88a:[33]

> *Durum iter ad leges patriaeque ruentis amore*
> *per mediam Libyen veniant atque invia temptent,*
> *siquibus in nullo positum est evadere voto,*
> *siquibus ire sat est.*
>
> Hart ist der Weg zu den Gesetzen, und aus Liebe zum stürzenden Vaterland
> sollen mitten durch Libyen die marschieren und entlegene Regionen aufsuchen,
> denen nichts daran liegt zu entkommen,
> sondern denen es zu marschieren genügt.

Cato stellt sich als *primus inter pares*[34] zur Verfügung (392b–402a), preist die *virtus*, die an großen Leiden ihre Freude habe, und fordert die Soldaten auf, ihre bei Pharsalus entstandene Schmach zu tilgen (402b–06a). Wie bei der Eindämmung der Meuterei hat er Erfolg, und man brennt auf die Bewährungsprobe (406b f.). Zuletzt gibt Lucan einen Hinweis auf sein baldiges Ende (408–10).

2.2.2.2 9, 411–444a: *Libyen, eine fantastische Welt*

In diesem geographischem Exkurs schlägt Lucan Libyen gegen die verbreitete Ansicht Europa zu.[35] Die fälschliche[36] Schilderung des Landes als von der Zivilisation unberührt (423–28) erweckt die Vorstellung des Goldenen Zeitalters;[37] doch die weiteren Verse (431–37) beschreiben eine heiße und lebensfeindliche Region, von Iuppiters Fürsorge unbeachtet, mit einer Natur, die stillsteht (*natura deside torpet*, 436) und keine Entwicklung zulässt.[38] Das öde Land mit der *gens dura* (439) der Nasamonen als Bewohner ist die passende Herausforderung für Catos *dura virtus* (444b f.). Durch die wiederholte Nennung seiner „personifizierten" *virtus* wird die Handlung nach der Meuterei so strukuriert, dass sich die Syrtenepisode als Präludium des Marschs durch die Wüste herausstellt:

1) Entschluss Catos, nach Mauretanien zu marschieren und den Weg durch die Syrten zu nehmen: *hanc audax sperat sibi cedere virtus* (302)
   - a) geopgraphischer Exkurs: Beschreibung der Syrten (303–18)
   - b) „Kampf" mit der Natur der Syrten und Ankunft am Tritonsee (319–47)
   - c) mythologischer Exkurs über diese Gegend (348–67)

2) Wiederaufnahme des Entschlusses zum Marsch durch die Wüste: *at impatiens virtus haerere Catonis / audet in ignotas agmen committere gentes* (371 f.)
   - a) Rede Catos, Vorbereitung auf die Leiden (379–406a)
   - b) geographischer Exkurs über Libyen (411–44a)

3) Wiederholung des Entschlusses: *hac ire Catonem / dura iubet virtus* (444b f.)

2.2.2.3 *9, 444b–497: Ein Seesturm zu Land* [39]

In diesen Versen, die den ersten Teil des Marsches bei Nacht vorführen, wechseln Erzählung und Beschreibung ab, sie bilden eine mitunter kaum voneinander zu unterscheidende Einheit. Lucan gestaltet diesen Abschnitt als einen Seesturm zu Land (*aequoreos metus*, 447) und somit als eine Variante des Syrtensturms; seine durch die Kargheit des platten Landes geförderte Gewalt wird als wiederkehrendes Phänomen beschrieben (447b–57). Die Erwähnung der Nasamonen, die mitansehen müssen, wie ihr Besitz in die von Staub erfüllte Höhe fortgerissen wird (458–62), leitet zur Erzählung über; durch das folgende *tum* (463) wird der Blick auf die Soldaten und das Geschehen gelenkt: Damals habe der Sturm stärker als gewöhnlich (*solito violentior*, 463)[40] den durch den Sand stapfenden Heereszug (463–65) angegriffen. Die Szene erhält ihre besondere Paradoxie durch die Behauptung, dass dieser normalerweise die Welt aus den Angeln hebende Orkan Libyen nichts anhaben könne, da ausgerechnet die Volatilität des Landes für seine Stabilität sorge, 469–71a:

> *Sed quia mobilibus facilis turbatur harenis,*
> *nusquam luctando stabilis manet imaque tellus*
> *stat, quia summa fugit.*

> Aber da das Land wegen des flüchtigen Sands leicht aufzuwirbeln ist,
> bleibt es, indem es nirgends widersteht, fest am Platz, und der Boden
> steht im untersten Grunde fest, da die Oberfläche sich verflüchtigt.

Das Davonfliegen der Helme, Schilde und Waffen (471b–73)[41] verwendet Lucan zur Polemik gegen den Saliermythos: Wie sich jetzt irgendwo ein Volk über die herabregnenden Waffen wundern und darin ein göttliches Zeichen sehen mag, so hätten in Roms Frühzeit vom Himmel herabfallende Schilde[42] den König Numa zur Einrichtung des Saliertanzes bewogen (474–80). Mit dieser Bemerkung führt der Dichter den Kult, der mit dem Gedeihen des Reichs verbunden war,[43] angesichts des von ihm geschilderten Weltuntergangs *ad absurdum*: Die Heiterkeit, die bei der Vorstellung entsteht, ein auf einer niederen Kulturstufe befindliches Volk könne die in die Luft gerissenen und irgendwo herabfallenden Waffen als Zeichen der Götter deuten, hat subversive Wirkung.[44]

Nach diesem Intermezzo zeigt Lucan den verzweifelten Kampf der Soldaten im Sturm (482b–92): Am Boden liegend und sich festkrallend, drohen sie, weggefegt zu werden, während sie beim Stehenbleiben nicht, wie zu erwarten, fortgerissen, sondern durch die Verwehungen gefesselt und begraben werden; mit dieser Schilderung weist der Dichter auf ähnlich paradoxe Phänomene während des Syrtensturms zurück (331–48).[45] Das Land „verschwimmt" im Staub, die Orientierung fällt schwerer (493–97).

2.2.2.4 *9, 498–586: Cato, ein Gegen-Alexander*

Bei steigender Hitze wird Cato in zwei Alexander-Episoden als Gegenbild des „wahnsinnigen Sohns Philipps" (10, 20) und damit auch Caesars, präsentiert.

In der ersten Szene (498–510), die den Besuch des Ammon-Orakels (Oase Siwa) vorbereitet, bietet ein Soldat dem Feldherrn mühsam in einem Helm gesammeltes Wasser an, das dieser jedoch, wie folgt, ablehnt, 505b–09a:

> *„Mene", inquit, „degener unum*
> *miles in hac turba vacuum virtute putasti?*
> *Usque adeo mollis primisque caloribus impar*
> *sum visus ? Quanto poena tu dignior ista es,*
> *qui populo sitiente bibas."*

> Er sprach: „Hast du ehrloser Soldat geglaubt, dass ich
> als einziger in dieser Schar hier ohne Tapferkeit bin?
> Bin ich so weichlich und der ersten Hitzewelle nicht gewachsen
> erschienen? Um so mehr verdienst du die Strafe,
> zu trinken, während das Volk dürstet."

Im Gegensatz zu dem in den Biographien geschilderten Verhalten Alexanders[46] beschimpft Cato den Soldaten, dessen Ansinnen er als einen Angriff auf seine *virtus* wertet. Er schleudert den Helm in einer Art heiligen Zorns zu Boden, und der Dichter schließt mit dem Paradoxon: „Und (so) war genug Wasser für alle vorhanden" (*suffecitque omnibus unda*, 509). Auch in dieser barschen Geste unterscheidet sich der Römer von dem Makedonen, der mit Blick auf seine Gefolgsleute das Angebot freundlich zurückweist. Obwohl Lucan später (587 ff.) Cato als idealen Feldherrn und Herrscher präsentiert, betont er hier seine Isolation; dadurch tritt dessen *virtus* und quasi-Göttlichkeit umso stärker hervor.[47]

Die zweite Alexanderszene (511–86) wird mit Erläuterungen zur Orakelstätte eingeleitet, die man nun erreicht hat (511–36). Der Ort selbst erscheint zunächst als ein *locus amoenus*, mit den obligatorischen Bäumen und einer Quelle ausgestattet (525b–27); aber sogleich zerstört Lucan diesen Eindruck durch die Bemerkung über den fehlenden Schatten zur Mittagszeit (528–30).[48] Die Übertreibung, dass die Bäume wegen des senkrechten Sonnenstands ihren Stämmen kaum Schatten böten (529 f.), die folgende Topographie mit der zu südlichen

Verortung der Oase Siwa, Erläuterungen über den Auf- und Untergang der Tierkreiszeichen und vor allem falsche Angaben über den Schattenwurf, die auf die Gegebenheiten der südlichen Hemisphäre zutreffen, verleihen der Oase die Aura eines Mirakels und betonen die Härte der zu bewältigenden Leiden.[49]

Nun hat der Leser ein durch das Imperfekt erzeugtes „Standbild" vor Augen: Er „sieht", wie die Ratsuchenden vor dem Orakel Schlange stehen (*stabant ... populi /... fata petebant*, 544 f.). Dieses Bild gerät in Bewegung mit dem Auftritt Catos und seines Gefolges, denen man Platz macht (546). Die Begleiter bedrängen ihn, das Orakel zu prüfen (547 f.). Aus dieser Gruppe tritt Titus Labienus (bisher nur 5, 345–47 erwähnt) als Sprecher hervor. Mit der Einführung von Caesars fähigstem General, der zu Beginn des Bürgerkriegs die Seiten gewechselt hatte, gibt Lucan dieser Szene einen historischen Rahmen,[50] in dem die Charakteristik Catos eine größere Plausibilität gewinnt.

Labienus, leicht abschätzig *maximus hortator scrutandi ... eventus* (449 f.) genannt,[51] betont zunächst die Gelegenheit, die Zukunft zu erforschen (550b–57a), und bezeichnet Cato als den geeigneten Verbindungsmann, da er ja dem Gott folge (*sequeris deum*, 557), so dessen Stoikertum bestätigend. Sodann variiert er den Beginn seiner Rede („Schau, es bietet sich die Gelegenheit, mit Iuppiter zu sprechen", 557b f.), um Cato aufzufordern, nach dem Schicksal Caesars, der künftigen Verfassung des Staats und nach dem Sinn des Bürgerkriegs (*an bellum civile perit*, 561) zu fragen. Von Appius und Sextus, die nur ihr persönliches Schicksal interessiert, hebt sich Labienus durch seinen Blick für das Ganze ab.[52] Cato soll als Medium fungieren, um die Weisungen des Gottes einzuholen, und seine „Brust mit heiliger Stimme erfüllen" (*tua pectora sacra / voce reple*, 561b f.).[53] Zuletzt, als bemerke Labienus dessen Widerwillen, bittet er ihn, den Gott wenigstens nach dem Wesen der *virtus* zu befragen und ein Beispiel für ehrenhaftes Handeln (*exemplar honesti*) zu verlangen (562b f.).

Angesichts der Unantastbarkeit des lucanischen Cato ist ein solches Anliegen absurd, wenn nicht gar beleidigend.[54] Es hat den Anschein, als begehre die Labienusfigur gegen die auktoriale Deutungshoheit auf, was ein weiteres Beispiel der „Kommunikation" zwischen dem Erzähler und seinen Figuren wäre. Und in der Tat: Die Einleitung zu Catos Antwort lässt sich als Entgegnung auf Labienus' Forderung (561b f.) lesen, stellt doch der Dichter jeden Zweifel an der Heiligkeit seines Cato außer Frage, 564 f.:

Ille deo plenus, tacita quem mente gerebat,
effudit dignas adytis e pectore voces.

Jener, erfüllt von dem Gott, den er still im Inneren zu tragen pflegte,
ließ seiner Brust Worte entströmen, die eines Heiligtums würdig waren.

Cato, „voll des Gottes", ersetzt das Orakel. Ohne den mantischen *furor* der professionellen Seher[55] fällt seine Antwort aus (566–84a), deren erster Teil von Ironie gegenüber dem in seinen Augen törichten Ansinnen geprägt ist.[56] Schon die Frage „*Quid quaeri, Labiene, iubes?*" („Was zu fragen, Labienus, befiehlst du?", 566a) zeigt dies, steht doch für ihn fest (vgl. 2, 299 ff.), lieber im Kampf zu fallen, als eine Tyrannei erleben zu müssen (566b f.). Und so fährt er fort, indem er stoische Maximen – z. B. das richtige Nutzen der Lebenszeit[57] und die Autarkie des Weisen gegenüber der Fortuna – als erforderliche Antworten des Orakels nennt, gekleidet in die ironisierende Form rhetorischer Fragen (568–71). Sein Resümee erfolgt voller Ernst, 572: „Das wissen wir, und dies wird uns Ammon nicht noch tiefer in die Seele pflanzen." Diese lapidare Feststellung leitet zum zweiten Teil seiner Ausführungen über: Der Mensch benötige keine Orakel, da er ohnehin von den Göttern abhänge und weiteres Wissen überflüssig sei. Nachdem er Natur und *virtus* als Richtschnur genannt (573–79) und die Kernthese von der Allmacht des Göttlichen wiederholt hat (*Iuppiter est …*, 580), ergibt sich für ihn als einzige Gewissheit der alle Lebewesen betreffende Tod (581–84a). Mit seiner Schlussbemerkung, Cato überlasse den Ort den (fremden) „Völkern", ohne ein Orkakel eingeholt zu haben (*non exploratum populis Hammona relinquens*, 586), nimmt Lucan den Beginn der Szene auf (*stabant ante fores populi*, 544),[58] wodurch sich der Eindruck eines Bühnenauftritts andeutet.

2.2.2.5 9, 587–618: Hitze und Durst – der trinkende Cato

Im Folgenden sieht man Cato als vorbildlichen Feldherrn durch die Wüste voranmarschieren (587–93a). Diese für sich sprechende Schilderung wird durch ein hymnisches Lob Lucans (593b–604a)[59] ergänzt, in dem Cato allen Feldherrn der Vergangenheit einschließlich Pompeius vorgezogen wird; zugleich enthält die Verleihung des Ehrentitels *parens patriae* mit dem nachdrücklichen *verus* (601) einen Angriff auf Caesar und die Kaiser (die diesen Titel trugen). Dieser Ton verschärft sich in der Prophezeiung, dass Rom, sollte es jemals wieder frei sein (*si steteris umquam cervice soluta*, 603 f.) – die Auflehnung Lucans gegen die Verhältnisse seiner Zeit wird deutlich –, Cato dereinst zum Gott erheben werde (603 f.).[60]

Durch diese Worte erfährt der Marsch eine Sinngebung, in der die Möglichkeiten aufgezeigt werden, die unter der Herrschaft der Kaiser angesichts eigener Machtlosigkeit bleiben. Diese Sinnhaftigkeit gilt, wenn überhaupt, nur für die Gegenwart des Erzählers bzw. die von ihm erwartete Zukunft; in der erzählten Zeit des Epos mutet dieser Marsch eher als eine nichtige *ostentatio virtutis* an.

Hiernach tritt Lucan als Kommentator zurück und gibt den Blick auf die Handlung frei. Das einleitende *iam* (604b) markiert die Zunahme der Hitze während des Marsches in eine Zwischenwelt, südlich derer es nur noch unbewohnbare Regionen gibt (604b–07a). Die bisher dominierenden Themen „Sand" und „Durst" werden durch Giftschlangen, die die einzige Quelle in der Wüste (*mediis fons unus in harenis*, 607) besetzt halten, um ein weiteres Szenario des Schreckens ergänzt:[61] Sie versperren den Zugang, indem sie sich mitten im Gewässer tummeln (wieder in abbildender Wortstellung: *in mediis sitiebant dipsades undis*, 612). Das Anklingen dieses neuen, später ausgeführten Themas wird an unserer Stelle von dem *sitis*-Thema (es handelt sich um Durst-Schlangen, *dipsades*) noch begleitet: Hatte Cato in der ersten Trinkszene das von einem Soldaten angebotene Wasser zu Boden geschüttet (9, 498–510) und trinkt er während des Marsches stets als letzter (591–93a), so nimmt er jetzt als Vorkoster das Wasser zu sich, um dessen Verträglichkeit trotz der Schlangen zu beweisen (611–18). Der Kontrast zu den anderen Trinkszenen ist nur scheinbar – in allen drei Fällen wird Cato als ein um seine Leute besorgter Feldherr in Szene gesetzt. Damit verklingt das *sitis*-Motiv zu Gunsten des Schlangenthemas.

2.2.2.6 9, 619–733: Schlangenland Libyen

Bei der ausführlichen Beschreibung Libyens als Brutstätte der Giftschlangen verzichtet der sonst naturwissenschaftlich interessierte Dichter auf eine rationale Begründung[62] und greift dafür auf eine Aitiologie zurück, ähnlich verfahrend wie bei der Beschreibung Thessaliens (6, 333 ff.). Die nun folgende, in aller Welt verbreitete Sage über Gorgo Medusa, die dieses Land mit ihrem Blut verseucht habe, bezeichnet er als falsch (622b f.), macht aber diese Distanzierung von der eigenen mythologischen Erzählung durch deren Länge wieder vergessen:

Medusa, deren Herrschaftsgebiet an Libyen grenzte (623–28), erscheint als Urmutter aller durch eine *natura nocens* hervorgebrachten Schlangen, die ihr Gift versprühen (629–35). In der Verwendung des Attributs *nocens* (629) liegt eine Polemik gegen den positiven Naturbegriff der Stoiker.[63] Lucan befasst sich mit der bekannten Wirkung des Blicks der Medusa, als Steigerung hinzufügend, von dem Tod sei auch die Seele betroffen, da sie nicht entweichen könne, (636–41).[64] Eine weitere Pointe liegt in der humorigen Bemerkung, selbst die Schlangen auf Medusas Haupt mieden den Blick ihrer Herrin. Die Versteinerung des Atlas (vgl. Ov. *met.* 4, 627 ff.) und ihr Fortwirken als Gorgoneion auf dem Brustpanzer der Athene (642–58)[65] beschließen diesen Teil.

Nach diesem Vorgriff auf Medusas spätere Existenz wird man durch das folgende *quo* (659) in ihr Reich zurückgeführt und über ihre Enthauptung durch Perseus aufgeklärt; Details erinnern an die Tötung des hundertäugigen Argus durch Merkur (663 f.; 671–74, vgl. Ov. *met.* 1, 625 ff.).[66] Lucan fügt hinzu, dass Perseus trotz seines dem Schild zugewandten Blicks versteinert worden wäre, hätte Athene die Schlangenhaare nicht über Medusas Gesicht gebreitet (681–83). Mit der Bemerkung *nec Pallas spectare potest* (681) verbietet er sich, selten genug, die Ausgestaltung der Szene zu einem Spektakel, erreicht dafür wieder den Effekt einer gewissen Belustigung.[67]

Da Perseus auf Athenes Anweisung mit dem Haupt über das öde Libyen fliegt, fallen die Blutstropfen dort hinab (684–99); der Dichter ergänzt dieses Aition (vgl. Ov. *met.* 4, 614 ff.) um eine rationalistische Erklärung: Hitze und Trockenheit ließen Blutstropfen und Sand zusammenbacken und ermöglichten so das Entstehen von Leben:[68] Diese unfruchtbare Un- oder Gegenwelt bringt lebensfeindliche Ungeheuer hervor. Libyen wird (wie Thessalien) zur Kulisse des Horrors stilisiert, vor der sich Cato und seine Mannen zu bewähren haben.

In den Versen 700–33 werden die Schlangen bei ihrem ersten Erscheinen vorgestellt, ihr Aussehen und ihre tödliche Wirkung beschrieben.[69] Das Publikum wird so auf die zu erwartenden Leiden der Römer eingestimmt. In einer pervertierten Form des seit Homer bekannten heroischen Katalogs werden u. a. sieben Arten genannt und so zu „Kämpfern“ gegen Catos Armee erhoben.[70]

2.2.2.7 *9, 734–838: Neuartige Kämpfe mit vertauschten Rollen*

Hierauf folgt die Schilderung des weiteren Geschehens, 734–36:

Has inter pestes duro Cato milite siccum
emetitur iter tot tristia fata suorum
insolitasque videns parvo cum volnere mortes.

Zwischen diesen tödlichen Ungeheuern durchmaß Cato mit den harten Soldaten
den staubigen Weg, wobei er so viele traurige Tode der Seinen mitansah
und ungewöhnliche Todesarten, bei nur geringer Verwundung.

Die Wendung *duro milite* (*Cato* einrahmend) macht deutlich: Die *virtus* Catos (vgl. *dura virtus*, 445; *durae virtutis amator*, 562) hat sich auf seine Soldaten übertragen. Sie sind bereit, die von ihrem Führer vorausgesagten drohenden „Härten“ zu bewältigen (vgl. seine Worte *gaudet patientia duris*, 403, und *durum iter*, 385). Für Cato selbst bewahrheitet sich die eigene Ankündigung, die Leidensfähigkeit der Soldaten persönlich zu prüfen (*qui me teste pati vel quae tristissima pulchrum / Romanumque putant*, 391 f.): Die Autopsie dieser Leiden (*tristia fata suorum*, 735) stellt auch seine eigene *virtus* auf die Probe; allerdings erfährt man so gut wie nichts über eine Reaktion des Heerführers auf das Schicksal seiner Gefolgsleute.

Mit dem Stichwort *mortes* (736) erfolgt die Inszenierung des ungleichen Zweikampfs zwischen Schlange und Mensch an Hand von sieben Beispielen. Dieser Katalog des Schreckens (737–833a) wird wieder als Schauspiel gestaltet, bei dem nicht nur Cato Zeuge wird; auch der Blick des lesenden Publikums wird aktiviert, wofür in fast jede Einzelszene eingeschobene Ausdrücke der optischen Wahrnehmung sorgen: *ecce* (741, 789, 822), *ante oculos* (763), *maiora spectacula* (805), *spectans* (832). Die gesamte Episode weist eine Dreiteilung auf.

Zum Auftakt[71] stirbt Aulus an einer kleiner Verwundung durch eine Dipsas, rasend vor Durst (737–62a) – ein letzter Nachhall des Durstthemas, bei dem sich Ähnlichkeiten mit Ovids Schilderung Erisychthons (*met.* 8, 725 ff.) zeigen.[72]

Im ersten Hauptteil (762b–804) steigert sich das Entsetzliche, 762b f. *Sed tristior illo / mors erat ante oculos* („Aber trauriger als bei jenem / stand der Tod vor Augen“). Das Sterben des Sabellus in Folge der Attacke eines Seps wird in detaillierter Weise beschrieben; der Dichter greift zu einer Formulierung, die mit ihrem manieristischen Kunstwillen die Vorstellungskraft des staunenden Lesers übersteigt: Die Wunde hat sich so weit geöffnet, dass sie zur „bloßen Wunde ohne Körper“, d. h. ohne Fleisch, anwächst (*sine corpore volnus*, 769). Der Körper des Unglücklichen zerfließt in Strömen von Eiter und Schleim. Gegenteilig verläuft der dritte Todesfall (789–804): Auf Grund der Vergiftung durch einen Prester bläht sich das Opfer zu einer Kugel auf, der Mensch verschwindet.

Der zweite Hauptteil (805–32a) wird als als ein noch größeres Schauspiel angekündigt (*maiora spectacula*, 805), dem der Dichter aber deutlich weniger Verse widmet (auch dies ein Manierismus); er beschränkt sich weiterhin auf die Beschreibung der Leiden, nicht ohne durch einen das Sterben des vierten Opfers illustrierenden Vergleich in makaber wirkender Weise den Schauspielcharakter des ganzen Geschehens zu bekräftigen, 808–10:

Utque solet pariter totis se fundere signis
Corycii pressura croci, sic omnia membra
emisere simul rutilum pro sanguine virus.

Und wie in gleicher Weise aus allen Statuen (im Theater)
korykischer Safransaft sich gewöhnlich ergießt,[73] so verspritzten
alle Glieder zugleich an Stelle des Blutes rötlich-gelben Geifer.

Die Formulierung *totum est pro volnere corpus* (814) weist auf das *sine corpore volnus* (769) des zweiten Opfers zurück. Ein fünfter Soldat erleidet einen schnellen Tod (815–21). Die beiden letzten Fälle unterscheiden sich von den anderen: Paulus wird von einer Schlange mit dem sprechenden Namen *iaculus* getötet. Sie schießt von einem Baumstumpf blitzschnell herab und durchbohrt seinen Kopf. Es handelt sich hierbei um einen „epischen" Tod,[74] wie Lucan durch seinen Vergleich (826 f.) mit den Waffen der Skythen unterstreicht. So rückt dieser Soldat als erster in die Nähe eines Kämpfers. In der letzten Szene (828–33a), sie endet nicht mit dem Tod, sehen wir einen Murrus als aktiven Kämpfer, der einen Basilisk aufspießt;[75] allerdings muss er sich seines bereits infizierten Armes entledigen, um ein Ausbreiten des Giftes zu verhindern. So gerettet, kann er den ihm bestimmten Tod an seinem Körperteil betrachten (*spectans*, 832); die Rolle als Akteur aufgebend, wird er seinerseits, wie der Leser, zum Zuschauer.[76]

2.2.2.8 9, 839–889: Klage und Aristie der dura patientia

Der Hinweis auf den drohenden Tod durch Schlangen während des Schlafs (839–46a) und die Bemerkung über die verlorene Orientierung der Marschierenden (846b f.) bilden den Rahmen für die Klage der Soldaten (848–80a).[77] Sie wenden sich allerdings nicht an ihren Führer, sondern an die Götter (848) und wünschen in ihrer Verzweiflung (*miseri*, 848), wieder nach Pharsalus zurückversetzt zu werden, um statt des Dahinsiechens einen schnellen Tod zu erleiden (849b f.).

Diese anonym vorgetragene Bitte lässt sich unter Berücksichtigung der epischen Tradition als Gegenentwurf zu dem in der *Odyssee* und *Aeneis* vorgeführten Heldenideal lesen: Während seines Schiffbruchs bedauert Odysseus angesichts der Todesgefahr, den Heldentod vor Troja verpasst zu haben, der ihm Nachruhm gesichert hätte (*Od.* 5, 299 ff.). Auch bei Aeneas schwingt während des Seesturms, der ihn und seine Gefährten bedroht, dieser Gedanke mit (Verg. *Aen.* 1, 93 ff.). Doch geht es ihm, der wie Odysseus nach Troja zurückversetzt werden will, weniger um den Heldentod; in einer „Glaubenskrise" zweifelt er an dem Sinn der *fata*, denen er bisher gefolgt ist. Weder das Ethos des edlen Kämpfers noch das des von *pietas* erfüllten Vollstreckers göttlichen Willens spielt bei Lucan als Motiv für die Verzweiflung der Soldaten eine Rolle: Sie wollen nur möglichst schnell sterben. Das aristokratische Heldenideal des Epos wird durch diesen Realismus „demokratisiert“ und einer illusionslosen Sicht unterzogen.

Gleichwohl sehen die Soldaten in den Reptilien Caesars Verbündete (850b f.) und halten an ihrer *virtus*, d. h. ihrer Bereitschaft, fest, Leiden auf sich zu nehmen und so der Expedition einen Sinn abzugewinnen (852–54a):[78] Diese Einheit zwischen Führer und Heer bestätigt der Dichter in seinem die Szene abschließenden Kommentar ausdrücklich: Die Soldaten sind zur *dura patientia* (880) geworden.

Doch zuvor scheint man sich in einem durch die enorme Hitze und die Schrecken hervorgerufenen Fieberrausch zu befinden (wenn Schlangen als Verbündete des Feindes gelten!): So wendet sich ein anonymer Sprecher an den Kontinent Africa, nicht um sich zu beklagen (854b f.), sondern dessen Lebensfeindlichkeit zu akzeptieren und das Leid als Strafe für das Betreten dieser für den Menschen nicht vorgesehenen Zone[79] zu deuten (855b–65a).

In dem Schwanken zwischen Klage und Beschwichtigung deutet sich ein Zwiespalt des Redners oder sogar die Vielstimmigkeit einer anonymen Massenrede an,[80] wobei der Wechsel von der ersten Person Singular in die erste Plural (849, 855, 859) nicht unbedingt ein Indiz ist.

Im letzten Teil dieser Klage räsonieren die Soldaten über ihren Standort; sie glauben, das Ende der Welt erreicht zu haben, und befürchten bei weiterem Vorrücken noch Schlimmeres (*forsan maiora supersunt*, 865). Die Mehrstimmigkeit lässt sich u. a. in den unterschiedlichen Auffassungen über die Gestalt der Erde heraushören.[81]

Eine erste Stimme wähnt, die Erde als Scheibe voraussetzend, man sei bereits dorthin vorgedrungen, wo die Sonne auf den Ozean treffe (865b–68a). Eine andere formuliert Angst vor der Zukunft: „Wir werden vielleicht dieses Schlangenland noch einmal vermissen“ (869b f.). In der Verwunderung über den veränderten Sonnenstand und den „plötzlichen“ Klimaumschwung (871b–75), lässt sich eine weitere Stimme ausmachen. Der Sprecher glaubt, Africa verlassen zu haben, ohne zu wissen, wo (873).[82] Der plötzliche Klimawechsel und der angeblich so kurze Marsch (875) stehen für ihn in einem unerklärlichen Widerspruch.[83] Eine letzte Äußerung (876–79a) – man kann sie auch als Antwort des Sprechers an sich selbst verstehen – enthält den Versuch einer Standortbestimmung unter Annahme der Kugelgestalt der Erde: Man habe bereits Rom unter den Füßen (*sub pedibus iam Roma*, 878).[84]

Die allgemeine Unsicherheit wird dadurch unterstrichen, dass jede Vermutung ein einschränkendes „Vielleicht“ enthält (*forsan*, 865; *forsitan*, 869; *forsitan*, 876). Doch endet dieser „Chor“ der Soldaten mit dem Wunsch, Caesar möge ihnen folgen, um das Gleiche zu erleiden (878–80a): Man überwindet also die Verzweiflung und kehrt als *dura patientia* (880, s. o.) zu den Pflichten zurück.

Cato, der Verantwortliche für diese Haltung, tritt nun in den Vordergrund: Wie Caesar seinen *furor* auf das Heer überträgt (7, 557 ff., s. o. S. 67 u. 75), veranlasst Catos außerordentliche *virtus* seine Leute zum Ertragen der Anstrengungen (881b f.). In seiner Aristie (882b–89) erscheint er ihnen als omnipräsenter Helfer[85] und verleiht ihnen die Kraft, klaglos zu sterben, 884–89:

Omnibus unus adest fatis: quocumque vocatus
advolat atque ingens meritum maiusque salute
contulit, in letum vires, puduitque gementem
illo teste mori. Quod ius habuisset in ipsum
ulla lues? Casus alieno in pectore vincit
spectatorque docet magnos nil posse dolores.

Bei allen Schicksalschlägen war allein er zugegen: wohin auch immer gerufen,
eilte er herbei und brachte eine Hilfe, die gewaltig und größer war als Rettung,
nämlich die Kraft zum Sterben, und man schämte sich, unter Stöhnen
vor seinen Augen zu sterben. Welche Macht über ihn selbst hätte
irgendein Unheil besessen? Das Unglück in fremden Herzen besiegte er und
lehrte als Betrachter (ihrer Leiden), dass auch große Schmerzen nichts vermögen.

So erfüllt sich der von ihm angekündigte Sinn der Expedition: die Bewahrung einer inneren Freiheit und Selbstbehauptung (*indomita cervice*, 379 f.) gegenüber den sinnlos wütenden Schicksalsmächten und Fortuna.[86] Sein Ausspruch, in Freiheit zu sterben sei die einzig mögliche Rettung (379 f.: *una salus*), bestätigt sich in Lucans paradoxer Bemerkung, Cato leiste seinen sterbenden Soldaten eine weitaus größere Hilfe (*meritum*, 885) als die Rettung (*salute*, 885). In den Begriffen *illo teste* (887) und *spectator* (889) wird die Rolle deutlich, die Cato sich selbst gegeben hat, nämlich die des Augenzeugen, vor dem es sich zu bewähren gilt (*me teste pati*, 391; vgl. *illo teste mori*, 887). Catos Zuschauerrolle ist freilich keine passive, auch wenn er die Katastrophen der Seinen mitansehen muss (*videns*, 736); gerade sein „Sehen“ spornt diese zur *virtus* an, und er kann als Betrachter das von ihm inspirierte grauenvoll-großartige Schauspiel zur Kentnis nehmen.

2.2.2.9 9, 890–949: Rettung durch die Psyller – Catos Sieg

Im Folgenden (890 f.) macht der Dichter deutlich, dass er das unvermittelte Erscheinen[87] der hilfreichen Psyller nicht als *deus ex machina*, sondern als moralischen Sieg Catos verstanden wissen will.[88] Der gegenüber den Unbilden der Fortuna bewiesene Widerstand[89] zwingt diese in die Knie: Durch das (vergebliche) Auftürmen aller möglichen Gefahren „erschöpft“, bringt sie nun, wenn auch spät, Hilfe (890 f.). Diese erscheint in Gestalt der Psyller, deren Rettungsmaßnahmen (909–22a)[90] die Ankunft in Leptis ermöglichen (938–49): Am Ende des Marsches, der nach Lucan ca. zwei Monate gedauert hat (940 f.),[91] verdichtet sich der Wüstenstaub, man bekommt Boden unter die Füße[92] und „landet“ in Leptis, froh über den Anblick einer Vegetation und wilder Löwen (942–49).

3 9, 950 – 1108: Caesar – Verlust des Schwungs

Man könnte wegen des abrupten Übergangs zu Caesar eine fehlende thematische Geschlossenheit konstatieren: Das Folgende hätte besser zu Buch 10 als „Caesar-Buch“ (geht man von dessen Erhaltungszustand aus) gepasst.[93]

3.1 9, 950–999: Caesar als Tourist in Troja

Die Nennung Caesars zu Beginn des Verses 950 markiert den plötzlichen Szenenwechsel; mit der Bemerkung *Emathia satiatus de clade recessit* wird sogleich dessen Verhalten beim Anblick der Leichenberge von Pharsalus ins Gedächtnis gerufen. Orts- und Personenwechsel erfordern eine Rückblende, um die Handlungsfäden wieder miteinander zu verknüpfen: Bei der Verfolgung des Pompeius gelangt Caesar, nun nicht mehr als *furens*, sondern als *famae mirator* (961) nach Troja. In dieser historisch nicht eindeutig verbürgten Episode,[94] wird er als ein zweiter Alexander präsentiert,[95] aber damit (anders als Cato) negativ gezeichnet.

Daneben lässt sich ein sentimentaler Ton ausmachen:[96] Die Vergänglichkeit des Ruhms unterstreicht Lucan, wenn er zu Beginn festhält, Caesar besuche das durch den Selbstmord des Aiax berühmt gewordene Rhoetion und die „Schatten, die den Dichtern viel verdanken" (963). Bei dem Rundgang (964–79) durch die verfallenen Ruinen wiederholt und intensiviert der Dichter dieses Thema: Caesar umschreitet ein Troja, das nur noch ein „erinnerungswürdiger Name" ist, und sucht dabei nach „Spuren von Mauerwerk" (964 f). Diesen Zustand kommentiert Lucan drastisch: „Sogar die Trümmer sind verrottet" (969), nachdem er das Bild von bereits ihrerseits abgestorbenen Baumstümpfen, die die Trümmer überwuchern (*putres robore trunci*, 966), gezeichnet hat. *Truncus* und *umbra* sind Begriffe, die Lucan für Pompeius' Charakterisierung in Buch 1 verwendete.[97] Zugleich knüpft der Dichter an seine Schilderung der Verwüstung Italiens (1, 24 ff.) an und bringt so das historische Italien des Bürgerkriegs mit der mythischen Erinnerungslandschaft Troja in Verbindung.[98]

Der Blick des Erzählers auf Caesar lässt Troja zur Kulisse werden, in der sich der Julier, bedenkt man die bis zur Unkenntlichkeit verfallenen Ruinen, nur ungeschickt und ignorant (*inscius*, 973; *securus*, 975) bewegen kann.[99] Einige „Sehenswürdigkeiten" werden zwar genannt (968 ff.), aber Anspielungen auf mythisches Geschehen erotischen Charakters vor dem trojanischen Krieg[100] dominieren. Damit unterlässt Lucan ein Ausbreiten des Troja-Themas im Sinne einer offenkundigen Konkurrenz zu Homer oder Vergil, trotz mancher Anklänge an Euanders Urrom (Verg. *Aen.* 8, 306 ff).[101]

Caesars Stolpern über die Reste eines Zeusaltars, das den Tadel seines „Fremdenführes"[102] auslöst (977b–79), wird von einem auktorialen Kommentar begleitet: Lucan, hier nun die Nähe zu Homer unterstreichend (984), spricht Caesar auf das Thema „Vergänglichkeit des Ruhms und die Rolle der Dichter" an, was in den letzten beiden Versen dieser Apostrophe besonders deutlich wird, 985 f.:

venturi me teque legent: Pharsalia nostra
vivet et a nullo tenebris damnabimur aevo.

die Nachkommen werden mich und dich lesen: Unsere Pharsalia wird
leben, und von keiner Zeit werden wir mit finsterem Schweigen bestraft werden.

Die wörtliche Übersetzung des *me* und *te* zeigt das Problem dieser vielfach diskutierten Passage,[103] von der Frage nach dem Titel des Werkes einmal abgesehen. Geht es hier um einen gönnerhaften Trost an den literarischen Konkurrenten und dessen *bellum civile*? Oder droht Lucan, durch seine Dichtung dafür zu sorgen, dass sowohl Caesars Verbrechen als auch der Verkünder dieser Ungeheuerlichkeiten unvergessen bleiben? Letzteres ist wahrscheinlicher.

Die Handlung wird mit einem Gebet des Feldherrn an die Götter Trojas fortgesetzt (990–99): Caesar unterstreicht seine Abstammung von Aeneas (991), betont seine *pietas* (*pia tura*, 996) und gelobt im Falle seines Sieges den Wiederaufbau Trojas. Absolut genommen, erscheint dieses Gebet im Stile des *pius Aeneas*[104] als für einen epischen Helden typisch. Aber unter Berücksichtigung seiner von Lucan gegeißelten Verbrechen wird Caesar zum Heuchler im Gewand des Aeneas oder gar dessen Parodie. Er erweist sich zudem vor dem Hintergrund des vergilischen Gründungsmythos als anmaßend, wenn er den Wiederaufbau Trojas verspricht – verstößt er doch damit gegen die Abmachung Iunos und Iuppiters, nach der Trojas Namen ausgetilgt bleiben solle (Verg. *Aen.* 12, 821 ff.).[105]

3.2 9, 1000–1108: Caesar vor der Küste Ägyptens

In der folgenden Szene wird Caesar, der mittlerweile an die Küste Ägyptens gelangt ist, aber nicht zu landen wagt, das Haupt des Pompeius überbracht; der Bote will mit diesem „Geschenk des Königs" (1011) Dankbarkeit erzwingen.

3.2.1 9, 1014–1032a: Die Rede des *satelles*[106]

Der *satelles* leitet seine Worte mit einer *captatio benevolentiae* (*terrarum domitor*, 1014) ein, deren Ton sich sogleich wandelt, wenn er hämisch feststellt, Ägypten habe den Bürgerkrieg ohne Zutun Caesars beendet, und die Ermordung des Rivalen verpflichte ihn zu Dank. Die Formulierung *te emimus* (1021) klingt schadenfroh – war es doch bisher Caesar, der sich seine Gefolgschaft kaufte (z. B. Curio, 1, 269; 4, 816 ff.). Mit dieser Demütigung endet nach dem *exordium* zugleich die kurze *narratio* (1019–21). Die folgenden Imperative (*accipe*, 1022 f.; *crede*, 1025), mit denen der Sprecher auf Caesar einwirken will,[107] spiegeln eine Unterwerfung Ägyptens vor, münden aber in die Aufforderung, Caesar solle in Ptolemaeus einen seiner Partei würdigen Anhänger sehen. Diese kumpelhafte Anbiederung (trotz des unterwürfigen *cliens*, 1024, an Stelle eines üblichen *socius*) muss Lucans Caesar zuwider sein. Die folgende Mahnung, den Mord, euphemistisch als *meritum* bezeichnet (1027), nicht gering zu schätzen, da man immerhin durch *hospitium* mit Pompeius verbunden gewesen sei, klingt mit eben dieser Berufung auf einen griechisch-römischen Wert verlogen, ja zynisch (man denke an die Debatte am Königshof, die den Ausschlag zum Mord gab, s. o. S. 85).

3.2.2 9, 1032b–1062a: Die Tränen eines Krokodils

Die in den historiographischen Quellen bezeugte Trauer[108] Caesars beim Anblick des Kopfs seines Gegners deutet Lucan um. In der Rolle des allwissenden Erzählers übermittelt er uns dessen „wahre“ Gedanken. Wir sehen einen Caesar, der das Haupt, ohne etwas zu sagen, unverwandt anblickt, bis er schließlich in Tränen ausbricht (1035–43). Diesen äußeren Ablauf interpretiert der Dichter in seinem Sinn: So belegt er Caesars Schweigen mit einem Tadel (*non damnavit munera*, 1035); seinen an dem Haupt haftenden Blick (*haesit*, 1036; vgl. dag. Plut. *Caes.* 48) deutet er als ein Sich-Vergewissern, ob es sich wirklich um den Kopf seines Gegners handele (*dum crederet*, 1036; *utque fidem vidit sceleris*, 1037); den tränenreichen Gefühlsausbruch begründet er mit der Meinung, eine Bezeugung der *pietas* sei für ihn nun ungefährlich (1037b f.).

Und so entlarvt Lucan Caesars Trauer als Heuchelei 1038b f.: *lacrimas non sponte cadentes / effudit gemitusque expressit pectore laeto* („Tränen, die nicht von selbst flossen, / vergoss er und entrang dem frohen Herzen Stöhnen“, s. 1040 f.), aber auch als Taktik, sich der angemahnten Verpflichtung zu entledigen (*meritumque immane tyranni / destruit*, 1041b–43a). Zum Abschluss seiner Umdeutung ruft der Dichter die Erinnerung an das Ungeheuer von Pharsalus wach: Caesar, der damals unbeeindruckt und ohne Tränen die Berge der Gefallenen betrachtet habe – auch dies eine lucanische „Korrektur“ der Überlieferung[109] –, trauere nun angeblich um Pompeius (1043b–46a).

Als scheine ihm seine Darstellung noch nicht glaubhaft genug, prangert er in einer Apostrophe Caesars Heuchelei an. Hierbei spielt er den Unwissenden (er nennt mehrere mögliche Motive für Caesars Tränen, 1051 ff.), um sodann die Maske beiseite zu legen und wieder die Position des Allwissenden einzunehmen, 1055b f.: *quisquis te flere coegit / impetus, a vera longe pietate recessit* („welche Regung auch immer dich zu weinen gezwungen hat, / von wahrer Liebe war sie weit entfernt“).

Die letzten Verse (1057–62) seines Einwurfs sind von dem Gedanken geprägt, dass Pompeius auf diese Weise die Begnadigung von einem verräterischen (*perfide*, 1061) Caesar erspart blieb.

3.2.3 9, 1062b–1108: Ein missratenes Schauspiel als Befreiungsschlag

Caesars Verstellung (*simulati doloris*, 1062b f.) schlägt sich nun in der Antwort, nieder, mit der er seine Trauer glaubhaft machen und sich aus den Fängen des Trabanten befreien will: Ohne jeden Übergang, den Imperativen des *satelles* mit einem Imperativ begegnend (*aufer*, 1064), weist er das „Geschenk“ des Königs (1010 f., 1016 f.: vgl. 1064 f.: *funesta… / regis dona*) zurück und stellt das behauptete *meritum* (1027) in Abrede, indem er es als eigenen Schaden bezeichnet, 1064b f.: *peius de Caesare vestrum / quam de Pompeio meruit scelus* („schlimmer für Caesar / als für Pompeius hat sich euer Verbrechen bezahlt gemacht“). Durch diese Tat sei ihm die Möglichkeit genommen, seinem Gegner das Leben zu schenken, wie er es doch gewohnt sei (1066b–69a). Dies lässt sich als Entgegnung auf Lucans Bemerkung von 1059–62a verstehen; doch ist mit dessen dortiger Anrede an Caesar (*perfide*, 1061) von vorneherein seiner Selbstinszenierung als *clemens* die Glaubwürdigkeit genommen.

Nicht nur mit dieser, freilich nutzlosen Entgegnung an den Erzähler tritt die Caesarfigur aus ihrer Rolle, sondern auch mit der überraschenden Anrede an die abwesende Cleopatra (1069–71a) – als stünde sie, ihren Auftritt erwartend, bereits hinter dem Vorhang und höre mit. Nach der Bemerkung, er hätte Ptolemaeus, wenn dieser seine Schwester nicht so hassen würde, ihr Haupt als Gegenleistung geschickt – damit seine (angebliche) Trauer um Pompeius unterstreichend –, wendet er sich machtpolitischen Aspekten zu.

Mit seinem erstaunlich ehrlichen Diktum „Ich hatte nicht zugelassen, dass Magnus mit mir zusammen Rom regiert" (1075), verurteilt er Ptolemaeus' Einmischung als anmaßend (1071b–78). Im Widerspruch dazu stehen seine späteren Ausführungen am Ende der Rede, mit denen er die verpasste Gelegenheit einer Versöhnung mit Pompeius beklagt und den Gedanken einer gemeinsamen Herrschaft in Rom (*contentus par esse tibi*, 1102) wärnstens ausmalt (1095b–1104).

In der Diskrepanz zwischen den eigenen Aussagen erweist sich die Rede als verlogen, so wie es Lucan selbst zu Beginn (1062b f.) hervorhob.

Noch einmal zurück zur Argumentation im Mittelteil dieser Rede: Nach der Verurteilung des Mordes macht Caesar deutlich, dass er Ägyptens Opportunismus durchschaut: Als Verlierer wäre ihm dasselbe Schicksal wie Pompeius gewiss gewesen. Mit diesem Befreiungsschlag kann er jede Verpflichtung dem König gegenüber von sich weisen und Verzeihung für dessen Untat als das Äußerste einer zu erwartenden Gegenleistung darstellen (1079–89a).

In Lucans Epilog (1104b–08) steht Caesar, trotz seiner geschickten Rede, als schlechter Schauspieler da: Seine als Publikum[110] fungierenden Leute nehmen ihm die Trauer nicht ab; sie schauspielern ihrerseits, indem sie Freude über den Tod des Pompeius vorgeben und ihre Trauer verbergen. So spiegeln sie das Verhalten ihres Feldherrn, was durch die Verwendung desselben Verbs (<u>*abscondere*</u> *mentis / gaudia*, 1040b f. vgl. <u>*abscondunt*</u> *gemitus*, 1106) unterstrichen wird. Mit diesem Bild eines scheinbar trauernden Caesar und seiner Gefolsgleute, die seine Trauer parodieren, indem sie Freude vorgeben und so ihren Führer, den sie durchschauen, lächerlich machen,[111] endet das neunte Buch.

Das zehnte Buch

Dem überlangen neunten Buch folgt das fragmentarische Buch 10, das im vorliegenden Zustand mit seinen zwei Hauptteilen ausschließlich Caesar gewidmet ist.

1 10, 1 – 333a: Caesar zwischen Alexander, Aeneas und Dido

1.1 10, 1–52: Ankunft als Tourist und Bewunderer Alexanders

Die drohenden Schwierigkeiten deutet Lucan an mit dem Hinweis auf ein Ringen zwischen Caesars Fortuna und Ägyptens *fatum* um die Weltherrschaft (3–6a): Caesar muss erkennen, dass sein sorgloses Betreten der Stadt mit den Insignien des Imperators den Unmut der Bevölkerung hervorruft (9–14a), und so spielt er den unerschrockenen (*intrepidus*, 15) Touristen, bis er neugierig (*cupidine*, 19) das Grab Alexanders findet.

Die Parallelisierung Caesars mit Alexander von 9, 951 ff. wird hier fortgesetzt, um den Römer als Erztyrannen zu präsentieren. In diesem Sinne versteht sich der folgende Exkurs (20–52) über den König, die *vaesana proles Philippi* (20). Indem der Dichter ihn als Übel für die Menschheit (*terrarum fatale malum*, 34) bezeichnet, trifft er zugleich Caesar, was sich auch an der Verwendung des Begriffs *fulmen* an dieser Stelle (34) zeigt: Das Bild des in seine eigenen Tempel einschlagenden Blitzes aus der Caesarcharakteristik (*fulmen*, 1, 151) wird evoziert.

Alexanders Welteroberung und sein Begehren, die Nilquellen zu finden (auch Caesar wird danach fragen), sind größenwahnsinnig, ein Urteil, das bei der Erwähnung seines Todes ausgesprochen wird, 41 f.: *occurrit suprema dies naturaque solum / hunc potuit finem vaesano ponere regi* („es durchkreuzte diesen Plan sein letzter Lebenstag, und nur die Natur / konnte dieses Ende dem wahnsinnigen König setzen"). Nach diesem Exkurs kommt das Geschehen wieder in Gang.

1.2 10, 53 – 333a: Im Königspalast

1.2.1 10, 53–106: Cleopatras Caesar

In der für ihn typischen Art trägt Lucan zunächst mit *iam* ein Ereignis nach (hier das Zusammentreffen des Ptolemaeus mit Caesar im Palast, 53–56a), um sodann die Handlung fortzuführen: Cleopatra trifft ebenfalls ein (56b–58). Mitten im Satz jedoch wandelt sich die Erzählung zur Invektive gegen sie. Der Dichter stellt ihren Einfluss auf die römische Geschichte bis zur Schlacht von Actium an den Pranger (59 ff.)[1] und bricht so aus der chronologischen Ordnung der Erzählung aus, aber nicht, um eine Vorausdeutung auf die sogleich folgende Handlung zu geben, sondern die Königin in einer Art Nachruf zu beschimpfen (*Erinys*, 59). In dieser Weise wird ihre Rolle als Kriegstreiberin, die er mit Helena vergleicht, herausgestellt und durch Perfektformen verdeutlicht: *auxit furores* (62), *terruit* (63), *petit*, statt eines Perfekts (64), *fuit* (66).

Nach dieser Überschreitung des zeitlichen Horizonts der Erzählung kehrt Lucan zur erzählten Zeit zurück, auch hier vorgreifend, allerdings nun auf die unmittelbar folgende Handlung: In doppelter Hinsicht sei Caesars Verhältnis mit Cleopatra – der Dichter verlagert seine Empörung auf den Römer – ein Frevel: Mitten im Bürgerkrieg gönne sich Caesar eine unerlaubte Affäre (*illicitos toros*, 76), aus der sich zudem Kinder (Kaisarion) als Brüder (*fratres*, 77) in die Familie des Pompeius einmischten (72b–78a). Weiterhin kritisiert Lucan Caesar als Militär und Politiker, der die Sammlung seiner Gegner in Africa zulasse und mit seiner Liebesaffäre wertvolle Zeit vergeude, bereit, Ägypten aufzugeben statt im eigenen Interesse zu siegen (78b–81).[2] Die Schärfe der Verurteilung wirkt wie der augusteischen Propaganda entnommen, mit der das Verhältnis zwischen Cleopatra und Antonius als abstoßend und unrömisch gegeißelt wurde.[3] In dieser Kritik zeigt sich Lucan tatsächlich als stolzer Römer, der die Fortsetzung des Krieges in Kauf nähme, wenn sich Caesar nur nicht auf die Ägypterin einließe.

Lucan spielt mit der Rolle des vergilischen Merkur, der im Auftrag Iuppiters Aeneas an seine eigentliche Aufgabe erinnern muss (*Aen.* 4, 222 ff.).[4] Cleopatra erscheint als neue Dido, die die *fata* behindert, während Caesar der Part eines Anti-Aeneas zufällt, der eine ähnliche Kritik wie der vergilische Held erfährt; anders aber als dieser lässt er sich nicht beeindrucken, zumal der Dichter ihn nicht direkt anspricht (im Gegensatz zu Vergils Merkur).

Nach dieser Einlassung kommt die Erzählung wieder in Gang: Cleopatra wendet sich – auch sie Schauspielerin (*simulatum dolorem*, 83) –, auf ihre Schönheit bauend (82), an Caesar (85b–103).[5] Ihm schmeichelnd, formuliert sie als Bittflehende (89) ihr Ziel: die Rückgewinnung der Herrschaft über Ägypten mit seiner Hilfe. Sodann nimmt sie Pothinus als gemeinsamen Feind ins Visier; hierbei beruft sie sich geschickt einerseits auf die Klage des Erzählers (8, 542b ff.), ausgerechnet diesem Handlanger sei der Mord an Pompeius gestattet gewesen, andererseits auf Caesars Empörung über Ägyptens Einmischung in den Bürgerkrieg (9, 1071b ff.). Nach dieser Einstimmung kann sie nun die auch für Caesar drohende Gefahr hervorheben (94b–103).

Man gewinnt den Eindruck, dass Cleopatra, die Caesar in seinem Streit mit dem *satelles* des Königs angesprochen hatte, als sei sie anwesend (vgl. o. S. 108), tatsächlich der erzählten Handlung beigewohnt und das „Skript“ mitgelesen hat.

Der unfertig wirkenden Rede fügt der Dichter die *peroratio*, also den Schlussteil, selbst hinzu,[6] wenn er kommentiert, 104 f.:

> *Nequiquam duras temptasset Caesaris aures:*
> *voltus adest precibus faciesque incesta perorat.*

> Vergeblich hätte sie Caesars verschlossene Ohren zu erreichen versucht:
> Ihr Mienenspiel unterstützte ihr Flehen, und ihr lasterhafter Blick beschloss die Rede.

Mit Lucans lapidarer Bemerkung über die außerordentliche Liebesnacht (106) endet der Abschnitt, und so hat nun auch der letzte Protagonist einen Partner gefunden: Der patriotisch kühlen Verbindung zwischen Cato und Marcia und der Liebe zwischen Cornelia und Pompeius wird die Affäre Caesars mit Cleopatra als Skandalon entgegengehalten.[7]

1.2.2 10, 107–333a: Das Gastmahl – die Ruhe vor dem Sturm

Dieser Teil ließe sich auch dem vorangegangenen Thema zuordnen, doch tritt Cleopatra zurück, nachdem der Dichter sie als Veranstalterin des Festmahls genannt hat (109 f.).

In diesem Passus steht Lucans Schilderung und Kritik des luxuriösen Aufwands im Vordergrund – „…eine Prachtentfaltung, die noch nicht auf das Leben in Rom übergegangen war“ (110). Während man tafelt, taucht Cleopatra kurz noch ein Mal auf, um dem Leser und Caesar einen Blick auf ihre unter einem raffinierten Gewand hervorschimmernden weißen Brüste (*candida pectora*, 141) zu gewähren. Sodann verschwindet sie hinter den lucanischen Einlassungen über die Pracht des Palasts und die exquisiten Speisen, aber vor allem hinter dem Nilexkurs (144 ff.). Die Schilderung des Luxus endet mit einer Bemerkung über Caesar als gelehrigen Schüler der Verschwendungs- und Habsucht und seine Wandlung zu einem orientalischen Despoten[8], 169–71:

Discit opes Caesar spoliati perdere mundi
et gessisse pudet genero cum paupere bellum
et causas Martis Phariis cum gentibus optat.

Caesar lernte, den Reichtum einer geplünderten Welt zu verschwenden,
schämte sich, mit einem armen Schwiegersohn Krieg geführt zu haben,
und wünschte sich Gründe für einen Krieg mit Ägyptens Völkern.

Die folgende Beschreibung Ägyptens und des Nils (172–331) verselbstständigt sich und macht die Haupthandlung vergessen, wären nicht die Verse 332 f., die in die Situation des Gastmahls zurückführen. Eine solche Kompositionsweise erinnert an das Bankett, bei dem Dido Aeneas zu einer langen Erzählung seiner Erlebnisse veranlasst. Dem lucanischen Nilexkurs kommt aber nicht die für die Handlung relevante Bedeutung zu, wie sie Buch 2 und 3 der *Aeneis* besitzen.

Dennoch bringt die Situation an sich Caesar wiederum in die Lage eines Aeneas; auch hier tritt die für Lucan typische Bearbeitung der Tradition zu Tage: Wenn nämlich Caesar die Nacht mit Gesprächen hinzieht (*longis Caesar producere noctem / inchoat alloquiis*, 174b f.), übernimmt er die Rolle der vergilischen Dido (*Aen.* 1, 748: *nec non et vario noctem sermone trahebat*), die Aeneas dazu bringt, ausführlich von Trojas Untergang und seinen Irrfahrten zu berichten. Durch diesen kurzfristigen Rollen- und Geschlechtertausch wird er zu einem feminisierten Aeneas. Eine solche Präsentation,[9] die uns noch einmal beschäftigen wird (s. u. S. 114) bewirkt die Demontage der bisherigen Dämonisierung Caesars. Mag diese Deutung kühn erscheinen, so bleibt festzuhalten: Der stets die Handlung bestimmende Caesar hat spätestens in Ägypten die Initiative verloren und ist ein Opfer Cleopatras geworden, die ihn bzw. sein Wohlverhalten durch die in Vers 106 genannte Liebesnacht „gekauft" hat (*pax ubi parta ducis…empta est*, 107); zudem lässt er sich von der folgenden Erzählung des Acoreus in den Bann ziehen.[10]

Daneben verbindet ihn der Wunsch, etwas über den Nil und seine Quellen zu erfahren (189–92), wiederum mit Alexander, wie die tadelnde Bemerkung des Acoreus nach seinen Ausführungen über die Nilschwelle zeigt, 268 f.:[11]

Quae tibi noscendi Nilum, Romane, cupido est,
et Phariis Persisque fuit Macetumque tyrannis.

Die Gier, die du, Römer, hast, den Nil kennen zu lernen,
hatten sowohl ägyptische als auch persische und makedonische Tyrannen.

Die Kritik verstärkt sich, wenn Acoreus die fehlgeschlagenen Versuche der „verrückten" Tyrannen Alexander, Sesostris und Kambyses (es fällt das Stichwort *vaesanus*, 279), die Nilquellen zu finden, genüsslich aufzählt (272–85a).

Acoreus beantwortet Caesars Fragen nur teilweise bzw. weicht ihnen aus:

1) 194–218: In Allgemeinplätzen und nahezu banaler Selbstverständlichkeit erwähnt er die Funktion der mit lateinischen Namen bezeichneten Götter und ihren Einfluss auf Klima und Jahreszeiten.

2) 219–267: In diesem Abschnitt lehnt er einige geläufige Hypothesen über die Nilschwelle[12] ab und kündigt eine Antwort an, die sich allerdings nur auf die Beschreibung der Phänomene beschränkt.

3) 268–331: Der Nil und seine Quellen:

a) 268–285a: Einleitung zum Vortrag über die Nilquellen (s. o.).

b) 285b–331: Der Flussverlauf; Caesars Anliegen wird nur gestreift.

In diesem Vortrag, der wegen seiner häufigen Anrede an den Nil den Respekt des Redners widerspiegelt und den Charakter eines Hymnus annimmt, bleibt die Frage nach der Lokalisierung der Quellen unbeantwortet, 295–98a:

Arcanum natura caput non prodidit ulli
nec licuit populis parvum te, Nile, videre
amovitque sinus et gentes maluit ortus
mirari quam nosse tuas.

Den verborgenen Ursprung hat die Natur niemandem verraten,
und es war den Völkern nicht erlaubt, dich, Nil, als Rinnsal zu sehen,
sondern sie verbarg dein Innerstes und wollte lieber, dass die Völker über deine Quellen staunen als sie kennen.

Die Verse 332 f. beenden den langen Exkurs und führen in die aktuelle Situation zurück, die sich schlagartig geändert hat.

2 10, 333b – 546: Krieg in Alexandria – Caesar als Medea

2.1 10, 333b–348: Die Umtriebe des Pothinus

Nach der soeben beschriebenen Ruhe kommt Bewegung in die Handlung. Pothinus tritt auf und schmiedet in seiner *vaesana mens* (333 f.) finstere Pläne; der Dichter führt uns einen senecanischen Verbrechertyp vor, der nach einer einmal begangenen Untat keine Hemmung mehr kennt,[13] 335b f.: *Magno nihil ille perempto / iam putat esse nefas* („nach der Ermordung des großen Feldherrn / glaubte jener nicht, dass es überhaupt noch eine Untat gab").

Die überraschende Erwähnung von Pompeius' Rachegeist,[14] der den Handlanger ansstachele (336b f), begründet dessen *furor*. Lucan schaltet sich wieder als Kommentator ein, um Pothinus als unwürdigen Rächer des Pompeius abzustempeln, der sich in den Plan Fortunas, Caesar dereinst im Senat ermorden zu lassen, unbefugt einmische (338–41a). Mit dieser Äußerung fügt Lucan seiner bisherigen Konzeption der Fortuna[15] als einer Rom feindlichen Macht einen Riss zu, der allerdings ohne Belang für ein auf 12 Bücher angelegtes Werk wäre (mit Catos Tod als Endpunkt), andererseits aber wieder einmal die Vorausdeutung auf ein außerhalb des epischen Geschehens liegendes Ereignis ermöglicht.

Wenn Lucan wünscht, die *fata* mögen die Ermordung Caesars Brutus vorbehalten, und empört fragt, ob etwa Ägypten Rache für den Bürgerkrieg nehmen dürfe (341b–44a), verlässt er wieder einmal kurzzeitig die Position des allwissenden Erzählers zum Zwecke der Dramatisierung. Dass diese Zweifel des Erzählers nur vorgetäuscht sind, zeigt sich sogleich. Da der Verlauf der Geschichte allgemein bekannt war, muss er sein Publikum sogleich beruhigen: Das Schicksal werde die Pläne des Pothinus zunichte machen (*irrita fatis*, 344b f.).

2.2 10, 349–398a: Pothinus' Nachricht an Achillas

In der Nachricht an Achillas zeigt sich die Niedertracht des Verbrechers und zugleich servile Haltung des Untergebenen, der sich bei Gelegenheit gegen seinen Herrn auflehnt, die eigene Untreue mit schönen Worten verbrämend: So klagt Pothinus über den Verrat der Cleopatra an Ägypten, den Inzest mit ihrem Bruder (*soror impia*, 357) und ihr Verhältnis mit Caesar, durch das sie sich den Besitz Ägyptens und Roms „verdiene" (357b–59). Die Assoziation mit einer Hure, einer *meretrix*, liegt auf der Hand.

Sodann beschwört er die ihnen beiden von dem unreifen König drohende Gefahr, sei dieser erst einmal Cleopatra verfallen (360–67). Deshalb müssten sie diese töten (370b–75a) und auch vor Caesar und seiner Fortuna jede Furcht fahren lassen, da er sein Glück ihnen verdanke (375b–77). Der Sturz des ähnlich mächtigen Pompeius solle als Ansporn dienen (377b–81a). Durch den Mord an Caesar würden sie außerdem ihre Schuld sühnen und sich bei den Römern beliebt machen (385b–97a). Er versucht seinem Vorhaben mit der Berufung auf Brutus und Cato Legitimität zu verleihen (397b f.).

Pothinus, mit dessen Intrigen allein der kommende Krieg in Alexandria erklärt wird,[16] ist in der Gestaltung des Dichters ein verabscheuenswerter Verbrecher, wie es nicht nur in der Charakterisierung des Eunuchen (333b–35a), dem empörten Erzählerkommentar (341b–44a) und in der Verlogenheit der Argumente gegenüber Achillas (so der gespielten Entrüstung über die in Ägypten übliche Geschwisterehe der Pharaonen) deutlich wird; darüber hinaus lässt Lucan keinen Zweifel, dass der geplante Mord an Caesar ein *nefas* (399) ist, allerdings nur, so lange er von Ägyptern und nicht von Brutus ausgeführt werde.

2.3 10, 398b–519a: Bürgerkrieg in Variation

Dieses *nefas* (399) setzt Achillas in Form eines römischen Bürgerkriegs auf ägyptischem Boden in Gang, wie Lucan klar macht (402b–10a); und so findet der Erzähler wieder einen Anlass, die göttlichen Mächte anzuklagen, die für die Vollendung der geplanten Vernichtung Roms eine neue Variante des Bürgerkriegs initiiert hätten (414b–17a), indem sie den Ägypter Achillas einen Römer spielen ließen (417b–19). Der Dichter schließt in einer ähnlichen Erzählhaltung wie in 341b ff. (s. o.), 420 f.: *et nisi fata manus a sanguine Caesaris arcent, / hae vincent partes* („und wenn das Schicksal nicht die Hände von Caesars Leben fernhält, / wird diese Partei (der Ägypter) siegen").

In den folgenden Versen (421b–33) wird berichtet, wie die beiden Spießgesellen Pothinus und Achillas sich zwar beim Bankett einfinden, aber willens, nichts dem Zufall zu überlassen (426) und in offensichtlich (zu) großem Vertrauen auf ihre Streitkräfte (427) von ihrem Vorhaben absehen (wieder fällt der Begriff *nefas*), um es auf den kommenden Tag zu verschieben (431–33).

Nach diesem Vorspiel tritt man am nächsten Morgen in die Phase des offenen Kampfes, dem die Verse 434–519a gewidmet sind. Im Zuge der Schilderung des Angriffs der Söldnertruppen setzt der Dichter die bereits beobachtete Demontage (s. o. S. 111) seiner bisherigen Caesarkonzeption fort: Caesar wagt keinen offenen Kampf, sondern verschanzt sich im Palast, einen „entarteten", also unrömischen Unterschlupf in Kauf nehmend (*degeneres passus latebras*, 483).[17] Diese boshaft-schadenfrohe Bemerkung ergänzt Lucan durch eine Skizze seines Caesar in Not. Dieser pendelt zwischen Furcht vor den Angriffen (auch das ein Zug, der nicht zum „alten" Caesar passt[18]) und dem Zorn über seine Furcht (443 f.).

Allerdings erfährt die Demontage eine Retardierung durch den nun folgenden Doppelvergleich, in welchem er mit einem edlen (*nobilis*, 445) gefangenen Raubtier verglichen wird, das mit den Zähnen knirscht (*fremit*, 445) und sich an den Gittern des Käfigs festbeißt. Das Schlagwort *fremere* bietet die Gelegenheit, an den, obgleich eingeperrten, dennoch stets präsenten und gefährlichen *furor impius* bei Vergil (*Aen.* 1, 294) und an dessen Verkörperung Turnus[19] zu denken. Der eingeschlossene Caesar erscheint auf diese Weise als Bild des unheilvollen Bürgerkriegs. Der Eindruck seiner Gefährlichkeit wird durch den zweiten Vergleich (Toben des Ätna, 447 f., Stichwort: *fureret*) komplettiert.

Dies ist jedoch nur ein flüchtiger Effekt, da Lucan nun mit der Demontage seines bisherigen Caesarbilds fortfährt: Genüsslich betont er den Gegensatz zwischen dessen bei Pharsalus bewiesener *audacia* (449: *audax* emphatisch an den Anfang gestellt) und der gegenwärtigen Angst vor dem Vebrechen von Sklaven (*expavit servile nefas*, 453). Die bereits zuvor angedeutete Tendenz einer Verweiblichung (s. o.) verstärkt der Dichter, indem er ihn zunächst mit einem schwächlichen Knaben (*puer imbellis*) – damit stellt er ihn auf eine Stufe mit dem „Halbmann" Ptolemaeus, vgl. 351[20] – und dann mit einer Frau (*ceu femina*, 458) vergleicht.

Damit nicht genug: Caesar ist zum Geiselnehmer degeneriert, er schleppt während ziellosen Umherirrens durch den Palast Ptolemaeus mit sich (459–64a), was der Dichter in einem Vergleich mit der Bruder- und Kindesmörderin Medea (464b–67a) veranschaulicht. Der Prozess der Umwandlung von einem Furcht erregenden Dämon zu einer allerdings ungeheuren mythischen Frauengestalt ist vollzogen. Es wäre interessant zu wissen, wie Lucan seinen Caesar im weiteren Verlauf des Werkes präsentiert hätte.

Der eigentliche Verlauf der Kämpfe bildet bei dieser Fokussierung auf Caesar nur die Kulisse;[21] nebenbei werden gescheiterte Friedensverhandlungen erwähnt (467b–78a). Im Folgenden nennt Lucan immerhin die Gefahr (*premit undique bellum*, 478b), gestattet einen kurzen Blick auf die Kämpfe (478b–84) und betont den Schutz, den Caesar von den Schicksalsmächten erhält, 485: *fata vetant muri-*

que vicem Fortuna tuetur („die Schicksalsmächte verbieten es, und wie eine Mauer bietet Fortuna Schutz").

Nach dieser Bemerkung über die Kooperation von *fata* und Fortuna tritt Caesar plötzlich wieder in nahezu alter Verfassung auf: In seiner Allgegenwart als Verteidiger des Palasts (*adest defensor ubique*, 488b) – es handelt sich um einen schwachen Anklang an sein Verhalten während der Schlacht von Pharsalus – gleicht er eher einem Angreifer als einem Verteidiger und erhält ein auktoriales Lob, 490: *tanta est constantia mentis* („so wichtig ist eine standhafte Gesinnung").

Nun folgt die Schilderung des von Caesar gelegten Brandes (491b–505a), der auf die Häuser der Stadt übergreift – die berühmte Bibliothek wird nicht erwähnt, eine Parallelisierung der beiden „Brandstifter" Caesar und Nero unterbleibt. Das Feuer bietet dem Feldherrn die Gelegenheit, die Insel Pharos zu besetzen, wobei sich auch hier Lucans Lob findet, 507b f.: *Caesar semper feliciter usus / praecipiti cursu bellorum* („Caesar, der immer im raschen kriegerischen Ansturm erfolgreich war") .

Die nun folgende überfällige Hinrichtung des Pothinus durch das Schwert tadelt der Dichter, da der Eunuch denselben Tod wie Pompeius erleide (515–19a).

2.4 10, 519b–546: Erneuter Ansturm

In diesen letzten Versen des Werks tritt der Alexandrinische Krieg mit der Flucht der Arsinoe aus Caesars Gewahrsam und dem Erscheinen des Ganymed in eine neue Phase.[22] Die Ermordung des Achillas durch Arsinoe verknüpft Lucan mit einer weiteren deutlichen Ankündigung der Ermordung Caesars und einem Hinweis auf Fortuna: Sie werde sich nicht mit Tod des Achillas als Opfer begnügen (*nec satis hoc Fortuna putat*, 525); erst Caesars Tod durch die eigenen Landsleute werde Pompeius' Unglück sühnen (524–29a). Nachdrücklich wiederholt der Dichter seine in 335b ff. geäußerte Vorausdeutung über Fortunas finalen Seitenwechsel.

Nach dieser Einlage richtet er sein Augenmerk auf den sich verschärfenden Kampf (529b ff.): Während der Zeichnung der hoffnungslosen Situation, in der sich Caesar befindet (534 ff.), und der Erwähnung Scaevas (543 ff.) – Caesar erblickt ihn – bricht die Erzählung ab.

Im Vergleich zur Episode in Buch 6, wo Lucan die fehlgeleitete *virtus* des Helden beklagt und ihm wahren Ruhm abgeprochen hat, betont er hier den ewigen Ruhm dieser Abwehrschlacht gegen Pompeius (*perpetuae meritum iam nomina famae,* 544); diese positive Umwertung erklärt sich mit Lucans Auffassung, nur einem Römer sei die Ermordung Caesars erlaubt, wie er vorher betont hat. Man wartet geradezu auf die Ausführung dieses Gedankens, d. h. die Rettung Caesars. So bereitet Scaevas erneuter Auftritt den Leser auf eine Peripetie der Handlung vor. Allein dieser inhaltliche und dramaturgische Gesichtspunkt[23] legt nahe, das so erhaltene Werk als unvollendet anzusehen und sich nicht von dem zufällig ähnlichen Ende des *bellum civile* Caesars irre machen zu lassen.

TEIL 2 THEMEN UND ASPEKTE DES *BELLUM CIVILE*

Im Folgenden wird, basierend auf der „Werkschau", einigen Fragen und Themen nachgegangen, um unseren Gang durch das *bellum civile* zu vollenden.

Lucans Werk ist durchaus der literarischen Tradition verpflichtet. Zahlreiche Anspielungen, wörtliche und motivische Anklänge und Anleihen an Homer, Vergil, aber auch an Ovid, Horaz, Caesars *bellum civile,* und die Historiker Thukydides, Sallust und Livius, so weit es sich an den betreffenden Periochae und weiteren, auf Livius zurückgehenden Schriftstellern ablesen lässt,[1] belegen dies zu Genüge und erweisen unseren Dichter als höchst gebildet. Einen wichtigen Einfluss auf Lucan besitzt natürlich Seneca,[2] sowohl mit seinen Tragödien als auch philosophischen Schriften. Weiterhin bilden die attische Tragödie und die hellenistische Dichtung ein Reservoir, aus dem Lucan schöpft. Der Rückgriff auf diese unterschiedlichen Vorgänger lässt sein Werk zu einem *opus mixtum* werden, das aber in erster Linie doch ein Epos ist, wie das Vorhandensein z. B. der epischen Standardelemente zeigt. Zu diesen zählen u. a. Musenanruf, Götterszenen, Prophezeiungen, Träume, Gebete, Reden, Apostrophen, Beschreibungen von Natur oder Gegenständen, Vergleiche, Kataloge, d. h. Aufzählungen von Kämpfern und / oder Schiffen, Schlachtschilderungen, Aristien einiger Einzelkämpfer und Schilderung von Bestattungen, Gastmählern und Festen, um nur einen Teil zu nennen.[3] Doch in der Art der Umformung und eigenwilligen Verwendung dieser Bausteine zeigt sich das Besondere und Neuartige lucanischer Dichtkunst.

1 Die Schicksalsmächte – Versuch einer Bestandsaufnahme

Anthropomorphe Götter, die den Menschen in seinem Verhalten beeinflussen und so Handlungen des Epos zumindest teilweise motivieren, wie dies bei Homer und Vergil überall zu sehen ist, gibt es im *bellum civile* Lucans nicht. Der Dichter bietet statt dessen eine Vielzahl von Begriffen für die übernatürlichen Mächte an, mit denen er das für ihn unfassbare Geschehen zu deuten versucht. Die Götter *(dei, superi, numina)* sind, nahezu machtlos, zur bloßen Partei herabgesunken und sogar zu Zuschauern des Geschehens geworden. Oft werden sie mit den zusätzlich auftretenden Schicksalsmächten wie Fortuna und *fatum* vermischt, die die eigentliche Macht an sich gerissen haben. Doch im Gegensatz zu dem vergilischen *fatum,* das dem leidvollen Geschehen letztlich einen positiven Sinn gibt – die Errichtung der Grundlagen des römischen Reichs und der *aurea aetas* des Augustus –, ist das *fatum* des lucanischen Epos „missgünstig", ja feindlich; es tritt allerdings hinter Fortuna zurück, die nun die Geschicke beeinflusst und an Roms Vernichtung arbeitet. Diesem destruktiven Willen entspricht auf menschlicher Ebene der *furor* als zerstörerische Energie, der den Triumph des Sinnlosen und Bösen vollbringt – so wie die *pietas* des vergilischen Aeneas die Bedingung für die Durchsetzung des positiven *fatum* ist. Lucan hält dem verheißungsvollen Ziel der Gründung des römischen Reiches den unfassbar sinnlosen Untergang der ganzen Welt entgegen,[4] einer Welt, in der die göttlichen Mächte und eine von ihnen gewährleistete Ordnung kaum eine Rolle spielen.

1.1 Geschehen ohne Beteiligung der Götter?

In *Ilias, Odyssee* und *Aeneis* treten die Götter immer wieder als Initiatoren des Geschehens in Erscheinung, wobei der Entschluss zu einer Handlung auch vom Menschen ausgeht, so dass von einer Doppelmotivation der epischen Handlung gesprochen werden kann.[5] So z. B. erscheint Athene Achill während des Streits der Heerführer und rät ihm davon ab, Agamemnon zu töten, obgleich dies sein augenblicklicher Impuls ist (*Il.* 1, 198 ff.). Hier geben ihre Worte den Anstoß, und der Held folgt dem Ratschlag Göttin. Zu Beginn des zweiten Buchs der *Ilias* setzt Zeus das Geschehen des Epos in Gang, um Achills' τιμή (seinen Rang unter den Griechen) wiederherzustellen, die durch die Wegnahme seiner Sklavin Briseis geschmälert wurde (*Il.* 2, 1–6). Er schickt deshalb Agamemnon einen trügerischen Traum, der ihm die Einnahme Trojas verheißt (*Il.* 8 ff.). Und so ruft er die Griechen zusammen, fordert allerdings nicht zum Kampf auf, sondern will die Bereitschaft des Heeres zur Fortführung des Krieges prüfen. Diese nehmen seinen nicht ernst gemeinten Vorschlag zur Rückkehr in die Heimat freudig auf, und es bedarf eines weiteren Eingreifens der Götter, nun in Gestalt der Athene, die Odysseus veranlasst, sich dem allgemeinen Aufbruch entgegenzustellen und damit dem Geschick zur Vollendung zu verhelfen (*Il.* 2, 155 ff.).

Im ersten Buch der *Aeneis* Vergils bestimmen die Götter in ähnlicher Weise das Geschehen: So entfesselt Iuno in ihrem Zorn auf Aeneas mit Hilfe des Aeolus einen Seesturm, um die Aeneaden zu vernichten (*Aen.* 1, 50 ff.). Neptuns Eingreifen rettet sie und ermöglicht ihre Ankunft in Libyen (1, 124 ff.). Nun setzt sich Venus bei Iuppiter für ihre Schützlinge ein (1, 223 ff.) worauf dieser, zur Beruhigung der besorgten Göttin, die großartige Zukunft des Aeneas und Roms verkündet (254 ff.).

1.2 Die Schicksalsmächte im *bellum civile*

In Lucans Epos dagegen treten keine Götter in der beschriebenen Weise auf. Einzig die Erscheinung der Patria am Rubico mit ihrer Ansprache an Caesar fällt aus dem Rahmen (1, 186 ff., s. o. S. 18). Bezeichnenderweise hat ihr Eingreifen keinen Erfolg, bleibt also ohne Einfluss auf den Handlungsverlauf. (Es ließe sich noch an 5, 625–27a denken, wo Iuppiter verhindert, dass sich der „caesarische Seesturm" zur Sintflut ausweitet).

Trotz des Fehlens dieses Götterapparats ist immer wieder von Göttern oder Schicksalsmächten die Rede. Sie erscheinen als *dei, superi, numina, fatum / fata* und Fortuna oft nahezu unterschiedslos. Als wenn auch nicht immer gemeinsam auftretende Charakteristika, die einen ersten Zugang zum Verständis der lucanischen Schicksalsmächte ermöglichen, lassen sich bei den folgenden Beispielen (zumeist Äußerungen des Erzählers) nennen:

- Zeitweilige Häufung und Konfusion der verschiedenen Begriffe
- Ohnmacht bzw. Unterordnung der Götter – Übermacht der Fortuna
- Missgunst bzw. Feindschaft aller Schicksalsmächte gegen Rom

Hinzu gesellt sich bisweilen der geäußerte Zweifel des Erzählers an der Existenz eines göttlichen Regimes, dem er das Walten eines blinden Zufalls als Alternative gegenüberstellt. Wagen wir eine kurze Übersicht:

In Lucans Kausalanalyse wird die Entstehung des Bürgerkriegs, wie gesehen, auf das Wirken der *numina* und Fortunas zurückgeführt (1, 77 f.), ohne dass der menschliche Anteil aus dem Blickfeld gerät (1, 84b ff., s. o. S. 15 ff.).

Ebenfalls ein Einfluss auf das Geschehen scheint den Göttern bei der Schilderung von Vorzeichen oder Orakeln unterstellt zu werden. So ist zu Beginn des zweiten Buchs von dem offenkundigen Götterzorn die Rede (2, 1); den aufkommenden Gedanken an handelnde Mächte jedoch relativiert Lucan sogleich durch seine unentschiedene Erörterung über das herrschende Weltprinzip (7 ff.) Mit dieser indifferenten Haltung hebt sich der Erzähler von der Sicht seiner Figuren Arruns und Figulus ab, die kurz zuvor, am Ende von Buch 1, die Götter für das kommende Unheil verantwortlich machen, was ihrer Funktion als Seher und der Szene als Götterbefragung geschuldet ist (*superi:* 1, 617, 631, 649, 669; *dei:* 1, 634; 635; 639). Aber auch der Astrologe Figulus spricht zugleich von den alles bewegenden *fata* (1, 644), so dass kein großer Unterschied zu den *numina* erkennbar ist. Gleichzeitig dokumentiert er (wie darauf der Erzähler) seine Unsicherheit, wenn er dem Glauben an einen festgelegten Ablauf der Ereignisse den Zufall als alternative Erklärung an die Seite stellt (1, 642–45a).[6]

Bei der Befragung des delphischen Orakels durch Appius (5, 65–209) spricht der Erzähler in seiner Apostrophe an Apollo (5, 197 ff.) von den Göttern (*superi, numina*) so, als wären sie Motor des Geschehens. Doch die sodann folgende Erwähnung Fortunas, die offensichtlich den Plan verfolgt, nach dem Bürgerkrieg Caesar ermorden zu lassen, erschwert wiederum eine Unterscheidung zwischen den einzelnen Schicksalsmächten, 5, 203b–08a:

An nondum <u>numina</u> tantum
decrevere nefas et adhuc dubitantibus astris
Pompei damnare caput tot fata tenentur?
Vindicis an gladii facinus poenasque furorum
regnaque ad ultores iterum redeuntia Brutos,
ut peragat <u>Fortuna</u>, taces?

Haben die Götter den so gewaltigen Frevel etwa
noch nicht beschlossen, und werden, weil die Sterne noch zögern,
das Haupt des Pompeius dem Tode zu weihen, so viele Schicksale aufgehalten?
Oder schweigst du, damit Fortuna die Tat des rächenden Schwertes, die Strafen
für die Raserei und die Gewaltherrschaft, die erneut den Bruti als Rächern
anheimfällt, vollenden kann?

Die vorhergesagten Tode der Rivalen auf die *numina* und Fortuna als unterschiedliche Mächte zurückzuführen, wäre zu gewollt, und so bleibt auch an dieser Stelle Unklarheit in Bezug auf eine Differenzierung der einzelnen Mächte.

Die Ohnmacht der Götter gegenüber den Hexen hebt Lucan in der Ericthо-Szene hervor, 6, 492–99a:

Quis labor hic superis cantus herbasque sequendi
spernendique timor? Cuius commercia pacti
obstrictos habuere deos? Parere necesse est
an iuvat? Ignota tantum pietate merentur
an tacitis valuere minis? Hoc iuris in omnes
est illis superos an habent haec carmina certum
imperiosa deum, qui mundum cogere, quidquid
cogitur ipse, potest?

Was für eine Mühe ist dies für die Götter, Beschwörungen und Kräutern zu folgen
und Furcht, sie zu missachten? Welcher verabredete Handel
hat die Götter abhängig gemacht? Müssen sie gehorchen oder macht es ihnen
Freude? Verdienen sich die Hexen soviel durch unbekannte Frömmigkeit
oder haben sie ihre Macht mit stillem Drohen erlangt? Haben jene diese Macht über
alle Götter oder besitzen sie diese herrischen Gesänge gegenüber einem bestimmten
Gott, der die Welt zu dem zwingen kann, zu welchem
er selbst gezwungen wird?

Neben der Betonung ihrer Machtlosigkeit (z. B. 3, 448b f., s. u. S. 121 f.) wendet er sich andererseits auch des öfteren an sie, ihre Existenz scheinbar voraussetzend, um zu klagen, dass sie die Vernichtung Roms zuließen, sich nicht um das Schicksal der Menschen kümmerten oder deren Vergehen nicht bestraften.[7] Sie dienen sie ihm als „Klagemauer", wenn er ihnen die Verantwortung für das Geschehen unterstellt oder sie, als könnten sie die Katastrophe abwenden, vergeblich anruft (z. B. 4, 110 ff.: Bitte um eine Sintflut; 5, 297 ff.: Bitte um Erfolg der Meuterei gegen Caesar). In diesem Sinn leisten sie ihren Beitrag zur Konzeption des *bellum civile* – als abwesend-anwesende Götter.[8]

Der Erzähler bedient sich dieser aber auch zur Deutung des Geschehens, so in 7, 58 ff. (*superi* planen den Weltuntergang). Pompeius' Niederlage wird als *crimen deum crudele* (8, 55: „das grausame Vergehen der Götter") gewertet. Die Ermordung des Feldherrn beklagt er als Schande bzw. Vergehen der Götter (*superum pudor* 8, 597, s. a. 605; 800), wobei auch Fortuna mitwirke (8, 600 ff.).[9]

Dieses Pendeln des Erzählers zwischen der Annahme von entweder machtlosen oder wirkenden und Rom feindlichen Göttern findet seinen stärksten Ausdruck in den Versen, mit denen er die pharsalische Katastrophe kommentiert (7, 445b–459, s. o. S. 71 f.): Das Ausbleiben von Iuppiters Blitzen (zur Bestrafung der Schuldigen) oder einer Sonnenfinsternis bringt ihn dazu, die Fürsorge bzw. Existenz der Götter zu leugnen und dafür das Wirken eines blinden Zufalls in Betracht zu ziehen. Gleichzeitig, nebenbei bemerkt, bezeichnet er die Divinisation der Kaiser, abwertend Schatten genannt, als eine Strafe für die Götter. In diesem Zusammenhang wird das Lob Neros, dem Lucan die Vergöttlichung verheißen hat (1, 45b ff.), mehr als fragwürdig (vgl. o. S. 73).

Stärker als die Götter wirken Fortuna und *fatum* bzw. *fata* auf das Geschehen ein. Lucan vermeidet bei der Verwendung auch dieser Begriffe Eindeutigkeit. Ja, sie können manchmal synonym erscheinen:[10] *Fatum* nimmt sehr selten sogar die Bedeutung von *fortuna* als „Zufall" an: So schrecken in 10, 425 f. Pothinus und Achillas vor einem Mord an Caesar zurück, wenn er ohne Ordnung (*confusa manu)* und dem Zufall überlassen (*permissa fatis*) geschehen sollte. Umgekehrt räumt Erictho Fortuna die Macht über das gesamte Geschehen ein (6, 615), die nach gängiger Auffassung die *fata* besitzen. Weitere Varianten müssen hier unberücksichtigt bleiben.[11]

Die bereits beobachtete gehäufte Nennung göttlicher Mächte mancherorts lässt auf eine wenig ausgeprägte Terminologie des Dichters schließen (was kaum zu glauben ist) oder auf seine Absicht, dem Geschehen in seiner Hoffnungslosigkeit eine stärkere Dramatik zu verleihen. Hierbei müsste man von einer Einheitlichkeit der Mächte ausgehen, was in der Forschung nicht unumstritten ist.[12] Oder ist sich der Erzähler über die Schicksalsmächte gar selbst im Unklaren?[13] Trotz dieser u. a. in der indifferenten Terminologie begründeten Schwierigkeiten wird versucht, einige Aspekte der Fortuna und des *fatum,* der *fata,* zu nennen.

Im Vergleich zu den *fata* ist Fortuna als eine handelnde Instanz im Epos wesentlich spürbarer, ja sie scheint deren Funktion innezuhaben.[14] Doch auf Grund ihrer vielen Wesensäußerungen (als blinder Zufall, Göttin Tyche, Rom feindliche Macht und als persönliche Schutzgottheit des Pompeius und Caesars, aber auch Roms),[15] die ineinander übergehen können, ist, wie gesagt, keine klare Differenzierung möglich. Betrachten wir dennoch das Wirken der Fortuna:

In seiner Analyse der Kriegsgründe hebt Lucan ihre „Missgunst" hervor, die, im Bunde mit den *numina* (1, 81), für die „missgünstige" Verquickung der Umstände verantwortlich sei (1, 70 ff.). Es scheint hier, als produziere Fortuna die *fata;* der Abschnitt wird durch den Neidbegriff eingerahmt (s. o. S. 15 f.).

Fortuna „führt nach der Unterwerfung der Welt allzu großen Reichtum" nach Rom (*opes nimias mundo fortuna subacto / intulit*, 1, 160 f.) und schafft so die Voraussetzungen für das Handeln des Menschen, das zu Sittenverfall und Bürgerkrieg führt.[16] Man denke auch an Lucans Kommentar zur pharsalischen Katastrophe: Fortuna habe sämtliche Völker herangeführt, um Rom die auf immer verlorene Größe vor Augen zu führen (7, 415–19a). Fortuna wirkt in beiden Fällen an einem Umschwung im Schicksalsverlauf des römischen Volkes mit.

Nach Überschreitung des Rubico peitschen die *fata* zur Kampfbereitschaft auf, und Fortuna bemüht sich um Anlässe, die Caesars Entscheidung für den Krieg rechtfertigen, 1, 262–65:

ecce faces belli dubiaeque in proelia menti
urguentes addunt stimulos cunctasque pudoris
rumpunt fata moras: iustos Fortuna laborat
esse ducis motus et causas invenit armis.

sieh, das Schicksal flößte dem Geist, der zu kämpfen zögerte,
Fackeln des Krieges ein und drängende Stacheln der Wut und
beseitigte alle Hemmungen: Fortuna bemühte sich, den Aufstand
des Feldherrn gerecht sein zu lassen, und fand Gründe für den Krieg.

Die Annahme einer Unterschiedlichkeit von *fata* und Fortuna mit einem jeweils eigenen Zuständigkeitsbereich wäre nur schwer nachvollziehbar.

Eine fast synonyme Verwendung haben wir auch in den Versen, die nach den Kriegsreden Caesars Entschluss schildern, seine Soldaten aus Gallien zusammenzurufen (1, 392–95). Hier sieht der Feldherr laut Lucan die Schicksalsmächte am Werk (*fataque ferre videt*, 1 393a) und will Fortuna nicht durch Tatenlosigkeit im Wege stehen (*ne quo languore moretur / Fortunam*, 1, 393b f.). Diese Verse lassen sich aus der Perspektive des Erzählers oder seines Caesar lesen, dessen Meinung wiedergegeben wird, um sein Handeln zu motivieren. Fortuna könnte hier als eine persönliche Schutzgottheit Caesars verstanden werden.

Am Ende des zweiten Buchs, während der Flucht des Pompeius aus Italien, kündigt Lucan dessen Ermordung an, die er mit einem Plan der Götter (*superi*, 2, 732) und der Fortuna (2, 735) begründet.

Auch in 3, 392b–94a zeigt sich eine planende Fortuna, die in ihrem Wunsch, Caesar zum Alleinherrscher zu machen, von der Standhaftigkeit der Massilienser aufgehalten wird: Die *fata* (hier: „Geschick", „Verhängnis"), also das genannte Vorhaben der Fortuna, werden vorübergehend gehemmt:

Quantum est, quod fata tenentur
quodque virum toti properans imponere mundo
hos perdit fortuna dies!

Wie großartig ist es doch, dass das Verhängnis gehemmt wird
und Fortuna, die darauf drängt, den Mann der ganzen Welt (als Herrscher)
aufzuerlegen, diese Tage verliert!

Nach der Abholzung des Hains vor Massilia erwarten die Belagerten die göttliche Rache an Caesar, doch müssen sie sich, wie Lucan darlegt, eines Schlechteren belehren lassen, 3, 445b–49:

Gemuere videntes
Gallorum populi, muris sed clausa iuventus
exsultat: quis enim laesos impune putaret
esse <u>deos</u>? Servat multos <u>Fortuna</u> nocentes
et tantum miseris irasci <u>numina</u> possunt.

Es stöhnten die Völker
der Gallier auf, als sie (diesen Frevel) sahen, aber die in den Mauern geborgene
Mannschaft jubelte: Denn wer könnte glauben, die Kränkung von Göttern bleibe
ungestraft? Es schützt Fortuna die vielen Schurken,
und nur armen Kerlen können die Götter zürnen.

Diese selten auftretende Spaltung von *dei, numina* und Fortuna hat den Effekt einer Verhöhnung der Götter, bei der ihre Ohnmacht herausgekehrt wird.[17]

An anderen Stellen zeigt sich, dass Fortuna nicht so zuverlässig ist, wie es Caesar von ihr erwartet;[18] sie beendet die ersten Kämpfe in Spanien durch sintflutartige Regenfälle und bringt ihn in Schwierigkeiten, um dann, mit den Göttern im Gefolge, umso geneigter zurückzukehren (4, 121–23a, s. o. S. 38). Im weiteren Kriegsverlauf „wagt“ sie gar etwas gegen seine Partei, wie der Dichter die Kämpfe in Illyrien und das Drama um Vulteius und die Opiterginer einleitet (4, 402 f., s. o. S. 40). Sie wirkt mit am Untergang des Curio (4, 411b f. u. 730, s. o. S. 42 ff.), u. a. in der Absicht, den Siegern ein besonderes Schauspiel zu bieten (4, 784–87), sorgt durch diese Niederlagen für ein Gleichgewicht der Kräfte (5, 1–3a) und entfacht mit den Göttern, so lässt es sich verstehen, den Sturm zur See, der Caesar an der Überfahrt nach Italien hindert (5, 592 f., s. o. S. 50 ff.).

In Buch 7, ganz auf seiner Seite, kündigt sie, in der Rolle der traditionellen Götter, den Untergang durch Vorzeichen an (7, 151 f., 205 f.) und schleppt todgeweihte Völker zur Schlacht, um Rom während des Untergangs die einstige Größe zu vor Augen zu halten (7, 415–19a). Zuvor werden noch die *fata* genannt, die den Erdkreis in den Untergang zögen (7, 46: *fatisque trahentibus orbem*).

Lucan beklagt sich weiterhin über Fortuna als eine Rom feindliche Macht in einer Apostrophe an sie: In Gestalt der beiden *Bruti* lasse sie Rom von der Freiheit kosten, ohne nach deren Verlust die Möglichkeit zur Auflehnung gegen die Tyrannei gegeben zu haben (7, 440–45a u. 645a f., s. o. S. 72 u. 76).

Letztlich jedoch wird eben diese Fortuna sogar ihren lange unterstützten Schützling fallen lassen: Bereits relativ früh weist der Dichter auf ihren Plan hin, Caesar eines Tages im Senat von seinen Landsleuten ermorden zu lassen (5, 206–08a, s. o. S. 118)[19], und wiederholt dies deutlich während der Schilderung des Alexandrinischen Kriegs noch zwei Mal (10, 335b ff.; 525 ff.). Zu diesem Zweck bewahren *fata* und Fortuna Caesar in Ägypten (10, 344b f., 485). Diese Ankündigungen auf Caesars Tod als Rache für seine Taten mögen nicht zu der Vorstellung der Fortuna und der *fata* als Schutzmächte Caesars passen, setzen sie doch eine letztlich ausgleichende Gerechtigkeit voraus, die sich auch in der Erwähnung der vorgesehenen Bestrafung der Sieger in der Unterwelt äußert (5, 799b ff.). Doch offenbart sich hierin, dass der zeitweise zu einem Dämon angewachsene Caesar, der alles zu beherrschen scheint, am Ende doch nur als Erfüllungsgehilfe dazu dient, die alte Ordnung zu zerstören und durch die Alleinherrschaft zu ersetzen.[20] Somit wiederum stellt Lucan bei aller poetischen Verzerrung einen Caesar dar, dessen Bedeutung für Roms Geschichte in der Beseitigung der überkommenen Strukturen liegt, und greift dem Urteil mancher moderner Historiker vor, die in Caesar eher den Zerstörer der alten Welt als den Errichter einer neuen Ordnung oder wenigstens deren Vorläufer sehen.[21]

Zuletzt sei noch darauf hingewiesen, dass neben dieser planenden und Rom übelwollenden Macht Fortuna auch als persönliche Schutzgottheit für Pompeius und Caesar fungiert, wobei die letztere obsiegt.[22] Diese Facette sei nur kurz erwähnt, da auch hier eine genaue Abgrenzung nicht möglich ist. Immerhin spielt der Dichter damit auf die historisch bezeugte Meinung Caesars an, Protegé der Fortuna zu sein, sein Epos um diese historische Note bereichernd.[23]

Als Fazit lässt sich ziehen, dass die (vielleicht bewusst) unscharfe Terminologie, das Übernatürliche betreffend, und auch die widersprüchlichen Äußerungen in der Frage, inwiefern überhaupt solcherlei Mächte auf das Schicksal Einfluss nehmen,[24] die Verunsicherung des Erzählers über den Sinn des Weltgeschehens widerspiegeln könnten. Seinem Publikum jedenfalls liefert er keine konsistente Theorie über die Kräfte, die Welt bewegen. Weit entfernt von der vergilischen Gewissheit, dass die *fata* den Gang der Ereignisse schließlich zu einem positiven Ergebnis führen, hinterlässt Lucan in seiner Verzweiflung über den Verlauf der Geschichte, der den Zusammenbruch der alten Ordnung und die Errichtung einer Tyrannis auf ewige Zeiten mit sich bringt, Ratlosigkeit. Mit seinem Pessimismus kommt er der Sicht der *Ilias* nahe, deren Götter die Heroengeneration im Trojanischen Krieg zu Grunde gehen lassen,[25] aber auch den Gedanken der Tragödie, etwa eines Euripides, der eine Figur – durchaus mit auktorialer Färbung – Unsicherheit darüber äußern lässt, ob Zeus oder der Zufall (τύχη) die Geschicke des Menschen bestimmen, Eur. *Hec.* 488 ff.: „O Zeus, was soll ich sagen? Kümmert dich das Los / der Menschen oder ist alles nur ein eitler Wahn / und lenkt der Zufall alles, was die Menschen betrifft?"[26]

Der (vielleicht scheinbare) Verzicht auf ein in sich stimmiges Konzept reflektiert die Grundsituation des Menschen, dessen metaphysische Auffassungen, je nach eigener Lage, zwischen festem Glauben an ein göttliches Wesen bzw. Wirken und resigniertem oder trotzigem Atheismus schwanken könnnen. Allerdings durfte Lucan die Ereignisse des Bürgerkriegs, die er in die Form eines Epos gießt, selbst wenn er göttliche Mächte vom Geschehen ausschließen wollte, nicht banal mit einem fortlaufenden Pech erklären. Seine Erwähnungen eines wie auch immer gestalteten üblen Wirkens von wie auch immer beschaffenen Schicksalsmächten (meistens der Fortuna) verleihen dem epischen Geschehen eine Düsterkeit, die bei einer Reduzierung auf das Erzählen bloßer Zufälligkeiten nicht vorhanden wäre. Auch und gerade mit seinen geäußerten Zweifeln an einer sinnvollen Lenkung göttlicher Mächte erzeugt er Pathos und überschüttet das Publikum mit seiner Empörung, Erschütterung, ja seiner tragischen Weltsicht.

Ein etwa stoisches Gesamtkonzept der *fata*[27] lässt sich nach Auffassung des Verfassers nicht erkennen: Zu mächtig wirkt eine bösartige Fortuna, und die Hinweise auf ein sinnvolles Wirken des Schicksals sind zu rar: So könnte zwar, nach Lucans Worten, den *fata* etwas Gutes abgewonnen werden, wäre der Bürgerkrieg nur um Neros willen geschehen (1, 33 ff., s. o. S. 14 f.). Aber dieser (wohl nur scheinbar) positiven Momentaufnahme widersprechen die verzweifelten und grimmigen Kommentare Lucans in Buch 7, in denen von ewiger Knechtschaft die Rede ist und der Unmöglichkeit, gegen die Herrscher zu den Waffen zu greifen (s. o. S. 76 f.). Sein Hinweis auf die naturgemäße und unausweichliche Ekpyrosis, der die Welt einst entgegengehe und die somit Caesars ruchlose Weigerung einer Bestattung der Toten von Pharsalus sinnlos mache, ja der dieser selbst zum Opfer fallen werde (7, 809–824), hellt die pessimistische Stimmung des Werkes kaum auf. Mit dieser die eigene Sterblichkeit relativierenden Sicht mag man als Stoiker Hilfe finden, im Kontext des ganzen Werks aber erscheinen solche Äußerungen nur als Phrase.[28]

Die Vermengung der als feindselig gedeuteten Mächte *fatum*, Fortuna (und Götter) in Lucans Werk könnte, folgt man einer Forschermeinung,[29] vielmehr Ausdruck einer Krise sein, in die der stoische Optimismus schon mit Seneca geraten sei; der Philosoph fordert Lucilius auf, die einem zustoßenden Ereignisse anzunehmen, egal, ob sie göttlicher Fügung oder dem reinen Zufall entspringen (Sen. *epist.* 16,4). Die Philosophie erscheint bei Seneca als Schutz gegenüber einem ungerechten Schicksal, dem man, wenn sie nicht mehr weiterhilft, durch den Tod entkommen kann. Bei Lucan verschärft sich dieser Pessimismus, ist doch der Tod das Ziel, auf das alles Geschehen hinausläuft (dazu s. u. S. 140 ff.).

2 Figuren im Netz der Deutungen

Die Hauptverantwortlichen für das erzählte Geschehen und somit die eigentlichen Handlungsträger des *bellum civile* sind freilich die Menschen, denen wir uns nun in Gestalt der drei Hauptpersonen zuwenden.

Lucan stellt in seinem Werk nicht die historische „Wirklichkeit" dar, er ist trotz aller Entlehnungen kein Historiker, sondern frei gestaltender Epiker, der die Fakten nicht völlig verfälscht, aber zumindest in seinem Sinne umdeutet, anders gewichtet und sie, etwa aus dramatischen oder kompositorischen Gründen, von der Chronologie abweichend, umgruppiert. Er verwendet hierbei, wie in der Forschung gezeigt,[30] zwar historiographische Quellen, wie die über Cassius Dio (2. / 3. Jhdt. n. Chr.) rekonstruierbaren verlorenen Bücher des Historikers Titus Livius und mitunter auch Caesars Darstellung über den Bürgerkrieg. Seine Figuren aber sind literarische Produkte, die mit der Geschichte Roms nur bedingt zu tun haben, da sie nicht nur von der historiographischen, sondern auch epischen und philosophischen Tradition geprägt sind. Bei der folgenden Ausführung unter mehreren sich überschneidenden Gesichtspunkten lassen sich Wiederholungen nicht vermeiden.

Lucans Caesar wird in der Synkrisis in Buch 1 mit Zügen ausgestattet, die im Laufe des Epos aufgegriffen und gesteigert werden. Er besitzt ruhelose Energie: *nescia virtus /stare loco* („eine Tüchtigkeit, die nicht in der Lage war, auf der Stelle zu verharren", 1, 144b f.), was sich später als Ungeduld in unterschiedlichen Situationen zeigt (z. B. 2, 650 ff.; 3, 453 ff.; 5, 476 ff.; 7, 240 ff.). Zorn und Hoffnung (*ira, spes,* 1, 146) sind die ihn antreibenden Affekte;[31] dazu gesellen sich die ständige Bereitschaft zur Anwendung von Gewalt: *numquam temerando parcere ferro* („niemals auf das Beflecken des Schwerts zu verzichten", 1, 147), das Nutzen des Schicksals (1, 148 b f.), Machtgier (1, 149 b: *summa petenti*) und schließlich die Zerstörungsfreude: *gaudensque viam fecisse ruina* („und sich freuend, seinen Weg unter Trümmern zurückgelegt zu haben", 1, 150).[32] In dem anschließenden Blitzgleichnis wird noch einmal Caesars Energie, aber auch die Sinnlosigkeit seiner Zerstörungswut, die sich zum *furor* steigert,[33] vor Augen geführt. Lucans

Caesar wird im Verlauf des Werks zu einer ins Monströse verzerrten Gestalt, die nichts mit einem Menschen gemein hat, sozusagen zur Idee und zugleich Verkörperung,[34] ja zum Dämon des alles zerstörenden *furor.* In seinem Habitus und seinem Jähzorn tritt er zudem als Typ des herrschsüchtigen Tyrannen hervor, der seine Umgebung und seine Feinde einschüchtert. Gleichzeitig ist er, wie die etwa bei Tacitus dargestellten Kaiser, ein Heuchler und in der Lage, sich zu verstellen, wie manche seiner Reden, aber besonders die Reaktion auf die Überbringung des Kopfs seines Gegners, gezeigt haben (s. o. S. 106 ff.). Hannibal ähnelt er in seinem militärischen Vorgehen und seiner Grausamkeit, übertrifft ihn sogar (s. o. S. 79). Größenwahn und Blasphemie offenbaren sich in der Rede, mit denen er die Meuterei niederschlägt, und ebenso in seinen Worten, die er sowohl dem Fischer Amyclas gegenüber als auch während des Seesturms von sich gibt (s. o. S. 47 ff.; 51 ff.): Er stellt sich über die Götter und vertraut auf Fortuna, die ihn gefälligst immer zu unterstützen habe. Er versetzt seine Leute nicht nur in Angst und Schrecken, sondern er – selbst ein Dämon, eine Ausgeburt der Unterwelt – überträgt auf sie, sogar in seiner Abwesenheit, den *furor,* einen Rausch, in dem alle denkbaren Verbrechen möglich werden. Dazu passt seine Isolation, die den Gedanken an „einsame Größe", also eine gewisse Faszination, aufkommen ließ.[35] Zugleich jedoch zerstört Lucan den julisch-claudischen Mythos; die Divinisation der Kaiser solle nicht daran hindern, die Vergöttlichten mit Füßen zu treten (6, 807 ff.). Ihre Apotheose ist eine Strafe für die Götter, und man wird zu toten Kaisern, Schatten genannt, beten (7, 455 ff.), während Cato als der wahre Vater des Vaterlands dann zu einem Gott erhoben werde, wenn Rom seine Freiheit eines Tages wiedererlangen sollte (9, 598 ff.).

Pompeius hat am ehesten menschliche Züge, aber gerade in seiner Schwäche wird er zu einer tragischen Gestalt. So zeigt sich seine Passivität bereits in der Synkrisis, wo er mit einer entlaubten Eiche verglichen wird – einem *truncus*, zu dem er ja tatsächlich am Ende seines Lebens wird –, die ihre Trophäen aus vergangenen Zeiten vorzeigt (1, 136–40). Die Spannung des Widerspruchs zwischen Schwäche bzw. Passivität und gleichzeitigem Anspruch auf Ruhm und Anerkennung verdeutlicht Lucan auch mit dem Beginn der Charakteristik, wenn er feststellt, 1, 129b –31:

Alter vergentbis annis
in senium longoque togae tranquillior usu
dedidicit iam pace ducem famaeque petitor (…)

Der eine, da sich seine Lebensjahre dem Greisenalter näherten
und er durch den langen Genuss des Friedens ruhiger geworden war,
verlernte im Frieden die Aufgabe eines Führers, und im Streben nach Ruhm (…)

Dieser Eindruck verfestigt sich, wenn Lucan sodann betont, dass Pompeius sich nicht um Auffrischung seiner Kräfte bemühe, sondern auf sein vormaliges Glück vertraue (1, 134 f.). Hier deuten sich Passivität und Verblendung (in Form der Rückwärtsgewandtheit) an – Züge, die sich im Lauf des Epos wiederholt zeigen.

Auffällig ist weiterhin im Vergleich zu Caesar die Eingebundenheit des Pompeius in einen sozialen Kontext:[36] Pompeius, der sehr auf Anerkennung seiner Umwelt erpicht ist, die er sich durch den Beifall im eigenen Theater verschafft (1, 133),[37] besitzt durch seine Verortung in der römischen Gesellschaft (bildlich festgehalten in der Eiche, die als einzige Verehrung erfährt, 1, 142 f.) die menschliche Dimension, die Caesar und Cato in ihrer Isoliertheit und Übermenschlichkeit abgehen. Zeitweilig scheint er sich von seinem Ehrgeiz als Machtpolitiker zu befreien, besonders in den Büchern 7 und 8. Neben seinen Fehlern wie Ruhmsucht, Überschätzung, Eitelkeit, Fehleinschätzung der Lage, Angst und Passivität ist die gewaltige Liebe zu Cornelia zu nennen, von der er sich aus *pietas* gegenüber dem Staat trennt, aber auch aus *pietas* zu ihr: Er will sie in Sicherheit wissen. Diese auf die Familie bezogene Tugend ist es auch, die ihn laut Lucan hindert, seinen fast besiegten Schwiegervater und dessen Truppen zu vernichten (s. o. S. 57 f.). Gerade seine *pietas* wird ihm und Rom zum Verhängnis. Die Schilderung seines Verhaltens während der Schlacht von Pharsalus, als er versucht, die eigenen Leute davon abzuhalten, in den Tod zu rennen, und die Motivierung seiner Flucht sind eine zu starke Überhöhung. Hier wird er als Idee der *pietas* dem Caesar *furens* entgegengehalten. Im Vergleich zu den Verzerrungen, denen die Caesarfigur unterworfen ist, fallen jene jedoch deutlich geringer aus.

Cato schließlich wird von Lucan so gezeichnet, dass er das Ideal eines stoischen Weisen zu verkörpern scheint, ja einem göttlichen Wesen nahekommt. Lucan führt ihn als unabhängige Instanz ein, die über den Rivalen Caesar und Pompeius steht (s. o. S. 16 f.), was sowohl der künstlerischen Intention (Cato als Maßstab, an dem sich Personen und Geschehen messen lassen müssen) als auch der historischen Wirklichkeit entspricht.[38] Nach dem Tod des Pompeius avanciert Cato zum eigentlichen Gegenspieler Caesars. Die zuvor im Kampf der Rivalen um die Herrschaft bestehende Polarisierung wird mit seinem Eingreifen zur prinzipiellen Auseinandersetzung zwischen Tyrannis und Freiheit; er hegt keinerlei Machtgelüste, sondern bekennt sich deutlich zur *libertas* Roms. Obwohl der Dichter ihm das Epitheton *pius* vorenthält und somit der erwartete Antagonismus zwischen *furor* und *pietas* nicht weiter verfolgt wird,[39] ist er in vielerlei Hinsicht von stoischen Deutungsmustern so geprägt, dass er mit seiner *virtus* und *dura patientia* ein genaues Gegenbild Caesars bietet.[40] Hierbei lässt sich der lucanische Cato unter den Aspekten des epischen Helden, der historischen Persönlichkeit und des stoischen Weisen betrachten.[41] Diese drei Gesichtspunkte sind auch für die beiden anderen Hauptpersonen maßgeblich.

Darüber hinaus gibt es kontrastive Bezüge der drei Hauptfiguren untereinander. So z. B. steht einem fast immer furchtlosen (*intrepidus*) Caesar ein ängstlicher, mutloser Pompeius gegenüber, der in seiner Passivität als prädestiniertes Opfer des hyperaktiven Caesar erscheint. In der Schlacht von Pharsalus tritt er, wie gesehen, vor seiner Flucht als Vertreter der *pietas* und Menschlichkeit auf, während Caesar als blutrünstiges Ungeheuer über das Schlachtfeld rast. Cato und Caesar verbindet ihre ungeheure Macht über die Gefolgsleute; während der eine neben dem Schrecken seinen *furor* verbreitet, zwingt der andere durch seine unbeugsame Haltung seine Leute zur Gefolgschaft. Beide werden überhöht, Caesar als finsterer Dämon und gleichzeitig Präfiguration der Kaiser, Cato hingegen als letzter Vetreter der republikanischen Freiheit, einem göttlichen Wesen gleich.

Hierbei ist allerdings eine vielleicht überraschende Gemeinsamkeit zu bemerken: Mit den beiden verbindet sich der Tod. Caesars Gefolgsleute (Vulteius, Scaeva) sind Beispiele einer pervertierten *virtus*, für die eine rauschhafte Todessehnsucht verantwortlich ist. Cato, wohl wissend um die Sinnlosigkeit seines Tuns, stürzt sich und seine Leute in das Unternehmen des Wüstenmarschs, das alle bereitwillig auf sich nehmen, um die verschiedenen Todesarten durch die Schlangenbisse klaglos zu erleiden. Damit bewahren diese, von Cato angeleitet, ihre innere Freiheit und geben so ein, wenn auch nicht hoffnungsvolles Beispiel des Widerstands für spätere, also Lucans Zeiten.

2.1 Literarische Folien

Natürlich lassen sich diese Aussagen des Epos samt den soeben vorgenommenen Skizzierungen der einzelnen Figuren aus dem unmittelbaren Werk heraus verstehen und bedürfen nicht unbedingt einer intertextuellen Betrachtungsweise. Dennoch ist der Blick auf Lucans epische Vorgänger oder Vorbilder nicht ohne Reiz, zumal vor dem Hintergrund der literarischen Tradition die Eigenart unseres Dichters, sein Spiel mit dieser Tradition oder seine Polemik gegen das Überkommene, deutlich werden kann.

Man hat schon lange Lucans Epos als Anti-*Aeneis*[42] oder gar Über-*Aeneis*[43] bezeichnet. Diese Konkurrenz in Form von Kontrastimitation und Überbietung spiegelt sich auch in der Gestaltung seiner Figuren wider. So erscheint Caesar in manchen Szenen, wie zu beobachten war, als Anti-Aeneas oder gar dessen Parodie (s. z. B. o. S. 106), während Pompeius oft genug als ein erfolgloser Aeneas dasteht. Weiterhin erinnert Caesar, in gesteigerter Form, an Homers Achill und Agamemnon, sowie an Vergils Turnus, während Pompeius u. a. dem Hektor der homerischen *Ilias*, besonders in der Szene des Abschieds von Cornelia, nahekommt (s. o. S. 18 f.; 74 f.; 53 f.).

Durch solche Anspielungen gewinnt eine Leserschaft, die über die entsprechenden literarischen Kenntnisse verfügt, eine zusätzliche Möglichkeit der Betrachtung: Dank oder trotz seiner *pietas*, die nach dem Credo Vergils Voraussetzung für den Erfolg ist, scheitert Pompeius, und mit ihm Rom, das vom Gipfel seiner Macht in die Bedeutungslosigkeit herabsinkt, während Raserei und Verbrechertum seinem Gegenspieler den Erfolg bescheren, der einem Turnus in der *Aeneis* verwehrt blieb. Auch hierin spiegelt sich, im Vergleich zu Vergil, die verkehrte Welt des lucanischen Epos, der Triumph des Bösen, wider.

Darüber hinaus sind noch andere Figuren zu nennen, besonders aus dem Bereich der griechischen und römischen Tragödie, wie etwa die feindlichen Brüderpaare Atreus / Thyestes und Eteokles / Polyneikes oder Kreon, die ein zusätzliches Mittel der Deutung bieten. Eine Behandlung dieses verzweigten und komplizierten Systems intertextueller Bezüge mit ihren Folgen für das Verständnis der lucanischen Rivalen im Sinne tragischer Figuren würde den beschränkten Rahmen dieser Darstellung sprengen.[44] Aber es bleibt festzuhalten, dass die Anspielungen auf Themen der Tragödien den Gesamteindruck des lucanischen *bellum civile* als tragisches, aber auch grässliches Geschehen vertiefen und steigern, insofern aus den Dramen griechischer Herrschergeschlechter der Untergang einer ganzen Welt wird.

Die Alexandergestalt – wohl eher diejenige des philosophischen Diskurses als der Literatur[45] – dient ebenfalls als Mittel der Charakterisierung: Lucan nennt Alexander ein Unglück für die Menschheit. Sein rastloses Vorwärtsstürmen und Blutvergießen der ganzen Menschheit und der Blitzvergleich (10, 20 ff.) hat Caesar mit ihm gemein, der so als würdiger Nachfolger des Makedonen erscheint (s. o. S. 108 f.) und dessen unheilvolle Wirkung hierdurch zusätzlich verdeutlicht wird. Dagegen hebt sich Cato in den „Alexanderepisoden" von diesem ab und erweist sich als prinzipieller Feind jedweder Tyrannis (s. o. S. 97 ff.).[46]

Es bliebe noch Hannibal zu erwähnen, bzw. dessen Bild, das Rom eigentlich bis zum Untergang des Reiches bewahrt hat (s. z. B. Claud. *Gild.*, 76 f.; Nam. 128). Mit dem Anklang an diese von Livius, aber auch Seneca geprägte historische Gestalt wird Caesar als Nicht-Römer, als Barbar, gezeichnet, der hemmungslos und blutrünstig Krieg gegen sein Vaterland führt, als wäre es gegen einen äußeren Feind. Er übertrifft Hannibal sogar an Grausamkeit, wie Lucan klagt, da er die Toten von Pharsalus unbestattet liegen lasse, während der Punier für die Bestattung der Gefallenen von Cannae gesorgt habe (7, 799 ff.). Die Anspielung auf Hannibal erscheint zum ersten Mal in der Gedankenrede der Ariminenser (1, 254 f.: *motus … Libyes*) und wird darauf von Caesar selbst als ein Mittel des Spotts über die Panik seiner Gegner verwendet: Rom erzittere, als habe Hannibal die Alpen überschritten (1, 303–05a). In dem Vergleich der chaotischen Flucht aus Rom mit dem von der Mannschaft verlassenen Schiff (1, 498b ff., s. o. S. 21) erwähnt der Dichter einen libyschen Sturm und deutet mit diesem Detail eine Parallele zwischen Caesar und Hannibal an. Ebenso verfährt der Binnenerzähler, wenn er Marius, als Caesars Vorgänger, in der Wüste Libyens „seinen Zorn sammeln" lässt (2, 93 b).

2.2 Caesar, Pompeius und Cato als Dramenfiguren?

Lucan schreibt, trotz zahlreicher Zusätze tragischer Elemente, keine Tragödie – eine solche Auffassung verbietet schon das Versmaß –, aber in den drei Hauptpersonen lassen sich die drei Möglichkeiten finden, unter denen Aristoteles in seiner *Poetik* die eine tragische Figur auswählt und entsprechend definiert (Arist. *poet*. 1452b f.).

Als erfolgreicher Bösewicht repräsentiert Caesar die Form, die am wenigsten mit aristotelischer Tragik (ἀτραγῳδότατον) zu tun hat.[47] Aber auch die Gestaltung einer Strafe Caesars böte nicht das Schicksal eines tragischen Helden. Ein solches Ende wäre zwar „menschenfreundlich" (φιλάνθρωπον), aber keinesfalls tragisch, da die nötigen Affekte wie „Schrecken" und „Jammern" beim Publikum ausbleiben. Tatsächlich bietet Lucan seinen Lesern keine Möglichkeit, sich in seinen Caesar hineinzuversetzen oder gar mit ihm zu empfinden, trotz der Vorausdeutungen auf sein gewaltsames Ende. Man mag in seinem Vertrauen auf die *fata* und Fortuna, wie es sich in 1, 226 f. andeutet, Zeichen einer Verblendung sehen,[48] insofern er, laut Lucan, selbst einmal Opfer der Schicksalsmächte bzw. Fortunas werden wird (s. o. S. 122); ob damit die Kriterien einer im aristotelischen Sinne tragischen Gestalt erfüllt sind, erscheint jedoch fraglich. Caesar ist, was seine moralische Qualifikation angeht, beileibe nicht der „mittlere Mann", kein Ödipus, wie ihn Aristoteles fordert (*poet.* 1453a).

Caesars Gegenpart Cato stellt auf Grund seiner hohen moralischen Integrität bei gleichzeitig feststehendem Untergang ebenfalls keine tragische Figur dar; sein Schicksal ist – geht man von 12 Büchern mit seinem Selbstmord als Schlusspunkt aus – nicht Mitleid erregend, sondern einfach nur grässlich (μιαρόν).

Pompeius hingegen, ohnehin in der Mitte zwischen diesen Extremen angesiedelt, zudem ein Mensch mit Fehlern, wie Ruhmsucht, Selbstgefälligkeit und Trägheit, aber auch guten Eigenschaften (*pietas*), lässt sich als tragische Figur verstehen,[49] ohne das Epos Lucans als „Pompeiustragödie" auffassen zu wollen.

In diesen Rahmen fügen sich zwei Erkenntnisszenen, allerdings nicht nahtlos, wie gezeigt wird: Mit der ersten (7, 61 ff.) wird auf traditionelle Warnerszenen angespielt. Bei einer solchen Konstellation tritt dem tragisch verblendeten Helden, der seine Situation nicht überblickt, eine kompetente Person entgegen, um ihn von seinem Vorhaben oder Beharren auf einem Standpunkt abzubringen. Dieser Warner hat insofern immer recht, als er über ein Wissen verfügt, das dem des Erzählers nahekommt (und das er mit dem Publikum teilt). Dem Helden aber ist dies auf Grund seiner Verblendung nicht zugänglich, und er ist deshalb nicht willens oder fähig, die Warnung zu beherzigen. Stattdessen bezichtigt er sein Gegenüber der Torheit oder eigennütziger Motive. Berühmtes Beispiel ist die barsche Reaktion des Ödipus auf die Worte des Sehers Teiresias, der ihm die die wahren Gründe für das Unheil aufgezeigt hat, das die Thebaner in Gestalt der Pest heimsucht, und ihn, Ödipus, als den Schuldigen ausweist (Soph. *Oid. T.* 300 ff.). Man muss aber nicht die Tragödie bemühen, die freilich die Basis für die aristotelischen Erläuterungen darstellt. Schon in dem homerischen Epos der *Ilias* tritt ein Warner in Gestalt des Priesters Pulydamas auf, der den Vorkämpfer der Trojaner, Hektor, mehrfach vergeblich auffordert, nach getaner Arbeit (die Griechen wurden bis an ihre Schiffe gedrängt) in die Stadt zurückzukehren und die Verteidigung von dort aus fortzuführen. Hektor aber lässt sich nicht belehren, beschimpft den Seher als töricht und bleibt über Nacht auf dem Schlachtfeld, auf dem er dann gegen Ende des Epos Opfer des Achill wird, nicht ohne vorher seinen Irrtum erkannt und bereut zu haben (s. *Il.* 12, 211 ff.; 18, 254 ff.; 22, 99 ff.).[50]

Zurück zu Lucan und 7, 61 ff. (s. a. o. S. 64 f.): In dieser Szene verkehrt sich der tragische Mechanismus des Warnens: Cicero tritt in der Rolle eines Ratgebers auf, der, anders als die traditionellen Warner, nicht über das Wissen des Erzählers verfügt, sondern sich selbst als verblendet erweist. Sein Drängen auf den Kampf ist ein (tragischer) Fehler, und in dem bis jetzt verblendeten Pompeius wird eine Ahnung der sich anbahnenden Katastrophe ausgelöst, die spätere Anagnorisis gewissermaßen vorwegnehmend (7, 85 f.).[51] Und so entledigt sich Pompeius seiner Verantwortung, wie gesehen; jedoch geht seine Ahnung einer Feindschaft der Schicksalsmächte noch nicht so weit, dass er das Schlachtfeld verlässt – im Gegenteil: Er hält eine Ansprache an seine Soldaten, bei der er Siegeszuversicht zur Schau stellt, und damit kann das Verhängnis seinen Lauf nehmen. Die zweite, eigentliche Erkenntnisszene leitet (im Sinne des Aristoteles) die Peripetie ein: Als Pompeius die Feindschaft der Götter erkennt, wendet er sich zur Flucht (7, 647 f.; s. o. S. 77).

Allerdings birgt auch die Auffassung von Pompeius als tragischer Gestalt ihre Probleme. Abgesehen von dem Spiel mit dem Tragischen, das der ersten Szene innewohnt, erweist sich die Anagnorisis, die die Flucht motiviert, nicht als dauerhaft; denn trotz dieser Erkenntnis fällt Pompeius in seine Verblendung zurück, wie seine Rede in Syhedra dokumentiert (8, 262 ff., s. o. S. 82 f.).

Der widersprüchlichen Konzeption als tragischer Gestalt entspricht die Widersprüchlichkeit des lucanischen Pompeius, die sich zum letzten Mal in seiner begonnenen, aber nicht vollendeten Apotheose äußert (9, 1 ff.) und der vielleicht auch die Rätselhaftigkeit des historischen Pompeius zu Grunde liegt.[52]

2.3 Caesar, Pompeius und Cato als Beispiele stoischen Menschenbilds?

Die polare Anordnung mit Pompeius in der Mitte zwischen den Extremen lässt darüber hinaus stoisierende Deutungen zu, wie es ja auch geschehen ist.

Demnach ist Caesar der Tor im stoischen Sinn, seinen Afffekten ausgeliefert, jemand, der weit von der Weisheit entfernt, seine Verbrechen begeht,[53] Pompeius der *proficiens*, ein zur Weisheit Fortschreitender, nicht vor Rückfällen in alte Fehler gefeit,[54] während Cato den stoischen Weisen repräsentiert.[55] Wenn auch alle drei Figuren Züge dieser Art besitzen, so läuft eine solche Deutung mit Anspruch auf Alleinvertretung Gefahr, die Bandbreite des epischen Kunstwerks, das aus verschiedenen geistigen Quellen schöpft, zu wenig zu berücksichtigen.

So ist Caesar mehr als nur ein Tor, der von Affekten beherrscht wird; er ist ein vom *furor* besessener und verbrecherischer Handlanger Fortunas und der finsteren Mächte, zugleich selbst ein dämonisches Wesen, das die Welt in den Untergang stürzt – auch wenn seine Dämonisierung nach Buch 7 abgebaut wird (s. o. S. 111; 114).

Pompeius hat zwar Züge eines stoischen *proficiens*,[56] ist aber, auf Grund seiner Schäche, Verblendung und Ruhmsucht, auch, wie gesehen, eine tragische Figur.

Cato kommt gewiss dem Ideal eines stoischen Weisen nahe, Lucan verleiht ihm die Aura eines Heiligen, ja eines göttlichen Wesens (s. o. S. 25 f.; 94; 98). Inwieweit seine starken Gefühle für die Republik und deren Freiheit als Ausdruck echten Stoikertums zu werten sind, ist durchaus umstritten.[57] Auf alle Fälle vereinigen sich in Cato Züge eines stoischen Weisen und eines freiheitsliebenden Patrioten alten Schlages.[58]

Bemerkenswert ist jedoch die Sinnlosigkeit seines im *bellum civile* beschriebenen Tuns: Cato ist von Beginn an (im Gespräch mit Brutus, 2, 234 ff., s. o. S. 25 ff.) ohne Illusion bezüglich einer Aussicht auf Erfolg, und sein Marsch durch die Wüste, bei dem strategische Überlegungen kaum eine Rolle zu spielen scheinen, ist ein zugegebenermaßen gewaltiges Schaustück seiner *virtus*, mit dem er seine Leute dazu bringt, die eines Soldaten unwürdigen Todesarten durch Giftschlangen zu erfahren. Natürlich fügt sich eine solche Darstellung zu stoischen Vorstellungen, bei denen es darum geht, die Leidensfähigkeit des Weisen angesichts der ihn umgebenden Schrecken zu zeigen. Cato besiegt ja sogar Fortuna: Von dem Auftürmen der Gefahren erschöpft, ermöglicht sie die Rettung der Wüstenexpedition durch die Psyller (9, 890 f., s. o. S. 104). Man sollte aber bedenken, dass er durch diese harte Haltung seine Leute veranlasst, die Leiden auf sich zu nehmen, ja, dass er sie in einen sinnlosen Tod schickt. Inwieweit sich dies als Ausdruck stoischen Verantwortungsgefühls für die Menschheit deuten lässt, erscheint doch zumindest fraglich. Das gesamte Unternehmen des Marschs durch die Wüste, einer lebensfeindlichen Zone am Rand der bewohnten Welt, samt allen Leiden und Todesarten dient dem Erzähler gewiss dem Vorführen eines Exempels, wie man sich trotz allem äußeren Ungemach seine innere Freiheit erhalten kann. In diesem Sinne ist Cato der übermenschliche Vertreter einer autarken (oder soll man sagen: autistischen) stoischen *virtus* und so, zumindest in der Theorie, der Gegenpart einer auf Machtgier gegründeten und durch Fortuna unterstützten Tyrannis, wie sie die von Caesar errichtete und bis auf weiteres fortdauernde Herrschaft darstellt.

Die besonders in der angelsächsischen Forschung vertretene Auffassung, Lucan habe gerade in seiner übertriebenen Darstellung von Catos moralischem und politischem Rigorismus und der die Wahrscheinlichkeit sprengenden Schilderung der Schlangenepisode parodierende Absichten verfolgt, geht vielleicht zu weit.[59] Lucan karikiert Cato und die Stoa nicht, zumindest nicht offen, dazu lobt er ihn zu häufig – Cato ist ein patriotischer Vertreter der alten Republik und das Heldenideal eines stoischen Weisen, aber der Erzähler ist es nicht: Er bewahrt angesichts der sich vollziehenden Katastrophe und ihrer für ihn unerträglichen Folgen nicht die von der Stoa geforderte Gleichgültigkeit, wie seine zahlreichen verzweifelten Kommentare und Ausrufe der Empörung zu Genüge belegen. So könnte man aus der Diskrepanz zwischen der Präsentation Catos und der geäußerten Verzweiflung des Erzählers auf die Wirkungslosigkeit dieser Lehren im Zeitalter des *furor* schließen. Das Ideal des stoischen Weisen, vertreten durch Cato, ist in einer Welt, in der die Raserei des Menschen, der Widersinn und ein böswilliges Geschick triumphieren, allenfalls ein im Niemandsland angesiedeltes Gegenmodell, an dem sich zeigt, welche Werte auf immer verloren gegangen sind: Freiheit und echtes Römertum wird es nie mehr geben, und somit bleibt nur noch der Tod als Ausweg.

Insgesamt gesehen können alle eben genannten Deutungsansätze einen Beitrag zum Verständnis dieser Figuren liefern. Solcherlei Interpretationen hängen weniger von einem (schwer nachzuweisenden) Gestaltungswillen des Autors ab, sondern eher von Bildung, Erwartungshaltung und -horizont der jeweiligen Leserschaft, gerade wenn es um intertextuelle Bezüge geht. Sprachwissenschaftliche Methoden, auf die man sich berufen kann, einmal beiseite gelassen, werden während des Vorgangs der Rezeption im Leser subjektiv bedingte Assoziationen ausgelöst, die sich mit dem künstlerischen Produkt verbinden. So mag der öfter zu beobachtenden Mehrdeutigkeit auch antiker Werke ein vielfältiges, vom Rezipienten abhängiges Verständnis entsprechen.

3 Dichterisches

3.1 Die Komposition

Man kann von einem Aufbau des Epos in Einheiten von jeweils vier Büchern (Tetraden) ausgehen.[60] Mitunter werden die Übergänge zwischen den einzelnen Büchern sprachlich überdeckt, etwa durch *iam* (Buch 2) und *postquam* (Buch 6), aber der Abschluss von Buch 4 mit der Katastrophe Curios in Africa und das Ende von Buch 8 mit dem Tod des Pompeius bilden jeweils einen starken Einschnitt.[61] Der Wille zur Tetradenstrukturierung zeigt sich auch an dem Umgruppieren mancher Ereignisse, um so durch einander entsprechende Szenen inhaltliche und strukturelle Verknüpfungen zwischen den einzelnen Tetraden herzu stellen. So zieht der Dichter den Tod Curios (als Abschluss der ersten Tetrade) vor die zeitlich frühere Meuterei in Placentia, die in Buch 5 nachgetragen wird. Das gleiche Verfahren ist auch beim Übergang des achten zum neunten Buch zu beobachten. Es lassen sich außerdem die Befragungsszenen des Arruns, Appius und Cato in den Büchern 1, 5, 9 nennen - den jeweils ersten Büchern einer neuen Tetrade –, die diese Struktur untermauern.[62]

Es sei noch bemerkt, dass Buch 4 sich von den ersten drei durch seine geschlossene Einheit abhebt, was dafür sprechen kann, dass Lucan die ersten drei Bücher getrennt vorab veröffentlicht hat.[63]

Gerade die starke Markierung des Endes einer Tetrade durch den Tod einer wichtigen Figur (Curio, Pompeius) erlaubt die Annahme einer dritten Tetrade mit dem Selbstmord Catos als dem dramatischen und ideologischen Höhepunkt und zugleich Abschluss des Werkes. Dies ist mittlerweile *communis opinio*.[64]

Gegen die Annahme einer geplanten vierten Tetrade, mit der Ermordung Caesars als Abschluss, spräche manches:

1) Caesars Tod als Zeichen einer ausgleichenden Gerechtigkeit passt nicht zum finsteren Pessimismus des lucanischen Epos mit seiner Konzeption von Rom feindlich gesonnenen Schicksalsmächten: Sie wollen Rom vernichten.[65] Die Hinweise auf Fortunas finalen Seitenwechsel dienen nur der Ankündigung, dass die Ermordung Caesars als Rache für Pompeius nichts am Gang der Geschichte ändern wird. Vielmehr ist Fortuna Rom so übel gesonnen, dass sie die beiden Bruti schickt, um die Römer von der Freiheit vorübergehend kosten und deren Verlust umso schmerzlicher empfinden zu lassen (7, 440 ff., s. o. S. 122).[66] So bleibt der Tod Caesars, wie derjenige Achills in der *Ilias*, zwar präsent, liegt aber außerhalb des erzählten epischen Geschehens.[67]

2) Für diese Auffassung spricht auch Lucans Themenstellung, nämlich die Schlacht von Pharsalus als Weltuntergang und Verlust der Freiheit auf Dauer. Zu ihren Folgen ließe sich der Freitod Catos zählen, weil damit der exponierte Vetreter der *libertas* seinen Tod findet und der Kampf entschieden ist. Eine Darstellung von Caesars Ermordung passt hingegen nicht in das Konzept, betont der Dichter doch ausdrücklich: *victrix causa deis placuit, sed victa Catoni* (1, 128). Damit ist offenbar der Rahmen der Erzählung abgesteckt: Es geht um Caesars Sieg und Catos Tod, durch den der endgültige Untergang der Republik und ihrer Freiheit als besiegelt vorgeführt wird.[68]

3) Ein weiteres Indiz für ein auf zwölf Bücher angelegtes Werk ist die Konkurrenz zu Vergils *Aeneis*, wofür schon der konträre Gehalt spricht. Lucan schafft der äußeren Form nach eine neue *Aeneis*, was sich u. a. daran zeigt, dass sich neben dem Aufbau in Tetraden und den hier nicht angesprochenen Dyaden[69] eine Zweiteilung (in Hexaden) andeutet.[70] Die Positionierung der Nekromantie im sechsten Buch als Gegenstück zur Katabasis der *Aeneis* an gleicher Stelle ist ein weiterer deutlicher Beleg für die Planung eines Werks mit zwölf Büchern.

4) Der Tod Catos als Endpunkt lässt sich ebenfalls im Zusammenhang mit einer Vergilaemulatio erklären. So wie der Tod des Turnus am Ende der *Aeneis* die Voraussetzung für die Errichtung des römischen Reichs ist, geht mit Cato das, was dieses Reich ausgemacht hat, unter.

Spinnen wir diesen Gedanken weiter, so hätten die lucanischen Prinzipien der Umgestaltung in Form von Kontrastimitation und Rollentausch bei einer Schlussszene mit Catos Selbstmord eine Entfaltungsmöglichkeit: Der Tötung des vergeblich um Gnade bittenden Turnus durch den sich auf seine *pietas* berufenden Aeneas[71] stünde Catos Ablehnung einer Begnadigung durch seinen Erzfeind, den Anti-Aeneas Caesar, gegenüber, der ihm, wie in den Quellen überliefert ist, unbedingt das Leben schenken wollte (Plut. *Caes.* 54, 2; *Cat. min.* 72).

So wäre an dieser angenommenen letzten Szene – vor dem Hintergrund der vergilischen *Aeneis* – der Widersinn des Geschehens mitsamt dem Verfall bzw. der Umkehrung der Werte im *bellum civile* Lucans noch einmal deutlich geworden. Doch sind diese Gedanken Spekulation.

3.2 Harte Übergänge

Neben den verdeckten Übergängen zwischen den Büchern[72] gibt es unvermittelte Einstiege in die einzelnen Episoden; beides wurde als Charakteristikum eines antiklassischen, geradezu barocken Kunstwillens gewertet.[73] Einige Szenen beginnen abrupt mitten im Vers (oder auch am Anfang), bisweilen durch ein ohnehin beschleunigendes *iam* eingeleitet.[74] Diese harten Schnitte, die einiges mit modernen Filmtechniken gemein haben, sind im gesamten Werk bemerkbar:

Mitten im Vers blendet der Dichter unvermittelt von der Vulteiusepisode (die er immerhin mit einem Kommentar abschließt) zur Schilderung der Katastrophe des Curio in Africa über, 4, 581b: *non segnior illo / Marte fuit, qui tum Libycis exarsit in armis* („nicht träger als jener Krieg war der, / der danach auf den libyschen Feldern entbrannte"). Der Orts- und Zeitwechsel wird nur durch *illo* und *tum* verdeutlicht; das Publikum findet sich unerwartet in eine neue Szenerie versetzt.

In 5, 3b führt ein *iam* nach Lucans Resümee der Ereignisse des vorherigen Buchs in die Senatssitzung von Epirus.

In 8, 561b wird nach des Dichters empörter Einlassung über Ptolemaeus mit einem *iam* zur Ermordung des Pompeius übergeleitet, ähnlich in 8, 610b.

Mit einem *interea* führt Lucan in 9, 216b (nach der *laudatio funebris*) zur Meuterei, und ein *iam* blendet mitten im Vers (9, 603b) zur „Alexanderepisode" über.

Die unvermittelte Nennung eines Namens, z. B. Caesars, hat ebenfalls diesen Effekt: So beginnt ohne Übergang eine neue Episode nach dem Italienexkurs mit *Caesar in arma furens* (2, 439) oder nach der Schilderung der Überfahrt des Pompeius nach Griechenland mit *Caesar* (3, 46).

In 9, 950 entführt die Nennung Caesars das Publikum vom Zielort des Marsches durch die Wüste, Leptis Magna, zu dessen Troja-Besuch usw.

3.3 Stationärer Charakter der Einzelszenen – Blockbildung

Beeinträchtigen bereits derartige Übergänge einen sich kontinuierlich entwickelnden Strom der Erzählung, so tut die isolierte Einzelszene ihr Übriges: Sie erhält ein stärkeres Gewicht dadurch, dass der Erzähler bei einer Situation verweilt, um sie mit den Reden der Akteure, seinen eigenen Kommentaren und einer auf Affekte zielenden Darstellung so pathetisch aufzuladen, dass das epische Geschehen nur noch den Rahmen für das gewaltige Schauspiel liefert. Man denke an die Vulteius- und Scaevaepisoden (s. o. S. 40 ff. u. 55 ff.). Auch die Caesarszenen des fünften Buchs verdrängen in ihrer pathetischen Aufarbeitung (mit Caesars größenwahnsinnigen Reden) den Gedanken an die konkreten Gefahren, in denen sich der Feldherr befand.[75]

Dem gleichen „barocken" künstlerischen Willen ordnen sich die Exkurse, Topothesien und Ekphraseis unter: In ihnen wird das Pathos, das Verhängnisvolle, Grauenhafte oder Eklige der jeweiligen Szene vorbereitet.[76]

Das pathologisch wirkende Verharren des Erzählers bei der Schilderung von Ericthos zähnefletschender Leichenfledderei (das eigentliche Thema, die Befragung, wird dabei fast vergessen), mit all der Erzeugung von Ekel und Grauen, ist darüber hinaus ein Mittel der Darbietung einer Gegenwelt, die den Sinn des epischen Geschehens nahezu höhnisch enthüllt und den Menschen und sein Dasein auf einen eitrig zerfließenden Klumpen verwesenden Fleisches reduziert. An diesem Eindruck ändert sich wenig, wenn Lucan offensichtlich von einer Postexistenz der Seele ausgeht – die Seele des Toten weigert sich zunächst, wieder in ihren Körper zurückzukehren (6, 719 ff.).

Zu dem stationären Charakter gehört auch als ein kompositorisches Element die Bildung von Blöcken, die meist durch Personen (Caesar, Pompeius etc.) zusammengehalten werden.[77] Unverbunden nebeneinander gestellt, sind solche Einheiten u. a. durch den Kontrast in Beziehung gesetzt – man denke an den Gegensatz zwischen der Panik in Rom und Brutus' und Catos gefasster Haltung im zweiten Buch oder an das grelle Pathos der Seesturmepisode im Gegensatz zum wehmütigen Abschied der Liebenden Pompeius und Cornelia im fünften Buch. Daneben ist die Steigerung ein weiteres Prinzip der Beziehung der einzelnen Blöcke oder auch Szenen untereinander.[78]

3.4 Wiederholung von Leitmotiven, Themen und Szenarien

Durch die Wiederholung von Gedanken, Motiven und Szenen werden Kontrastierung oder Steigerung erzielt. So sei an die drei Verkündigungen der kommenden Katastrophe am Ende von Buch 1 erinnert (s. o. S. 21), die ihrerseits durch die Prophezeiungen von Buch 5 und 6 gesteigert werden.

Ähnliches gilt für die drei Hetzreden zu Beginn des Krieges, die sich in Gestalt der Curio-, Caesar- und schließlich Laeliusrede in Tonfall und Demagogie steigern (s. o. S. 19 f.).[79]

Leitmotivisch, durch den Gegensatz verbunden, sind die drei Liebesszenen: Bei dem Zusammentreffen Catos mit Marcia liegt jeglicher Gedanke an Lust und Sexualität fern, das Zusammenstehen in der aktuellen Not steht im Vordergrund. Diese sterile, wenn auch ehrenwerte Verbindung lässt sich als Bild der untergehenden Republik verstehen. Im Gegensatz dazu ist Pompeius so von Liebe zu Cornelia erfüllt, dass sie ihn in seinem Handeln zu lähmen scheint, während es bei dem Verhältnis Caesars zu Cleopatra um puren Sex geht.[80] Eine solche Gegenüberstellung von Szenen dient somit auch der Personencharakterisierung.

Das zweimalige Auftreten des Lentulus trägt das Leitmotiv der Schicksalsverfallenheit des Pompeius in sich: In Buch 5 erreicht Lentulus dessen Ernennung zum Oberfeldherrn einer verlorenen Sache (Lucan deutet Pompeius' Ende an, 5, 57a ff.), während in Buch 8 sein Vorschlag, sich nach Ägypten zurückzuziehen, dessen Tod bedeutet (s. o. S. 81 ff.).[81]

Der Gedanke der versäumten Rache an den Parthern ist ein weiteres Leitmotiv, das seit dem Proöm des Werkes öfter auftaucht und seinen Abschluss in der Schilderung der Senatssitzung (Buch 8) findet: Pompeius' Begründung seiner Absicht mit den Parthern zu paktieren, nämlich bei einer Niederlage gegen Caesar sei wenigstens die Rache an ihnen vollzogen (8, 325b ff.), hält Lentulus entgegen: Sollte Caesar den Bürgerkrieg siegreich beenden, werde er sich bei dessen Sieg über die Parther freuen (8, 427–30, s. o. S. 83 f.).

Zu leitmotivisch angelegten Szenen gehören, wie soeben festgestellt, auch Prophezeiungen: Sie durchziehen das Werk, beginnend mit dem Ende von Buch 1 (522b ff.), über das Appius-Orakel (5, 64 ff.) und die Nekromantie (6, 570 ff.). Schließlich werden in der Szene, in der Cato jeglichen Wünschen, die Zukunft zu erfahren, eine Absage erteilt (9, 511 ff.), die vorherigen Versuche als letztlich irrelevant entlarvt und *ad absurdum* geführt.

Wie sehr unterscheiden sich im Hinblick auf die Relevanz für die Handlung diese Prophezeiungen und Orakel von denen Vergils! Salopp formuliert, hangeln sich Aeneas und seine Begleiter im dritten Buch der *Aeneis* von einer Weissagung zur nächsten, um schließlich das Ziel ihrer Flucht aus Troja, nämlich Italien, zu erfahren. Aeneas geht nach der Befragung der Sibylle (*Aen.* 6) gestärkt ans Werk, nachdem er die glorreiche Zukunft seiner Nachkommen und somit den Sinn seiner Mission erfahren hat. Bei Lucan gibt es nichts dergleichen. Seine Akteure reagieren nicht auf die Orakel – bleibt doch in ihnen samt dem Publikum nur die Wahrnehmung eines Grauens zurück.

3.5 Erzählerische Umsetzung von Historie in ein Epos

Der Stoff des *bellum civile* ist historischer Natur, und dabei ergibt sich die Aufgabe, die Geschichte des Bürgerkriegs in die epische Form zu transformieren. Es wurde bereits gesehen, dass Lucan aus kompositorischen Gründen von der Chronologie des historischen Geschehens abweicht (s. o. S. 132). Tatsächlich hat die künstlerische Gestaltung – auch angesichts des vergilischen Vorbilds – Vorrang vor einer chronologischen und vollständigen Darbietung der Fakten, deren Menge allein den Rahmen eines Epos sprengen und dessen Dramatik schwächen würde. Die Forschung hat hierbei drei Gestaltungsprinzipien der Umsetzung von Historie in ein episches Erzählen ausfindig gemacht.[82]

So verzichtet der Dichter auf die Erzählung einzelner Handlungen und Handlungsstränge, wenn sie für die Dramatik irrelevant sind oder dadurch überflüssige Wiederholungen entstehen. Genannt sei nur das Zusammenziehen zweier Ereignisse, wie die beiden Seeschlachten von Massilia, die als eine einzige dargeboten werden (3, 509 ff.). Auch die Zahl der agierendenden Personen wird im Hinblick auf ihren dramatischen Nutzen streng reduziert. Handlungen oder Ereignisse, die sich in Wirklichkeit über mehrere Tage hinzogen, werden bisweilen so komprimiert, dass sie an einem einzigen Tag stattzufinden scheinen (so die Verfolgung der Pompeianer bei Ilerda, 4, 134 ff., oder die Kämpfe in Epirus in Buch 6). Länger anhaltende Prozesse wie z. B. die Kritik an Pompeius' Führung vor der Schlacht von Pharsalus (man vergleiche dagegen die detaillierte Erzählung Plutarchs, *Pomp.* 66 ff.) werden zu einer dramatischen Szene verdichtet, hier in Gestalt von Ciceros Auftritt.

Ein weiteres poetisches Mittel ist die Erweiterung gegenüber der historischen Vorlage, was durch stärker zeitdeckende Erzählweise geschieht, d. h. die Erzählung konzentriert sich auf eine Handlung oder ein Detail, während andere Begebenheiten ausgeblendet werden. Auf diese Weise nähert sich die Erzählzeit der erzählten an, was den Effekt einer größeren Eindringlichkeit mit sich bringt. So lässt sich die ausführliche Schilderung des Unwetters in Spanien zu Beginn der Kämpfe verstehen. Eine zweite Spielart der Erweiterung des vorhandenen historischen Materials besteht entweder in dem Hinzufügen von Szenen, die so nicht in der historischen Überlieferung zu finden sind (z. B. Caesars Besuch in Troja; Catos Aufenthalt in der Oase Siwa in Buch 9), oder in der Ausschmückung einzelner Szenen durch die Umarbeitung von in den Quellen bereits vorhandenen Reden oder Aussprüchen zu epischen Reden, auf die Gegenreden folgen können. Als Beispiele seien genannt: die Caesarrede am Rubico, der Streit zwischen Caesar und Metellus, Caesars Worte während des Seesturms, die Worte Scaevas während seines Auftritts.

Als letztes Prinzip der Umsetzung vom Historischen ins Epische ist die Umstellung der Abfolge von Ereignissen zu nennen, was schon angesprochen und mit der vom Dichter gewollten Tetradenstrukur erklärt wurde. So folgt auch die Schilderung der Schlacht von Pharsalus den Erfordernissen einer dramatischen Handlung und nicht dem historischen Ablauf.

4 Gedankliches, weitere Leitmotive

4.1 Erkenntnis des Krieges als *nefas* – Demontage der *pietas*

Die häufiger auftauchende Erkenntnis, dass es sich bei den Feinden um Verwandte handelt und der Krieg somit ein *nefas* darstellt, bewirkt in Buch 4 eine temporäre Fraternisierung zwischen den feindlichen Heeren (169 ff., s. o. S. 38 f.). Zu Beginn der Schlacht von Pharsalus findet sie sich noch einmal, nun als letzte Möglichkeit, angedeutet, das Verhängnis noch abzuwenden, 7, 463b–65:

Tempus, quo noscere possent,
facturi quae monstra forent: videre parentes
frontibus adversis fraternaque comminus arma.

Der Zeitpunkt war da, an dem sie erkennen konnten,
welche Ungeheuerlichkeiten sie gerade tun wollten; sie sahen ihre Väter
von Angesicht zu Angesicht und die Waffen ihrer Brüder.

In dieser Szene haben wir es, je nach Standpunkt, mit einer Steigerung oder Abschwächung des Motivs zu tun: Im vierten Buch ist die *pietas,* als *amor* bezeichnet, noch so stark, dass sie die vorübergehende Aussöhnung ermöglicht; erst die Rede des Petreius bewirkt den Ausbruch der Raserei, der die Caesarianer zum Opfer fallen. In Buch 7 wiederholt der Dichter die Voraussetzung, die zu einem Frieden führen könnte, jedoch ist die *pietas,* wie er kurz darauf feststellt, bereits vollkommen erschüttert (*percussa pietate,* 7, 468), und der Lanzenwurf des Crastinus reicht aus, das Inferno zu entfesseln (s. o. S. 73 f.).

Kurzer Exkurs
Solche Szenen, in denen aufgezeigt wird, dass das Geschehen hätte anders verlaufen können,[83] gehören seit Homer zu dem epischen Inventar, bei dem die Götter, im Gegensatz zum *bellum civile,* entscheidend mitwirken. Z. B. schlägt Paris (von Hektor gedrängt) einen Zweikampf mit Menelaos vor, um den Krieg auf diese Weise zu beenden, worauf sein Gegner gern eingeht (Hom. *Il.* 3, 58 ff.). Die Hoffnung beider Parteien auf Frieden betont der Erzähler, *Il.* 3, 111–15:

So sprach er (*sc. Paris*). Da freuten sich die Achaier und die Troer,
hoffend, ein Ende zu machen mit dem jammervollen Krieg.
Und sie hielten reihenweise die Gespanne an und stiegen selber ab

und tauchten aus den Waffen; die legten sie nieder auf die Erde,
nahe beieinander, denn wenig Feld war dazwischen.

Während des Zweikampfs jedoch, als Paris in Bedrängnis gerät, greift Aphrodite ein und rettet ihren Schützling (3, 346–82). Dennoch will man die Bedingungen einhalten und Helena den Griechen ausliefern. Dies wiederum ruft Hera und Athene auf den Plan: Athene veranlasst den Troer Pandaros durch einen Pfeilschuss auf Menelaos zum Bruch des Waffenstillstands, was ein erneutes Aufflammen des Kriegs zur Folge hat (*Il.* 4, 1 ff.).

Während, um nur ein Beispiel genannt zu haben, in der Epik vor Lucan meist die Götter eingreifen, um das sich anbahnende alternative Geschehen zu verhindern, ist es im *bellum civile* der Mensch, der diese „Beinahe-Episoden" mit seinen Aktionen nicht zur Verwirklichung kommen lässt, wie oben Crastinus oder, in Buch 4, Petreius, der die Verbrüderung bzw. einen Friedensschluss vereitelt. Dies ist eine Konsequenz aus der Tatsache des fehlenden Götterapparats.[84]

Weiter mit Lucan: Bleiben wir bei den Motiven „Bürgerkrieg als Mord an Verwandten" und „Beseitigung der *pietas*", so kann man die Redetrias zu Beginn des Werkes anführen (1, 296–391): Caesar gelingt es in seiner Rede nicht, die Kampfbereitschaft seiner Soldaten zu entflammen, da ihre *pietas* noch zu stark ist. Er erhält nur eine verhaltene Reaktion auf seine Worte (1, 352 ff.). Erst die Rede des Laelius, der die *pietas* durch seinen „Führereid" zur Pflichterfüllung beim Ausüben der größten Verbrechen umwertet, entfesselt den *furor* (s. o. S. 19 f.).

Eine letzte Steigerung findet dieses Thema in der Schilderung von Caesars „Aristie", in welcher der Dichter alle Schuld des Mordes an den Verwandten ihm allein zuspricht (7, 550 f.); es folgt noch das Nachspiel der von den Erscheinungen ihrer toten Verwandten geplagten Soldaten (7, 760 ff.).

Lucan unterfüttert das Leitmotiv eines solchen Mords durch ein ausgeklügeltes System mythologischer Hinweise und Vergleiche.[85] Dieses Motiv wird zu Beginn des Werks mit der Erwähnung des Romulus und Remus auf der Ebene des römischen Mythos eingeführt (1, 93b– 95, s. o. S. 16). Elemente der griechischen und römischen Tragödie – so die Sonnenfinsternis in Mykene, die das Thyestesmahl begleitet, und der tödliche Kampf der Brüder Eteokles und Polyneikes in Theben – werden auf der Ebene des Vergleichs in den Katalog der Rom heimsuchenden Vorzeichen (1, 540–52a) eingebaut. Hierdurch tritt die Zerstörung der natürlichen Ordnung hervor, und das Bürgerkriegsgeschehen erhält den Charakter des Tragischen.[86] Hinzu kommt ein weiterer Anklang an den thebanischen Sagenkreis in Form der Schilderung der Erscheinung einer Erinye, die Rom umkreist (1, 572–77): Diese Furie gleicht u. a. derjenigen, die Agaue (zum Mord an ihrem Sohn Pentheus) aufhetzte. Der Einbruch des Irrationalen, des Wahnsinns, wird vor Augen geführt.

Diese Elemente werden in Buch 7 aufgegriffen: die Sonnenverfinsterung zunächst in Abwandlung zu Beginn, sodann bei der Vision der aufmarschierenden Soldaten (7, 177 ff.; vgl. 198 ff.) und, explizit in Verbindung mit dem Thyestesmahl, in Lucans Klage an Iuppiter, warum dieser nun nicht, wie damals in Mykene, die Sonne verfinstere (7, 451–54). Der (nach der Tat nachlassende) Wahn der Agaue, ergänzt durch die Anspielung auf den Muttermörder Orest, findet sich als Illustration der Alpträume Caesars nach der Schlacht wieder (7, 777 ff.). So erscheint Pharsalus als ein zweites Mykene oder Theben,[87] als ein Ort, an dem das mythische Verbrechen der Brüder und der Wahn des Verwandtenmords zum Brudermord welthistorischen Ausmaßes stilisiert wird.

4.2 Der Freiheitsgedanke

Ein weiteres Leitmotiv ist der *libertas*-Gedanke; dieser ist eng mit der Frage verknüpft, inwieweit die Klage über den Verlust der Freiheit als Folge des Bürgerkriegs nicht nur eine Verurteilung Caesars, sondern auch des Prinzipats allgemein enthält. Klar ist: das Ergebnis des Kriegs bedeutet das Ende der Republik und der Freiheit, wie Figulus prophezeit, 1, 669b–72:

Et superos quid prodest poscere finem?
Cum domino pax ista venit. Duc, Roma, malorum
continuam seriem clademque in tempora multa
extrahe civili tantum iam libera bello.

Und was nützt es, von den Göttern ein Ende (des Krieges) zu fordern?
Mit dem Herrscher zugleich kommt dieser Friede. Ziehe, Rom, die Folge
der Übel beständig dahin und schiebe das Unglück auf lange
Zeit hinaus, Rom, nur noch frei während des Bürgerkriegs.

Pax ista lässt sich nach unserer Auffassung als Anspielung auf die *pax Augusta* und somit als Ablehnung eben dieser Friedensordnung, genauer gesagt, ihrer Ideologie und ihrer Auswirkungen, verstehen, ist sie doch mit Knechtschaft verbunden.[88] Es ist zwar nur eine Figur des Epos, die hier die Zukunft vorhersagt, und nicht der Erzähler, aber in der neronischen Zeit konnte man diese Untertöne gewiss vernehmen.

Am deutlichsten wird in Buch 7 die Klage über die verlorene Freiheit mit der Situation des Dichters verbunden und zur Kritik am Prinzipat verwendet, und zwar vom Erzähler persönlich (7, 432b ff. u. 640 ff., s. o. S. 72 u. 76 f.).

Auch das Lob Catos, des laut Lucan wahren Vaters des Vaterlands, der, sollte Rom jemals wieder frei sein, einstmals zum Gott erhoben werde (9, 601 ff.), enthält nicht nur die Verdammung Caesars, sondern des Kaiserkults schlechthin.[89]

Andererseits: Was ist diese republikanische Freiheit, die Caesar daran geht zu beseitigen, in der erzählten Zeit des Bürgerkriegsepos überhaupt noch wert? Cato kündigt bei seinem ersten Auftritt an, der Freiheit, und sei sie nur noch ein Schatten ihrer selbst, zu folgen und das letzte Geleit zu geben (2, 302 f., s. S. 26). Bei seiner *laudatio funebris* auf Pompeius stellt er heraus, dass mit dessen Tod eine nur vorgebliche Freiheit (*ficta*, 9, 206) untergangen sei, gewissermaßen ihr Schattenbild, deren Existenz sie dem, um ihn so zu nennen, „Schattenmann"

Pompeius verdankte – ist dieser doch in der Synkrisis als Schatten seiner selbst versinnbildlicht worden (1, 135). Kurz zuvor, bei der Niederschlagung der Meuterei, nennt Cato den Toten sogar einen *dominus* (9, 274), um die Qualität seines eigenen Kampfes als die wahre Auseinandersetzung zwischen Tyrannei und Freiheit zu betonen und zugleich Pompeius als machtgierigen Vertreter seiner Zeit zu entblößen.

In Betrachtung des Gesamtwerks steht fest, dass der Dichter in Caesar den Zerstörer der Freiheit sieht, auch wenn diese bereits nur noch ein Schattendasein fristet. Auf der anderen Seite beklagt er deren unwiederbringlichen Verlust so heftig, dass das Regime der Kaiser und speziell Nero in den Fokus der Kritik geraten. Lucan leidet an den Folgen der Schlacht von Pharsalus und geriert sich als Betroffener, so dass man einige Stellen des siebten Buchs (s. o.) als Manifest politischen Widerstands lesen konnte. Es bleibt zu fragen, inwieweit der Erzähler oder gar die historische Person Lucan tatsächlich als Vorkämpfer des Widerstands zu betrachten ist. Eine antike Vita legte dies nahe, und die Forschung ist zum Teil dieser Auffassung gefolgt.[90] Auf jeden Fall ist dies eine zusätzliche Facette des Bilds, das der Erzähler von sich seinem Publikum bietet. Vielleicht lassen sich die betreffenden Stellen darüber hinaus eher als Ausdruck seiner Resignation verstehen, dass ein Aufbegehren gegen die politischen Zustände seiner Zeit nicht möglich ist.

4.3 Der Todesgedanke – die Besessenheit von der Sinnlosigkeit

Ein das Werk ebenfalls prägendes Motiv ist der Gedanke an den Tod, der einem Wahn nahe kommt. Neben dem *libertas*-Thema scheint die selbstverständliche und doch bedrückende Erkenntnis, dass alles Geschehen letztlich auf den Tod hinausläuft, ein bedeutendes Element der im *bellum civile* vermittelten Weltsicht zu sein. Dieser Gedanke wird zugegebermaßen von den großen Themen wie Wahnsinn, Verbrechen, Verlust der Freiheit, Errichtung einer Tyrannis etc. in den Hintergrund gedrängt.

Er findet sich in Buch 4 angelegt: Während der Fraternisierung fordert Petreius seine Leute zum Mord an den Caesarianern auf. In seiner Bemerkung, es komme nicht so sehr auf den Sieg an, da man der Sache des Senats bereits diene, wenn man besiegt werde (4, 212 ff.), deutet sich die Vorstellung eines sinnlosen Sterbens an, das politisch-ideologisch überhöht wird (s. o. S. 38 f.).

In Vulteius' Rede spielt der Tod die entscheidende Rolle: Während der ausweglosen Situation, in der der Redner zum gegenseitigen Abschlachten aufruft, wird die Lust auf den Tod ebenfalls mit hehren Begriffen verbrämt, 4, 486b f.: *decernite letum / et metus omnis abest, cupias, quodcumque necesse est* („beschließt den Tod, / und jegliche Furcht ist dahin, man soll wünschen, was unausweichlich ist"). Durch die Floskel vom Tod als Mittel zur Befreiung von Furcht und die Maxime, seinem Schicksal bereitwillig zu folgen, gibt der Redner dem Opfertod der Opiterginer einen philosophischen (stoischen) Anstrich und vermeintlichen Sinn. Dazu kommt, dass Vulteius das Vorhaben als beispielgebendes Schauspiel darstellt, bei dem man ihre *virtus* ermessen könne (4, 492–97a). Doch geht es ihm weniger darum, durch *virtus* Ruhm zu erlangen, als vielmehr um den Beweis der Treue (*amor*, 4, 502) zu Caesar. Durch ihre Tat soll dieser den Tod seiner Leute als schweren Verlust beklagen (4, 513 f.). Wie jedoch bereits festgestellt (s. o. S. 41), ist diese Haltung von einem *furor* geprägt, der den Entschluss zum gegenseitigen Morden als krankhafte Todessehnsucht entlarvt – eine seelische Verfassung, die durch den hypnotischen Einfluss eines sogar abwesenden Caesar entstanden ist. Und so sind auch die letzten Worte des Vulteius, das Glück liege im Sterben (*felix esse mori*, 4, 50), als Ausdruck eben dieses *furor* zu verstehen.[91]

In Scaevas Anfeuerungsrede an seine Kameraden stehen die Verfolgung des strategischen Ziels, Pompeius' Durchbruch zu vereiteln bzw. dem Feind möglichst viele Opfer abzuverlangen ((6, 156b–58a), und der Gedanke an das eigene Sterben nebeneinander. So fährt Scaeva fort, er stürbe glücklicher unter Caesars Augen und werde nun, da dieser nicht anwesend sei, unter Pompeius' Lob fallen (6, 158b–160a). Dazu passen auch die Worte, mit denen er seine Rede beschließt, 6, 164b f.: *veniet, qui vindicet arces, / dum morimur* („Caesar wird kommen, um die Festung zu besetzen, / während wir sterben").

In unseligen Zeiten hätte man Scaeva als Beispiel wahren soldatischen Heldentums und großartiger Loyalität gegenüber dem „Führer" gefeiert; doch geht es Lucan, wie bereits gesehen, gerade um die Verurteilung eines solchen Tuns (s. o. S. 55 f.). Zudem ist auch bei Scaeva der Gedanke an den eigenen Tod so ausgeprägt, dass er fast zum Selbstzweck gerät und damit sinnlos wird, wenn der Kämpfer seinen Feinden entgegenhält, sie besäßen weniger Liebe für die Sache des Senats als er für den Tod (6, 245 f.). Der Begriff „Tod" erscheint statt eines zu erwartenden „Caesar". In dieser überraschenden Wendung liegt auch eine Paradoxie von Scaevas Heldentum und seines *amor mortis.*

Kommen wir zu Erictho: Ihre Aufforderung (genauer gesagt, die des Untoten) *properate mori* (6, 807), die sich im Kontext auf Pompeius und seine Familie bezieht, lässt sich darüber hinaus als allgemeingültige Quintessenz des Werkes verstehen; sie stellt eine Absage an das Ruhmesdenken dar, das doch ein Charakteristum der gesamten antiken Kultur ist, 6, 805b–09:

> *Nec gloria parvae*
> *sollicitet vitae: veniet, quae misceat omnes*
> *hora duces; properate mori magnoque superbi*
> *quamvis a parvis animo descendite bustis*
> *et Romanorum manes calcate deorum.*

> Und der Ruhm eines kurzen Lebens
> soll nicht an euch nagen: Die Stunde wird kommen, die alle
> Führer vermengt; beeilt euch zu sterben und steigt stolz,
> obgleich von kleinem Scheiterhaufen, erhabenen Geistes herab
> und tretet mit Füßen die Manen der römischen Götter.

Wenn es weiter heißt, es gehe nur noch darum, dass die beiden Rivalen um den Ort ihres Todes und ihre Begräbnisstätte kämpften (6, 810 f.), dann wird der Charakter einer werkinternen Prophezeiung oder eines historischen Durchblicks aufgegeben und das gesamte Geschehen auf der Welt als sinnlos enthüllt.

Die Motivreihe über den Tod als Ziel wird abgeschlossen mit Catos Replik auf Labienus' Bitte um Befragung des Ammon-Orakels, 9, 581–84a:

Sortilegis egeant dubii semperque futuris
casibus ancipites: me non oracula certum,
sed mors certa facit. Pavido fortique cadendum est:
hoc satis est dixisse Iovem.

Mögen Zauderer Weissager nötig haben und solche, die immer
an der Zukunft zweifeln: mich machen Orakel nicht sicher,
sondern der sichere Tod. Feiglinge und Helden müssen fallen:
Es reicht, dass Iuppiter dies gesagt hat.

Der Tod als absolute Gewissheit, verbunden mit der Abhängigkeit des Menschen von Iuppiter als Weltgesetz im stoischen Sinne (9, 580)[92] lässt nicht nur Catos Unternehmen, in dem sich sein Widerstand gegen den Caesarismus manifestiert, als sinnlos erscheinen, sondern das gesamte erzählte Geschehen zu einem Spektakel eines absurden und nichtigen Totentanzes werden. Zum *vanitas*-Gedanken und dem *memento mori* des Barock ist es nicht mehr weit.[93]

4.4 Sterben als Sensation

Vor diesem Hintergrund bleibt den Menschen nur zu sterben übrig (abgesehen von Caesar, der an der Zerstörung seine Freude hat); in der Art des Umgangs mit dem eigenen Sterben, das ein sinnloses Leben beschließt, zeigt sich dann Heldentum, dem allerdings etwas Ostentatives und Theatralisches anhaftet. So lassen sich auch die zahlreichen Todesszenen während der Schlachtschilderungen betrachten, bei denen der Blick des Dichters (und damit auch des Lesers) häufig auf den Opfern, ihren Leiden, der Art ihrer Verwundung und den Vorgängen oder dem Verhalten während des Sterbens ruht. Als Beispiel soll die Schilderung der Seeschlacht von Massilia, besonders ab 3, 583 ff., dienen. Gewiss, es zeigt sich die Verbissenheit der Kämpfer, ihr *furor*, dem Feind während des eigenen Sterbens noch Schaden zuzufügen (s. o. S. 37 f.) Das Sterben an sich jedoch, vor allem das besonders Grauenvolle, findet sich als ästhetisches Phänomen behandelt,[94] so z. B. im Falle des Catus, der von zwei Lanzen gleichzeitig in Brust und Rücken getroffen wird, 3, 588b–91:

Medio concurrit corpore ferrum
et stetit incertus, flueret quo volnere, sanguis,
donec utrasque simul largus cruor expulit hastas
divisitque animam sparsitque in volnera letum.

Mitten im Körper traf sich das Eisen,
und es stockte das Blut, nicht schlüssig, aus welcher Wunde es fließen sollte,
bis ein starker Schwall die beiden Lanzen zugleich heraustrieb,
die Lebenskraft trennte und den Tod auf die Wunden verteilte.

Das Blut wird zu einem nahezu denkenden Organismus, und das Opfer stirbt zwei Tode zur gleichen Zeit, da beide Verwundungen tödlich sind. Der dargestellte Todeskampf wird zur Sensation, die das eigentliche Kampfgeschehen fast vergessen lässt. Lucan selbst spricht von „Wundern unterschiedlichen Todes" (*varii miracula fati*, 3, 634), die das Meer an jenem Tage zu sehen bekomme. Gerade diese Bemerkung unseres Dichters zeigt einen verwandten Aspekt seiner Dichtkunst, auf den jetzt eingegangen werden soll.

4.5 Epos *ante oculos* – Wer schaut zu?

In stärkerem Maße als Homer oder Vergil gestaltet Lucan sein Epos als Schauspiel, wozu die Ästhetisierung z. B. des Todeskampfes, wie soeben angesprochen, ihren Beitrag liefert. Besonders diese Szenen vermitteln den Eindruck eines Bühnenauftritts und / oder eines Gladiatiorenkampfs,[95] bei dem nicht nur der Blick des lesenden Publikums angesprochen wird, sondern die umgebende Natur, die göttlichen Mächte[96] oder sogar die Figuren des Epos als Zuschauer fungieren können. Dies wurde bereits im ersten Teil des Buchs bemerkt (s. o. S. 36, 40 f., 44, 54 ff., 101). Hier nun etwas genauer:

Beginnen wir mit der Rede des *aliquis*, der in seinem Rückblick auf die Bürgerkriege zwischen Marius und Sulla als Zeuge die Zerstückelung des Marius Gratidianus beschreibt. Die Augen des Gequälten müssen das Sterben der abgehackten Körperteile mitansehen, bis sie selbst vernichtet werden, 2, 185: *ultimaque effodit spectatis lumina membris* („und zuletzt stach er die Augen aus, nachdem diese alle Körperteile betrachtet hatten"). Hier sieht ein Opfer dem eigenen Untergang zu, wodurch die unfassbare Grausamkeit auch vor die Augen des lesenden Publikums tritt.[97]

Im Rahmen dieses Mordens wird Fortuna als Zuschauerin der Vernichtung ihrer Kolonisten in Praeneste erwähnt (2, 193–95), ohne dass der Erzähler eine Reaktion von ihr nennt.

Als Höhepunkt dieser Schilderung erlebt man das Thronen des für das Gemetzel verantwortlichen Sulla, der dem Treiben ungerührt zuschaut (2, 207–09a). Dieses Verhalten erweist sich als Exempel für Caesar, der die Leichenberge von Pharsalus als Schauspiel genießt und vorzeigt (7, 794b–99a, s. o. S. 78 f.)

Bei der Seeschlacht von Massilia wird, wie gesehen, das Meer Zeuge der zahlreichen Todesarten.

Den begnadigten Soldaten des Petreius und Afranius ist es vergönnt, fortan ohne eigene Ambitionen glücklich als Zuschauer die kommenden Kriege zu verfolgen, 4, 400b f.: *sic proelia soli / felices nullo spectant civilia voto* („so betrachten sie als einzige / glücklich die Bürgerkriege ohne einen Wunsch").

Weiterhin: Vulteius sieht sich mit seinen Leuten von den Göttern auf eine Bühne gestellt, auf der sie selbst, Freund und Feind und die umgebende Natur ihren Freitod beobachten können (vgl. o. S. 40 f.), 4, 492–95:

Nos in conspicua sociis hostique carina
constituere dei: praebebunt aequora testes,
praebebunt terrae, summis dabit insula saxis,
spectabunt geminae diverso litore partes.

Uns haben die Götter auf ein für Freunde und Feinde weithin
sichtbares Floß gestellt: Die Meeresfluten werden Zeugen liefern,
und die Länder, auch die Insel mit ihren höchsten Felsen wird sie liefern,
zuschauen werden beide Parteien an getrennten Ufern.

Der darauf folgende Tag, an dem die Opiterginer ihr Vorhaben in die Tat umsetzen, wird mit einem „Vorhang-Auf"-Effekt anstatt einer traditionellen epischen Beschreibung des Sonnenaufgangs eingeleitet, 4, 529 f.: *detegit orta dies stantes in rupibus Histros* … („es enthüllte der angebrochene Tag die auf den Felsen stehenden Istrier … "). Kurz vor dem Ende des gegenseitigen Gemetzels, als die halbtoten Akteure mit heraushängenden Eingeweiden umherschwankend ihr Blut ins Meer vergießen (4, 566–68a), werden sie selbst zu Zuschauern, die Freude an ihrem „Werk" haben, indem sie ihren zuschauenden Feinden ins Auge blicken, 4, 568b–70 a:

Despectam cernere lucem
victoresque suos voltu spectare superbo
et mortem sentire iuvat.

Das verschmähte Licht zu schauen,
ihre siegreichen Feinde mit stolzem Blick zu betrachten
und den (nahenden) Tod zu bemerken, bereitete ihnen Freude.

In dem *superbo voltu* spiegelt sich die Genugtuung der Opiterginer wider, die Feinde mit dieser Tat schockiert und so einen moralischen Sieg errungen zu haben. Literarisch gesehen handelt es sich, wie später bei Caesars Verhalten nach der Schlacht von Pharsalus (s. o. S. 78 f.) um die Ästhetisierung des Grauens,[98] das die Opiterginer als „Künstler" stolz sein lässt und mit Freude erfüllt. Mit ihrer Tat erfüllen sie die (spätere) Forderung der Erictho, eilends zu sterben und stolz (6, 807) ins Totenreich hinabzusteigen (*superbus* verbindet die Szenen). Als Reaktion auf dieses Bürgerkriegsdrama *en miniature* bleibt den siegreichen Zuschauern nur übrig, die Leichen zu verbrennen (4, 570 b ff.).

In der Scaeva-Szene (s. o. S. 52 ff.) tritt das Ostentative und Theatralische noch stärker hervor, auch durch die Anspielung auf einen Gladiatorenkampf. So erblicken die Götter als Zuschauer die feindlichen Armeen und ihr Tun (*parque suum videre dei*, 6, 3) am Ort des Geschehens, als Arena bezeichnet (6, 63). Scaeva selbst, dem Fortuna verwehrt, vor den Augen Caesars zu sterben, will dies wenigstens vor Pompeius tun (*Pompeio laudante cadam,* 6, 160).[99] Aber an seiner statt fungiert Fortuna als Zuschauerin dieses sensationellen Kampfes zwischen einem einzigen Mann und einer Armee (6, 191), nachdem sich bereits seine Kameraden als Publikum eingefunden haben (6, 167). Dazu treten noch die Assoziationen mit einem Kampf in der Arena, wie bereits beobachtet (s. o. S. 56), so dass man auch bei dieser Szene eher den Eindruck von wie auch immer gearteten Auftritten als von einer episch erzählten Handlung gewinnen kann.

In Buch 7 ist das Motiv des seine Taten betrachtenden und dabei Freude empfindenden Akteurs zur Gänze entfaltet: Caesar will sich in seiner Raserei (*furens*) nicht das fröhliche Spektakel der Leichenberge seiner Opfer entgehen lassen (7, 794b ff., s. o. S. 78 f.). Nicht nur der Erzähler, sondern auch manche seiner Figuren erweisen sich als Meister des Grauens.

Pompeius' innerer Monolog im Angesicht des Todes (8, 622–35, s. o. S. 86 f.) ist von der Vorstellung geleitet, gleichsam auf einer Bühne stehend, von der Nachwelt bei seinem Sterben beobachtet zu werden (*saecula .../ attendunt,* 622 f.). Er ist sich zudem bewusst, dass Cornelia und sein Sohn Sextus die Ermordung mitansehen (8, 632 f.), und so kann Cornelia als ungewollte Zeugin dieser Untat (8, 637 f.) in laute Klagen ausbrechen, um dem Leser auch diese Szene eindringlich zu vermitteln.

Das Element des Sehens und Vor-Augen-Führens ist schließlich im neunten Buch bei der Schilderung des Marschs durch die Wüste stark ausgeprägt. Da auch diese Episode ausführlich behandelt wurde (s. o. S. 94 ff.), wird nur kurz wiederholt: Der Initiator der *dura patientia* seiner Soldaten, Cato, ist Akteur und gleichzeitig Betrachter; in seiner Funktion als *testis,* als Zeuge der Leiden, feuert er seine Leute an. Der ungleiche „Kampf" mit den Schlangen wird vom Erzähler als Schaustück der Leiden und des Grauens vor Augen geführt (9, 737–833a, vgl. o. S. 101 f.), bei dem sogar ein Akteur zum Betrachter des Sterbens eines eigenen Körperteils wird (9, 828–33).[100] Die Anspielung auf einen Gladiatorenkampf wird besonders in der Apostrophe Lucans an den *seps* deutlich:[101] Ihm komme wegen seiner vernichtenden Wirkung (er hinterlässt nicht einmal die Knochen des armen Opfers, 8, 784) die Siegespalme zu, 9, 787 f.:

Cinyphias inter pestes tibi palma nocendi est:
eripiunt omnes animam, tu sola cadaver.

Unter den Ungeheuern Kinyphiens hältst du die Siegespalme für schädliches Wirken:
Alle rauben das Leben, du allein dazu noch die Leiche.

Durch die Verleihung des bei Gladiatorenspielen üblichen Palmenzweigs (*palma*) an die Sieger erhält der *seps* die Eigenschaft eines menschlichen Kämpfers. Man kann vielleicht soweit gehen, in der Schlangenepisode eine *venatio* („Tierhatz") mit vertauschten Rollen zu erblicken.[102]

Die auf das Sensationelle abgestimmte Darstellungsweise, mit ihren Anspielungen auf die Spektakel in den Kampfarenen (der wir im gesamten *bellum civile* begegneten), erscheint nicht, um dies hier festzuhalten, als adäquates Mittel für die Zeichnung eines stoischen Weisen, der den Schrecken der Wüste trotzt.[103]

Die Götter oder gar Fortuna treten als externe Beobachter während der gesamten Cato-Szene nicht in Erscheinung, was Rückschlüsse auf Lucans Verständnis seines Cato erlaubt: Dieser ist auf sich allein gestellt (vgl. *victrix causa deis placuit, sed victa Catoni*, 1, 128), ja er hat die Götter gegen sich. In seiner Autarkie interessieren ihn diese nicht: „Voll des Gottes" (9, 564), ohne Orakel nötig zu haben, könnte er selbst einmal göttliche Verehrung erlangen, aber nur, wenn Rom irgendwann einmal frei sein sollte, wie der Erzähler, hier die Funktion eines Betrachters zusätzlich übernehmend, feststellt, 9, 601–04a:

> *Ecce parens verus patriae, dignissimus aris,*
> *Roma, tuis, per quem numquam iurare pudebit*
> *et quem, si steteris umquam cervice soluta,*
> *nunc olim, factura deum es.*

> Siehe, das ist der wahre Vater des Vaterlands, deinen Altären der Würdigste,
> Rom, bei dem man sich niemals schämen wird zu schwören
> und den du nun einmal, wenn du jemals ungebeugten Nackens
> aufrecht stehst, zum Gott erheben wirst.

In dieser Apostrophe an Rom, die durch ein deiktisches *ecce* eingeleitet wird und die Erzählung unterbricht, scheint der Erzähler zusammen mit seinen Lesern dem durch die Wüste marschierenden Cato zuzusehen und eben jenem Publikum, d. h. seinen Zeitgenossen, Cato, den Vertreter der republikanischen Freiheit, als (utopisches) Gegenmodell zum Prinzipat vor Augen führen zu wollen (s. o. S. 99; 131).[104]

Das überlieferte Werk bricht mit dem Blick eines Caesar in höchster Bedrängnis ab. Dieser lenkt durch sein Zurückblicken[105] auf Scaeva (*respexit*, 10, 543) zugleich den Blick des Publikums auf diesen Kämpen und weckt somit die Erinnerung an den unglaublichen Zweikampf des Mannes mit einem ganzen Heer. Scaeva hat sich damals, wie Lucan bemerkt, bewährt und den Titel ewigen Ruhmes erworben (*Scaevam perpetuae meritum iam nomina famae*, 10, 544).

Mit dessen Nennung verknüpft sich die Erwartung eines neuen Auftritts, der in der Rettung Caesars aus der Todesgefahr bestanden hätte. Hat Lucan noch im sechsten Buch Scaevas *virtus* gebrandmarkt und ihm den Anspruch auf wahren Ruhm verweigert (s. o. S. 55 f.), mildert er jetzt dieses Urteil ab. Auch wenn der Begriff *nomen* einen Vorbehalt andeutet, ist doch der Ausdruck *perpetuae famae* so stark, dass man die Einschränkung leicht übersieht und eine Neubewertung der *virtus* Scaevas voraussetzen muss. Solche Widersprüche nimmt unser Dichter in Kauf, wenn es die momentanen Umstände erfordern: In Buch 6 hat er Scaeva verurteilt, da seine *virtus* Caesar zur Herrschaft verhelfe (6, 262). Nun erweitert er den historischen Ausblick: Es bedarf Scaevas Hilfe, damit Caesar später seiner Strafe durch Brutus zugeführt werden kann und nicht etwa von Ägyptern, denen dies nicht zukomme, vorzeitig getötet wird. Dieser Gedanke bleibt zwar hier unerwähnt, doch Lucan hat sich in diesem Sinne zuvor (10, 338–44) geäußert. So lassen sowohl der Blick Caesars auf seinen Gefolgsmann als auch die positive Bewertung des Kämpfers eine Fortführung der Erzählung erwarten.

Es ist bei dieser Aufzählung von Beispielen, an denen der Charakter des *bellum civile* als sensationelles Spektakel gezeigt werden sollte, bemerkenswert, dass gerade das siebte Buch nahezu frei von solchen Effekten ist: So will der Sonnengott nicht aufgehen, um die Szenerie beleuchten zu müssen (7, 1 ff.). Auch Iuppiter scheint dem Verbrechen als Zuschauer nicht beizuwohnen, zumindest bleiben seine strafenden Blitze oder eine Sonnenfinsternis aus (7, 447b ff.). Während des Höhepunkts der Schlachtschilderung verweigert der Dichter die Erfüllung seiner Pflicht als *vates* (7, 552 ff.) und führt stattdessen das Publikum kurzzeitig in eine „Nacht der Verbrechen" (*nox scelerum*, 7, 571; s. o. S. 74 f.).

Zu dieser, die Anschaulichkeit verweigernden Darstellung passt auch der breite Raum, den die Reflexionen des Dichters über die Wirkung der Schlacht einnehmen, die konkrete Schilderung von Ereignissen verdrängend. Lucan verbietet sich auf dem Höhepunkt des Werkes die Art der Präsentierung, von der die Vulteius- und Scaevazene und ebenso der Auftritt der Schlangen im neunten Buch geprägt sind. Diese Beobachtung lässt darauf schließen, dass unser Dichter, bei allem jugendlichen Feuer, seine künstlerischen Mittel bewusst einsetzt, um so die außerordentliche Bedeutung der pharsalischen Schlacht als Weltuntergang hervorzukehren. Gerade der „Aristie" Caesars, seinem Umherschweifen, dem Überprüfen der Schwerter seiner Leute und dem Zudrücken der Wunden der Sterbenden haftet etwas die Realität Verneinendes, geradezu Surrealistisches an, das sich dem optischen Zugriff entzieht.

5 Der Erzähler und seine Figuren

5.1 Der Erzähler des *bellum civile*

Schon bei unserem ersten Gang durch das Werk dürfte sich gezeigt haben, dass sich der Erzähler dieses Epos,[106] etwa im Vergleich zu Homer oder Vergil, durch einige Besonderheiten abhebt.[107]

Zunächst ist klar, dass man den Autor, die historische Person, in unserem Fall Lucan, von demjenigen trennen muss, der das Epos erzählt, auch wenn es bisweilen scheint, als spräche der Autor persönlich zu uns, wenn er z. B. die politischen Verhältnisse seiner Zeit kritisiert. Gerade dieser Eindruck hat dazu geführt, eine Mehrstimmigkeit und somit auch Widersprüchlichkeit des Erzählers zu anzunehmen: Demnach besäße der Erzähler Lucans eine in Einzelteile zerbrochene Stimme (*fractured voice*), die sich aus unterschiedlichen Personen vernehmen ließe. Lucan breche in ähnlicher Weise mit der literarischen Tradition, wie sein Caesar ein Verächter aller überkommenen Werte sei. Weiterhin wird der Erzähler als unzuverlässig angesehen, vor allem die göttliche Sphäre betreffend, da ihm die Inspiration der Musen fehle. Außerdem nahm man drei oder auch zwei Erzählsituationen bzw. Erzählinstanzen im *bellum civile* wahr:[108] die Stimme eines allwissenden Erzählers, eine zur Zeit Neros angesiedelte und die eines

Beobachters des Bürgerkriegs. Bei der vorherrschenden Zweiteilung mache der „Zeitgenosse" Neros dem Leser klar, wie er das Geschehen und die Figuren zu werten habe, während der „Zeitzeuge" des Bürgerkriegs den Verlauf und Ausgang desselben nicht kenne und mit Figuren und Leser kommunizieren wolle.

Die Dreiteilung erinnert an die drei Erzählsituationen oder -perspektiven, bei denen ein allwissender Erzähler (der mehr als seine Figuren weiß und dies auch kundtut), ein personaler Erzähler (der ungefähr den Kenntnisstand seiner Figuren besitzt und aus ihrer Sicht schildert) oder ein (neutraler) Erzähler (der weniger als seine Figuren weiß und ihre Handlungen nicht versteht) dem Leser seine Übersicht, Mitsicht bzw. Außensicht mitteilt.[109]

Auch wenn der Erzähler Lucans seinen Standort als Allwissender im Großen und Ganzen beibehält,[110] hatten wir bei unserem Gang durch das Werk manchmal den Eindruck, dass er mit den Perspektiven zu spielen scheint, genauer gesagt, vorgibt, eine andere Perspektive einzunehmen. Dies war entweder mit der Bewertung einer Person oder Handlung verbunden oder diente der Dramatisierung, dem Intensivieren einer geschilderten Situation (s. z. B. o. S. 113).

Wie dem auch sei: Gewiss haben wir es im Gegensatz zu dem Dichter der *Ilias,* dessen Objektivität, wenn auch mit Einschränkungen, als Charakteristikum epischen Erzählens gilt,[111] im *bellum civile* mit einem parteiischen, subjektiven, ja mitleidenden und von der Handlung betroffenen Erzähler zu tun.[112] Kommen wir nun zu dessen Wirken und einigen seiner Charakteristika:

5.1.1 Subjektivität und Zurückdrängen der Handlung

Eine Eigenart des lucanischen Erzählers ist sein häufiges Auftreten in Form von Apostrophen und Kommentaren (die nicht immer streng voneinander zu unterscheiden sind), ja sogar von Ausrufen der Klage oder der Empörung.[113] Hierdurch wird das erzählte Geschehen kurzzeitig in den Hintergrund gedrängt, überbrückt oder gar eingefroren; stattdessen vermittelt der Erzähler dem Leser seine Sicht der Dinge und / oder erzeugt Pathos (s. z. B. o. S. 86).[114]

Für das Verständnis dieser Eigenart ist der Hinweis auf ein Pathos in doppeltem Sinne vielleicht hilfreich: Entweder steigert Lucan die Darstellung des Geschehens ins Kolossale, Gigantische bis hin zum Unglaublichen bzw. Unwahrscheinlichen oder er belegt die Szenen mit Äußerungen, in denen er seiner Empörung (*indignatio*) freien Lauf lässt. Dem vorsichtigen und mitfühlenden Erzähler Vergils steht ein verzweifelter und wütender Dichter gegenüber, der sein lautes Pathos durch Kommentare und Apostrophen von außen (und nicht wie Vergil, aus der Erzählung heraus) auf sein Publikum wirken lässt.[115] Betrachten wir zunächst die Anreden an die Figuren des Epos.

5.1.2 Apostrophen

Diese Wendungen gehören seit Homer zu den epischen Standardelementen. In der *Ilias* ist Patroklos (gefolgt von Menelaos) die mit den meisten Anreden bedachte Figur. Gerade im 16. Buch, als sich das Schicksal des Helden erfüllt, tritt der Dichter aus seiner im Prinzip gewahrten epischen Objektivität hervor, um seiner Anteilnahme Ausdruck zu verleihen.[116] Selbst in diesen Momenten jedoch bleibt der Fluss der Erzählung erhalten, wie zu sehen ist:

Der Reigen der fünf Anreden Homers an Patroklos wird mit einem Kommentar eingeleitet (*Il* 16, 686–89), in welchem Sympathie, aber auch Kritik zum Ausdruck kommt: Patroklos hätte Achills Gebot beachten sollen, nämlich auf den Versuch einer Einnahme Trojas zu verzichten (die mit der Erwähnung des Zeus verbundene Problematik einer Doppelmotivation des Geschehens soll hier beiseite bleiben[117]):

Der Kindische! Denn hätte er das Wort des Peliden bewahrt,
ja, er wäre entronnen der Göttin, der schlimmen, des schwarzen Todes.
Doch immer ist des Zeus Sinn stärker als der des Menschen.
der auch den tapferen Mann schreckt und ihm den Sieg nimmt.

Dieser für Homer erstaunlich „subjektive" Kommentar mündet in die erste Apostrophe an Patroklos, mit der zugleich die Aufzählung der erfolgreichen Taten des Helden eingeleitet wird, *Il.* 16, 692 f.:

Wen hast du da als ersten und wen als letzten erschlagen,
Patroklos, als dich die Götter nun zum Tode riefen?

Die Apostrophen unterbrechen die Erzählung kaum oder gar nicht, wie die zweite zeigt, *Il.* 16, 754 f.:

So sprangst du, Patroklos, auf Kebriones zu, begierig,
doch Hektor wieder sprang drüben von dem Gespann zu Boden.

Auch die folgenden Apostrophen, die nur an der Verwendung der zweiten Person als solche erkennbar sind (*Il.* 16, 787; 812 f.; 843), besitzen, da in die Erzählung integriert, keine retardierende Wirkung.

Der Erzähler der *Aeneis* ist bereits „subjektiver" und bekundet stärker seine Gefühle. Es sei hier nur auf die Apostrophe an Dido hingewiesen, die gerade die zur Abfahrt rüstenden Aeneaden beobachtet; hier fühlt sich der Dichter in die Verzweiflung der Königin in einer Weise ein, die Lucans Vorgehen bei der gleich zu betrachtenden Stelle (8, 40 ff.) nahekommt,[118] Verg. *Aen.* 408–11:

Quis tibi tum, Dido, cernenti talia sensus,
quosve dabas gemitus, cum litora fervere late
prospiceres arce ex summa totumque videres
misceri ante oculos tantis clamoribus aequor!

Wie war dir damals der Sinn, Dido, als du solches erkanntest,
und welches Jammern gabst du von dir, als du die Gestade weithin wimmeln sahst
und von der Höhe der Burg herab erkanntest, dass das gesamte
Meer vor deinen Augen mit so gewaltigem Trubel erfüllt wurde!

Es ist auffällig, wie oft Vergil sein Mitleid mit Dido, öfter durch *infelix* untersrichen, kundtut[119] – ist sie doch immerhin ein Hindernis für die Vollendung der *fata* (die Landung des Aeneas in Italien und Gründung der Stadt Lavinium). Die besondere Sympathie des Dichters für die Opfer und die Funktion der Apostrophen hierbei kann in diesem Rahmen nicht weiter verfolgt werden.[120] Es muss bei den Andeutungen bleiben.

Die Hinwendungen Lucans zu seinen Figuren sind ausführlicher und unterbrechen auf Grund ihrer Länge die Erzählung, verdrängen sie für diesen Moment zu Gunsten der Bewertung einer Person oder eines Geschehens. So kann, gewissermaßen „von außen", nicht durch die Erzählung an sich, ein Pathos erzeugt werden, das nach Willen des Erzählers auf das lesende Publikum wirken soll, wie jetzt zu zeigen versucht wird.

Als Beispiele für solche, die Handlung zurückdrängende Apostrophen seien genannt: 5, 310–16a (s. o. S. 48: Nach der Apostrophe steht Caesar auf dem Wall, von dem er seine Rede hält), 6, 257b–62 (s. o. S. 55 f.), 6, 299b–313 (s. o. S. 57: Apostrophe und Kommentar verbinden sich. Die Szene mit den eingeschlossenen Caesarianern wird ausgeblendet, und nach den Worten Lucans setzt sich die Erzählung mit Caesars Abzug fort), 7, 168–71 (s. o. S. 66 f.) und schließlich 7, 680–711 (s. o. S. 77 f.: die lange Anrede an Pompeius, dessen Flucht verdeckend).

Eine Apostrophe soll aufgeführt werden, die für Lucans Gebrauch dieses poetischen Mittels, der Technik des „Überblendens" und „harten Schnitts", repräsentativ ist, aber auch eine sonst seltene Empathie des Dichters zeigt. Dieser überbrückt in einer Wendung an Cornelia (8, 40–54a) die Zeit von der Abfahrt des Pompeius bis zu seiner Ankunft auf Lesbos, bei der sie ihn erblickt (8, 54b f.). Nachdem es heißt, Pompeius habe den Befehl zur Fahrt nach Lesbos gegeben (8, 40b f.: … *in litora Lesbi / flectere vela iubet* …), wird mit dem folgenden Relativsatz (*qua nunc* …) Cornelia angesprochen und somit im gleichen Satz ein Perspektivenwechsel vollzogen. Der Dichter fühlt sich in ihre Sorge, Schlaflosigkeit und Angst ein (8, 44–49). Mit ihr gemeinsam scheint er auf das Erscheinen des Pompeius zu warten, bis dieser schließlich landet und die Apostrophe nahtlos in die Erzählung übergeht, 8, 50–55:

En ratis, ad vestros quae tendit carbasa portus!
Quid ferat, ignoras; et nunc tibi summa pavoris
nuntius armorum tristis rumorque sinister.
Victus adest coniunx. Quid perdis tempora luctus?
Cum possis iam flere, times. Tum puppe propinqua
prosiluit crimenque deum crudele notavit, (…)

Schau, ein Kahn, der die Segel auf euren Hafen richtet!
Was er bringt, weißt du nicht; und auch jetzt noch fürchtest du am meisten
traurige Nachricht von den Kämpfen und übles Gerücht.
Besiegt ist dein Gatte gekommen. Warum vergeudest du die Zeiten der Trauer?
Während du schon weinen könntest, hast du Furcht. Dann, beim Nahen des Kahns,
stürzte sie hervor und bemerkte das grause Vergehen der Götter, (…)

Auch wenn die überbrückte Handlung in allen genannten Beispielen (zuletzt die Fahrt des Pompeius nach Lesbos) keine große Bedeutung hat und daher verzichtbar erscheint, bilden die eingeschalteten Apostrophen, schon wegen ihrer Länge, eine Unterbrechung und Zurückdrängung der Erzählung. An ihre Stelle tritt das Pathos der Entrüstung oder, wie hier, selten genug, auch einmal sentimentale Einfühlung.[121]

5.1.3 Erzählerkommentare

Ähnliches gilt für die Kommentare des Erzählers, die sich, wie die Anreden an die Figuren, vor die Erzählung schieben. Man kann so weit gehen zu behaupten, dass sich der Erzähler selbst vor die erzählte Handlung stellt und das unterdessen ablaufende Geschehen mit seinen pathetischen Kommentaren bedenkt und bewertet, um dem Leser u. a. (s)einen moralischen Maßstab zu liefern,[122] d. h. ihm mitzuteilen, wie er das Geschehen oder die jeweiligen Personen zu werten habe. Hierbei tritt ein Verfremdungseffekt ein, da der Erzähler, seine Rolle verlassend, aus der Erzählung hervortritt. In Buch 7 ist dies besonders sichtbar:

So wird in 7, 385 f. der Beginn der Kämpfe markiert: Man stürmt voran. Doch dann ergreift der Erzähler in Form einer langen Reflexion über die Folgen des Bürgerkrieges das Wort (s. o. S. 71 ff.). Nach Beendigung seiner Ausführungen (7, 387–459) haben die Kämpfer ihre Stellung bezogen (460). Man kann den Eindruck gewinnen, der Erzähler stehe zwischen dem Leser und dem Geschehen, das wie ein (ihm bekanntes) Bühnenstück oder ein Film weiterläuft: Er klagt über die Folgen der Schlacht, während im Hintergrund die Soldaten auf das Feld stürmen und ihre Kampfposition einnehmen.

Die zweite derartige Reflexion Lucans (7, 617–46) trennt die Erzählung über den Tod des Domitius von der Schilderung der Erkenntnis des Pompeius (durch *iam* eingeleitet, 7, 647), die seine Flucht auslöst. Hier kann man von einem harten Schnitt oder einer Überblendung sprechen; wie man es auch nennen mag: Solche Kommentare und auch die eben behandelten Apostrophen lassen den Erzählstrom stocken, dafür den Erzähler hervortreten, der das ablaufende Geschehen verurteilt und darunter leidet, da er sich als Betroffener fühlt oder inszeniert.

Anzuführen sei noch dessen Invektive gegen Cleopatra (10, 59 ff.), wodurch die Erzählung mitten im Satz unterbrochen und der zeitliche Horizont der erzählten Handlung mit dem Ausblick auf den verhängnisvollen Einfluss der ägyptischen Königin bis zur Schlacht von Actium gesprengt wird (s. o. S. 109).

5.1.4 Kommunikation zwischen Erzähler und Figuren? [123]

Neben den Apostrophen, die manchmal den Anschein einer Kommunikation des Erzählers mit seinen Figuren haben und so die erzählte Handlung unterbrechen, um (auch) mit dem Leser zu kommunizieren,[124] lassen sich Beispiele registrieren, die darüber hinausgehen. Eher zeigen diese ein Verhältnis, wie es etwa zwischen Regisseur und seinen Schauspielern während einer Probe besteht.

5.1.4.1 Apostrophe als „Regieanweisung"

So scheint sich der Erzähler mitunter wie besagter Regisseur[125] an seine Figuren in einer Form zu wenden, die man als in Apostrophen gekleidete Anweisungen aus dem *off* verstehen kann. Unter narratologischen Kriterien handelt es sich bei all diesen Beispielen nicht um eine echte Interaktion zwischen dem Erzähler und seinen Figuren,[126] sondern um literarische Konstruktionen. Gerade an den Stellen, an denen der Erzähler seinen Figuren Handlungsalternativen anbietet und somit den Eindruck einer Kommunikation mit ihnen erweckt, lässt er das Publikum glauben, das Geschehen könne einen anderen Verlauf nehmen. Hiermit betont er die besondere Bedeutung eines Moments, tadelt seine Figuren samt ihrer Handlungsweise oder gewährt einen Ausblick auf die Zukunft.[127]

Die folgenden Szenen können als Beispiele dafür gelten, wie Situationen scheinbarer Interaktionen arrangiert werden, die den Erzählstrom unterbrechen, ja in ihn einbrechen und somit die bereits erwähnten Verfremdungseffekte schaffen. Der Leser wird auf diese Weise aus einer eventuell distanzierten Haltung gerissen und durch das Gefühl der Inszenierung eines Schauspiels zum am Geschehen (innerlich) beteiligten Zuschauer. Es seien folgende Beispiele genannt:

Die Schilderung des Traums des Pompeius vor der Schlacht von Pharsalus beendet Lucan mit der Aufforderung an die Lagerposten, den Feldherrn in Ruhe schlafen zu lassen, 7, 24b f.:

> *Ne rumpite somnos,*
> *castrorum vigiles, nullas tuba verberet aures.*

> Stört nicht seinen Schlaf,
> ihr Wachen des Lagers, nicht eine Trompete soll an seine Ohren dringen.

Lucan begründet seine Bitte mit der Vorhersage, der aufziehende Tag werde genug Schrecken für jenen bereithalten (7, 26 f.). Die Wachen scheinen sich an die Bitte des Erzählers gehalten zu haben; denn dieser kann seine Vorhersagen und Reflexionen über Pompeius' Schicksal in Form einer Anrede an Rom und den Helden ausbreiten (7, 28–44), um sodann zu schildern, wie sich nach Anbruch des Tages (*vicerat astra iubar,* 45) die Soldaten vor dem Feldherrnzelt versammeln und das Signal zum Kampf fordern.

In der langen Apostrophe an Pompeius während seiner Flucht lassen sich ebenfalls Anweisungen des Erzählers heraushören, wenn dieser seinen Helden in der bereits ergriffenen Flucht bestärkt (*fuge proelia dira,* 7, 689) und ihn zum Schluss auffordert, sich sorglos, nicht bittflehend, an verbündete Könige zu wenden und ein Land zum Sterben auszuwählen (7, 709–11). Doch hält sich Pompeius zunächst nicht daran, sondern ist während seiner Flucht durch Griechenland von Angstgefühlen geplagt (*trepidum, timentem,* 8, 5 ff.). Am Ende aber, im Angesicht des Todes, zeigt er die vom Erzähler geforderte gleichmütige Haltung (8, 575 ff., s. o. S. 85 ff.), die Furcht seines Gefolges Lügen strafend, er könne sich durch Bitten um Gnade erniedrigen (8, 592b ff.).

Wenn auch auf Grund der Distanz zwischen Apostrophe und Schilderung des Todes erstere nicht unbedingt sofort als „Regieanweisung" zu erkennen ist, so verhält es sich in 8, 778b ff. eindeutig. Lucan arrangiert die folgende Szene, die den Anschein einer Kommunikation hat: Cordus, einem Gefolgsmann des Pompeius, der die Bestattung seines Feldherrn aus Furcht, entdeckt zu werden, bei Tagesanbruch abbricht und sich versteckt, entgegnet der Erzähler, 8, 781–85a:

Quam metuis, demens, isto pro crimine poenam,
quo te fama loquax omnes accepit in annos?
Condita laudabit Magni socer impius ossa:
i modo securus veniae fassusque sepulchrum
posce caput!

Welche Strafe, du Dummkopf, fürchtest du für dieses Vergehen,
durch das die redselige Fama sich deiner für alle Jahre angenommen hat?
Der ruchlose Schwiegervater wird die Bergung der Gebeine loben:
Geh' nur (zu ihm), der Gnade gewiss, und, die Bestattung bekennend,
fordere (noch) das Haupt.

Sodann berichtet er die Reaktion des Cordus, 8, 785b ff.: *cogit pietas imponere finem / officio. Semusta rapit …* („es zwang ihn sein Pflichtgefühl, das Werk zu vollenden. / Die halbverbrannten Gebeine raffte er zusammen …"). Lucans Ansprache hat also (scheinbar) die „Bühnenfigur" Cordus zur Fortsetzung der Bestattung veranlasst, auch wenn dieser die Anweisung nicht wortwörtlich umsetzt (auf den Kopf und den Gang zu Caesar verzichtet er lieber). Ein wenig später macht er seiner Empörung über die zu kurze Inschrift (*hic situs est Magnus,* 793) Luft, indem er aufzählt, was alles auf den Grabstein des Pompeius gehört hätte. Zunächst spricht er zwar Fortuna an (793b), meint aber in erster Linie Cordus (*temeraria dextra,* 795), den er auffordert, die Taten des Feldherrn auf dem Stein hinzuzufügen (806 ff.) – dieses Mal freilich vergeblich.

Caesar hält sich bezeichnenderweise nie an das, wozu der Erzähler ihn auffordert. So verhallt während der Meuterei von Placentia sein Appell an ihn, den Bürgerkrieg zu lassen (5, 310–6a, s. o. S. 48), ebenso ungehört wie die Bitte um Bestattung der Toten von Pharsalus, in deren Namen er sogar spricht (7, 803b ff., s. o. S. 79). Im ersten Fall spiegelt sich Caesars Nichtbeachtung in Lucans Worten an ihn wider, 5, 315 f.: *Saeve, quid insequeris? Quid iam nolentibus instas? / Bellum civile te fugit* („Rasender, woran machst du dich? Was bedrängst du die, die nicht mehr kämpfen wollen? / Der Bürgerkrieg flieht vor Dir").[128] So wird Caesars Verhalten vom Erzähler in Gestalt dieser „Kommunikation" verurteilt.

Im zweiten Fall diskutiert er, scheinbar auf die „Bühne" getreten, gar mit Caesar, um schließlich, da dieser nicht an die Bestattung der Gefallenen denkt, zu resignieren und grimmig die stoische Lehre zu bemühen, nach der letztlich alles der Vernichtung anheim fallen und auch Caesar seine Strafe erhalten werde (7, 809 ff., s. o. S. 79). Doch nicht genug: An seiner anschließenden Frage, warum er nun flüchte, und der sarkastischen Aufforderung, doch vielmehr von dem durch die Leichen verseuchten Wasser zu kosten und die verpestete Luft einzuatmen (7, 820–22), zeigt sich deutlich, wie solche Apostrophen die epische Erzählung zurückdrängen. Lucan, wie gesagt, kurzfristig scheinbar zum „Darsteller“ (als Fürsprecher der Toten) geworden, jagt mit diesen Worten Caesar sozusagen von der Bühne, um danach die Toten zu Siegern zu erklären und (nun wieder als Erzähler) ihre Verwesung zu schildern. Auch diese arrangierte Pseudo-Kommunikation hat zur Folge, dass der Leser kurzfristig zum Zuschauer wird und so die Verurteilung Caesars hautnah erlebt, wie auch die Vorhersage über dessen Bestrafung, die in die Gedanken über den Weltuntergang eingeflochten wird.[129]

5.1.4.2 Wissende und aufmüpfige Figuren?

Caesar, des Dichters Hassobjekt, ist derjenige, der sich, wie gesehen, nicht an solcherlei „Anweisungen“ hält; er findet manchmal sogar Widerworte: In seiner Feldherrnrede vor der Schlacht von Pharsalus nimmt er Lucans neutral wirkende Bewertung des Geschehens fast parodierend auf. Formulierte dieser in seinem Proöm noch: *Quis iustius induit arma / scire nefas* (1, 126b f.: „Wer mit größerem Recht zu den Waffen griff / ist zu wissen nicht möglich“), so tönt Caesar, 7, 259 f.: *Haec, fato quae teste probet, quis iustius arma / sumpserit* („Dies ist der Tag, der vor den Augen des Schicksals beweist, wer mit größerem Recht die Waffen / ergriffen hat“, s. o. S. 71). Dies wiederum lässt Lucan nicht auf sich beruhen: Er tröstet Pompeius während dessen Flucht, 7, 706a: *vincere peius erat* („zu siegen war verwerflicher“), die moralische Inferiorität des Siegers betonend.

Als weiteres Beispiel einer scheinbaren Interaktion zwischen Erzähler und einer Figur sei die Bitte des Labienus an Cato genannt, Ammon nach dem Wesen der *virtus* zu befragen und um eine Richtschnur für ehrenwertes Handeln zu bitten (9, 562b f.). Wie schon festgestellt, ist dies, angesichts der vom Erzähler oft betonten Unantastbarkeit seines Cato eine Unverschämtheit, der er sogleich mit seiner Einleitung zu Catos Antwort begegnet, 9, 564 f.: *Ille deo plenus* (s. o. S. 99). Cato, erfüllt von dem Gott, muss keinen Gott befragen – er selbst ist für seine Leute ein Orakel, wie in seiner Antwort an Labienus deutlich wird.

Kommen wir noch zu einer weiteren Eigenart der Dichtung Lucans. Es hat den Anschein, seine Figuren wüssten mehr, als ihnen ihrem Wesen als literarischem Produkt nach zusteht.[130] Um bei der Vorstellung eines Schauspiels zu bleiben: Vor allem die Hauptfiguren kennen offensichtlich das „Drehbuch“ des Dramas. Dazu passen die beobachteten „Ferndialoge“ zwischen manchen Personen (z. B. Caesar und Domitius oder Caesar und Pompeius, s. o. S. 27 ff.). Hier reagieren die Sprecher auf eine Äußerung ihres Antagonisten, die sie gar nicht gehört haben können, so als wüssten sie, was diese vorgebracht haben. In einem Fall reagiert Caesar gar im Voraus auf Worte des Pompeius, so als wisse er, was sein Gegner vorbringen werde (7, 260–80 vgl. 360–68; s. A. 36 zu Buch 7).

Weiterhin: In 7, 320–22 fordert Caesar seine Soldaten auf, die *pietas* beiseite zu lassen, sich auf die Verwandten zu stürzen und deren „verehrungswürdige Gesichtszüge mit dem Schwert zu entstellen". Mit der Formulierung *vultus verendos* greift die Caesarfigur dem Erzähler vor, der während des Höhepunkts der Schlacht von *veneranda corpora* spricht (7, 582), die zahlreich fielen.[131]

Auch Pompeius bedient sich beim Erzähler: Bei seinem Rücktritt vom Oberbefehl zu Beginn der Schlacht macht er sich dessen Verurteilung des Krieges als „Wahnsinn" (*quis furor …*, 7, 95 vgl. 1, 8) und Auffassung eines mit Schuld verbundenen Siegs zu eigen (7, 112 u. 121–23a; s. o. S. 64). Hinzu kommt in seiner Feldherrnrede der dem Erzähler vorwegnehmende Hinweis auf die Bedeutung dieser Schlacht für die nachfolgenden Generationen (7, 374–76a), die Lucan später in seinen Reflexionen expliziert (7, 641 ff.; s. o. S. 71).

Catos *adhortatio* (9, 382–84) mit den Themen „Sand, Durst und Schlangen" nimmt in Kurzform die Topothesie Libyens (9, 411–44a) dem Erzähler vorweg.

Gleichzeitig – nebenbei bemerkt – scheint eben dieser Cato sich nichts aus Lucans Forderungen zu machen, mit denen Cordus konfrontiert wurde (nämlich Pompeius' Taten auf dem Grabstein festzuhalten, 8, 806 ff.). Der Erzähler ist von der Autorität seines Cato so beeindruckt, dass er ihm das Verschweigen der Triumphe des Toten während der *laudatio funebris* verzeiht, ja es bricht angesichts des in die Wüste vorweg Marschierenden begeistert aus ihm hervor, 9, 598–600:

Hunc ego per Syrtes Libyaeque extrema triumphum
ducere maluerim quam ter Capitolia curru
scandere Pompei, quam frangere colla Iugurthae.

Diesen Triumphzug durch die Syrten und fernsten Gebiete Libyens
wollte ich lieber führen als mit dem Triumphwagen des Pompeius drei Mal
das Kapitol erklimmen oder den Hals des Iugurtha brechen.

Damit rückt Lucan von seinen Ansichten über Pompeius' der Nachwelt festzuhaltende Heldentaten ab und korrigiert sich selbst, um nun Catos Leistung höher zu bewerten.[132] So fände sich auch hier ein Beispiel des stationären Charakters einer Einzelszene bzw. einer den jeweiligen Umständen angepassten Bewertung des Erzählers, will man ihm nicht Inkonsistenz unterstellen.[133]

Auffällig ist weiterhin die Entgegnung Caesars (9, 1063 ff.) auf die Rede des *satelles*, der ihm den Kopf des Pompeius „als königliches Geschenk" überbringt: Obwohl Cleopatra nicht anwesend ist und Caesar sie in der erzählten Handlung erst später kennen lernen wird (10, 56b ff.), spricht er sie an, 9, 1068b–71a:

Quod si Phario germana tyranno
non invisa foret, potuissem reddere regi,
quod meruit, fratrique tuum pro munere tali
misissem, Cleopatra, caput.

Wäre die Schwester dem Tyrannen Ägyptens
nicht verhasst, hätte ich dem König vergelten können,
was er verdient, und hätte dem Bruder für solch eine Gabe
dein Haupt, Cleopatra, geschickt.

Durch diese unerwartete Hinwendung entsteht der Eindruck sowohl einer aus ihrer Rolle fallenden Caesarfigur, die um Cleopatras baldigen Auftritt „weiß" und ihn auf diese Weise ankündigt, als auch einer Anwesenheit Cleopatras, die, gleichsam hinter dem Vorhang stehend, auf ihren Einsatz wartet.

Diese ihrerseits wird später bei ihrer Bitte an Caesar (10, 83 ff.) Argumente vorbringen, die sie dem Erzähler (8, 542b f.) entliehen hat; zudem wird sie Caesars gegenüber dem *satelles* geäußerte Empörung über die Einmischung Ägyptens in den römischen Bürgerkrieg (9, 1071 b ff.) wiederholen, so als habe sie sein Gespräch mit dem *satelles* mitgehört bzw. kenne das „Skript" (s. o. S. 110).

Im weiteren Verlauf dieser Szene werden Figuren mit dem Wissen des Erzählers und seines Publikums ausgestattet. Dies zeigt die Schilderung der Reaktion von Caesars Begleitern auf das Schauspiel, das ihr Meister bei der Darreichung von Pompeius' Kopf vorführt (9, 1062b ff., s. o. S. 107 f.). Offensichtlich durchschauen sie Caesars vorgebliche Trauer als Heuchelei, so wie Lucan den Leser zuvor instruiert hat. Als internes Publikum reagieren sie parodierend auf Caesars verborgene Freude, die er mit Trauerbekundungen zu vertuschen sucht. Sie wissen also etwas, wovon der Erzähler und sein Publikum Kenntnis haben.[134]

Um zusammenfassend festzuhalten: Durch diese vom Erzähler kreierten Konstellationen werden Verfremdungseffekte geschaffen, die das *bellum civile* als epische Erzählung aufzulösen[135] und den Figuren eine gewisse Autonomie einzuräumen scheinen. Das Publikum wird so aus der Rezeptionssituation gerissen, um ein Schauspiel zu betrachten, bei dem bisweilen der Erzähler selbst als am Geschehen scheinbar Beteiligter mitwirkt oder Akteure zu Zuschauern werden.

Soll die bedrohliche Diskontinuität des Erzählstroms den behandelten Weltuntergang widerspiegeln oder ist für Lucan dieses Geschehen der *plot* eines schaurig-schönes Theaters, um dem Publikum das Grauen als einen literarischen Kitzel vorzuführen? Es hat in der Tat einen gewissen Reiz, diese artifiziellen Kunstgriffe und -mittel als Ausdruck eines spielerischen, ja „dekadenten" Umgangs mit dem Stoff aufzufassen und das *bellum civile* als eine Art „Horrorshow" mit hohem Unterhaltungswert zu verstehen. Die „barocke", manieristische und mitunter skurrile, nach Effekten haschende Ausgestaltung des „Weltuntergangs" mag auf den Zeitgeschmack der neronischen Epoche zurückzuführen sein. Sie war wohl für den Dichter die adäquate Weise, gegen den Klassizismus Vergils und dessen Geschichtsauffassung aufzubegehren und so eine Gegenkonzeption in Form und Gehalt zu entwerfen. Verlässliche Erkenntnisse hierüber bleiben der Wissenschaft vorbehalten.

Wir müssen an dieser Stelle unseren Rundgang abbrechen, wohl wissend, dass manches keine Berücksichtigung gefunden hat, was man von einer umfassenden Einführung, die freilich in dieser Form nicht angestrebt wurde, zu erwarten hätte.

6 Schlussbemerkung

Lucan erhebt mit feurigem Pathos den römischen Bürgerkrieg zum Untergang der Welt, einer Welt, von der sich die Götter abgewandt haben, in der die Werte und Regeln menschlicher Gemeinschaft zerfallen und die agierenden Personen entweder verblendet oder von einem Rausch der Zerstörung, dem *furor*, ergriffen sind. Diese Welt, in der Cato mit seinen Idealen allein dasteht, wird in ihrem Untergang von Erictho – der Symbolfigur für das sinnlose Grauen des Bürgerkriegs schlechthin [136] – und ihrem „Beeilt euch zu sterben“ (*properate mori*, 6, 807) geradezu verhöhnt. Statt einer positiv wirkenden Schicksalsmacht in Gestalt des *fatum* herrscht eine bösartige Fortuna. Sinnloses Töten und Sterben scheint der Hauptzweck des Lebens zu sein, an dem uns der Dichter in Form eines schaurigen und wenig tröstlichen Schauspiels teilnehmen lässt. Die konkrete Handlung bildet häufig nur den Rahmen für das Grauen, das Ekelhafte und der Wirklichkeit Spottende. Sowohl die politische Dimension des Werks im Sinne eines Aufrufs zum Widerstand gegen den Prinzipat als auch die stoische Lehre als Mittel zur Bewältigung des Lebens – im Leiden und Tod kann der Mensch Größe zeigen und sein Wesen wahren – treten in den Hintergrund angesichts der beschriebenen Sinnlosigkeit allen Tuns, das letztlich auf den Tod hinausläuft.

Lucans Werk hat, obwohl oder gerade mit seiner Konzeption ohne epische Götterwelt,[137] die Nachwelt beeindruckt, wenn z. B. in der Zeit der sich abzeichnenden Renaissance Dante in seiner *Divina Commedia* unseren Dichter im Gefolge Homers neben Horaz und Ovid erscheinen lässt (*inferno* 4, 85 ff.). Die Dramen Shakespeares schöpfen gewiss auch aus Lucan, und die Hexe Erictho findet sich in Goethes Faust (2. Teil, 2. Akt), wieder. Sie leitet die *Klassische Walpurgisnacht* ein, wobei sie sich von den Dichtern ein wenig ungerecht behandelt fühlt:

Zum Schauderfeste dieser Nacht, wie öfter schon,
Tret ich einher, Erichtho, ich, die düstere:
Nicht so abscheulich, wie die leidigen Dichter mich
Im Übermaß verlästern.

Goethes Erictho leidet offensichtlich unter ihrem schlechten Ruf, den sie den Dichtern verdankt, wenn sie beim Nahen Fausts und seiner Begleiter mit diesen Worten abtritt:

Ich wittre Leben: da geziemen will mir's nicht,
Lebendigem zu nahen, dem ich schädlich bin:
Das bringt mir bösen Ruf und frommt mir nicht.
Schon sinkt es nieder. Weich ich aus mit Wohlbedacht.

Hiermit sei zum Schluss das Nachwirken unseres Dichters weniger als angedeutet,[138] und es bleibt die Hoffnung, mit unserem Gang durch das *bellum civile* Lucans Anhaltspunkte, Einblicke, aber auch Anregungen zur weiteren Beschäftigung mit diesem Epos aus der Zeit Neros geboten zu haben.

ANMERKUNGEN

Hinweis: *Die Angaben von Seitenzahlen werden nur bei Verweisen innerhalb des Werks mit einem „S." und den jeweiligen Ziffern versehen; ansonsten entfällt dieser Zusatz; „A." bedeutet Anmerkung. Die Abkürzungen antiker Autoren und Werke richten sich im Allgemeinen nach: Der Neue Pauly (Hgg. H. Canzik, H. Schneider) Stuttgart, Weimar 1996.*

TEIL 1

1) Zur Frage nach dem Titel des Epos s. Ehlers, 565; Ahl, 1976, 326 ff.
2) Rutz, Einleitung zum WdF-Band *Lucan* = S 1 (s. Literaturverzeichnis), 1.
3) S 2, S 3, S 4 u. S 5 (s. Literaturverzeichnis)
4) Zu dieser Eigenart der Dichtkunst Lucans s. schon Fuhrmann, 1968, 51 ff.
5) In den Scholien überlieferte Viten über Lucan (Sueton, *vit. Lucan.* u. Vacca) geben einen Einblick in das Leben des Dichters und sein Verhältnis zu Nero.
6) Suet. *Nero* 6, 10; Tac. *ann.* 13, 4. Hierzu vgl. Sørensen, 131 f.; Fuhrmann, 1999, 177 f.; Malitz, 21 ff. – Ein literarischer Niederschlag dieser Erwartungen an den jungen Kaiser findet sich in Senecas Schrift *De clementia* (bei Regierungsantritt Neros verfasst), freilich mit Ziel, Nero auf die hier beschriebenen Herrschertugenden zu verpflichten (z. B. *clem.* 1, 5 f. u. 2, 1-3; hierzu Sørensen, 137 ff.; Fuhrmann, 1999, 175 ff.).
7) Seneca feiert in einem üblen Nachruf auf den kurz zuvor verstorbenen Vorgänger, in der *Apocolocyntosis* 4, 1, den Beginn der neronischen Herrschaft als Wiederkehr des Goldenen Zeitalters (s. a. Calp. 1, 36–88), das ikonographisch der Überhöhung des Kaisers Augustus diente (hierzu P. Zanker, Augustus und die Macht der Bilder, München 1987, 171 ff.). – Diese Epoche, ein paradiesischer Urzustand der Menschheit, wird seit dem griechischen Epiker Hesiod *(erg.* 109 ff.) charakterisiert als die Abwesenheit der später auftretenden moralischen Mängel und Beschwernisse menschlichen Lebens. In der römischen Literatur s. Ov. *met.* 1, 89 ff.; Sen. *Phaedr.* 525 ff. und die Modifizierung bei Lucr. 5, 925 ff., wo der kulturellen Aszendenz (dem Aufstieg aus einer harten Welt des Mangels zu einer verfeinerten Lebensweise) der moralische Abstieg gegenübergestellt wird.
8) Zu Nero als Künstler Suet. *Nero* 20 ff.; 52 f.; Malitz, 40 ff. Diesen Aspekt vielleicht überzeichnend: H. Sonnabend, Nero. Inszenierung der Macht, Darmstadt 2016.
9) Bereits zuvor hatte sich Nero durch den Mord an Bruder und Mutter hervorgetan, unterstützt von Burrus und Seneca (Tac. *ann.* 13, 17; 14, 3–9; s. Malitz, S. 39 f.; Sørensen, 143 f. u. 156 ff.; Fuhrmann, 1999, 246 ff.). – Im weiteren Verlauf gestaltet Tacitus den Kaiser zu einem wahren Ungeheuer.
10) *Paene signifer Pisonianae coniurationis extitit,* Suet. *vit. Lucan.*; hierzu Auhagen, 98; zum Verhältnis zwischen Lucan und Nero s. a. Lebek, 281 f.; Ahl, 1976, 35 ff.; 303 ff. – Mit dieser Notiz Suetons ist allerdings nichts über eine republikanische Haltung Lucans gesagt.
11) Senecas gelassene Reaktion auf den Selbstmordbefehl und sein Verhalten während der ganzen Szene erinnert an den Sokrates, wie ihn Platon schildert (*Phaid.* 115 a ff.).
12) Diskussion hierzu schon bei Ehlers, 565, unter Berufung auf Stat. *silv.* 2, 7,102, wonach Lucan während seiner Arbeit am *bellum civile* gestorben sei. Widerlegung der These, das Werk sei in dieser Form als beendet anzusehen (so H. Haffter, „Dem schwanken Zünglein lauschend wachte Caesar dort", in: S 1, 264–276,), s. Berti, 25 ff.; Radicke, 56. Pfligersdorffer, 359 ff., plädiert früh für ein auf 12 Bücher angelegtes Epos (s. S. 132 ff.).
13) Zur Problematisierung des Plurals *bella* s. Ehlers, 512 zu 1, 673 ff.
14) Das Abbrechen des Werkes an der ungefähr gleichen Stelle wie Caesars *bellum civile* dürfte auf Zufall beruhen, s. Ehlers, 562 zu 10, 519–546; Berti, 30 ff.

Buch 1

0) Gliederung der einzelnen Bücher bei Rutz, 1989, Ehlers, Lebek u. Radicke. Hieran hat sich Verf. orientiert.

1) In der *Ilias* werden der Zorn des Achill als Thema (*Il.* 1, 1), in der *Odyssee* Odysseus als Hauptperson genannt, während Vergil die Aspekte von *Ilias* und *Odyssee* durch sein *arma virumque* kombiniert. Zur Frage nach der Echtheit der ersten sieben Verse s. schon Malcovati, in: S 1, 299–308; anders Griset, in: S 1, 312 f., der das Werk erst mit 1, 67 ff. beginnen lässt, wohl zu Unrecht (Conte, in: S 1, 339–353). Zum Proöm weiterhin Burck / Rutz, 159 f. – Die breite Aufzählung von Einzelaspekten des Kriegs wurde in der Antike als überflüssig und ermüdend angesehen (Fronto, *De orationibus* 6), stellt aber mit seinen Anspielungen auf Vergil u. a. einen Kontrast zu dessen Vorstellungen her, s. Narducci, 2004, 388 ff.; vgl. ders., 2002 , 18 ff.; zum Aeneis-Proöm z. B. von Albrecht, 2013, 113 ff.

2) Schon Horaz (*epod.* 7) deutet den Bürgerkrieg als Krieg unter Verwandten; der Krieg zwischen Oktavian und Sextus Pompeius ist für ihn die Auswirkung des Brudermords bei der Gründung Roms, der sich als „Erbsünde" auf die künftigen Generationen fortpflanzt (vgl. a Hershkowitz, 206). Den Aspekt des Verwandtenmords, in dem das *plus* der von Lucan besungenen Kriege liege, betont Sannicandro, in: S 3, 40; vgl. Getty, 25.

3) Zur Wiederaufnahme des *plus* in 7, 639b s. z. B. Verf., 1984, 5.

4) Vgl. hierzu Ambühl, 2015, 4 ff., die in dem *plus* neben der werkinternen Bedeutung einen „intertextuellen Überbietungsgestus" gegenüber sämtlicher Bürgerkriegsliteratur sieht.

5) So bei Petron. 118 ff., wo der Poet Eumolpius den Gegenentwurf eines Bürgerkriegsepos vorstellt, um den fehlenden Götterapparat bei Lucan zu kritisieren (anders Ambühl, 2015, 298). – Quintilian (*inst.* 10, 1, 90) fragt sich, ob Lucan mehr zu den Rednern als zu den Dichtern zu zählen sei. Für den Vergil-Kommentator Servius (zu *Aen.* 1, 382) ist er kein Dichter, sondern Historiker; hierzu von Albrecht, 1992, 726 f.: Das Aufgreifen rhetorischer und historiographischer Elemente biete zusätzliche poetische Ausdrucksmöglichkeiten. – Lucans Verzicht auf den Götterapparat bedeutet die Aufgabe einer teleologischen Geschichtsdeutung im Sinne Vergils (Wiener, in: S 3, 158).

6) Im Proöm der *Ilias* werden Achill, besser sein Zorn, in der *Odyssee* Odysseus und in der *Aeneis* „der Mann" (Aeneas) genannt.

7) Die Hauptperson des Epos ist in der Forschung umstritten, hierzu schon Getty, XXIV ff. Lebek, 34, spricht von mehreren Hauptpersonen.

8) In *quis furor* …klingt Homer, *Il.* 1, 8 τίς τ' ἄρ' σφῶε θεῶν ... an; vgl. a. Conte, in: S 1, 342; zu weiteren Anklängen s. Gagliardi, 49.

9) Hom. *Il.* 1, 8; Vergil beantwortet die Frage *quo numine laeso* …(*Aen.*1, 7–11), die über eine Informationsfrage hinaus den Sinn der Leiden des Aeneas problematisiert, erst indirekt durch die Skizzierung Karthagos als Iunos Favoritin, danach durch die Begründung ihres Zorns auf die Trojaner (1, 23 ff.). Lucan lässt zwischen seiner Frage und der Anwort 58 Verse vergehen. Zur Lucan-Stelle Feeney, 1991, 274 f.

10) Hor. *epod.* 7, 3 ff.; 16, 1–14, vgl. a. Wuilleumier / Le Bonniec, 15.

11) Hier scheint unser Dichter an das vergilische *fatum* des Aeneis-Proöms anzuknüpfen; doch im Rest des Epos ist dieses *fatum* u. a. die Macht, die Roms Untergang herbeiführt.

12) Zu der zurückhaltenden, aber wirkungsvollen religiösen Verehrung des Augustus s. Bleicken, 379 ff. – Horaz (*carm.* 1, 2, 41 ff.; 1, 12, 46 ff.; 3, 5, 2 f.), Vergil (*ecl.* 1, 40 ff.; *ecl.* 4; *Aen.* 1, 286 ff.; 6, 791 ff.; 8, 678 ff.) und sogar Ovid (*met.* 15, 861 ff.) versahen bereits Augustus mit der Aura des Göttlichen. Zur Problematik der Augustus-Panegyrik am Ende der *Metamorphosen*: N. Holzberg, Ovids Metamorphosen, München 2007, 115 ff.

13) Z. B.: 1, 669 ff.; 7, 432 f., 440 ff., 640 ff.

14) So Griset, in: S 1, 322 ff., unter Bezugnahme auf antike Scholien (zitiert 323, A. 11); er sieht hierin den Grund für den Zwist zwischen Nero und Lucan, der für letzteren tödlich endete. Dagegen schon Grimal, in: S 1, 326 ff., der die angeblichen körperlichen Gebrechen als Erfindung des Berner Scholiasten einstuft, unter Berufung auf entsprechende Stellen bei Suet. *Nero* 51 (weiterhin Lebek, 74 ff.). Die Verse als Ausdruck der Hoffnung auf den neuen Kaiser s. Ehlers, 570 ff. Neue Deutungen versuchen mit narratologischem Ansatz den Widerspruch zwischen der Schmeichelei und dem sich spätestens ab Buch 4

verschärfenden Ton gegen den Prinzipat zu lösen; so Radicke, 515 ff.: Die in den ersten Büchern, in Bezug auf die neronische Zeit, unpolitische Erzählhaltung ändere sich ab Buch 4 zu einer politischen und zeitbezogenen (vgl. a. Narducci, 2002, 22 ff.).

15) Verg. *Aen.* 1, 261 ff., bes. 291–93a; zu *Troianus …Caesar* (286) als Augustus, von dessen künftiger Apotheose die Rede ist, s. z. B. J. Conington / H. Nettleship, The works of Virgil with a commentary, Vol. III, 1979[2], 36 *ad locum.*

16) Gagliardi, 53, hält das Lob für zu dick aufgetragen, um es ernst zu nehmen; dagegen Lebek, 81 ff. Zur Diskussion s. weiterhin z. B. Masters, 136 f., A. 101. Feeney, 1991, 298 f.: Kritik an der Prinzipatsideologie. – Narducci, 2002, 27, findet im letzten Vers des Lobs (1, 66) mit dem Begriff *Romana* einen polemischen Hinweis auf Verg. *georg.* 2, 176, mit dem Lucan sein Epos von der Tradition des griechischen Mythos absetzen wolle.

17) S. o. A. 9 dieses Kapitels.

18) Die Explizierung der Gründe könnte von dem Geschichtswerk des Asinius Pollio beeinflusst sein (dazu Syndikus, 1 ff.).

19) Folgende Gliederung des Kausalitätskomplexes nach Lebek, 45.

20) Ders., 45, spricht von „Naturgesetzlichkeit"; hierzu auch Wiener, in: S 3, 160.

21) Vgl. a. Lintott, in: S 4, 248. Zur Vermischung philosophischer und theologischer Gründe vgl. Johnson, 14. – Der Gedanke der Missgunst der Schicksalsmächte wird eingeleitet mit der Formel *invida fatorum series,* 1, 70 (*invida* als Enallage mit inhaltlichem Bezug auf *fatorum*) und in der Einleitung zum zweiten Kausalkomplex als „Missgunst der Fortuna" (1, 82b–84a) wiederholt.

22) Hier erscheinen die Schicksalsmächte als Rom feindlich gesonnen. Stoische und historische Vorstellungen mischen sich, Radicke, 165 (zu den Schicksalsmächten s. S. 116 ff.).

23) Hom. *Il.* 2, 203 ff.; Ennius bei Cic. *off.* 1, 26: *nulla regni sancta societas nec fides est* („Königsherrschaft hat weder geheiligte Gemeinschaft noch Treue"); Liv. 1, 14, 3, s. Gagliardi, 61.

24) S. o. A. 2. Narducci, 2002, 461: Durch den Mythos werde das historische Geschehen erhellt. – Die mythologischen Gleichnisse mit ihren Motiven des Mords an Verwandten oder ihres gewaltsamen Todes, die Lucan der griechischen und römischenTragödie entnimmt, lassen den Verwandtenmord in doppelter Hinsicht zum Leitmotiv seines Werkes werden (Ambühl, 2015, 66 f.; zu der Funktion dieser Gleichnisse s. dies., 65 f.).

25) Lucan betont die verwandtschaftliche Beziehung der beiden Antagonisten als *socer* und *gener* immer wieder, Sannicandro, in: S 3, 41 (zur Rolle Julias s. dies., 43 ff.).

26) Die Sentenz 1, 125 f.: *nec quemquam iam ferre potest Caesarve priorem / Pompeiusve parem,* („weder kann Caesar einen, der über ihm steht, mehr ertragen / noch Pompeius einen Gleichberechtigten") zeigt die verfahrene Situation; zur Genese dieses Ausspruchs s. Lintott in: S 4, 249 f.

27) Burck / Rutz, 188; vgl. Wiener, in: S 3, 171. Seneca (*epist.* 95, 70 u. 107, 31; s. a. u. A. 28) zeichnet Cato als überparteiliche und nur der Republik verpflichtete Instanz .

28) In diesem Sinn s. Sen. *prov.* 2, 9 f.; weiterhin: Plutarch, *Cat. min.*, bes. ab 64. Sen. *epist.* 95, 70 stellt Cato als unbeugsamen Republikaner dar, der sich gegen Caesar und Pompeius stellt. Lintott, in: S 4, 251, weist Senecas Einfluss auf Lucans Catobild nach.

29) Zur Synkrisis: Lebek 65 ff.; Verf. 1984, 55 f. u. 100 ff.; ders., 1988, 58 ff. (vgl. a. Narducci, 1979, 91 f.). Zu Pompeius: Ahl, 1976, 156 ff.; Johnson, 73 f.; Radicke, 167 ff.; Day, 211 ff.

30) Die in dem Blitzvergleich illustrierten Züge verbinden Caesar zudem mit Alexander (10, 20 ff.), für den Lucan ein vernichtendes Urteil übrig hat (s. S. 109). Fragwürdig wird die quasi-Göttlichkeit Caesars vor dem Hintergrund ähnlich formulierter Götterkritik des Sokrates in den „Wolken" des Aristophanes (*Nub.* 392 ff.; vgl. Lucr. 2, 1090 ff.). – Zur Bedeutung der Verbindung Caesars mit einem Blitz im Werk s. Rosner-Siegel, in: S 4, 185 ff. Neuderdings wird das Blitzmotiv als Zeichen der Erhabenheit Caesars gedeutet, der (im Gegensatz zu Iuppiter, dessen Blitze ausbleiben) zum eigentlichen Herrscher der Welt avanciere (Day, 169; weitere Literatur hierzu: Ambühl, 2015, A. 75).

31) Wiener, in: S 3, 161 f., sieht die Ursachenforschung als vom stoischen Determinismus ge-

prägt an und misst dem mit *invida* (70 u. 84) anklingenden alten religiösen Motiv des Götterneids wohl keine Bedeutung zu. Vgl. a. dies., 2006, 179 ff.: Der Niedergang Roms stehe mit der Ekpyrosis-Lehre im Einklang, der gemäß sich der Kosmos am Ende des jeweiligen Weltalters auflöse. Der Bürgerkrieg werde in einen vorherbestimmten Kreislauf der Geschichte eingebettet; somit erscheine der Prinzipat des Augustus als Neuanfang, im Sinne eines Rückfalls auf die tiefste historische Entwicklungsstufe.

32) So z. B. Cicero über Caesars Schnelligkeit bei Ausbruch des Bürgerkriegs, *Att.* 7, 22 (23); vgl. Suet. *Iul.* 57; vgl. a. Gagliardi, 72. Zum historischen Hintergrund s. Gelzer, 170 f.

33) Ob man von dem Nachtrag der Rubico-Beschreibung auf eine mangelnde Durchgestaltung der Passage 183–232 schließen kann (Luck, 507), sei dahingestellt. Die fehlende Harmonisierung führt Radicke, 176, auf ein blockweises Vorgehen des Dichters zurück, das inhaltliche Überschneidungen mit sich bringe. Wiener, 2006, 239, A. 33, erklärt die scheinbare Doppelung mit der Darstellung der unterschiedlichen Perspektive der beteiligten Personen (mit derjenigen Caesars und seiner Soldaten).

34) Z. B.: *gelidas Alpes* (182), *rupta quies* (239), *deriguere metu, gelidos pavor occupat artus* (246), *gelida Arcto* (252), *rura silent … tacet … pontus, / tanta quies* (260 f.). Schmitt, 17, betont den Kontrast zwischen der friedlichen Ruhe in der Stadt und den lärmend einmarschierenden Caesarianern: Ariminum stehe paradigmatisch für Italien und Rom, die beide aus einer langen Friedenszeit herausgerissen würden.

35) Verg. *Aen.* 4, 279 f.: *At vero Aeneas aspectu obmutuit amens / arrectaeque horrore comae et vox faucibus haesit* („Aber wahrlich Aeneas verstummte von Sinnen bei diesem Anblick, / vor Schreck sträubten sich die Haare, und die Stimme blieb in der Kehle stecken"); vgl. *Aen.* 2, 774. Hierzu und zur Rubico-Szene Anzinger, 125 (mit weiterer Literatur). Die Anspielung auf Aeneas ist wohl nicht zufällig: Die überlieferten Visionen Caesars (Inzesttraum bzw. Erscheinen einer rätselhaften Gestalt, die zum Angriff bläst, Plut. *Caes.* 32, 8; Suet. *Iul.* 32; keine Erwähnung bei Caesar) werden durch die Erscheinung einer Gottheit ersetzt (der einzigen Szene dieser Art im Werk, Wiener, in: S 3, 168). Zur Szene s. schon Heyke, 11 ff. u. 30 ff., die deren Funktion für die Negativzeichnung Caesars betont; zugleich werde der Sieg über die Republik sinnbildlich vorweggenommen (weiterhin z. B. Morford, 77 f.; Lebek, 115 ff.). Feeney, 1991, 292 ff.: Der die Republik repräsentierenden Patria tritt ein Caesar entgegen, der sie als seine imperiale Roma anspricht. Weiterhin Radicke, 170 ff. – Ambühl, 2015, 197 ff., sieht auf Grund der Parallelen zu Euripides' Phoinissen in der Gestalt des Polyneikes eine Präfiguration Caesars.

36) Verg. *Aen.* 9, 339 u. 792; 10, 494; 12, 6; zu den Parallelen des Löwengleichnisses mit Vergils Turnus in Buch 12 s. von Albrecht, 2013, 188 f., der bei Lucans Vergil-Nachfolge Kontrastimitation und Überbietung als künstlerische Prinzipien herausstellt. – Zu weiteren Anklängen der Rubicoszene und des Löwengleichnisses an Vergil vgl. Thompson / Bruère, in: S 4, 188 f. – Der Vergleich Caesars mit einem libyschen Löwen, der vor seinem Losstürmen „Zorn sammelt" (206 f.), lässt an Hannibal denken; so wäre Caesar, wie öfter, mit dem punischen Erzfreind in Beziehung gesetzt. Daneben erscheint er noch als Präfiguration des Marius, der in Libyen „Zorn sammelt" (2, 93), bevor er nach Rom zurückkehrt, um ein Blutbad anzurichten (s. Casamento, 88 f.; vgl. a. S. 128)

37) Zum Verständis dieser Stelle unter textkritischem Aspekt s. Gärtner, 83 ff.: Das Perfekt *credidimus* lässt sich resultativ ohne den Aspekt der Vergangenheit verstehen (ders., 88): Caesar hat Vertrauen gefasst, d. h. ist jetzt voller Vertrauen auf die Schicksalsmächte.

38) Suet. *Iul.* 32: *iacta alea est*; Plut. *Caes.* 32, 8; App. *civ.* 2, 35: ἀνερρίφθω κύβος.

39) Oberbegriff für die Wiedergabe von Gedanken, s. Martínez / Scheffel, 65.

40) Analyse dieses Abschnitts bei Schmitt, 15 ff., der auf die Praxis des Livius hinweist, Gedanken einer Menschenmenge in ähnlicher Weise, als indirekte Rede, dem Leser zu vermitteln (z. B. Liv. 22, 8, nach der Schlacht von Cannae). Durch die direkte Rede erreicht Lucan ein Pathos, das den Leser noch stärker anspricht. – Zur Szene Lebek, 124 ff. (das Schweigen der Städter als Ausformung einer Untertanentopik, 126 u. A. 34); weiterhin

Radicke, 178 ff. Anzinger, 112 ff., macht auf das Caesar charakterisierende Leitmotiv des Schweigens aus Furcht vor dem Tyrannen aufmerksam (vgl. a. z. B. 3, 80 ff.).

41) Mit *venali lingua* wird auf die Tatsache angespielt, dass Caesar den gleichnamigen Sohn seines Gegners Curio „gekauft" hatte (Hintergründe s. Gelzer, 162 u. A. 326). Tollkühnheit und Käuflichkeit kehren als Motive bei der Schilderung der Katastrophe Curios in Africa wieder, 4, 819 f. u. 824. Der Begriff *audax* gehört zur Terminologie Ciceros, mit der er seine Gegner angriff (z. B. Catilina: *Catil.* 1, 1; 1, 4; 1, 13; 2, 1; 3, 17; Caesar: *Att.* 7, 13, 1).

42) Verg. *Aen.* 1, 305 *(plurima volvens)*; 5, 720 f.

43) Curio, der sich entgegen der Überlieferung nur an Caesar wendet, hetzt diesen auf, wird so zum Kriegstreiber(s. Radicke, 181) und motiviert zudem Caesar zu seiner Rede.

44) Zur Caesarrede s. Gagliardi, 85; weiterhin Heyke, 39 ff. Martindale, in: S 4, 277, weist auf den ähnlichen Beginn der Reden des Aeneas (Verg. *Aen.* 1, 198 ff.) und Caesars hin. Wieder haben wir einen Caesar im Gewand des Aeneas vor uns. Dennoch hat Lucans Caesar sich der Argumente historischer Vorlagen bedient, wie ein Blick auf Caes. *civ.* 1, 7 lehrt (s. Radicke, 186). Epische und historische Figur verschmelzen miteinander.

45) Die Formulierung *dux pace solutus* (311) nimmt das Urteil Lucans (130 f.) auf. Diese Übereinstimmung wurde schon gesehen von Wuilleumier / Le Bonniec, 62.

46) Vgl. a. Heyke, 40. Man kann hier, wie auch sonst bei Lucan, die *pietas* als Gegenkraft des Irrationalen, d. h. besonders des *furor*, deuten (hierzu allgemein Hershkowitz, 209). Sie droht, die Handlung, den Vollzug des Wahnsinns, zum Stillstand zu bringen, wie auch später bei der Fraternisierung der Truppen bei Ilerda. – Im Gegensatz zu Lucan spricht Caesar (*civ.* 1, 7, 8) vom Jubel der Soldaten als Reaktion auf seine Rede.

47) Wie auch Vulteius und Scaeva (s. S. 40 ff. u. 54 ff.). Fantham, in: S 3, 62; Gagliardi, 91.

48) Zur Laeliusrede vgl. Heyke, 42 ff.; Verf., 1984, 9; ders., 1988, 65; Schmitz , 238.

49) Die furiose Rede des Laelius hat die Vernunft der Soldaten (s. Wiener, in: S 3, 168 f. u. A. 22), aber auch ihre *pietas* außer Kraft gesetzt, wodurch der *furor* freie Bahn hat.

50) Gagliardi, 92; Fantham, in: S 3, 61, schließt die Historizität des Laelius nicht aus.

51) Zur Chronologie s. z. B. Gelzer, 176 ff; Canfora, 148 ff. Zum Vergleich mit der entsprechenden Passage bei Caes. *civ.* 7, 1 s. Bachofen, 58 ff., der die Verdrängung von Caesars „Faktizität" durch Lucans Umgestaltung aufzeigt.

52) Caes. *civ.* 1, 14 schildert die kopflose Reaktion der Führenden, während Lucan die Panik unter dem Volk beschreibt, mit der Flucht des Pompeius als krönendem Abschluss. Hochpathetisch Cass. Dio 41, 6 ff., der wohl auf Livius zurückgeht (s. Radicke, 192).

53) Schiffsmetapher für den Staat z. B. Soph. *Oid. T.* 21 ff.; Cic. *rep.* 1, 11; Hor. *c.* 1, 14. – Bei Plut. *Caes.* 34, 3 findet sich an der entsprechenden Stelle ebenfalls der Schiffsvergleich.

54) Lucan mildert die harte Kritik an Pompeius' Flucht (Cic. *Att.* 7, 11, 3 f.; 13, 1) auf diese Weise ab. Dafür kritisiert er das Verhalten der Bevölkerung. Die *fama* (1, 469), in Vergils *Aeneis* (4, 173 ff.) noch eine Gottheit, wird, als unsinnig abgetan, zu einem Affekt, der die Bevölkerung befällt und zu törichtem Handeln verleitet. Damit wird nicht Mitleid erweckt (wie bei Cassius Dio, s. o. A. 52), sondern Empörung (Seitz 222 ff.).

55) Vgl. Gagliardi, 108, unter Bezugnahme auf Verg. *georg.* 1, 466–88. Lucan orientiert sich bei diesem Vorzeichenkatalog wieder an Livius (s. Radicke, 194 f.). Weiterhin Wiener, 2006, 149 ff.: Wie Vergil bediene sich Lucan bestimmter Standardangaben, um den Ausbruch des Bürgerkriegs als welterschütterndes Ereignis zu zeigen.

56) Hierzu Ambühl, 2015, 74 ff.: Die Vorzeichen und die eingebetteten Vergleiche mit ihren Bezügen zu den Sagenkreisen um Mykene und Theben intensivieren die Thematik des Bürgerkriegs als Mord unter Verwandten. Die Erscheinung der Erinye (1, 572b ff.) als Ausdruck des Wahnsinns, der alle Bewohner Roms befällt, und der damit verknüpfte Pentheus-Agaue-Vergleich kehren bezeichnenderweise in Buch 7 wieder (7, 777 ff.), wo die Angstträume der Caesarianer beschrieben werden. Zur Bedeutung dieser Gleichnisse für die Auffassung des Bürgerkriegs als tragisches Gesehehen (s. dies., 87 ff.).

57) Vgl. schon Schrempp, 9 f., A. 13.

58) Das Verstummen des erschütterten Arruns (1, 616) und die folgende unklare Vorhersage deuten auf das Unsägliche des kommenden *nefas* voraus (Anzinger, 151).

59) Figulus spricht von einer Umwertung der Werte und kündigt die kommenden Jahre als vom *furor* geprägt an (1, 666 ff.). Der in der Iuppitervorhersage (Verg. *Aen.* 1, 293 ff.) als Sinnbild des Bürgerkriegs eingeschlossene *Furor impius* (der jederzeit ausbrechen kann) wird von Figulus gewissermaßen auf die Welt losgelassen: *multosque exibit in annos / hic furor* („viele Jahre lang / wird dieser Wahnsinn wüten"). Lucan polemisiert gegen Vergils vorsichtig-positive Geschichtsauffassung (vgl. Narducci, 1985, 1547 f.).

60) Allerdings vermischt die Matrone in ihrem Wahn Zeit und Ort bei ihren Vorhersagen (s. ders., 1985, 1545). Auch dadurch steigert sich das Grauen: Alle Phasen der Bürgerkriege bis hin zu Philippi stehen als gewaltiger Untergang Roms vor ihren Augen.

61) Dies wird in Buch 8 eintreten. 1, 685 f. spielt auf Verg. *Aen.* 2, 554 f. an (den *truncus* des trojanischen Königs Priamus, s. Narducci, 1985, 1545 ff. u. 2004, 392 ff.); durch die Parallelisierung der Schicksale des Priamus und des Pompeius entsteht ein Kontrast: Stieg aus dem Untergang Trojas (samt dem Tod des Priamus) das römische Reich empor, so geht es nun mit Pompeius' Tod endgültig unter (ders., 1985, 1547).

62) Das Unheil wird in dreifacher Steigerung angekündigt; die Szene endet mit der vom *furor* erlösten Matrone, um die sich niemand kümmert (s. Schönberger, 1968[2], 61 ff.); zu allen drei Vorhersagen s. a. Radicke, 197 ff.

Buch 2

1) Zur Bedeutung der Orakel in der Stoa s. M. Pohlenz, Die Stoa. Geschichte einer geistigen Bewegung, Göttingen 1984[6], Bd. 1, 106 ff. Kritisiert hier Lucan diese Auffassung, wenn er fordert, der Mensch möge seine Zukunft nicht erfahren? Dazu s. Malchow, 49. Wiener, 2006, 159 f.: Aus der Tatsache, dass die Welt und nicht die Götter die Vorzeichen senden, könne man auf eine orthodox-stoische Haltung Lucans schließen.

2) Vgl. Fantham, 80. Van Campen, 50, weist auf dieVorliebe Lucans für den Gebrauch von Disjunktionen hin (z. B. 1, 47 u. 234 f.; 2, 622 ff.; 3, 42 f.). Mit *sive … sive* („sei es … sei es") werden unterschiedliche Begründungen formal gleichberechtigt nebeneinander gestellt. Dies erinnert (van Campen, 48) an Sen. *epist.* 16, 5 („sei es, dass uns mit unerbittlichem Gesetz das Schicksal fesselt, sei es, dass ein Gott als Richter alle Dinge der Welt geordnet hat, sei es, dass der Zufall die menschlichen Angelegenheiten ohne Ordnung in Gang setzt und durcheinander wirbelt"). Seneca mag man die Anerkennung des Zufalls als Weltprinzip nicht so recht abnehmen (s. aber S. 123 f.); Lucan ruft jedoch angesichts der pharsalischen Katastrophe aus: *mortalia nulli / sunt curata deo* („kein Gott kümmert sich um menschliche Dinge", 7, 54b f.). Zum Widerspiel von stoischer und epikureischer Auffassung bei Lucan s. van Campen, 48 ff.; Schotes, 16 f.

3) Fantham, 82, unterstreicht, dass Furcht und Hoffnung abzulehnende Affekte seien. Lucan weicht, wenn er Hoffnung für die Menschen von den Göttern fordert, von der stoischen Doktrin ab, der Lebenswirklichkeit den Vorrang vor der Theorie einräumend.

4) Analyse dieses Abschnitts s. Schmitt, 29 ff.

5) Schmeichelei und Verstellung gehören laut Tacitus zu den Verhaltensformen von Herrschern und Untertanen, auch zur Wahrung der republikanischen Fassade (z. B. *ann.* 1, 7,1; 1, 12,3; 1, 14,1; 1, 77,3; 1, 81,2; 3, 3,1; 3, 60,1; 4, 12,1; 6, 20,1; s .a. van Campen, 74 f.).

6) Cic. *Att.* 8, 11, 2: „Jeder von beiden will herrschen." Weitere Stellen bei van Campen, 87.

7) Interpretation dieser Rede s. Schmitt, 41 ff.; ders., 187: Die *aliquis*-Reden vermitteln ein Stimmungsbild oder eine Deutung (s. die Klagen der Ariminenser (1, 248 ff.). – Gliederung bei Fantham, 92; narratologische Analyse bei Ludwig, 199 ff.

8) So z. B. sieht Herodot den Perserkrieg als Auseinandersetzung zwischen Ost und West in der mythischen Vorzeit angelegt (Hdt. 1, 1 ff.). – Die Ausführungen des Alten über Marius und Sulla enthalten Motive, die sich in der Livius verpflichteten Tradition finden (Radicke, 204 ff.); zu dieser Epoche s. App. *civ.* 1, 55–96; Christ, 99 ff. – Die Rede (die

längste im Werk) ist mit ihrem Rückgriff auf historische Beispiele auch Ausdruck der bangen Vorhersage (s. Fantham, 91), wie Lucan unterstreicht, 232 f.: *sic maesta senectus / praeteriti memor flebat metuensque futuri* („so klagten traurig die Alten / in Erinnerung an die Vergangenheit und fürchtend um die Zukunft"). Zugleich ähnelt der *aliquis* als Binnenerzähler Vergils Aeneas bei seiner Schilderung des Untergangs Trojas (*Aen.* 2).

9) So präsentiert er sich bei der Tötung des Marius Gratidianus (2, 180: *vidimus*), worauf auch die detaillierte Schilderung der Folterung bis zum Tod hinweist (s. Ludwig, 203).

10) Nicht nur die Schilderung der Grausamkeiten mit ihren die Grenzen des Wahrscheinlichen überschreitenden Details (z. B. können die Hingerichteten wegen der Menge der Opfer nicht zu Boden sinken, 2, 203b f. – ein Motiv, das der primäre Erzähler bei der Schilderung der Niederlage Curios in Africa wiederholt, 4, 769 ff.) haben der Binnen- und der pimäre Erzähler gemein (zu den verschiedenen Erzählertypen und der narratologischen Terminologie s. Martínez / Scheffel, 84 ff.). Darüber hinaus zeigen sich beide Erzähler als allwissend (Ludwig, 201 f.).

11) Ehlers, 514.

12) So 7, 58 f.; 387–459; 617–646.

13) Die Analogie von Staat und Körper findet sich z. B. bei Plat. *Prot.* 322d, wo der Ungerechte wie eine Krankheit der Stadt getötet werden soll; vgl. Cic. *Catil.* 1, 30 f; 2, 11 (Cicero als heilender und schneidender Arzt); Sen. *clem.* 1, 5,1; 2, 2,1.

14) So kann man auch hier von einer „Ästhetik des Sterbens" sprechen, dessen Schilderung eine eigene Choreographie erhalte (s. Hömke, in: S. 3, 101, zur Scaeva-Episode, 6, 144 ff.). Dies., 99: Beiden Szenen gemeinsam seien die zunehmenden Verwundungen der Protagonisten, wobei die Grenzen zwischen Leben und Tod verwischt würden.

15) Vgl. Dinter, in: S 3, 186, der in der Zerstückelung des Marius Gratidianus neben der Grausamkeit seiner Folterer auch metapoetisch die „Dehumanisierung" durch Sprachverlust behandelt sieht. Die Enthauptung lasse an Pompeius' Schicksal, aber auch an dasjenige Ciceros denken. Zum historischen Hintergrund Fantham, 112.

16) Vgl. Radicke, 207 (der lucanische Caesar eine Synthese zwischen Marius und Sulla).

17) So Plut. *Sull.* 29. Sulla berief sich auf Venus und Felicitas (s. Christ, 2003, 206 f.).

18) Brutus wird erwähnt in: 5, 207; 7, 440, 587, 596; 8, 610; 9, 17, 342, 398 (zu den Vorausdeutungen auf Caesars Tod und anderen, außerhalb des epischen Geschehens liegenden Ereignissen s. Schrempp, 30 ff.).

19) Für Fantham, 125, zeigt 240 f.: *cunctisque timentem / securum sui* („um alle fürchtend, / unbesorgt um sich") den Widerstreit zwischen politischem Engagement und stoischer Seelenruhe. Sklenár, 61, betont den Gegensatz noch stärker, wenn er auch diesen Affekt der Furcht als *per se* unstoisch bezeichnet. Dagegen Radicke, 209.

20) Vgl. Fantham, 132: Der Begriff *sacer* ist normalerweise den Göttern vorbehalten. Außer Cato erhält nur Pompeius bei seiner Apotheose diesen Begriff. – Ahl, 1976, 231, spricht gar von einer Vergöttlichung Catos schon ab 1, 231; vgl. 238. Anders Sklenár, 67, der in dieser Einleitung die Ironie darin erblickt, dass Cato seine Position durch die eigenen Ausführungen in Frage stelle. Ebenfalls kritisch über Cato z. B. Hershkowitz, 231 ff.

21) Sen. *epist.* 107, 11; vgl. Fantham, *ibid.*

22) Vgl. Schotes, 21 ff., zur stoischen Lehre der Ekpyrosis, des Weltbrands am Ende eines kosmischen Jahres; der Dichter verwerte diese Vorstellung, um die Hoffnungslosigkeit des Bürgerkriegs zu vermitteln, die auch Cato erkenne.

23) Zur Diskussion hierüber s. Wildberger, in: S 2, 57 ff. u. 72, die in Catos Rede Widersprüche zur stoischen Doktrin aufzeigt; weiterhin Sklenár, 59: Cato untergrabe in seiner hier vorgestellten Rolle als Stoiker die stoischen Werte, indem er als Patriot bewusst an der Selbstzerstörung Roms mitwirke (72). Dagegen Wiener, in: S 3, 169 f.: Catos Entscheidung, in den Bürgerkrieg einzugreifen, sei rational und stehe im Einklang mit der Stoa.

24) Anspielung auf die beiden Decii, die sich in einer *devotio* während der Latiner- bzw. Samnitenkriege (340; 295 v. Chr.) opferten, um somit die Feinde dem Tod zu weihen

(Liv. 8, 9, 4 ff.; 10, 28, 12 ff.). Wiener, 2006, 172, hebt unter Bezugnahme auf Leigh, 1997, 116 ff., hervor, dass es sich bei dieser pathetischen *devotio* Catos um eine Ankündigung handele, die so nicht in die Tat umgesetzt werde, da das Schicksal sie verhindere.

25) Vgl. Tac. *ann.* 15, 44, 4 f. (Bestrafung der Christen anlässlich des Brands in Rom). Einem „naiven" Leser drängt sich dieser Vergleich Catos mit Christus auf; inwieweit Lucan von dieser Religion wusste, bleibt Spekulation; immerhin mag Seneca über seinen Bruder Gallio etwas darüber erfahren haben; hierzu vgl. Sørensen, 72 f. u. 189 f., der dies allerdings für unwahrscheinlich hält. – Der Gedanke des Opfertods ist in der Antike geläufig (Fantham, 137), vgl. abgesehen von den Deciern (s. o. A. 24): Verg. *Aen.* 2, 115 f.; 6, 121; Sen. *Ag.* 160; *Med.* 66b; *epist.* 76, 27 (zu Catos *devotio* s. a. Narducci, 2002, 402 ff.).

26) So Wiener, in: S 3, 171, die dieses Abweichen mit der Rolle des Brutus als Tyrannenmörder begründet. Seneca (*de ira* 2, 6, 1 f.) lehnt den Zorn als Reaktion auch auf ein Unrecht ab, da er den Menschen von den Übeltaten anderer abhängig mache.

27) Vgl. 2, 344 f.; zum Hintergrund der Wiederverheiratung s. Fantham, 139 f. (zur Szene weiterhin Sannicandro, 2010, 97 ff.).

28) Ehlers, 516: Lucan komprimiert hier die Ereignisse (Tod des Hortensius: 50 v. Chr.!).

29) Zu den Deutungsmöglichkeiten dieser Szene s. Sannicandro, in S 3, 83 ff. u. A. 2–8: Kontrast zu Caesar und Kleopatra – Bild der Vermählung Catos mit der Republik – Karikatur eines Paares und seiner stoischen Wertvorstellungen als Zeugnis der zerstörerischen Wirkung des Kriegs – Hochzeit als Pflichtübung Marcias zum Erlangen von Genugtuung für das an ihr begangene Unrecht der „Ausleihe" an Hortensius.

30) Vgl. van Campen, 260 ff.; Sklenár hingegen sieht in der *laudatio Catonis* die stoischen Tugenden zwar genannt, aber Cato lebe diese exzessiv aus, wofür die negativ besetzten Begriffe wie *durus* und *rigidus* sprächen (vgl. dazu Sen. *clem.* 2, 5, 2). Entgegnen lässt sich, dass *durus* in Buch 9 für Cato eher in lobendem Kontext erscheint.

31) Zu diesem Exkurs und seiner Funktion für den Kontext s. Eckardt, 45 ff.; Ehlers, 516; Fantham, 152 ff.; Auhagen, 91 ff.; weiterhin Radicke, 211 f.

32) Z. B. Verg. *Aen.* 9, 691 u. 760; 11, 486; 12, 680 (Turnus); 10, 545 u. 601 ff. (Aeneas). – Von dem behutsamen Vorgehen des historischen Caesar findet sich hier kein Wort (dagegen Caes. *civ.* 1, 15; Cass. Dio 41, 10).

33) Nicht nur als Kontrast zur Cato-Marcia-Szene, sondern auch als Antizipation von Caesars Aktionen lässt sich Pompeius' *trepido …agmine*, 392 verstehen; dazu passt die Furcht des pompeianischen Feldherrn Libo (*trepidi … Libonis*, 462).

34) Dazu Ehlers, 516 f. („der feige Verräter") unter Bezug auf Menz, in: S 1, 360 ff., der die *clementia Caesaris* behandelt; vgl. Caes. *civ.* 1, 19 ff.; zu den Feldherrn des Pompeius in Italien s. Fantham, 168 ff. (milder über Domitius urteilend: 171); van Campen, 308 ff. – Domitius' Aufwertung ist keine Gefälligkeit gegenüber Nero, der dessen Nachfahre war (Ahl, 1976, 47 ff.). Er wird als Beispiel des Widerstands vorgeführt, um den Mythos der *clementia Caesaris* zu zerschlagen (s. a. Menz, in: S 1, 374 f.).

35) Z. B.: Sen. *Ag.* 115; 149 ff.; *Thy.* 249 ff.; 267 ff.; *Med.* 44 ff.; 673 ff.; 902 ff.

36) Cic. *Att.* 8, 13; 16; er wertet diese *clementia* als heimtückisch (*insidiosa*) ab, während Caesar von einer *nova ratio vincendi*, einer neuen Art zu siegen, spricht, Cic. *Att.* 9, 8 (7) C. Zu den Ereignissen um Corfinium s. Gelzer, 183 ff.; Dahlheim, 153 f. (s. a. o. A. 34).

37) So z. B. über Tiberius: Tac. *ann.* 1, 47; 2, 40, 1; 3, 4, 2; 4, 57, 1 f.; 4, 21, 1 f.

38) Hierzu vgl. Lebek, 155 u. 159 f.; Domitius' Selbstanrede (*moriture*, 524) lässt sich auch als Todesbereitschaft deuten (vgl. Fantham, 177 f.); Aeneas' Verhalten während Trojas Untergang ist ähnlich (Verg. *Aen.* 2, 317 u. 357 ff.).

39) Heyke, 56, weist darauf hin, dass Pompeius' Ankündigung *me cuncta secuntur* (575) durch die Passivität seiner Soldaten als Reaktion auf diese Rede Lügen gestraft werde.

40) Gliederung und Analyse der Rede: Lebek, 189 ff.; Fantham, 180 f. (im Anschluss an Tasler, 93 ff.); zur Rede s. a. Heyke, 53 ff. – Lebek, 194: „Pompeiozentrische" Formulierungen entlarvten den Redner als Machtmenschen, den die republikanische Freiheit

nicht interessiere. Tasler, 103 f.: Die Rede überzeuge von der Vergangenheit, begeistere aber nicht für die Zukunft. – Das Motiv des Haftens an der glorreichen Vergangenheit als Kennzeichen der tragischen Verblendung findet sich bereits in der Synkrisis, wo Lucan über Pompeius feststellt, 1, 134 b f.: *multumque priori / credere fortunae* („und er vertraute sehr auf sein vergangenes Glück").

41) So etwa Gall, in: S 2, 103, A. 27. – Pompeius als tragische Gestalt: s. Verf., 1984, 97 ff.

42) Lob Caesars als Redner, Atticus in den Mund gelegt: Cic. *Brut.* 252 f. u. bes. 261 f.; s. außerdem das Zitat aus einem Cicero-Brief an Nepos bei Suet. *Iul.* 55, 2.

43) Zur Pompeius-Rede vgl. Fantham, 179 ff.; hauptsächlich kritisiert die Forscherin, dass Pompeius keine Beziehung zu seinen Zuhörern aufbaue, 181.

44) Zur Analyse der Brundisium-Episode s. Radicke, 222 ff.

Buch 3

1) Vgl. Hunink, 25 u. 32; weiterhin Malchow, 76; Martindale, in: S 4, 279, A. 34. Hübner, 1984, 227 ff., zieht noch Verg. *Aen.* 2, 801 ff. u. 3, 9 ff. heran. Das Motiv des Zurückblickens erinnere an die Abfahrt des Aeneas aus Karthago (*Aen.* 4, 661 f.; 5, 3 ff.), wodurch unsere Szene durch elegische Elemente angereichert würde. Zur Szene s. a. Anzinger, 133 u. A. 432–35. – Zugleich ist dieser Blick zurück symptomatisch für Pompeius' leitmotivischen Charakterzug der Rückwärtsgewandtheit.

2) Die furienhafte Erscheinung ist der Anknüpfungspunkt; Parallelen zu Erictho zeigt Hunink, 37; Einfluss hat auch Dido (*Aen.* 4, 596 ff.): Iulia, in Didos Rolle, verflucht ihren Mann, der als ein Aeneas mit gegenteiligem Erfolg erscheine (Rutz, in: S 1, 519 f.). – Iulia symbolisiert das zerrissene Bündnis zwischen Pompeius und Caesar (s. Hübner, 1984, 231); zum elegischen Einschlag mit Anklang an Ovid (*met.* 11, 657 ff.) s. ders., 233.

3) Hierzu s. Rutz, in: S 1, 518 ff.; Hunink, 36; Sannicandro, in: S 3, 49 ff.

4) Zu dieser Stelle Schotes, 67 f. Stoizismus sieht Ehlers, 520. Hunink, 49, unterstreicht unter Bezug auf Epikur, *epist.* 3, 124 (vgl. Lucr. 3, 830 f.) den Epikureismus dieser Stelle, vgl. Schlonski, 112 f. – Pompeius' Reaktion auf Iulias Erscheinung (*maior in arma ruit*, 37), von Malchow, 76 f., als die eines zur Weisheit Strebenden gedeutet, dürfte eher eine temporäre Haltung sein (vgl. Rutz, in: S 1, 522).

5) So z. B. *clem.* 1, 3, 2; 11, 4; 5, 1; außerdem: *ben.* 1, 13, 3 (Hunink, 70). Andererseits bietet der grausame und unmenschliche Tyrann eben dieses Seneca unserem Dichter eine Anregung für die Gestaltung seines Caesar, s. Kopp, 70, A. 21.

6) Die Erstarrung und Furcht, die Caesar verbreitet, ist ein das Werk durchziehendes Leitmotiv, das den Tyrannen kennzeichnet (Kopp, 80 ff. u. A. 42; s. a. o. A. 40 zu Buch 1).

7) Zum Anklang Caesars u. a. an den Iuppiter Ovids (*met.*1, 163 ff.) s. Feeney, 1991, 295 f.

8) So lässt Tacitus Kaiser Tiberius einmal beim Verlassen des Senats ausrufen: *O homines ad servitutem paratos!* (*ann.* 3, 65). – In Wirklichkeit hatte Caesar bei dieser Sitzung durchaus Probleme mit den widerspenstigen Senatoren (Caes. *civ.* 1, 33; vgl. Hunink, 81).

9) Dieser Begriff verbindet beide Figuren. Während bei Domitius der militärische Widerstand betont wird, tritt Metellus als fragwürdigerVertreter der politischen *libertas* auf (s. Lebek, 196 f. u. 199), Analyse der Szene 195 ff. Radicke, 242, weist auf Metellus' Gier nach Gold hin (*auri …amor,* 3, 118 f.), die ihn zum Widerstand veranlasse.

10) Vgl. Hunink, 92.

11) Ehlers, 521. Radicke, 243.

12) Vielleicht geht es zu weit, hierin, wie Hunink, 93, eine Parodie der stoischen Doktrin *ducunt volentem fata, nolentem trahunt* (Sen. *epist.* 107, 11) zu erblicken. Zumindest kann man die „philosophische" Argumentation hier als billige Ausflucht eines Menschen verstehen, der sich mit den Machtverhältnissen arrangieren will.

13) Das „erste Mal", das den Beginn einer Verschlechterung markiert: z. B. Thuk. 3, 82; Sall. *Catil.* 11, 6; Liv. 1, 49, 7; 2, 41, 3; Ov. *met.* 1, 119 ff. (*tum primum*, über das Silberne Zeitalter). Anders Lebek, 204 f., der keinen Gegenwartsbezug sieht und unter *Caesare*

Caesar versteht (weiterhin Radicke, 244). Schindler, 48 f., betont die Paradoxie, dass durch die frevlerische Plünderung die Armut (*paupertas*) Roms, also der Idealzustand der Frühzeit, wiederhergestellt werde.

14) Zum Aufbau dieser Verse s. Ehlers, 522 ff.; Hunink, 103. Dieser Katalog ist das Gegenstück zur Aufzählung der caesarischen Truppen (vgl. Radicke, 244).

15) Zur Rede der Massilioten Tasler, 220 ff.; Hunink, 148. – Die *captatio* wird durch den zweiten Vergleich (mit der Gigantenschlacht) unglaubwürdig, verbindet sich doch mit den Giganten die Vorstellung von Feinden der göttlichen Ordnung.

16) So lassen sich gerade *ira* und *furor* bei einem stoischen Toren an Gesichtsausdruck und Verhalten ablesen (Sen. *de ira* 1, 1, 2 ff.). Marti, in: S 1, 117 ff., hat die These begründet, Lucans Caesar sei vor dem Hintergrund stoischer Philosophie das Beispiel des absolut Bösen und der Unvernunft. Caesars Antwort ist aber nicht nur ein unkontrollierter Gefühlsausbruch, sondern besitzt auch eine gedankliche Struktur: Auf die Gründe der Massilioten geht er in umgekehrter Reihenfolge ein (s. Hunink, 157).

17) S. ders., 168 f.; Masters, 25 f.; Heyke, 134 u. A. 1, die zudem auf Sen. *Thy.* 651 ff. hinweist, wo ein Furcht erregender Hain beschrieben wird. – Die negierenden Ortsbeschreibungen hat der Hain von Massilia mit dem *locus mirabilis* der Narcissusgeschichte (Ov. *met.* 3, 407 ff.) gemein. – Zum Begriff *locus horridus* s. Leigh in: S 4, 206.

18) Allerdings stellt Lucan selbst klar, dass die Abholzung ein Frevel ist: Zumindest sein Caesar weiß es (3, 437). Heyke, 136, betont, dass laut Lucan die einheimischen Gallier eine Bestrafung Caesars durch die Götter erwarten (3, 445 ff.). Allein die Beseitigung der heiligen Finsternis durch das Fällen der Bäume ist bereits ein Frevel (König, in: S 1, 469). Anders Gall, in: S 2, 101 f. u. A. 25 (mit Bezug auf Leigh, in: S 4, 201 ff.): Es gehe nicht um eine Verurteilung der Tat, sondern um die Betonung von Caesars Macht über seine Soldaten. Sein Gebrauch des Begriffs *nefas* sei ein rhetorischer Kunstgriff.

19) Das Fällen dieser Eiche ist die anschauliche Vorwegnahme des Sturzes des Pompeius (vgl. a. Masters, 27 f.). Radicke, 252, betont die Gemeinsamkeit zwischen Caesar und Alexander, die beide der Natur Gewalt antun (Hinweis auf Sen. *epist.* 94, 63).

20) Ähnlichkeiten mit dem ovidischen Erysichthon (*met.* 8, 738 ff.) s. Hunink, 168 f.

21) S. ders., 187 ff., der als Anregung zu dieser Szene Caesars Darstellung (*civ.* 2, 2 u. 2, 8 ff.) ausmacht. Zur Darstellungs- und Kompositionsweise s. Fuhrmann, 1968, 52 ff. Metger, in: S 1, 423 ff., vergleicht Lucans Schilderung mit vergilischen Kampfszenen: Das Mitempfinden des Augusteers sei durch das Ungeheuerliche und Pathetische ersetzt.

22) Die Naumachien (Hunink, 201) und die Gladiatorenkämpfe zur Zeit Neros (Ahl, 1976, 82) könnten Lucan Anschauungsmaterial geboten haben. Leigh, 1997, 246 ff.: Bei dieser Präsentation der Oberfläche des Geschehens (also des Vorgangs an sich) werde eine innere Beteiligung des Lesers ausgeschlossen und durch eine amüsierte Haltung ersetzt.

23) Nach Dinter, in: S 3, 187 ff., verselbstständigen sich die abgehackten Glieder der Kämpfer; es gehe nicht um eine Aristie, sondern um den Selbstbehauptungswillen angesichts des Todes; somit biete sich ein Bürgerkrieg en miniature. So schon Metger, in: S 1, 428 ff. (zu Acilius, dessen abgeschlagene Hand sich an die Wand des feindlichen Schiffes festklammert, bis sie im Tode erstarrt). Gall, in: S 2, 105: Der Eindruck der Grausamkeit des Krieges dränge sich vor die Bewunderung einzelner Heldentaten.

24) Der Mensch verliert seine Natur und wird zur Tötungsmaschine (Hunink, 254 f.).

25) Man vergleiche besonders Mezentius und Lausus bei Verg. *Aen.* 10, 833 ff., wobei sich das Vater-Sohn-Verhältnis umkehrt (ders., 256 f.).

Buch 4

1) Dreiteilung: 1) 1–401: Caesars Sieg in Ilerda, 2) 402–581: Die Vulteius-Episode, 3) 581–824: Untergang des Curio in Africa, s. Asso, 15, u. bereits Rutz, 1989, 28.

2) Analyse dieser Kämpfe im Vergleich zu den historischen Vorlagen bei Radicke, 269 ff.

3) Der Widerstreit der Naturelemente führt das Wesen des Bürgerkriegs vor Augen; gleich-

zeitig fällt auf, wie oft das Element Wasser sich Caesar entgegenstellt, wenn auch erfolglos (zu allem Radicke, 273). – Das Pathos Lucans besteht u. a. in dem Übersteigern eines Ereignisses. Aus dem von Caesar berichteten ungewöhnlich starken Hochwasser, das die Brücken über den Fluss Sicoris zerstört – bei ihm ist es eine „unerwartete Unannehmlichlichkeit", *repentinum incommodum*, das ihm immerhin „große Schwierigkeiten" bereitet (Caes. *civ.* 1, 48 ff.) –, macht Lucan eine Sintflut (s. Seitz, 215). Parallelen zu Ovid (*met.* 1, 262 ff.) stellt z. B. Morford, 44 ff., fest. Auch hier überbietet Lucan das Vorbild.

4) Zur Szene vgl. Leigh, 1997, 42 ff.: Der Erzähler versuche, das Geschehen zu verhindern, und schaffe mit seiner Bitte um eine Sintflut die Illusion, der Bürgerkrieg könne gestoppt werden. Dieser Illusion folge sogleich die Desillusionierung durch die Geschichte.

5) Auch hier macht sich kein Unterschied zwischen den Göttern und Fortuna bemerkbar.

6) Vgl. a. Masters, 68.

7) Das Erblicken der Verwandten löst die Erkenntnis des Bürgerkriegs als *nefas* aus; so wird die aus der *pietas* entspringende Pflicht zum Frieden deutlich (vgl. Heyke, 62).

8) So wie er es in seinem Gebet an Iuppiter und Neptun (s. o. 4, 110 ff.) getan hat. – Zu dieser „Beinahe-Episode" s. Nesselrath, 95 f.; so zeige sich, an welch seidenem Faden Caesars Erfolg hing (ders., 98). Besonders spürbar sei dies an der Meuterei (5, 237 ff.) und der Seesturmepisode (5, 504 ff.), wo die Handlung bzw. Haltung Caesars das Eintreten des als möglich beschriebenen Geschehens verhindere. Paradoxerweise macht Petreius Caesars Sache zur „besseren" und verhilft ihr zum Sieg.

9) Asso, 151, bezieht *saecula nostra* auf die Zeit des Autors, der nun (nach vollzogenem Bruch mit Nero und dem Publikationsverbot) ab Buch 4 keine Rücksicht auf den Kaiser nehmen müsse. Andererseits ist mit *venturi* auch die unmittelbare Zukunft der Erzählung gemeint. – Zur Aufhebung des Unterschieds der Handlungsvergangenheit und Erzählgegenwart s. Schlonski, 31: Mit diesem Durchbrechen der zeitlichen Ebenen gebe der Erzähler vor, in das erzählte Geschehen involviert zu sein. Man kann ergänzen: Er involviert die Leser in eben dieses. Masters, 89 f., weist auf unterschiedliche Standpunkte des Erzählers hin, die dem Leser eine paradoxe Erzählung des Bürgerkriegs lieferten. Dagegen sieht Ludwig, 50 f., keinen Bruch der Erzählebenen.

10) Petreius hat, anders als Pompeius (2, 596 ff.) Erfolg (vgl. Asso, 156). Vielleicht gerade deshalb, weil er, im Gegensatz zu Pompeius, vom *nefas* des *bellum civile* durchdrungen ist (vgl. Fratantuono, 144). Zudem tritt er (im Gegensatz zur Überlieferung, s. Radicke, 281) voller Zorn auf, was ihn ironischerweise mit Caesar verbindet, dessen Sache er zur „besseren" macht. – Der General deutet die Versöhnung als Verrat, als Überlaufen zu Caesar (4, 206 f.), und macht sich damit die Perspektive des caesarischen Berichts dieser Episode (*civ.* 1, 74 f.) zu eigen. Der Erzähler berichtet dagegegen von einer auf Gegenseitigkeit beruhenden Versöhnung (s. Leigh, 1997, 50 ff.).

11) Zur syntaktischen Doppeldeutigkeit des *causae* s. Asso, 157. Eine große Sinnverschiebung ergibt sich nicht.

12) Vgl. Sen. *de ira* 1, 18, 3 ff., wo über Cn. Piso berichtet wird, durch dessen sich von *ira* zu *furor* steigernde Gemütsverfassung drei Soldaten unschuldig hingerichtet werden; weiterhin: *de ira*, 2, 36, 5: *Aiacem in mortem egit furor, in furorem ira* („Aiax trieb der Wahnsinn in den Tod, in den Wahnsinn der Zorn."); *epist.* 18, 15: *ingentis irae exitus furor est* („das Ergebnis eines gewaltigen Zorns ist der Wahnsinn").

13) Zu diesem Thema s. Bäumer, die sich, nach ihrer Untersuchung der verschiedenen Zornestheorien, Lucan widmet (166 ff.) und Caesar als „Verkörperung der Bestie Mensch" gezeichnet sieht (173 ff.). Zur Stelle auch Radicke, 281.

14) Zum kausalen Zusammenhang zwischen *ira* und *furor* und ihrer verbrecherischen Wirkung z. B. Verf., 1984, 19 ff.: Sowohl bei Seneca als auch bei Lucan sind *ira* und *furor* die Kräfte, die Verbrechen schaffen. In Senecas Tragödien (anders als bei Lucan) stacheln sich einige Protagonisten selbst an, um ihre Untaten zu übertreffen, wobei auch der *dolor* eine Rolle spielt (z. B.: Sen. *Med.* 45b–55; 895–910; *Th.* 249–54). Zur Vertiefung z. B.:

K. Heldmann, Untersuchungen zu den Tragödien Senecas, Wiesbaden 1974; W.– L. Liebermann, Studien zu Senecas Tragödien, Meisenheim am Glan, 1974.

15) Zur Problematik dieser Aussage im Futur s. Schlonski, 44 ff.; in jedem Fall sind die Pompeianer ebenso schuldig wie ihre Gegner geworden (vgl. Wiener, 2006, 265).

16) Schlonski, 56 f., zu Rede und Auftreten des Afranius. Radicke, 285: Afranius als Beispiel im stoischen Sinn, wie man sich angesichts einer vom *fatum* verhängten Niederlage gegenüber einem Tyrannen verhält.

17) Schlonski, 57 f., unter Hinweis auf Caes. *civ.* 1, 85, wo Caesar Afranius ausführlich antwortet (ders., A. 89). Anders Masters, 78 ff., der ein Lob des Autors für Caesar sieht. Dagegen Leigh, 1997, 53 ff.: Caesars *clementia* erfülle die Kriterien, die in Sen. *clem.* 2, 7, 2 f. eben nicht Ausdruck echter Milde seien (vgl. Ahl, 1976, 193 f.). Radicke, 87 u. 288, deutet Caesars Verhalten als „Gnade eines Alleinherrschers", der sich freundlich gibt." Anders Anzinger, 129 f.: Der Erzähler überlasse mit der Bemerkung *facilis voltu serenus* dem Leser die Bewertung.

18) Asso, 185, verweist auf Stellen bei Seneca, wo der maßvolle Genuss gepredigt wird (*epist.* 18, 10; 21, 10; 45, 10). – Eine hier unpassende Tirade stoischer oder kynischer Färbung.

19) S. Rutz, 1989, 29 f.

20) Man vergleiche hierzu Lucr. 2, 1 ff.: dort wird das Glück desjenigen gepriesen, der die Wirren des Weltgeschehens unbeteiligt und in Sicherheit betrachten kann.

21) S. o. A. 19; weiterhin Schlonski, 64 f.

22) Zum historischen Hergang und dem Arrangement der Fakten s. Radicke, 291 ff.

23) Ehlers, 578. Weiterhin zur Vulteius-Szene: Ahl, 1976, 117 ff.; Radicke, 294 ff.

24) Vulteius bezeichnet das Floß, auf dem er und seine Leute sich befänden, als den Ort, auf den Freund und Feind gleichermaßen blicken könnten (492 ff.). Hier sei auf Metger, 162, A. 1, zitiert bei Heyke, 149, A.1, hingewiesen, der vielleicht als erster den Charakter eines Schauspiels erkannt hat. Weiterhin Leigh, 1997, 259 ff.; Ambühl, 2015, 101 f.

25) Zur Vulteius-Rede: Asso, 198 f.; Sklenár, 30 ff.; Ludwig, 208 ff. (mit weiterer Literatur).

26) Vgl. Asso, 205; Bartsch, 1997, 74. – Das resultative Perfekt (*proieci* – „ich habe hingeworfen") unterstreicht, dass Vulteius seinen Entschluss und die Konsequenzen innerlich bereits vollzogen hat (wie Caesar in 1, 227, s. o. A. 37 zu Buch 1); dazu s. Gärtner, 89.

27) Vgl. a. Asso, 210, der die Vulteius-Episode als *pars pro toto* im Hinblick auf den Bürgerkrieg ansieht; weiterhin Sklenár, 31 f.; s. a. die Analyse von Ludwig, 210 f.

28) Zur Funktion dieses Doppelvergleichs als Vermittlung eines tragischen Geschehens s. Ambühl, 2015, 103 ff.

29) Verf., 1984, 61 f.: Vulteius und später Scaeva werden durch ihre Gedanken an Caesar, dessen Dämonie sich darin offenbart, von *furor* ergriffen und leisten so ihre „Heldentaten" (vgl. a. Ambühl, 2015, 106: magischer Einfluss Caesars auf seine Leute). Diese Magie wird zum Schluss der Episode noch einmal aufgegriffen: Die Sieger staunen, dass ein Führer solchen Einfluss auf seine Leute haben kann (4, 572b f.). – Eine Todessehnsucht ergreift die Männer und treibt sie zum Selbstmord; hierzu auch Rutz, 1960, 464 ff., der zudem die in beiden Episoden offenkundige Perversion der *virtus* behandelt (vgl. Ahl, 1976, 119). Zur Verbindung von *furor* und Tod vgl. a. Sklenár, 30.

30) Ders., 30 f., spricht von einer epischen und einer stoischen Konzeption der *virtus*, deren Grenzen Vulteius in seiner Rede verwische, indem er die folgende irrationale Handlung mit rationalen Argumenten stütze. Martindale, in: S 4, 278, sieht in Vulteius die Parodie des stoischen Weisen, der die Freiheit durch den Tod suche. Radicke, 298 f., erkennt in Lucans Kommentar (575–81a) die Absicht, den Bezug zur eigenen Zeit herzustellen: Der Selbstmord der Opiterginer sei ein Beispiel für das Vermeiden der Knechtschaft. Dagegen hebt Day, 196, den Charakter des *nefas* hervor, der dem gegenseitigen Morden anhafte. Das Bürgerkriegsgeschehen werde so als Mord unter Verwandten herausgestellt.

31) Asso, 212 (Due, 1962, 80), nennt ein Beispiel der Nachwirkung: Dieser Vers war auf den Schwertern der französischen Nationalgarde während der Revolution eingraviert.

32) Dementsprechend wird Fortuna als schmeichelnd und trügerisch bezeichnet (711 f.).

33) Zu Curio s. Ahl, 1976, 88 ff., der auf die Rolle Africas als Land Iugurthas eingeht, dessen Nachfahre Iuba Curio besiegt. Merli, in: S 2, 111 ff., beleuchtet vor dem Hintergrund der literarischen Tradition (Caesar, Livius) und des epischen Vorbilds Vergil u. a. die Motive der *audacia*, der Jugend und des frühen Tods, die Curio mit dem historischen Catilina, aber besonders Vergils Lausus und Turnus gemein habe. Weiterhin Sklenár, 35 ff., der u. a. den Kontrast zum vergilischen Aeneas betont.

34) Zum Curiobild bei Caesar s. Dettenhofer, 151 ff. (dort auch Auseinandersetzung mit der Forschung). Dies., 154 f, betont die verhängnisvolle Rolle der *spes*, die Curio hindere, Iubas Falle zu durchschauen. Die Betrauung Curios mit dem Unternehmen sei Caesars Fehler gewesen; er beschreibe jenen ja als unsicher in militärischen Fragen (*civ.* 2, 39, 4).

35) Asso, 220.

36) Ders., 220 ff.; zur vergleichenden Untersuchung zwischen dem hier erzählten Mythos und Curios Schicksal s. Ahl, 1976, 93 ff.; Merli, in: S 2, 127 ff.; Fratantuono, 164 ff.

37) Cass. Dio 41, 3; Asso, 261.Vergleichende Untersuchung der Curio-Episode bei Caesar und Lucan s. Bachofen, 133 ff. Zu Curios Tribunat: App. *civ.* 2, 26; dazu Gelzer, 162 ff.; Dettenhofer, 49 ff.; Radicke, 299 ff.

38) Asso, 280, der auf die literarischen Vorbilder verweist.

39) So schon Ahl, 1976, 86 ff.

40) Laut Asso, 292, hat sich die Voraussage Iugurthas bei Sallust erfüllt, (*Iug.* 35, 10): *urbem venalem et mature perituram, si emptorem invenerit!* („O käufliche Stadt und bald dem Untergang geweiht, findet sie einen Käufer!"). Käuflichkeit und ein Denken, nur an dem eigenen Vorteil orientiert, sind Kennzeichen der Dekadenz der römischen Gesellschaft, bei der das alte Prinzip der gegenseitigen Unterstützung, beruhend auf *pietas, gratia* und *fides*, verloren gegangen ist (s. dazu Coffee, 120 ff.).

41) Vgl. a. Radicke, 312, der u. a. diese Stelle als Beleg dafür sieht, dass die Bücher 4–10 mit ihrer stärker werdenden Ablehnung der Kaiserherrschaft erst nach dem Tod Lucans veröffentlicht worden sind, da eine solche Kritik bei Nero gewaltigen Anstoß erregt hätte.

42) Lucan selbst stellt den Tod Curios als gerechte Strafe dar (805 ff.).

Buch 5

1) In dem Begriff *pares* wird wieder auf die Szenerie eines Gladiatorenkampfs angespielt (s. Barratt, 2). Fortuna korrigiert das Ungleichgewicht, das vor den Niederlagen bei Ilerda und in Africa bestand (*viribus <u>inpar</u> / … Magnus,* 2, 607 ff.), s. Rutz 1989, 33 f.

2) Diese Ortsangabe weicht von den historischen Quellen ab; es handelt sich wohl um die für Lucan typische Komprimierung mehrerer Ereignisse (dazu Masters, 97 f.).

3) Zur Rolle des Senats als legitimiertem Handlungsträger s. Jessen-Klingenberg, 35 ff.; Pompeius' Stellung wird trotz der Erhebung zum Führer eigentlich geschwächt (so Masters, 99, unter Hinweis auf 5, 13 f.). Weiterhin Radicke, 317.

4) Im Dezember 50 hatte der Konsul C. Marcellus mit seinen beiden Nachfolgern Pompeius aufgesucht und ihm, ohne einen Senatsbeschluss abzuwarten, den Oberbefehl über die Truppen Italiens übertragen (s. Gelzer, 170). Diese voreilige (und gesetzwidrige) Aktion wird von Lucan nicht erwähnt, Pompeius' Leitung als selbstverständlich vorausgesetzt, bis sie an dieser Stelle ihre legale Absegnung erhält. Immerhin betont Brutus im Gespräch mit Cato (2, 277 ff.), der Senat werde von einem *dux privatus* geführt (Jessen-Klingenberg, 43, f.); durch die nachträgliche Legitimierung des Kommandos für Pompeius gewinne der Exilsenat verlorene Autorität zurück. – Die Übertragung des Oberbefehls (5, 44 ff.) wird in den historischen Quellen nicht genannt (Radicke, 317 f.). – Zur tragischen Ironie, die bei der Berufung des Lentulus auf (den bei Livius als Proto-Augustus dargestellten) Camillus (5, 27 ff.) entsteht, s. Masters, 104 f.

5) Zu Appius Barratt, 25 f.; weiterhin: Ahl, 1969, 331 ff. (mit einem Vergleich des Appius mit Sextus Pompeius); ders. 1976, 121 ff.; Makowski, 193 ff.; Wiener, 2006, 132 ff.

6) Zu dieser Passage s. Morford, 65; Barratt, 32 f.;

7) Der Versuch einer Seherin, sich der Weissagung bzw. der dazu notwendigen Ekstase zu entziehen, ist ein Novum in der Literatur (Wiener, 2006, 134). Dieses Hinauszögern unterstreicht die Ungeheuerlichkeit der kommenden Ereignisse, die besser verschwiegen werden sollten (Anzinger, 147 ff.). Zudem wird durch das Vorschalten von Weigerung und Heucheln vor die prophetische Ekstase die Szene gegenüber dem Vorbild der vergilischen Sibylle gesteigert (Seitz, 215). Zur Szene s. a. Sannicandro, 2010, 141 ff.

8) Neben die Vorstellung einer Vergewaltigung (*domare, premere*) tritt die einer Empfängnis, worauf schon Norden in seinem Vergilkommentar, 146, bei der Behandlung der Sibylle mit Blick auf unseren Dichter (*hoc ubi virgineo conceptum est pectore numen*, 5, 97) hingewiesen hat. In neuerer Zeit zu diesem Gedanken: Moreschini, in: S 2, 152.

9) Barratt, 56, weist auf die Ähnlichkeit dieser Verse mit Verg. *Aen.* 6, 77 ff. hin. Jedoch ist die Schilderung der Ekstase dadurch gesteigert, dass die lucanische Seherin mit ihrem Rasen den gesamten Tempel erfüllt und nach dem Weichen des *furors* wahrscheinlich tot zusammenbricht, 5, 244: *vix refecta cadit* („und nachdem sie sich kaum erholt hatte, brach sie zusammen *oder:* sank zu Boden"), s. hierzu Seitz, 215 f.

10) An ihrer Stelle sagt Erzähler in seinem folgenden Kommentar (198 ff.) den Untergang der Republik, den Tod vieler Führer und die Ermordung Caesars voraus.

11) Zum Vergleich der beiden Szenen s. z. B.: Masters, 118 ff.; Wiener, 2006, 134 u. 136.

12) Vgl. a Masters, 125 ff., der den Kontrast zwischen langwieriger Schilderung und nur kurzer Prophezeiung betont, wodurch die Lesererwartung enttäuscht werde.

13) Zu der Manier Lucans, solche Details wegzulassen, Radicke, 325: „Die Angabe einer Schaubühne ist poetisch weder erforderlich noch sachlich geboten, …."

14) Barratt, 90, deutet *inproba vota* als ironisch, wie auch das einleitende *en*.

15) In dieser Szene fließen Ereignisse, Motive und vorgebrachte Gedanken aus mehreren Meutereien zusammen (Suet. *Iul.* 69 f.; Plut. *Caes.* 37; App. *civ.* 2, 47 u. 92). Zur Verarbeitung der historischen Vorlagen s. Radicke 324 ff.; weiterhin Gall, in: S 2, 108 f.

16) *Culmen* metaphorisch auch in 7, 593 f.; 8, 8; weiterhin Verg. *Aen.* 2, 603, s. Barratt, 81.

17) Suet. *Iul.* 67 ff.; Plut. *Caes.* 15 ff.; Augustus dagegen lehnte die Bezeichnung „Kameraden" für die Soldaten als Anbiederung ab (Suet. *Aug.* 25).

18) Caesars Gedanken, auf die Dienste seiner Soldaten zu verzichten und mit anderen zu siegen (App. *civ.* 93 vor dem Africa-Feldzug), erscheint hier als Baustein des Porträts eines Größenwahnsinnigen; vgl. a. Radicke, 329 f., der Caesars Worte als Trugrede sieht.

19) Zur Szene vgl. z. B. Rutz, 1989, 144 ff.; Verf. 1984, 56 f.; Nesselrath, 98 f.

20) Eine Verurteilung der Zustände des Prinzipats an sich (vgl. Barratt, 123 f.; Radicke, 333).

21) Zur Szene s. Morford, 37 ff.; Ahl. 1976, 220 ff.; Radicke, 337 ff. – Die Seesturmgeschichte bei antiken Autoren: Suet. *Iul.* 52; Plut. *Caes.* 38; App. *civ.* 2, 57; Cass. Dio 41, 46, 3.

22) In *audax* liegt vielleicht der Vorwurf des Verrats (s. Matthews 47). Dies., 48 ff., sieht auf Grund einiger Rückgriffe auf Motive der Liebeslyrik (besonders auf Ariadne bei Catull, *c.* 64) Caesar als eine verlassene Geliebte skizziert. Allerdings konzediert sie zu Recht den Widerspruch zwischen Caesar als klagender Geliebten und dem Teufelskerl, der sich sodann dem Seesturm entgegenstellt. Und so bleibt zu fragen, ob man bereits hier eine Feminisierung, auf die wir später tatsächlich stoßen werden, annehmen sollte. Dies., 51, geht noch einen Schritt weiter: Lucan suggeriere ein homosexuelles Verhältnis zwischen Caesar und Antonius, um jenen anzugreifen. So sei der Vers 487b f. (mit der unterstellten erotischen Konnotation des *venire*) als Aufforderung zu einem Rendezvous zu verstehen (dies., 60). Letzteres soll unkommentiert bleiben.

23) Einsame Größe ist ein Charakteristikum der Caesarfigur Lucans, das in der Seesturmepisode hervortritt (Rutz, 1989, 144 ff.). Dieser Aspekt wird spürbar in dem Kontrast zwischen den schlafenden Soldaten und dem in tiefster Nacht wachenden Caesar, der dieses Wagnis, auf sich allein gestellt, unternimmt (504 ff). – Zu Parallelen zur Nisus- und Euryalus-Episode in der *Aeneis* s. Barratt, 167; Matthews, 120 ff.

24) Lucan lässt dies seinen Caesar selbst aussprechen, 592 f.: *quaerit pelagi caelique tumultu / quod praestet Fortuna mihi* („mit dem Aufstand des Meeres und Himmels sucht / Fortuna eine Gelegenheit, sich mir zu beweisen").

25) Vgl. Matthews, 19, die auf sprachliche Parallelen zu Ov. *met.* 8, 517 u. 628 ff. hinweist. Thompson / Bruère, in: S 4, 129 ff., zeigen Anklänge an Aeneas' Besuch von Euanders Urrom (Verg. *Aen.* 8) und das gegensätzliche Verhalten des Aeneas und Caesars.

26) Vgl. Verf., 1984, 58. – Dass ärmlich lebende Menschen von Göttern aufgesucht werden, ist ein altes Motiv (vgl. den homerischen Demeterhymnos); darüber hinaus denkt man an die Philemon- und Baucis-Geschichte bei Ovid (s. o. A. 25). – Disposition der Szene bei Matthews, 87 f. (mit Erwähnung der Vorbilder). – Caesar decouvriert sich mit seinem Versprechen, den Fischer reich zu machen: Er verachtet das Leben des Amyclas und richtet sich so gegen die von den Römern positive Wertschätzung der Armut (dies., 109, zu 536 f.). Caesar, eine Gestalt ohne Bindung, kann Menschen nur kaufen (Coffee, 138 ff.). – Die erfundene Figur des Amyclas (statt des historisch verbürgten Steuermanns, Plut. *Caes.* 37, 4) verwendet Lucan für seine Prinzipatskritik (s. Radicke, 342).

27) Ehlers, 532. Zum „Kampf" der Winde und der literarischen Tradition: Matthews, 166 ff.

28) Wie die Überschwemmung bei Ilerda (4, 76 ff.) ist dieser Seesturm auch als Bild für die bevorstehende kosmische Katastrophe des Bürgerkriegs zu sehen. Ebenso wird die stoische Vorstellung von der Ekpyrosis, die das kosmische Weltenjahr beendet, zur Deutung des epischen Geschehens als Weltuntergang herangezogen (s. dazu Schotes, 22 ff.).

29) Matthews, 230. Caesar stellt sich über die Götter (vgl. Day, 151).

30) Zu Caesar als Anti-Aeneas an dieser Stelle s. Matthews, 18 ff.: Die lange Aufzählung seiner Taten stehe im Gegensatz zur Haltung, die aus den Reden des Odysseus und Aeneas in der gleichen Situation spricht (dies., 20), weiterhin Day, 152 f. Fratantuono, 205 f., betont den *amor mortis*, der Caesars *furor* charakterisiere (anders Rutz, 1960, 470).

31) Zur Rede Caesars s. Tasler, 84 ff; ein Wirken der Götter wird vorausgesetzt, aber in der gesamten Szene werden sie in den Hintergrund gedrängt. Matthews, 182 f., hat dies an Aeolus deutlich gemacht, mit dessen Nennung Lucan sich in 609 begnügt, während bei Homer (*Od.* 10, 1 ff.) und Vergil (*Aen.* 1, 52 ff.) ein Porträt dieser Gottheit, die die Stürme auslöst, entworfen wird. – Fratantuono, 207, sieht eine Anspielung auf Didos Fluch in der *Aeneis*, wodurch Caesar zum Zerstörer Hannibal in Beziehung gesetzt werde.

32) Einen Kampf zwischen Caesars Fortuna und den Göttern sehen Friedrich, in: S 1, 97 u. Rutz 1989, 165 f.; andererseits legt der in A. 24 zitierte Ausspruch Caesars nahe, Fortuna für den Ausbruch des Seesturms verantwortlich zu machen (bei instrumentaler Auffassung des *tumultu*, vgl. Matthews, 165) und so von einer Einheit der Schicksalsmächte auszugehen, die gegen Caesar aufbegehren (vgl. Verf., 1984, 58 ff.; weiterhin Nesselrath, 98, A. 168). Von einem Kampf Fortunas auf Seiten Caesars nämlich ist nicht die Rede: Caesar erprobt vielmehr die Verlässlichkeit seiner Fortuna, so wie sie vielleicht ihn erprobt. Fratantuono, 202, konstatiert in dieser Episode gar ihre Abwesenheit oder zumindest Unzuverlässigkeit, was sich mit Lucans Kommentar nach der Rettung Caesars (677: *fortunamque suam tacta tellure recepit* – „und mit Berührung des Landes erhielt er sein Glück zurück") begründen lasse.

33) Matthews, 232, sieht durch die Verwendung des Begriffs *intrepidus* Caesar als stoischen Weisen karikiert. Diese Unerschrockenheit ist jedoch eher Ausdruck eines sich aus dem *furor* ergebenden Größenwahns, der Caesar den Sieg über die Naturkräfte einbringt. Bezeichnenderweise gebraucht Lucan *intrepidus* nur für Sulla (2, 207), Scaeva (6, 219) und drei Mal für Caesar (5, 317 u. 658; 10, 15).

34) Zur zehnten Woge, die den Tod bringt, s. Barratt, 224 (mit Hinweis auf Sen. *Ag.* 545 ff.). Fratantuono, 207 f., behandelt den sich damit einstellenden Überraschungseffekt.

35) Anzinger, 141 f., weist auf die in der Epik einmaligen Intimität dieser Szene hin.

36) Rutz, 1989, 34.

37) Hierzu Sannicandro, 2010, 52 f. (zur Abschiedsszene gesamt s. dies., 45 ff.).

38) Barratt, 251, macht auf Ähnlichkeiten Cornelias mit der ovidischen Alcyone (*met.* 11, 416 ff.) und Ariadne bei Catull (*c.* 64, 130 f.) aufmerksam. In beiden Fällen geht es um eine verlassene Geliebte – bezeichnend für den elegischen Charakter dieser Szene.

39) Vergleich der Abschiedszenen bei Homer und Lucan unter dem Aspekt der Kontrastimitation und Rollentauschs s. Verf., 1984, 140 ff.; zur Szene weiterhin Lausberg, 1592 ff.; Barratt, 238 ff. Fratantuono, 211 ff., behandelt Parallelen zur römischen Literatur.

40) Zur Stelle vgl. Barratt, 250 f.

41) Zum Hektor der *Ilias* als einer tragischen Gestalt s. Verf. 1984, 75 ff.

Buch 6

1) Radicke, 349 f.

2) Lucan stellt die von ihm geschilderte „Historizität" über den Ruhm alter Bauwerke, wie Trojas oder Babylons, den diese der Sage verdankten, 48–50; zu dieser Homerkurrenz: von Albrecht, 2013, 182 f. – Diese Episode als Schauspiel s. Leigh, 1997, 181 ff.

3) Die Scaeva-Episode in den antiken Quellen: Caes. *civ.* 3, 53, 3 ff.; Val. Max. 3, 3, 23, Suet. *Iul.* 68; App. *civ.* 2, 60 (Scaeva als Held). Aus dem in der Tradition dargestellten Rückzugsgefecht eines Einzelkämpfers gegen eine Übermacht von Feinden werde „der offensive Kampf eines einzigen, von allen Seiten angegriffenen Mannes" (Seitz, 215). Schlonski, 66 ff., weist u. a. darauf hin, dass die Schilderung von Scaevas ersten Taten dem traditionellen Schema einer „Erfolgskette" entspreche (6, 169b–88), sich aber darin unterscheide, dass Scaevas Opfer namenlos blieben (ders., 80), ebenso die Angreifer im zweiten Teil (189 ff.). Durch den Fokus auf die Leiden Scaevas erhalte die Szene etwas Statisches (ders., 83). – Lucan deutet den in der historischen Literatur positiv dargestellten Scaeva negativ um (Radicke, 360 ff.); Ludwig, 122 ff. (mit narratologischer Untersuchung und weiterer Literatur).

4) Die Scaeva-Episode als Beispiel pervertierter *virtus* s. Hömke, in: S 3, 91 ff.; weiterhin: Schmitz, 2007, 239; Sklenár, 45 ff. – Day, 195, sieht in Scaevas *amor mortis* eine Eigenschaft, die ihn mit den Feinden Roms verbinde, und verweist dabei auf 1, 461 ff. (Druiden), 4, 147 (Iberer) und 8, 364 (Nordvölker). – Vulteius' und Scaevas Verhalten ist die konsequente Ausführung der Rede des Laelius (1, 359 ff.). Dieser hatte in seinem „Führereid" die tradierten Werte, besonders die *pietas*, auf den Kopf gestellt (s. o. S. 20).

5) Zur Vertauschung der Begriffe, die zu einer Verrohung der Sitten führt: Thuk. 3, 82, 4 ff. (anlässlich des Bürgerkriegs auf Kerkyra): „Und die gewohnte Bedeutung der Bezeichnungen für die Taten vertauschten sie nach Willkür". Weiterhin Sallust, *Catil.* 12, 1, wo der Historiker den Wertewandel beklagt, dazu vgl. a. die Worte Catos, *Catil.* 52, 1: *iam pridem equidem nos vera vocabula rerum amisimus* („schon lange gewiss haben wir die treffenden Bezeichnungen für die Dinge verloren").

6) Das Motiv des Feldherrn, dessen Anwesenheit die Soldaten zur Tapferkeit treibt (z. B. Caes. *Gall.* 2, 25, 3; 3, 14, 8; 3, 21, 1), wird hier (und in der Vulteius-Episode), verkehrt: Der Feldherr ist abwesend, und es geht, statt um Tapferkeit, um den Rausch des *furor*, der sinnloser Weise ins eigene Verderben führt (auch wenn Scaeva nicht stirbt). Man vergleiche Labienus' Worte (Caes. *Gall.* 6, 8, 4): In höchster Not fordert er die Soldaten auf, ihren Führern die Tapferkeit unter Beweis zu stellen, die sie oft Caesar gezeigt hätten, und sich vorzustellen, dieser sei als Augenzeuge ihrer Taten anwesend.

7) Scaevas *adhortatio* wirkt bei seinen Kameraden als Aufforderung zum Zuschauen statt zum Mitkämpfen. Eben dieses Publikum zerstöre auf literarischer Ebene die Absicht Scaeavas, ein *exemplum virtutis* zu bieten, da die Sicht eines episch objektiven Erzählers durch eine Vielzahl subjektiver Standpunkte ersetzt werde (Leigh, 1997, 184).

8) Hömke, in: S 2, 95 ff., sieht zu Recht in eben dieser Wirkung von Scaevas Worten eine Neubewertung der Aristie, die hier nur scheinbar einen Helden vorstelle: Scaevas *virtus* werde durch ihre Verbindung mit dem *furor* (6, 229 u. 240) zum Verbrechen. Hierzu bereits Hershkowitz, 212 f.: *virtus* und *furor* vermischten sich bei Scaeva (und Vulteius).

9) Die Bewunderung für Scaevas *virtus* ist aus der Perspektive der Kameraden und nicht der des Erzählers formuliert (Hömke, in: S 2, *ibid.*).

10) Aus dieser sarkastischen Formulierung *quanta virtute* spricht weniger Ironie (dies., *ibid.*) als eher das Bedauern, ja die Verzweiflung des Erzählers über Scaevas fehlgeleitete *virtus* und die verhängnisvollen Folgen. Der Erzähler korrigiert die Bewunderung der Kameraden, indem er Scaeva jegliches Glück abspricht (vgl. Radicke, 363).

11) Vgl. Sklenár, 53, der deutlich macht, dass dieser Vergleich nicht dem Epos entstammt, sondern die Wirklichkeit der Arena widerspiegelt.

12) Vgl. Radicke, 362. Scaeva erweist sich in dieser Heimtücke und Verstellung als echter Gefolgsmann Caesars, an dessen Stelle er kämpft (s. S. 57).

13) Hierzu schon Rutz, 1960, 405, der in A. 3 Metger, 166, zitiert: „Die militärische Aufgabe tritt in der Rede des Scaeva ganz zurück, allein im ruhmvollen Sterben sieht er seine Aufgabe. Dieser Vorstellung ist er geradezu rauschhaft hingegeben."

14) Zu Caesar als Dämon des *furor*, der sogar in Absenz wirkt, s. Verf. 1984, 62. – Scaeva und Vulteius sind auf Caesar fixiert, und so erhält ihr „Heldentum" innerhalb des caesarischen Kosmos eine Sinnhaftigkeit, die der Erzähler und sein Publikum ablehnen.

15) Dass Kämpfer eine Mauer ersetzen (wie etwa die Spartaner), ist ein als Topos der Deklamatorenschulen erkannt, s. Bonner, in: S 4, 99 f., der auf andere Stellen (z. B. Sen. *Troad.* 124 ff.) hinweist und die Instrumentalisierung Scaevas als Mauer betont.

16) Eckardt, 61. Radicke, 365, hält eine Symbolik der Naturelemente für möglich, da sich das Wasser, hier zu Pompeius in Beziehung gesetzt, Caesar öfter in den Weg stellt (s. a. o. A 3 zu Buch 4).

17) Der vergilische Turnus bringt sich in seinem aus purer Mordlust bestehenden *furor* um den Sieg über die Trojaner: Er versäumt es, die Tore des feindlichen Lagers, in dem er sich allein befindet, zu öffnen, um seine Gefährten hineinzulassen (*Aen.* 9, 756 ff.).

18) Diese Bemerkung steht im Gegensatz zu der negativen Bewertung Sullas in 2, 139 ff. und lässt sich als Ausdruck tiefer Verzweiflung des Erzählers deuten: Ein Mörder vom Schlage eines Sulla wäre paradoxerweise der Richtige gewesen, dem Wahnsinn des Bürgerkriegs ein Ende zu setzen. Zur Problematik dieser Stelle s. Casamento, 173 ff.

19) S. Verf. 1984, 118 f.; Heyke, 106 ff., die dieses Verhalten als *pietas erga patriam* und nicht *erga socerum* deutet (108, A. 1), wogegen bereits Lucans Apostrophe (6, 303 ff.) spricht. Schon Klien, 29 f., sieht Pompeius' Passivität zu *pietas* verklärt. Zum Urteil über den Beinahe-Sieg des Pompeius s. Caes. *civ.* 3, 69: Der Zufall habe den Sieg sowohl der einen als auch der anderen Seite verhindert; weiterhin Plut. *Caes.* 39, der Caesar die Unfähigkeit seines Gegners für den entgangenen Sieg verantwortlich machen lässt.

20) Zu diesem gesamten Abschnitt s. die detaillierte Analyse von Korenjak, auf die sich Verf. stützt; weiterhin Fauth 325 ff.; Radicke, 370 ff.

21) Korenjak, 79: Die langen Beschreibungen (vgl. a. den Nilexkurs, 10, 194 ff.) mit ihren Anleihen bei der Geschichtsschreibung dokumentierten das Interesse des Dichters an der Geographie; der Thessalienexkurs könnte von Hdt. 7, 128 ff. u.176 u. 198 ff. beeinflusst sein. – Die Angaben breiten eine unheilvolle Atmosphäre aus, bei der es auf die Exaktheit nicht ankommt, trotz vorhandener Detailkenntnisse Lucans (s. Masters, 150 ff.). – Mit der Beschreibung Thessaliens dringe der Mythos als Paradigma des Bürgerkriegs ein, er präfiguriere die historische Gegenwart (s. Ambühl, 2015, 178).

22) Dazu im Einzelnen Korenjak, 80. Fauth, 330 f., bezeichnet Thessalien als Antikosmos.

23) Die Erwähnung Achills bedeutet ein schlechtes Omen für Pompeius und seine Partei, da man in jenem einen „Proto-Caesar" sehen kann (s. Korenjak, 80).

24) So ders., 91. Radicke, 370 f., sieht bei der Beschreibung der Entstehung Thessaliens im Zurückweichen der Wassermassen eine motivische Vorausdeutung auf den Sieg Caesars, da Lucan diesen mit dem Land, Pompeius mit dem Wasser verbinde (s. a. o. A. 16).

25) Zur Einordnung dieser Flussbeschreibung in die literarische Tradition s. Korenjak, 97 f.

26) Sextus Pompeius befand sich zu dieser Zeit nicht in Thessalien; die Rolle, die er hier

spielt, ist wohl eine „zweckbedingte Erfindung" Lucans (Ehlers, 536; Fauth, 330). Manche Quellen behaupten eine Beteiligung des Sextus an der Schlacht von Pharsalus (Vell. 2, 53); hierzu und zur Gestalt des Sextus in dieser Episode s. z. B. Masters, 181 ff. (dazu Vergleich mit der vergilische Sibylle); Korenjak, 25 ff.; Radicke, 371 f.

27) Die Befragungsriten werden in einem Katalog negierender Aussagen vorgeführt, so dass man hierin Lucans „Absage an die traditionellen Formen epischer Zukunftserforschung überhaupt" sehen kann (Korenjak, 111 f.). Man beachte dazu Catos dezidierte Absage an jegliche Zukunftsbefragung (9, 564 ff.; s. S. 99 u. 135). Zur Szene s. a. Feeney, 1991, 289 f.

28) Korenjak, 109; zudem ist Sextus ein Beispiel für Menschen, die aus Angst vor der Zukunft fälschlicherweise zu den Orakeln getrieben würden, s. ders., 111, unter Hinweis auf Epikt. 1, 7, 9.

29) Ders., 123: Die künstliche Verlängerung der Nacht verbinde Buch 6 mit Buch 7.

30) „Die folgenden rund sechzig Verse (507–69), die ihre magisch-kannibalisch-nekrophilen Praktiken *en détail* beschreiben, gehören sicher zu den grausigsten Passagen in der uns erhaltenen antiken Literatur" (ders., 9). Hömke, 2006, 168 ff. (ausgehend von Fuhrmann, 1968, 26 f.), sieht in der Schilderung Ericthos den Einbruch des Grauens in die „Realität" der epischen Erzählung, wodurch Effekte des Horrors erzielt würden.

31) Vgl. a. Finiello, in: S 2, 160.

32) Dazu dies., 178 ff., die Erictho gar als weibliches *alter ego* des Erzählers bezeichnet, die wie eine Schauspielerin auf einer Nebenbühne agiere.

33) Korenjak, 9 f.; zur literarischen Tradition der Nekyia s. ders., 37 ff.; zur Szene vgl. a. Wiener, 2006, 137 ff.; Sannicandro, 2010, 161 ff. Zur Szene s. die ausführliche Interpretation von M. Reif, De arte magorum. Erklärung und Deutung ausgewählter Hexenszenen bei Theokrit, Vergil, Horaz, Ovid, Seneca und Lucan, Göttingen 2016, 415 ff.

34) Auf den Kontrast zwischen diesen menschlichen Zügen Ericthos und ihrem monströsen Treiben macht auch Finiello, in: S 2, 162, aufmerksam, vgl. Hömke, 2006, 179, A. 68.

35) Sextus will die Zukunft erfahren, nicht aber das Schicksal ändern (Masters, 208).

36) Es hat noch keine Schlacht stattgefunden; zu diesem und anderen Widersprüchen in der gesamten Nekromantie s. Korenjak, 11.

37) Diese Lösung des skizzierten Widerspruchs bietet Finiello, in: S 2, 179 f., an. Die Annahme, Erictho versetze Sextus (samt Publikum) in die Zukunft, um sich aus den Gefallenen der Schlacht von Pharsalus ein geeignetes Medium auszusuchen, hat durchaus etwas Faszinierendes: Erictho verfügte so über Raum und Zeit.

38) Zu ihrem Tun und ihrer Erscheinung s. Fauth, 335 ff.; Masters, 196 ff.

39) Zur „Charakterisierung" dieses Untoten s. Korenjak, 28 ff.

40) Der Gebetsstil Ericthos weist auf Medeas Worte (Sen. *Med.* 8–12) zurück und setzt so beide Hexengestalten in Beziehung. In ihrem Gebet wird der Topos des „wenn ich mich fromm verhalten habe" umgekehrt; so wird auch hier wieder das Monströse Ericthos deutlich: Sie ist das genaue Gegenteil einer frommen Hilfesuchenden (zum gesamten Gebet s. ders., 200 ff.. – Johnson, 26, erblickt parodistische Züge dieser Szene.

41) Es handelt sich um Daemogorgones, den Herrn über alle Götter, den man nicht bei seinem Namen rufen darf (Erklärungen s. Oudendorp, 496 f.); weiterhin Fauth, 337.

42) Korenjak, 204, stellt fest, dass es sich nicht um Verzückung, sondern Tollwut handelt.

43) Zur Vorstellung vom Tod als Geschenk, dem Körper als Gefängnis der Seele und dem dahinter stehenden stoischen Dualismus von Seele und Körper s. Schotes, 55 f. – Der Moment der ruckartigen Wiederbelebung des Toten (6, 754b ff.) lässt an Horrorfilme der heutigen Zeit denken (Johnson, 27).

44) Vgl. Korenjak, 219 f.; zu dieser zweiteiligen Vorhersage ders., 220 ff.; Schrempp, 26 ff.

45) Zum Problem der Erwähnung Sullas unter den Guten s. Ahl, 137 ff.; Casamento, 191 ff.

46) Johnson, 30. – Während bei Vergil (*Aen.* 8, 668 f.) Catilina, in der Unterwelt zur Strafe angekettet, von herabhängenden Felsen bedroht wird, ist er hier der Drohende. Das Zerbrechen dieser Ketten evoziert die Auflösung der kosmischen Ordnung (Korenjak, 227).

47) „Tretet mit Füßen die Manen der römischen Götter", dazu schon Oudendorp, 503.

48) Fauth, 333, spricht von einer Atmosphäre der selbstzerstörerischen Sinnlosigkeit, von der die Nekromantieszene geprägt sei.

49) Dazu Fauth, 337 f., der sich bereits früh gegen eine Abwertung der Nekromantie-Szene gewandt und ihre Funktion im Werk betont hat.

50) Vgl. Narducci, 2002, 129: „Una trasformazione degradata della Sibilla cumana". Zur Nekromantie als Gegenstück zur Katabasis des Aeneas s. ders., 1985, 1548 ff. u. ders., 2002, 126 ff. – Masters, 191 ff., macht darüber hinaus auf den gegenläufigen Prozess bei der Priesterin Phemonoe und dem Untoten vor der jeweiligen Weissagung aufmerksam. Weiterhin s. Petrone, in: S 5, 76.

51) Hömke, 2006, 175: „Vor dem Hintergrund des Bürgerkriegs kreiert Lucan eine diabolische, infernalische Übermacht, die ... als die treibende Kraft des Geschehens offenbart wird..." Dies., 173, stellt fest, Lucan, verlasse die epische Tradition und erreiche eine Dimension des Grauens, die modernen Vorstellungen des Horrors entspreche.

52) Vgl. schon Rutz 1989, 38. Wiener, 2006, 139: eine „Anti-Römerschau".

53) Fauth 338 f.

Buch 7

1) Rutz, 1989, 39, zieht 214–34 noch zu Teil 1, der von der Einheit des Ortes geprägt sei.

2) Zu dieser Szene Hübner, 1976, 107 ff. Mit der Schilderung des Sonnenaufgangs weicht Lucan von dem Topos der reinen Zeitbestimmung ab zum Zweck der Schaffung einer düsteren Atmosphäre (s. Schlonski, 100 f.; weiterhin Narducci, 2002, 51 ff.) – Der verzögerte Sonnenaufgang lässt laut Ambühl, 2015, 78, an den Prolog einer Tragödie denken (vgl. Sen. *Thy.* 120 f.; *Ag.* 53 ff.) und evoziere den Gedanken von Pharsalus als zweites Theben und Mykene. Dieses Motiv verbindet zudem den Vorzeichenkatalog von Buch 1 (522 b ff., bes. 540-44) mit der sich nun vollziehenden Katastrophe (dies., 74 f.).

3) Deutungen dieses Traums: Rutz, in: S 1, 509 ff.; Cancik, in: S 1, 546 ff. Fratantuono, 270, weist auf die Verbindung zu Pompeius' Traum in Buch 3 hin (vgl. schon Morford, 81). Zu den Träumen als Element der Polemik gegen die epische Tradition s. ders. 75.

4) Cancik, in: S 1, 549 f.: Es handele sich um einen Verdrängungstraum, in dem Bedrohliches durch Erfreuliches ersetzt werde.

5) Händeklatschen und Schlagen der Brüste können sowohl Freuden- als auch Trauerbekundung sein (ders., in: S 1, 550).

6) Ders., in: S 1, 551 f.: Pompeius deute mit einer Traumleistung das Lärmen der Soldaten vor seinem Zelt um.

7) Cic. *fam.* 7, 3, 2 f; *Att.* 11, 5; 11, 7, 2; Plut. *Cic.* 39, 1; vgl. Rolim de Moura, in: S 3, 74, A. 10.

8) Aus der Kommentierung Lucans spricht ein abschätziges Urteil über die Rhetorik, vgl. Aristot. *rhet.* 1402a18; Cic. *de orat.* 2, 30 (s. a. Rolim de Moura, in: S 3, 75). – Cicero als Vertreter des Senats wird desavouiert, wenn Lucan als Grund für sein Drängen auf den Kampf den Wunsch nennt, nach Hause zurückzukehren, um seine gewohnte Tätigkeit wiederaufzunehmen (7, 65 f.). Zugleich zeigt sich in Ciceros Eingreifen die Inkompetenz des Senats in militärischen Dingen (Jessen-Klingenberg, 39 f. u. 45 f.). Zur Rede selbst s. Ahl, 1976, 160 ff.; Fratantuono, 272 f.; Ludwig, 210 f.

9) Zur Pompeiusrede s. Tasler, 104 ff. – Die Resignation des Pompeius hat ihr Vorbild in der Rede des Latinus bei Vergil (*Aen.* 7, 594 ff.; s. Radicke 380 u. A. 24 (weitere Literatur).

10) Vgl. Rolim de Moura, in: S 3, 77; Fratantuono, 275: Pompeius verschmilzt mit dem Erzähler.

11) Die Schiffsmetapher verbindet diese Szene mit 1, 498 ff. (Pompeius' Flucht aus Rom) und wird so zu einem Leitmotiv für Pompeius auf poetischer Ebene. – *Puppis* ließe sich auch als Subjekt verstehen: „Das Staatsschiff treibt als träge Last dahin"; damit fiele die Kritik an Pompeius weniger hart aus. – *Puppis* als Staatsschiff: z. B.: Cic. *fam.* 9, 21, 3; 12, 24, 5. – Radicke, 382, sieht Pompeius als stoischen *proficiens*, der den Affekten seiner

Umgebung nachgibt. – Johnson, 77: Mit dem Begriff *onus* werde auf das Eichengleichnis in der Synkrisis (*pondus*, 1, 139) zurückgewiesen und Pompeius' Schwäche verdeutlicht.

12) Vgl. a. Rolim de Moura, 86.

13) Interpretation des Vorzeichenkatalogs und der Bezüge zur *Aeneis* s. Fratantuono, 277 ff.

14) Tasler, 109, geht von einer größeren Zuhörerschaft aus; auf jeden Fall ist das Verhalten der Soldaten eine Reaktion auf die Rede ihres Feldherrn, vgl. Fratantuono, 276.

15) 2, 239 f.: *Invenit insomni volventem publica cura / fata virum casusque urbis cunctisque timentem* („Brutus traf ihn an, wie er in schlafloser Sorge um den Staat über das Schicksal der Männer und den Fall der Stadt grübelte und um alle Furcht hatte…").

16) Fratantuono, 277.

17) *Litare* steht normalerweise mit Dativ, s. Dilke, 103, der *infernum nefas* personifiziert sieht.

18) Anders Fratantuono, 278, der die *omina* auf beide Parteien bezieht.

19) Verf. folgt der Lesart *tumultu*, s. Fratantuono, 278.

20) Vgl. ders., *ibid.* u. dortige A. 27.

21) Dazu s. Dilke, 106, mit entsprechenden Zitaten (z. B. Plut. *Caes.* 47).

22) Mit diesem Ausspruch überschreitet Lucan die Dimension der erzählten Zeit und verleiht ihm Allgemeingültigkeit (Fratantuono, 279). Weiterhin Ormand, in: S 4, 327 ff.

23) Rutz, 1989, 40, fasst die Verse bis 234 als Abschluss des vorangegangenen Pompeiusteils auf. Zur taktischen Aufstellung und dem Verlauf der Schlacht s. Dilke, 21 ff.; Luck, 54 ff; Radicke, 390 ff.; in den Quellen: Caes. *civ.* 3, 88 ff.; Plut. *Caes.* 44 f.; *Pomp.* 71 ff.; App. *civ.* 2, 75 ff. – Lucan hebt die Pompeianer mit seiner Bemerkung, dass sie geordnet aufmarschieren (7, 216), von dem Verhalten der Caesarianer ab (7, 332), vgl. Lebek, 229; Radicke, 389. So wird ein Gegensatz zwischen Vernunft und Wahnsinn oder Zivilisation und Barbarentum gezeichnet – eine Konstellation, die ihre Anregung von Hom. *Il.* 3, 1 ff. erhalten haben könnte (Radicke, 384, A. 53, mit Hinweis auf Lausberg, 1569 ff.). Dort werden die Troer als lärmend und die Achaier als schweigend vorgestellt. Aber bei Homer ist die Welt noch in Ordnung: Die disziplinierten Achaier siegen, während bei Lucan, gemäß seinem Prinzip der Umkehrung einer Vorlage, der Wahnsinn den Sieg davonträgt.

24) Anders Fratantuono, 281: Das Innehalten Caesars sei ein Zeichen von Schwäche und ein Hinweis darauf, dass letztlich auch er untergehen werde.

25) Vgl. Rolim de Moura, in: S 3, 72 f.; einige Beispiele: Thuk. 2, 87 ff.; (vgl. aber: 4, 92 ff.!); 7, 61 ff.; Liv. 21, 40 ff. – App. *civ.* 2, 73 ff., lässt Pompeius seine Rede zuerst halten.

26) Analysen dieser Reden: Tasler, 109 ff.; Lebek, 227 ff.; Fratantuono, 280 ff.; Ludwig, 212 f.

27) Tasler, 110.

28) Wörtl: „Ich lehne ab nichts zu sein" *oder:* „Ich lehne keineswegs ab etwas zu sein."

29) Vgl. dazu schon Oudendorp, 534

30) *Licere* erhält hier, wie kurz zuvor, eine Färbung im Sinne des Missbrauchs der Freiheit (des Sich-Anmaßens) und zeugt von der Umwertung der Werte (s. a. Lebek, 233).

31) Der Redner hat seine Beherrschung verloren oder appelliert an das Mitleid seiner Hörer.

32) Pompeius' Reden (2, 596 f.; 8, 328 f.) haben in Lucans Werk kaum Erfolg; in dieser Situation aber stimmen die Soldaten zu und werden so zu am Geschehen schuldlosen Opfern.

33) Im Kontext des siebten Buchs greift Pompeius dem Erzähler vor, der im Proöm die Bedeutung der Schlacht angesprochen hat und dies nun noch einmal tun wird.

34) Dieses Echo hat auch Martindale, in: S 4, 279, gesehen. – Der Begriff *iustius* wird im Munde Caesars zu einem amoralischen „Recht des Siegers", wenn er nach seinem Ausspruch feststellt, die Schlacht werde den Besiegten zum Schuldigen machen (260).

35) Rolim de Moura, in: S 3, 73, spricht von einer Interaktion zwischen den Rednern.

36) Der Effekt eines „Ferndialogs" ergäbe sich bei einer „normalen" Abfolge der Reden; so aber nimmt Caesar Pompeius die Antworten vorweg (Caes.: 269–80 vgl. Pomp.: 360–68).

37) Gliederung bei Lebek, 245, der 385 f. dem ersten Teil zuschlägt; vgl. Radicke, 404.

38) Zur gesamten Passage (7, 387–459) s. die Behandlung von Leigh, 1997, 82 ff.

39) Fortuna sorgt für diese Erkenntnis, die durch die Katastrophe augelöst wird (Verf., 1984,

131 f.) – Day, 198 ff.: Die Klagen des Erzählers (7, 385 ff.) wiesen auf 1, 24 ff. zurück. Für ihn zähle nur das republikanische Rom, das in politischer und ethnischer Hinsicht darniederliege (vgl. ders., 209 ff. zu 7, 638 ff.). Die Anrede an Rom ist auch eine Wendung an Rom als Idee, die durch die Schlacht zunichte gemacht wird (s. Leigh, 92 f.).

40) Lebek, 268 ff.

41) Hierzu schon Oudendorp, 555. Fratantuono, 288 f.: Hier nähere sich der Erzähler einem Atheismus an, der über den üblichen Epikureismus hinausgehe. – Zum Weiterlesen: E. Fantham, The Angry Poet and Angry Gods. Problems of Theodicy in Lucan's Epic of Defeat, YClS 32, 2003, 229 ff.; T. Baier, Lucans epikureisches Götterbild in: Lucain en débat. Rhétorique, poétique et histoire (Actes du colloque international, Pessac, 12-14 juin 2008), Paris 2010, 113 ff. – Im folgenden Passus, in dem der Dichter beklagt, dass Iuppiter die Schlacht mitansehe, ohne die Sonne zu verdunkeln wie damals in Mykene (7, 447b ff.), wirft er die Frage der Theodizee auf und verleiht dem Geschehen den Charakter des Tragischen. In den diese Verse rahmenden Feststellungen über das Fehlen der göttlichen Fürsorge (445b f. u. 454b f.) wird zugleich die Ohnmacht der Götter deutlich: Wie ein Zuschauer (Ambühl, 2015, 241) scheint Lucan das Eingreifen Iuppiters zu erwarten: Nachdem er ihn zunächst provoziert hat („Es gibt für uns keine Götter", 445b f.), fühlt er sich nach ausbleibender Reaktion bestätigt und wiederholt seinen Vorwurf.

42) Vgl. Caes. *civ.* 3, 91, der Crastinus lobt und ihn nach dem Signal mit seinen Leuten vorstürmen lässt. Durch das (bei Caesar nicht erwähnte) Detail des Lanzenwurfs wandelt Lucan den militärischen Ablauf in ein episches Geschehen. Die Anspielung auf den Lanzenwurf des Tolumnius (Verg. *Aen.* 12, 257 ff.) kennzeichnet zudem das verbrecherische Wesen der Caesarianer (s. Lebek, 248; vgl. Bachofen, 161). Zu den verschiedenen Versionen über den Kampfbeginn s. Radicke, 409.

43) Zu doppelten Motivation der Aktion des Pandaros s. Lesky, 43 f.

44) Interessanterweise rechnet der Dichter hier wieder mit der Existenz der Götter, wenn er sie um Bestrafung des Crastinus bittet (Fratantuono, 290). – Charakteristisch für Lucans pathetischen Erzählstil ist die Verfluchung des Crastinus, also die Wertung einer Handlung, verbunden mit einer Empörung, die sich auf den Leser übertragen soll. Bei den entsprechenden Szenen von *Il.* 4, 122 ff. u. *Aen.* 12, 266 ff. findet sich keine derartige Wertung. Die homerische Erzählung schreitet Schritt für Schritt voran. Bei Vergil wird die Schilderung durch das Mitempfinden des Erzählers pathetisch angereichert, ohne dass dieser allzu aufdringlich hervortritt, während Lucan dem Pathos der Empörung (*indignatio*) freien Raum lässt (hierzu Seitz, 216 ff.).

45) Pompeius' Passivität, begründet in dem Wunsch, keine Schuld auf sich zu laden, hat sich auf seine Soldaten übertragen (s. Verf. 1984, 127). – Laut Caes. *civ.* 3, 93, 2 leisteten die Pompeianer durchaus Widerstand (s. a. Bachofen, 162).

46) Die Kritik Lucans an Pompeius, barbarischen Hilfsvölkern vertraut zu haben (7, 525 ff.), lässt an das Heeresaufgebot des Perserkönigs Xerxes und sein Scheitern denken.

47) Der Dichter als Verkünder der Taten: z. B. Pind. *Nem.* 7, 11; Verg. *Aen.* 9, 446 ff.; vgl. a. das Selbstverständnis der Historiker, die Taten vor dem Vergessen zu bewahren, Hdt. 1, *Einleitung*; Liv. *praef.* 3. Radicke, 415, hält die Weigerung Lucans, weiter zu erzählen, für das Indiz einer in der Historiographie fehlenden Vorlage. – Diese *praeteritio* als Stilelement des Tragischen ist ohne Vorbild in der epischen Tradition (Ludwig, 52). Zur Szene vgl. a. Johnson, 98 ff. – Man könnte in der Selbstaufforderung, die Ereignisse im Dunkel zu lassen, und der folgenden „Nacht der Verbrechen" (*nox scelerum*, 7, 571) ein literarisches Spiel sehen: Anstelle von Iuppiter, der keine Sonnefinsternis schickte (7, 451b f., s. o. A. 41), sorgt nun der Erzähler für eine (vorübergehende) Dunkelheit.

48) Angesichts der Schuldzuweisung an Caesar überrascht die Anrede Roms als „Täterin".

49) S. Verf. 1984, 63 ff. u. A. 234 ff. (Vergleich mit Hom. *Il.* 4, 240 ff.; Verg. *Aen.* 8, 698 ff. u. 12, 331 ff.). Schon Marti, in: S 1, 116, sieht Caesar hier als „Dämon der Unterwelt"; vgl. a. Johnson, 100. – Radicke, 417, weist auf die Verbindung von Dunkelheit bzw. Nacht mit

Caesar hin und deutet die Darstellung von dessen Wüten als poetische Umsetzung der Beschreibung der Zornphänomene (Sen. *de ira*, 2, 35 ff.). Fratantuono, 281 f.: Vergöttlichung Caesars. Feeney, 1991, 296 f.: Schlacht als Gigantomachie, bei der der Böse siegt.

50) Vgl. Ahl, 1976, 213 f.; Hübner, 1976, 302 ff. (zu 566 f).

51) Zur Anspielung auf die Worte des Aeneas an Lausus (Verg. *Aen.* 10, 811 f.) und die implizite Kritik des Erzählers an Brutus s. Leigh, 1997, 103 ff. u. 140. Es ist in der Tat bemerkenswert, dass Brutus als einfacher Soldat getarnt auf dem Schlachtfeld steht.

52) Vgl. a. Radicke, 419 f.

53) 614: *Pompeioque graves poenas nobis daturum* („und du wirst Pompeius und uns schlimme Buße zahlen"). Die eintreffende Vorhersage lässt Caesar als einen zweiten Achill erscheinen (von Albrecht, 2013, 183 u. A. 544; zur Stelle s. a. Lebek, 264 f.).

54) Vgl. Radicke, 419. Leigh, 1997, 142, sieht Züge des von Caesar als Helden dargestellten Crastinus (Caes. *civ.* 3, 91) auf Domitius übertragen.

55) Ein Vorwurf der Feigheit, der sich an die Pompeianer richtet (Fratantuono, 296).

56) Vgl. Lebek, 275 f. u. 279 ff.; Leigh, 1997, 78 ff.; ders., 79: Lucan vereinige hier die Position des Erzählers aus der Zeit Neros mit der eines involvierten Zeitzeugen.

57) Selbst in dieser Erkenntnis liegt ein Irrtum, da die Götter seit Beginn der erzählten Zeit auf Caesars Seite standen. – Im weiteren Verlauf zeigt Lucan in seinen Kommentaren und Apostrophen den völligen Sturz des Pompeius auf (s. Day, 218 f.).

58) Mit seiner *pietas* erweist sich Pompeius als Gegen-Caesar (s. a. Rutz, 1968, 13 f.).

59) Caes. *civ.* 3, 94, 5 (ohne Wertung der Flucht). Plut. *Caes.* 45, 7 ff., *Pomp.* 72, 1 ff. u. App. *civ.* 2, 81, 1 schildern Pompeius als nahezu verrückt geworden.

60) Verf., 1984, 126; Fratantuono, 299: „a victim of excessive pietas". Neben der Sorge um seine Soldaten erscheint als weniger altruistes Motiv (7, 673), nicht vor Augen Caesars sterben zu wollen (Ludwig, 138); s. weiterhin Leigh, 1997, 152 ff.

61) Fratantuono, 298: Mit *securus* werde Pompeius als epikureischer Held skizziert. Aber auch Cato hat diesen Begriff für die Beschreibung seiner (stoischen) *virtus* bemüht: *sed quo fata trahunt, virtus secura sequetur* (2, 286; s. a. o. S. 26).

62) Gleichzeitig unterstreicht Lucan (7, 695 f.), dass der Kampf, nun ohne Pompeius, aus seinem zeitlichen Horizont heraustritt und zur prinzipiellen Auseinandersetzung wird. Diese Aussage enthält generelle Kritik am Prinzipat (anders Fratantuono, 298 f.).

63) Suet. *Iul.* 75, 2 berichtet von Caesars Parole, das Leben möglichst vieler Römer zu schonen; weiterhin findet sich die Feststellung, dass neben den „nur" 6000 gefallenen Pompeianern italischer Herkunft Nichtitaliker und Sklaven den Hauptteil bildeten, Plut. *Caes.* 46, 3 f.; App. *civ.* 2, 82, unter Berufung auf den Zeitzeugen Asinius Pollio.

64) Radicke, 427, hebt die enttäuschte Beutegier der Soldaten hervor, ein Motiv, das aus der Schilderung der Meuterei (Buch 5) wiederholt werde.

65) Man denke an W. Borcherts *Draußen vor der Tür (in: Das Gesamtwerk,* Reinbek bei Hamburg, 2001[3], 125–127), wo der Protagonist erzählt, dass die gefallenen Kameraden, für deren Tod er sich verantwortlich fühlt, ihn immer wieder im Traum heimsuchten. Auch die Erscheinung des ermordeten Banquo während eines Gastmahls (Shakespeare, Macbeth, III, 4. Szene) spiegelt das schlechte Gewissen seines Mörders Macbeth wider.

66) Vgl. Schmitz, 242 . Caesar erscheint zudem als ein zur historischen Figur gewordener und zugleich gesteigerter Kreon, der in der sophokleischen Tragödie die Bestattung des Polyneikes verbietet (hierzu eingehend Ambühl, 2015, 268 ff.; s. a. u. A. 71).

67) Z. B.: *Med.* 911–913a, 991; *Thy.* 715 f.; 885 ff. Radicke, 429, A. 199, stellt über Sen. *de ira* 2, 5, 4, eine Verbindung Caesars zu Hannibal her (s. u. A. 70).

68) Untersuchung besonders der Tragödien *Thyestes* und *Medea* s. Winter, 115 ff., die an Hand der Mechanismen des unterschiedlichen Blicks von Täter und Opfer das Wesen des Verbrechens in Senecas Tragödien auch als ästhetisches Phänomen herausarbeitet.

69) Schuldig insofern, als die Götter das Verbrechen geschehen lassen (Fratantuono, 303).

70) Laut Sen. *de ira* 2, 5, 4 habe Hannibal, den der Philosoph als Exempel der Grausamkeit

anführt, beim Anblick eines mit Blut gefüllten Grabens ausgerufen: *O formosum spectaculum!* Doch es bleibt nicht bei der Gemeinsamkeit der Freude an vergossenem Blut (s. o. Text); hierzu Kopp, 78 u. A. 39. – Die Feststellung von Ambühl, 2015, 97, dass Caesar hier zum letzten Mal mit dem *furor*-Begriff bedacht werde und fortan Betrachter sei, passt zu dem von uns später beobachteten Rückbau der Dämonisierung desselben (s. S. 111 ff.). Ob man aber an dieser Stelle von der Aufhebung des *furor* durch eine sühnende Wirkung der Alpträume auf Caesar sprechen kann, wie der mythologische Vergleich mit Orest und Agaue nahelege, und ob „auf den *furor* der Tat der *furor* der Erkenntnis" (dies., 95 ff.) folge, ist nicht sicher. Der *furor* Caesars beim Betrachten der Leichen kann auch als abschließender Höhepunkt der Konzeption dieser dämonischen Verbrechergestalt verstanden werden: Caesar bereut nicht sein Verbrechen, er genießt es! Zudem wird sein *furor* in der Alexandria-Episode noch einmal angedeutet (10, 447 f.; s. S. 114)

71) Vgl. Radicke, 430 (zudem: Die Flucht Caesars zeige seine erneuten Gewissensbisse).

72) Ambühl, 2015, 272 f.: Lucan wolle mit dieser Beschreibung seine Vorgänger überbieten

Buch 8

1) Mayer, 81: Pompeius' schwankendes Verhalten sei mit Lucans Wunsch nach stimmungsmäßiger Einheit zu Beginn des achten Buchs zu erklären. Für Radicke, 433, verhält sich Pompeius wie ein stoischer *proficiens.*

2) Vgl. Mayer, 82 f.

3) Zur Frage des zu späten Tods des Helden: Leigh, 1997, 118 ff. (s. schon Cic. *Tusc.* 1, 86).

4) Pompeius' Bemerkung, die „Schar des Senats sei auseinandergegangen" (79 f.), stellt einen Widerspruch zu Lucans Feststellung über den Untergang des gesamten Senats in Pharsalus (7, 597 f.) dar. Somit ließe sich die Äußerung des Redners als Beschönigung (vgl. Jessen-Klingenberg, 47) oder als Selbstbetrug auffassen, und sein späterer Rückfall in die Verblendung wäre hier angekündigt.

5) Trost und Gewissheit über die eigene Lage kann laut Seneca die Betrachtung des Kosmos geben (z. B. *Helv.* 7). – Pompeius scheint vorzuhaben, Libyen oder Syrien anzusteuern, vgl. Mayer, 108, der außerdem auf Verg. *Aen.* 10, 159 ff. als Vorbild verweist.

6) Ehlers, 546; Mayer, 201 f.: Deiotarus werde als ein Beispiel der Loyalität gegenüber Pompeius eingeführt. Zur poetischen Umsetzung der Überlieferung s. Radicke, 440 ff.

7) Der Begriff *profugus* stellt eine Beziehung zu Vergils Aeneas her, der als „vom Schicksal vertrieben" (*Aen.* 1, 2: *fato profugus*) eingeführt wird. Der Erfolgsgeschichte des Aeneas wird Pompeius' Unglück entgegengehalten, vgl. dazu Johnson, 79, der die Ironie betont, die in der ursprünglichen Bedeutung von *profugus* („entlaufener Sklave") liege.

8) Diesen Begriff hat Rutz, 1989, z. B. 180, geprägt.

9) Zur Rede als Ausdruck seines Selbstbetrugs s. a. Ehlers, 547. Mayer, 121 (zu 8, 274 ff.), hält die optimistische Haltung des Pompeius für plausibel: Auch Caesar sei nur im Vertrauen auf seinen bisherigen Erfolg Pompeius nach Ägypten gefolgt (Caes. *civ.* 3, 106, 3). Feeney, in: S 4, 349: Diese Rede zeige, wie stark Pompeius in der Vergangenheit lebe.

10) Der Exilsenat wird als handelnde und rechtmäßige Instanz der *res publica* präsentiert. Tatsächlich spielte er bei der Entscheidung für Ägypten keine Rolle (Jessen-Klingenberg, 41), s. App. *civ.* 2, 83. Plut. *Pomp.* 76, 4 nennt Theophanes als Gegenredner, der Ägypten als Ziel vorschlägt), s. Mayer, 125; vgl. Lintott, in: S 4, 263.

11) So 8, 418–22a, wo Lentulus, wie der Dichter im Proöm, die Selbstzerfleischung kritisiert, die eine Rache an den Parthern verhindere. Zur Lentulusrede s. a. Ludwig, 214 ff.

12) Ehlers, 548 f.; statt des historisch bezeugten Theodotos (Plut. *Pomp.* 77) lässt Lucan den den später noch einmal auftretenden Pothinus zum Mord an Pompeius raten, in einer wohl frei erfundenen Rede (s. Radicke, 450). Zur Rede s. z. B. Bonner, in: S 4, 103 ff.

13) Vgl. a. Mayer, 141.

14) Diskussion bei Plat. *Gorg.* 470d ff.; *rep.* 571 ff., bes. 576b /c.

15) Durch den Klage-Einschub wird die Szene „eingefroren". Hat man bei 8, 571 ff. den Eindruck, Pompeius wechsele auf das Boot über, wird er, nach der Schilderung von Cornelias Klagen, immer noch beim Umsteigen gezeigt (595b: *transire parantem*). Radicke, 454, spricht von einer „leichten Verwerfung in der Erzählung" und führt dies auf Lucans „blockweise linerare Erzähltechnik" zurück. Immerhin bewirkt dieses Verfahren, das moderner Kameraführung ähnelt, eine Dramatisierung der Todesszene. Dazu kommt die Dehnung der Erzählzeit als Gestaltungsprinzip (vgl. a. Anzinger, 137 f.).

16) Zu dem Phänomen der *magna mors*, also eines beispielhaften großartigen Sterbens, das auch mitunter theatralischen Charakter erhalte, s. Schunk, 49 ff.

17) Plut. *Caes.* 57, 7. Cass. Dio 44, 7, 4 hingegen begründet den Verzicht auf eine Leibwache damit, Caesar habe sich auf den Schutz der Senatoren und Ritter verlassen.

18) Suet. *Iul.* 82, 2. Bei App. *civ.* 2, 86 wird ein solches Verhalten des Pompeius nicht erwähnt, dagegen Plut. *Pomp.* 79, 3 u. Cass. Dio 42, 4, 5.

19) Zum Ruhmesgedanken an dieser Stelle vgl. Mayer, 153 f., der gleichzeitig die Loyalität Cornelias und seiner Anhänger Pompeius gegenüber hervorhebt.

20) Anzinger, 138, spricht von einem „Rückzug ins Innere".

21) Mayer, 22, weist auf den Beispiel gebenden Charakter dieses sich in der Öffentlichkeit abspielenden Todes hin, der auch im Fall Senecas (Tac. *ann.* 15, 63) zu beobachten sei. So schon Rutz 1989, 47: „Pompeius wird zum echten Stoiker senecaeischer Willensstärke." Anders Ormand, in: S 4, 336 ff., der im Monolog des Pompeius ein Scheitern als Erzähler eigener Taten dokumentiert sieht. Dagegen Ludwig, 133ff. u. 142 ff.: Pompeius konstruiere für sich einen Sinn der Ereignisse und eine eigene Realität, die ihn zufrieden stelle.

22) Vgl. a. Mayer, 158; anders Ormand, in: S 4, 337. Insgesamt gesehen ist Pompeius eher kein typischer *proficiens* (s. schon Lintott, in: S 4, 267 f.; Verf. 1984, 133 ff.). Feeney, in: S 4, 350 f., erkennt dem Helden während seines Sterbens Größe zu, ohne ihn als *proficiens* aufzufassen. Dagegen Radicke, 455. Wiener, 2006, 285, sieht Pompeius bei seinem Tode als einen nahezu vollendeten *proficiens*. Ruhmesstreben aber ist ein Charakterfehler, der nicht zu einem *proficiens* passt, s. Verf. 1984, 137; vor kurzem Ludwig, 147 f., die diese Auffassung untermauert und präzisiert mit Hinweis auf Sen. *epist.* 75, 14, dem gemäß der Ehrgeiz *(ambitio)* zu den Fehlern zähle, von denen ein *proficiens* noch zu Beginn heimgesucht werde. Demnach wäre Pompeius, sähe man ihn als einen *proficiens* im Sinne der Dreiklasseneinteilung Senecas an, hier am Ende seines Lebens immer noch ein Anfänger (zu einer Entwicklung des Pompeius s. a. o. A. 21 u. u. A. 54, zu Teil II).

23) Lucan führt sie ein mit der Bemerkung, sie sei nicht so leidensfähig (wie Pompeius), das Verbrechen mitanzusehen (*non tam patiens*, 637). Zu diesem Kontrast vgl. Anzinger, 140. Zu Anklängen der Cornelia-Rede an Vergil (*Aen.* 9, 480 ff.: Klage der Mutter des Euryalus; Anna: *Aen.* 4, 680 f.: *ego te peremi* – „ich habe dich vernichtet") s. Mayer, 159 f.

24) Bei Plutarch bestattet ein Freigelassener Pompeius, während Lucan Cordus wählt, da er aus epischen Gründen besser passt (als Quästor; Vorfahre des Historikers Cremutius Cordus, welcher sich mit den Bürgerkriegen beschäftigt hatte (zu allem Radicke, 456 f.).

25) In einer für ihn typischen Hypallage beschwört Lucan noch einmal Ägyptens Gewalttätigkeit, die Pompeius über seinen Tod hinaus verfolgt, 8, 698: *litora Pompeium feriunt truncusque vadosis / huc illuc iactatur aquis* – „die Gestade schlagen Pompeius und sein Rumpf wurde durch die Wellen hin und her gestoßen." Die Umkehrung der Perspektive (eigentlich „schlägt" Pompeius' Leiche durch den Wellengang an die Küste) erhöht das Pathos des Widernatürlichen (hierzu Hübner, 1972, 594 f., der das Stilmittel der Hypallage als ein Lucans Pathos konstituierendes Element ausgemacht und untersucht hat).

26) Vgl. Rosner-Siegel, in: S 4, 199 f.

27) Schlonski, 138: Mit seinem Mitgefühl diene Cordus als Sprachrohr des Dichters.

28) Tatsächlich kann ein Erzähler nicht mit einer der erzählten Welt verhafteten Figur kommunizieren (zu diesem Problem einer Pseudokommunikation s. S. 152 ff.).

29) Zum Ruhm des Pompeius an dieser Stelle s. Day, 222 f.

30) Ehlers, 551 f., anders Radicke, 456 ff.: Beide Teile erfüllen eine kompositorische Funktion.

Buch 9

1) Zur Uneinheitlichkeit dieses Buchs s. Wick, 2004, 5 f. – Zur Funktion dieser Exkurse, der These einer fehlenden Endredaktion und zur Gliederung des Buchs 9 s. Raschle, 16 ff.

2) Die Schilderung der Apotheose basiert auf der Lehre der Stoa (Schotes, 92 ff.), weicht aber vom Dogma ab, da Lucan seine Seele zur Erde zurückkehren lässt. Zur Szene s. Wildberger, in: S 2, 76 ff. (in Auseinandersetzung mit der wissenschaftlichen Literatur). – Das Fortleben des Pompeius in Cato lässt den Wechsel der Hauptpersonen in den Hintergrund treten, so dass die Einheit des Epos gewahrt wird (Seewald, 8 f.). Das Eintauchen der Seele in Cato als Rachegeist markiert durch diese „Szepterübergabe" (Wick, 2004, 19) aber auch den Neubeginn der Handlung unter neuer Führung mit anderen Zielen. Zugleich wird ein Hinweis auf Caesars Bestrafung gegeben, s. Tschiedel, 17 f., der wegen der 18 Vorhersagen über Caesars Ende einen geplanten Abschluss des Werkes mit Caesars Ermordung für möglich hält (Diskussion hierzu s. S. 132 f.).

3) Teilt Lucan hier einen Seitenhieb auf Pompeius aus, der seine Soldaten beschwor, es nicht soweit kommen zu lassen, dass er den Knechtdienst lernen müsse (7, 379 ff.)?

4) S. a. Seewald, 6; Wick, 2004, 19. Der Personenwechsel mit Cato als neuem Gegner Caesars (s. schon Vögler, 228) markiert den Beginn einer neuen Tetrade, zumal das zehnte Buch keine Zäsur aufweist, sondern durch die Caesarhandlung mit Buch 9 verknüpft ist (Radicke, 461; dort weitere Argumente für die Tetradenstruktur).

5) Seewald, 9 f., spricht von metaphorischen Überhöhungen des historischen Ablaufs.

6) Ders., 11.

7) Ders., 11 f., weist nach, dass Senecas *ad Marciam* (2, 3 ff.; 3, 3 f.) Lucan Anregung für die Gestaltung dieser Szene geboten hat. Dort zeigt Seneca am Verhalten der Octavia ein Beispiel für verfehlte und zu tadelnde Trauer; weiterhin Wick, 2004. 41 f.

8) Zur Schwäche der Cornelia vgl. dies., 39 f.

9) Seewald, 83.

10) Man beachte die tragische Doppelbödigkeit, die in der Erwähnung des *caput* liegt: Was Gnaeus metaphorisch meint, kann das Lesepublikum konkret auffassen.

11) Vgl. Seewald, 83 f.

12) Zur Rede s. ders., 85 ff.; Wick, 2004, 43 f. (auch zur Gnaeusrede); Ludwig, 206 f.

13) Wenn Gnaeus im metaphorischen Sinn nach dem „Haupt der Welt" fragt und Sextus als Antwort sich beim Schicksal darüber beklagt, dass der Kopf seines Vaters erhalten sei, mutet dies als ein sarkastisch-manieristisches Spiel Lucans an.

14) Zur epischen Tradition des Feuervergleichs s. Wick, 64 f.

15) In diesem Sinne auch dies., 65 f.

16) Interpretation der Rede s. Tasler 170 ff.; Seewald, 14 f. u. 119 ff.; Wick, 2004, 67 ff.

17) Vgl. Ludwig, 197 f. – Auch der Dichter hat Pompeius (bei aller Ambivalenz) in der Synkrisis (1, 136 ff.) eine Sonderstellung eingeräumt. – Seewald, 125: In Catos Einleitung *civis obit* liege einerseits eine Provokation gegen den Triumphator, anderseits das Lob seiner Verfassungstreue. Wick, 2004, 69, betont, Due, 112, folgend, dass Cato eine doppelte Leichenrede halte; das Schicksal des Pompeius verbinde sich mit der obsolet gewordenen *res publica*. Zur Ambivalenz der Rede vgl. a. Johnson, 71 f.

19) Seewald, 119.

20) Dem überschwänglichen Eigenlob Ciceros über seine Rolle bei der Catilinarischen Verschwörung stellt Sallust eine kurze und nüchterne Bewertung dessen erster Rede gegen Catilina entgegen, *Catil.* 31, 6. „eine einleuchtende und für den Staat nützliche Rede". Lucans Cato bewertet Pompeius ebenfalls unter dem Nützlichkeitsaspekt; somit gibt er seinem Publikum einen Hinweis: Wie in der *coniuratio Catilinae* Sallusts nicht Cicero, sondern Caesar und Cato die herausragenden Antagonisten sind, so stellen sich hier Cato (nicht Pompeius) und Caesar als die eigentlichen Antipoden heraus.

21) Das Verständnis hängt von der Deutung von *fides libertatis* ab (hierzu Wick, 2004, 76). Verf. fasst *libertas* an dieser Stelle als die republikanische Staatsform auf.
22) S. a. Seewald, 120:
23) In diesem Sinn auch Radicke, 468.
24) Nämlich den zweitbesten Tod (nach den Gefallenen von Pharsalus) erlangt zu haben (Seewald, 134 f.) Zentrale Themen des Stoizismus („Tod", „Freiheit", „Knechtschaft") werden als Bewertungskriterien des Todes herangezogen werden (Wick, 2004, 78 f.).
25) Hier nach der Trithemimeres wie 1, 260, sonst häufiger nach der Penthemimeres: 7, 127 u. 786; 8, 327 u. 560; nach der Hephthemimeres: 5, 64; 8, 610. Radicke, 461, schlägt den folgenden Abschnitt noch dem ersten Teil zu (gegen Rutz, 1989, 49).
26) Zur Interpretation dieser Szene s. Schmitt, 158 ff. – *Fremere* bezeichnet öfter die Unzufriedenheit einer Menge, 1, 352 f.; 7, 45 f. (s. a. Wick, 2004, 80 ff., die auf das Vorbild Hom. *Il.* 2, 110 ff. hinweist).
27) Zur historischen Bedeutung des Tarcondimotus s. Seewald, 141.
28) Schmitt, 158.
29) Zu den Parallelen zwischen den beiden Meutereien s. Schmitt, 159, unter Hinweis auf weitere Literatur. Im Gegensatz zum historischen Cato, der in dieser Situation zögerte, die Führung zu übernehmen, erscheint bei Lucan ein von *dura virtus* und dem Freiheitsgedanken erfüllter Feldherr (s. ders. *ibid.*).
30) Zu dem Gleichnis des Imkers, der die Bienen mit einem Beckenschlag versammelt, und dem Vorbild Hom. *Il.* 2, 84 ff. s. Seewald 166 ff. Zu Cato als Odysseus s. Radicke, 469.
31) Vulteius: 4, 476–86; 517–20a; Scaeva: 6, 152 f.; 164 f.
32) Eine *praemeditatio malorum* im stoischen Sinn (Seewald, 220); dazu schon Cic. *Tusc.* 3, 29: *haec igitur praemeditatio futurorum malorum lenit eorum adventum*…(„dieses Nachdenken über die zukünftigen Übel im Voraus lindert deren Eintreten") vgl. *Tusc.* 4, 37; Sen. *epist.* 91, 4; 107, 4. – Mit der Andeutung der Gefahren greift Cato darüber hinaus dem Erzähler und dessen Topothesie Libyens vor (Wick, 2004, 141).
33) Der militärische Sinn des Marsches wird zu Gunsten der Verherrlichung Catos als Beispiel eines stoischen Weisen verdrängt (so Radicke, 470; Wick, 2004, 141 f.; dies., Bd. 1, 27 ff.); andererseits ist die Sinnlosigkeit allen Tuns auf der Welt als ein tragendes Motiv des lucanischen Epos nicht wegzudenken (dazu s. S. 140 ff.; zu Cato: s. S. 126 f.).
34) Seewald, 217; Cato ist ein *exemplum virtutis* und Beobachter (Wick, 2004, 142 ff.).
35) Zu diesem Problem s. Seewald, 237 ff.; Wick, 2004, 158 f.
36) Dies., 157.
37) Zur Stelle vgl. Wick, 2004, 163.
38) Seewald, 250 f., sieht Anspielungen auf die Unterwelt, wie sie bei Sen. *Herc. f.* 701 ff. beschrieben werde; zudem liege in dem Starrsein der Landschaft gemäß stoischer Anschauung etwas Bedrohliches, da die Durchmischung der Elemente fehle.
39) Zur Einordnung dieses Sturms in die literarische Tradition und zu seiner Besonderheit: Wick, 2004, 169 ff.; Seewald, 253 ff.; vgl. a. Radicke, 474 u. A. 51.
40) Die Formulierung „heftiger als gewöhnlich" (*solito violentior*) erlaubt, den vorherigen Passus als Beschreibung eines wiederkehrenden Phänomens anzusehen, die nun in die Erzählung mündet. – Die übersteigerte Beschreibung dieses Sandsturms bis zum Paradoxen äußert sich auch darin, dass der Dichter bei der Erwähnung der davonfliegenden Hütten der Nasamonen (9, 459 f.) das Stilmittels der Hypallage verwendet: In Umkehrung der Perspektive lässt Lucan „Hütten, die von ihren Dächern losgerissen worden waren" durch die Luft fliegen statt umgekehrt (hierzu s. Hübner, 1972, 597 f.).
41) Man vergleiche Verg. *Aen.* 1, 100 ff.: Während des Seesturms denkt Aeneas an die Waffen, Helme und Leiber, die vom Fluss Simois fortgerissen werden.
42) Laut Überlieferung handelt es sich nur um ein *ancile*, Ov. *fast.* 3, 379 ff. (Wick, 2004, 182).
43) Zur Bedeutung des Saliermythos für Rom und zur lucanischen Polemik: Seewald, 265 ff.
44) Von diesem Effekt bezieht der Film *The gods must be crazy* (James Uys, 1980) seinen Hu-

mor: Eine Getränkeflasche, aus einem Flugzeug über Afrika abgeworfen, sorgt, aus heiterem Himmel gefallen, bei den Buschmännern, die sie für eine Gabe der Götter halten, für allerlei Verwirrung.

45) Vgl. a. Wick, 2004, 171

46) Curt. 7, 5, 9 ff.; Arr. *an.* 6, 26, 1 ff.; Plut. *Alex.* 42, 5 ff. – Vergleich dieser Szene mit den Alexanderdarstellungen s. Narducci, 2002, 407 ff.; Wick, 2004, 190 f. (unter Hinweis auf W. Rutz, Lucan und die Rhetorik, in: Lucain. Fondation Hardt, Entretiens sur l'antiquité classique, 15, Vandoeuvres-GenPve, 1970, 233-266).

47) Rutz, 242 (bei Wick, 2004, 191 f.) betont den gewaltigen Abstand zwischen Cato und den normalen Menschen. – Das Angebot des Soldaten beleidigt Catos *virtus*, Wick, 2004, 192.

48) Der Schatten, unerlässliches Kennzeichen des *locus amoenus*, wird auf ein Minimum reduziert (Wick, 2004, 195 f.).

49) Zum geographischen und astrologischen Komplex: Seewald, 289 ff.; Wick, 2004, 196 u. 205 ff. Raschle, 46 f., bemerkt zudem, dass Cato sich im Winter in Africa aufgehalten habe, der senkrechte Sonnenstand aber nur zur Sommersonnenwende eintrete.

50) Labienus, Caesars fähigster General, hatte sich bei Ausbruch des Bürgerkriegs Pompeius angeschlossen (Cic. *Att.* 7, 12,5; 13, 1; Plut. *Caes.* 34, 5). Zur Szene vgl. Feeney, 1991, 290 f.

51) Zur negativen Konnotation von *scrutari* s. Seewald, 308.

52) S. a. Wick, 2004, 211.

53) Durch den doppeldeutigen Bezug des *sacra* (auch möglich zu *pectora*) rückt Cato wieder in die Nähe eines Heiligen (vgl. 2, 284 f.; 9, 188 f. u. 253).

54) Seewald, 312 f.

55) In diesem Sinne deutet Wick, 2004, 221, *tacita mente* (9, 564).

56) Vgl. Seewald, 316.

57) Zu den unterschiedlichen Lesarten und Deutungen dieser Stelle s. Wick, 2004, 232 f., die hinweist auf: Cic. *fin.* 3, 46; Sen. *vit. beata* 21, 1; *epist.* 50, 10; 70, 5

58) Seewald, 322.

59) Hierzu vgl. Raschle, 157 f.; vgl. a. die Beschreibung Sen. *epist.* 104, 33 (s. Radicke, 475).

60) Durch die Anspielung dieser Verse auf Verg. *Aen.* 4, 624 ff. (Fluch der Dido) erhalte Lucans Vorhersage einen drohenden Unterton: Der Widerstand werde nicht vor der Beseitigung des Tyrannen enden (Seewald, 329; vgl. a. Raschle, 167 f.; Radicke, 475 f.).

61) Cato hatte in seiner Rede die Soldaten auf die Gefahren vorbereitet, 9, 382–84 u. 402: *serpens, sitis, ardor, harenae*. Die die Quelle besetzt haltenden Schlangen werden bereits durch den Begriff *tenere* zu militärischen Gegnern stilisiert (Johnson, 52; Raschle, 171).

62) Mit den Begriffen *cura laborque* knüpft Lucan an die Lehrdichtung an (Lucr. 1, 50; Verg. *georg.* 1, 52, s. Seewald, 336). Dennoch entscheidet er sich für den Mythos als Erklärungsmuster. Zur Mischung der Gattungen und zum Widerspruch zwischen Ablehnung und Ausführung des Mythos an dieser Stelle s. Raschle, 176 f.; weiterhin Ambühl, 2015, 60.

63) Diesen Widerspruch zu stoischen Vorstellungen eines sinnvollen Naturgeschehens erklärt Seewald, 174, mit der Absicht des Dichters, das lebensfeindliche Africa als „einen Kontrahenten zu Cato aufzubauen." Raschle, 185 f., weist auf die „nihilistische Kosmologie des Epos" hin: Cato müsse sich gegen eine ihm feindliche Natur behaupten.

64) Für stoische Vorstellungen ist ein solcher Tod trostlos (Seewald, 341; Wick, 2004, 257).

65) Zur Passage s. Raschle, 194 ff.; zum Atlas- und Aigismythos s. Seewald, 345 ff.

66) Behandlung und Vergleich mit Ovid s. ders., 350 ff.; Wick, 2004, 264 ff.

67) Johnson, 47 f., amüsiert sich über die Beschreibung der Anordnung der Schlangen auf dem Haupt der Medusa (9, 633 ff.), die den Damenfrisuren der Zeit Lucans ähnelten.

68) Die Mischung der vier Elemente ist gemäß der stoischen Naturlehre Voraussetzung für das Entstehen von Leben (Seewald, 364).

69) Das Material über die Schlangen hat Lucan einem Lehrgedicht entnommen, das sich seinerseits auf Nikanders „Heilmittel gegen giftige Tiere" stützt (Ehlers, 556, unter Berufung auf Comm. Bern. zu Vers 701). Zur Quellenlage und den widersprüchlichen Be-

schreibungen der Schlangen s. Wick, 2004, 274 ff.; weiterhin Raschle, 222 ff.

70) So erhält diese Passage den Charakter eines epischen Kampfes (vgl. Raschle, 222). – Im Vergleich zu ähnlichen Szenen bei Homer und Vergil wirkt die Schlangenepisode zwar nicht unbedingt als Parodie in Form einer ekelhaften und lächerlichen Darbietung (so Johnson, 49 ff.). Die Verzerrung des Zweikampftopos lässt sich eher mit Lucans Auffassung vom Widersinn des Geschehens erklären und zugleich als Polemik an der epischen Tradition verstehen. Statt sich kämpfend in Aristien zu bewähren, werden Catos Männer den Plagen einer feindlichen Natur ausgesetzt, die sie zu Opfern macht. Der Satz von Green, in: S 4, 153, A* trifft es auch hier: „Part of Lucan's use of the epic form is to demonstrate how antithetical civil wars were to the heroic ideals of epic poetry."

71) Zu dieser Episode s. Wick, 2004, 310 ff. Raschle, 252 f., wendet sich gegen die allegorisierende Deutung des Schlangenkampfs (Schlangen als Verkörperungen menschlicher Affekte, so Leigh, 1997, 265 ff.).

72) Zum Vergleich mit der Episode bei Ovid s. Wick, 2004, 313.

73) Eine Anspielung auf Fontänen wohlriechender Essenzen, mit denen die Zuschauer im Theater besprengt wurden (s. Ehlers, 556). – Raschle, 103 f., verdeutlicht die Funktion dieses zunächst makaber wirkenden Vergleichs mit Ov. *met.* 4, 121 ff. (Ovid vergleicht das Hervorspritzen des Bluts mit einem Wasserstrahl aus einer geplatzten Röhrenleitung und knüpft damit an die Lebenswirklichkeit des zeitgenössischen Rom an).

74) Wick, 2004, 352 f., führt als Beispiele für eine durch beide Schläfen dringende Lanze an: Hom. *Il.* 4, 501 ff.; Verg. *Aen.* 9, 418 f.

75) Diese letzte Szene weist als Übersteigerung auf den Beginn der Episode zurück, wo Sabellus einen Seps aus seinem Unterschenkel reißt und ihn aufspießt (764 b f.), aber im Gegensatz zu Murrus nicht überlebt.

76) Zum Spektakelcharakter auch Raschle, 313 u. 315; die Steigerung bestehe darin, dass durch den zuschauenden Akteur mit dem Voyeurismus des Lesers gespielt werde (hierin Leigh, 1997, 279 ff., folgend, der zudem die Episode als eine Tierjagd mit vertauschten Rollen ansieht, ders., 265; Cato wohne dieser als Gladiator und Zuschauer bei).

77) Zur gesamten Rede Schmitt, 173 ff. (weiterhin Raschle, 323 f.); Schmitt stellt fest, dass die Rede aus erzähltechnischen Gründen am Tiefpunkt der Leiden gehalten wird.

78) Ders., 177; Catos Vorbild wirkt auf die Soldaten (ders., 174). – Raschle, 55 f., sieht in den Schlangen die Verkörperung der Fortuna, die auf Caesars Seite gegen Cato kämpften.

79) Zum dahinter stehenden Weltbild der Stoa mit der Fünf-Zonen-Theorie der Erdkugel s. Schmitt, 180.

80) Vgl. a. Wick, 2004, 365.

81) Zur Konkurrenz zwischen mythischer bzw. populärer Ansicht und wissenschaftlicher Theorie über die Gestalt der Erde in dieser Rede s. Schmitt, 181 ff.

82) Zur Orientierungslosigkeit der Soldaten und rhetorischen Übersteigerung s. ders., 183 f.; die Soldaten glauben, sich in der südlichen Hemisphäre zu befinden.

83) Die Bemerkung über die angebliche Kürze des Marsches überrascht. Ders., *ibid.*, sieht in dieser Aussage eine witzige Entlarvung des rhetorischen Topos der Klagerede.

84) In Wirklichkeit marschierte man nordwärts, und alle Mutmaßungen erweisen sich als Trugschluss (s. ders., 184 f.). Zur Kugelgestalt der Erde bei Lucan vgl. Schotes, 43 f.

85) Die Omnipräsenz lässt an den idealen Feldherrn denken und das ganze Geschehen als Schlacht deuten, gleichzeitig aber wird der Gegensatz zur Raserei Caesars während der Schlacht von Pharsalus hergestellt (s. a. Raschle, 340; vgl. Narducci, 2002, 417 ff.).

86) Zur dahinter stehenden Gedankenwelt der Stoa s. Wick, 2004, 376 (weiterhin s. o. A. 78).

87) Laut Plut. *Cat. min.* 56, 3 hatte Cato dieses Volk seit Beginn der Expedition mitgeführt.

88) In diesem Sinn auch Raschle, 56. Der (scheinbare) *deus-ex-machina*-Effekt bewirkt zudem eine Dramatisierung (Wick, 2004, 377).

89) Cato kämpft gegen Fortuna, 9, 883: *excubat atque omni fortunam provocat hora* („er hielt Wache und forderte Fortuna zu jeder Stunde heraus"). Dieses Verhalten fordert Sen.

epist. 51, 8 f. (vgl.Raschle, 27 u. A. 37, mit obigem Seneca-Zitat, u. 56).

90) Zur Analyse und Interpretation s. Wick, 2004, 397 f.; zu den Psyllern s. Raschle, 343 ff.

91) Historische Quellen geben die Dauer des Marschs unterschiedlich an (Wick, 2004, 397 f.).

92) Der Sand verwandelt sich wieder zurück in den Erdboden (s. dies., 399).

93) So schon Oudendorp, 908, mit Bezug auf Guyet.

94) Ein Besuch Caesars in Troja ist nicht erwiesen, aber wahrscheinlich (Wick, 2004, 401, unter Hinweis auf Strabo, 13, 1, 27; Plut. *Caes.* 48, 1; App. *civ.* 2, 89; Cass. Dio 42, 6, 3). Zur Szene: Zwierlein, 1986, 460 ff. – Ambühl, 2015, 337 ff., deutet die Szene vor dem Hintergrund der Vorgängertexte, die von Trojas Zerstörung handeln, unter verschiedenen Aspekten: Troja erscheine weniger als Ort denn als „literarische Erinnerung" und Caesars Rundgang als ein „Panorama des Mythos von Troja, das durch Raum und Zeit und zugleich durch die Literaturgeschichte führt" (dies., 350). Zur Trojaepisode als Gegenmodell zu Vergils Geschichtsauffassung s. Eigler, in: S 2, 186 ff.

95) Eigler, in: S 2, 192; Wick, 2004, *ibid.*; vgl. a. Radicke, 481.

96) Green, in: S 4, 151, sieht eine Mischung aus hohem Pathos und Humor.

97) Durch diesen Rückgriff bestätigt sich: Pompeius' Ruhmsucht (*famaeque petitor*, 1, 131) ist fragwürdig, ja sinnlos, und der Schatten, den er wirft (*trunco efficit umbram*, 1, 140), Zeichen seines Verfalls. Ohne Kraft, ist er gewissermaßen ein Schatten seiner selbst, auch wenn er immer noch seine Umwelt beeindruckt (*sola tamen colitur*, 1, 143).

98) Hierzu Green, in: S 4, 179. Die vergilische Sicht kehrt Lucan um: Troja ist nicht mehr Ausgangspunkt, sondern Endpunkt der Geschichte (Eigler, in: S 2, 195).

99) Ormand, in: S 4, 340 ff., hebt Caesars selektive Wahrnehmung hervor: Er sehe nur, was mit seinem Vorfahren Aeneas in Verbindung stehe. Auf anderes müsse er erst von seinem Führer aufmerksam gemacht werden. Tesoriero, in: S 2, 204 ff.: Lucan führe einen Caesar vor, der in seiner Ortsunkenntnis einen Kontrast zu dem von Vergil geprägten Lesepublikum bilde. Hierdurch werde der julisch-claudische Mythos, von dem das Kaiserhaus seine Legitimation bezog, diskreditiert. Ambühl, 2015, 347, spricht sich gegen die Auffassung aus, Lucan zeige einen ignoranten Caesar (Literatur s. dies., 347, A. 159).

100) Vgl. Ehlers, 558; Eigler, in: S 2, 195, A. 24. Immerhin werden der Skamander (9, 974 f.), Hektors Grab (976 f.) und der Altar des Zeus Herkeios (979) genannt, an dem Priamus getötet wurde.

101) Dazu Wick, 2004, 405; aber Eigler, in: S 2, 186 ff.: In der Trojaepisode zeige Lucan ein episches Gegenmodell zur vergilischen Geschichtsauffassung.

102) Green, in: S 4, 179 f., sieht in dem Fremdenführer den Dichter persönlich.

103) S. von Albrecht, 1992, 730; Wick, 2004, 406 u. 416 ff. (Überblick über auch ungewöhnliche Deutungen, die diese Passage unter Bezugnahme auf das Proöm unter „Caesar" Nero verstehen). – Green, in: S 4, 180 f.: Lucan mache Caesar zu einer mythischen Figur, die die Zerstörung des alten und Errichtung eines neuen Rom (mit Neros Herrschaft) verantworte. Weiterhin Ambühl, 2015, 337 ff. (Diskussion dieser Stelle s. dies. *ibid.*, A. 132).

104) Vgl. Wick, 2004, 405. – Heyke, 142, A. 1: Ausgerechnet Caesar werde als Einziger als vor einem Altar betend dargestellt; seine „*pietas*" sei schon allein in der Hinwendung an die trojanischen Götter fragwürdig (zur Szene s. a. Zwierlein, 1986, 469 ff.; Radicke, 481).

105) Vgl. Thompson / Bruère, in: S 4, 147.

106) Analyse dieser Rede s. Morford 10 ff.; Wick, 2004, 424 ff. – Wer der Gefolgsmann war, wird hier nicht klar. In den Quellen werden Theodotus oder, wahrscheinlicher, Achillas genannt, s. Ehlers, 558; Radicke, 483.

107) Schon formal (an den Imperativen) wird die Absicht des *satelles* deutlich, Caesars Willen zu beeinflussen (s. Wick, 2004, 425).

108) Plut. *Caes.* 48, 2; *Pomp.* 80, 7; vgl. Liv. *periochae* zu Buch 112: *Caesar … infensus est et inlacrimavit*; zur Quellenlage s. Wick, 2004, 426 f.; zur Interpretation der lucanischen Szene s. a. Tschiedel, 8 ff.; ders., 14: „Die moralisch vernichtende Charakterisierung Caesars … hat hier unstreitig ihren Höhepunkt erreicht". Weiterhin Radicke, 484 ff.

109) Caesar sei beim Anblick der Gefallenen in Tränen ausgebrochen, um sodann die Schuld seinen Gegnern zu geben (Plut. *Caes.* 46, 1 f.). Zu Lucans Umdeuten dieser Überlieferung, der sich Cassius Dio anschloss, s. Tschiedel, 5 ff.; laut Cass. Dio 48, 2 habe Caesar die Trauer nur vorgespielt und sich damit lächerlich gemacht.

110) Sie werden als heitere und unverfrorene Betrachter gezeigt, 9, 1108: *hilaresque nefas spectare cruentum /... audent* („heiter wagen sie das blutige Schauspiel zu betrachten"). S. weiterhin Ormand in: S 4, 344 f.; Ludwig, 120 ff.

111) Anders Radicke, 488: Durch dieses Verhalten werde Caesar als Tyrann gezeichnet. Anzinger, 132: durch die Reaktion von Caesars Gefolge auf dessen wahre Gefühle entstehe ein Scheinbild der Freiheit.

Buch 10

1) Man vergleiche die Bewertung Cleopatras bei Hor. *carm.* 37, 21 (*fatale monstrum*) und die Deutung der Schlacht Actium als Auseinandersetzung zwischen Zivilisation und Barbarentum bei Vergils Schildbeschreibung (*Aen.* 8, 675 ff.).

2) Schmidt, 122 ff.

3) Ders., 137 f.; Berti, 93 f.; zum Cleopatra-Bild: D. Gall, Kleopatra in der Literatur der Antike, 142–151, in: Kleopatra und die Caesaren, Hamburg 2006; Sannicandro, 2010, 105 ff.

4) Vgl. Berti, 17 f. u. 103; Zwierlein, 1974, 63 f.;

5) Strukturanalyse dieser Rede: Schmidt, 143 u. 152 ff. – Mit ihrer Verstellungskunst ist sie der passende Partner für Caesar (vgl. Radicke, 503).

6) Schmidt, 166, sieht in den Versen 99b–103 die *peroratio*.

7) Vgl. Berti, 14, A. 7. Auch die Helena-, Menelaos-, Parisgestalt dienen als Folien für Lucans Cleopatra und Caesar in dieser Szene (Ambühl, 2015, 129 ff.).

8) Schmidt, 251; Berti, 17 f.; vgl. schon Syndikus, 70. Weiterhin Radicke, 499, der Caesar in Kontrast zu Cato gezeichnet sieht. Für Ambühl, 2015, 374, wird Cleopatra stärker kritisiert, da die Zurschaustellung des Luxus die Korrumpierung Caesars erst ermögliche. – Caesar wird durch Lucans Bemerkung, sogar die alten tugendhaften Heerführer wären bei dieser Pracht schwach geworden (10, 151–54), beinahe entschuldigt. Schindler, 50 f., sieht diese Stelle als Beleg für Lucans kritischen Blick auf die Helden der Frühzeit, die nicht *per se* von der Habsucht (*avaritia*) frei, sondern durch die kargen Lebensverhältnisse zu dieser Haltung gezwungen gewesen seien.

9) Schon Ahl, 1976, 225, wies auf Caesars Schwäche und Feminisierung hin.

10) Vgl. a. Ehlers, 559: Caesar lasse sich von der Prachtentfaltung „einwickeln"; vgl. Berti, 17. Zur Gastmahlszene, ihren Vorgängertexten und den Folgen für das Verständnis der Alexandriaepisode s. Ambühl, 2015, 371 ff.; zum „Kauf" Caesars vgl. Coffee, 145.

11) Im Nilexkurs breitet Lucan sein Wissen über Ägypten und den Nil aus (unter Rückgriff auf Senecas *naturales quaestiones*, s. Ehlers, 560).

12) Hdt. 2, 20 ff. stellt die Theorien über die Gründe der Nilüberschwemmung vor.

13) Z. B. zu Senecas Medea als Beispiel fortschreitender Aggression s. z. B. Bäumer, 140 ff.; weitere Seneca-Zitate u. Literatur: Schotes, 87. Schon Cicero erwähnt eine Schwelle, jenseits derer ein Verbrecher keine Hemmungen mehr kenne, *Verr.* 2, 4, 72: „Nachdem Verres diesen Frevel begangen hatte, glaubte er fortan, dass es in ganz Sizilien weder etwas Heiliges noch Verehrungswürdiges gebe."

14) Zum Gedanken der rächenden Manen eines gewaltsam zu Tode Gekommenen: Schotes, 86 ff., der hierbei den Widerspruch zwischen der Bestattung des Pompeius, die die Manen befrieden müsste, und deren weiteren Einfluss auf das Geschehen aufzeigt.

15) Ein Hinweis auf Fortunas Plan, Caesar im Senat ermorden zu lassen, ist bereits zuvor zu finden, so in 5, 206–08a. Doch erscheint diese Bemerkung fast beiläufig. In 7, 592b ff. werden die *fata* statt *fortuna* erwähnt. Die beiden in Buch 10 aufeinander folgenden Aussagen über Fortunas Seitenwechsel (335b ff.; 525 ff.) sind hingegen eindeutig.

16) Zum Krieg in Alexandria s. Gelzer, 227 ff.; Canfora, 192 ff.; Dahlheim, 170 ff.

17) In *latebrae* schwingt nicht nur der Gedanke an den Ort, also den Palast, sondern auch an das (unwürdige) Verhalten Caesars mit.

18) Radicke, 112 u. A. 121, führt fünf weitere Stellen auf, an denen eine Furcht Caesars erwähnt wird: 1, 192 f.; 7, 521; 9, 1009; 10, 14 (der Eindruck der Furcht wird revidiert durch *intrepidus*); 10, 542 f. (die Furcht wird hier nur als eine Erklärungsmöglichkeit genannt).

19) *Furor* bzw. *fremere* im Zusammenhang mit Turnus in der Aeneis, z. B.: 7, 460 u. 464 u. 787; 9, 60 u. 760; 11, 486 u. 496; 12, 8 (*fremit ore cruento*; hier wird Turnus mit dem *furor impius*, 1, 296: *fremet horridus ore cruento*, in Beziehung gesetzt); 12, 371.

20) Vgl. Berti, 309

21) Zur Struktur der Verse 10, 333 ff. und der Umsetzung ins Epische s. Radicke, 500 ff.

22) Vgl. a. Ehlers, 292.

23) Ehlers, 562; vgl. Radicke, 510, zum Problem der Unvollendetheit s. den Überblick bei Berti, 25 ff.; Schmitt, 193 ff. (in: Rutz, 1989). Ambühl, 2015, 396, hält das Ende des Werks dieser Form für wahrscheinlich, da auf Grund der Änderung des Charakters der Erzählung und der Caesarfigur eine Wiederaufnahme eines Kriegsepos nicht mehr möglich sei. – Nesselrath, 105 f.: Caesars Untergang in Ägypten werde als „Beinahe-Episode" eingeleitet, gelange aber mit Scaevas Auftreten nicht zur Ausführung.

TEIL 2

1) Zu den Quellen des Werks und ihren Abhängigkeiten von Livius: Radicke, 13 ff. u. 42.

2) Zum Einfluss der philosophischen Schriften Senecas auf Lucan: Wiener, 2006, *passim*.

3) Zu den epischen Standardelementen s. Suerbaum, 240 f.

4) Anders Wiener, 2006, 179 ff., die, ihrer stoisierenden Deutung entsprechend, eine zyklische Geschichtsauffassung im lucanischen Werk postuliert.

5) Die Doppelmotivation weist einen göttlichen und menschlichen Anteil an einer Entscheidung auf, wobei die Gewichte sich jeweils verlagern (s. Lesky, 23 ff.); die Verantwortung des Menschen betont Kullmann, 1956, (zur Behandlung der Szene zwischen Achill und Athene s. ders. 107 f.; zum Götterapparat in Ilias und Odyssee s. ders., 1985, 244 ff.). Das Eingreifen der Götter bestehe häufig in Zureden, der Mensch handele nach eigenem Willen und sei deshalb nicht von der Verantwortung befreit (ders., 1985, 255). Agamemnons Weigerung, dem Apollpriester seine Tochter zurückzugeben, setzt das Unheil der erzählten Handlung in Gang, vgl. Lesky, 16 f.; Kullmann, 1992, 255. – Zu den Göttern in der Aeneis z. B. Feeney, 1991, 129 ff. u. Suerbaum, 242 ff.

6) Zur Stelle vgl. Erler, in: S 5, 130. Vgl. a. Feeney, 1991, 279 f.

7) S. Ahl, 1976, 280, und dessen weitere Ausführungen zu den Göttern. Zu den dargelegten Aspekten s. a. Bartsch, in: S 5, 87 ff.

8) Vgl. Feeney, 1991, 301. Die Menschen können mit solchen abwesenden Göttern in Form von Gebeten und Opfern nicht in Verbindung treten (Coffee, 124 f.).

9) *Superi, numen* und *fatum* werden von der auktorial klingenden „Geisterstimme", die die Ermordung des Marius verhindert, als Mächte bezeichnet, die Rom vernichten wollen (2, 86 ff.); die Herrschaft des Ptolemaeus ist eine Schande der Fortuna und ein Vergehen der Götter ist (5, 59).

10) So schon Friedrich, in: S 1, 81; Erler, in: S 5, 129 f.; anders Walde, in: S 5, 57.

11) Z. B. Bedeutungen wie „Verhängnis", „Schicksal", „Geschick", „Glück", „Zufall" (für *fatum* und *fortuna*!) dazu „Tod" (für *fatum / fata*). – Zudem ist mit einer phrasenhaften und somit abgeschwächten Verwendung der Begriffe rechnen. Als es z. B. heißt, Fortuna habe für eine notdürftige Bestattung des Pompeius gesorgt (*Pompeio raptim tumulum Fortuna paravit*, 8, 713), lässt sich sowohl an die Göttin Fortuna (der Schreibweise der Ehlerschen Ausgabe entsprechend) als auch an einen bloßen Zufall denken.

12) Hierzu Walde, in: S 5, 57 ff.

13) Dazu Erler, in: S 5, 131 ff. Zum in göttlichen Dingen öfter unwissenden Erzähler vgl. Feeney, 1991, 278 ff., der von einer *fracured voice* spricht (s. S. 147 f.).

14) So Eigler, in: S 5, 50: Fortuna sauge das *fatum* auf. Nesselrath, 93 f. u. A. 162: „die Fortuna wächst in die Machtbefugnisse des stoischen Fatums hinein, und ihre vorherige moralische Neutralität wandelt sich dabei zu einer konsequenten Boshaftigkeit."
15) Zum Verhältnis Caesars zu Fortuna, die den Rahmen für Caesars Handeln und Erfolg liefert, Eigler, in: S 5, 50 ff.; zu den verschiedenen Fortuna-Konzeptionen, die auf das lucanische Epos einwirken könnten, und den Einfluss von Caesars *commentarii* und dessen Fortuna-Konzept s. Walde, in: S 5, 66 ff.
16) Man vergleiche die Rolle der Fortuna beim Aufstieg Roms und dem anschließenden Sittenverfall, wie sie Sallust (*Catil.* 10) vorführt.
17) Vgl. schon Friedrich, in: S 1, 81.
18) Caesar rechnet mit Fortuna, *fata* und Göttern auf seiner Seite, um die Gunst der Stunde nutzen zu können (hierzu Eigler, in: S 5, 51).
19) Hierzu zählt auch des Dichters Aufforderung an Brutus, vom Kampf zu lassen (7, 592 f.).
20) Angesichts der Klage Lucans gegen Fortuna (7, 638 ff.) ist Caesars Tod nebensächlich, da er nichts am Verlauf der Geschichte ändert.
21) So z. B. Meier, 573; Bleicken, 33 ff.; Dahlheim, 255; über den Untergang der Republik: K. Bringmann, Krise und Ende der römischen Republik (133–42 v. Chr.), Berlin 2003, 91 ff.
22) Zu Caesars Fortuna s. u. A. 23. Pompeius' Fortuna z. B.: 3, 727b f.; 8, 730.
23) Bei der Rubico-Überschreitung erklärt er sich vor den Soldaten zu Fortunas Gefolgsmann (*te, Fortuna, sequor,* 1, 226). Im weiteren Verlauf vereinnahmt er sie (samt den Göttern) für sich (1, 309b–11a). In der Seesturmepisode lässt Caesar sich nur von Fortuna begleiten und spricht sie in der höchsten Not an, als Einzige seine Wünsche zu kennen (5, 510 u. 664–668a). In Ägypten ringen Caesars Fortuna (*fortuna ducis*) und die *fata* des Landes um den weiteren Verlauf der Geschichte (10, 1– 6a; s. S. 108).
24) Über die Unsicherheit des Erzählers in der Frage nach dem Einfluss des Göttlichen s. Bartsch, in: S 5, 87 f.; dies., 91 ff., sieht eine inkonsistente Haltung Lucans bezüglich seiner moralischen Urteile, wenn er, als Gegner des Bürgerkriegs, in 7, 643 ff. zum Kampf gegen den Prinzipat aufrufe oder von Pompeius verlange, den Sieg über die Caesarianer mit deren Abschlachtung auszukosten (6, 303 ff.); anders Ludwig (s. u. A. 133).
25) Zur These eines Komplotts des Zeus gegen die Menschen s. den Beitrag von B. Kaeser im Ausstellungskatalog „Mythos Troja", München 2006: „Der Unheilsplan des Zeus" (62 ff.), der freilich betont, als philologischer Laie zu schreiben (A. 1, 419 zu Nr. 7; dort weitere Literatur). Zu Homer und Lucan: von Albrecht, 2013, 182 ff.; Lausberg, 1565 ff.
26) Übersetzung von J. J. Donner, bearb. von R. Kannicht, Stuttgart 1958; Zitat bei Friedrich, in: S 1, 81, der diese Ähnlichkeit zwischen Lucan und Euripides betont. Pfligersdorffer, 351 f., weist zudem auf das Chorlied in Senecas *Phaedra,* 959 ff. hin.
27) Man beachte die immer noch einleuchtenden Ausführungen über das *fatum* und dessen un-, ja antistoischen Charakter bei Schotes, 115 ff. u. 169 f.
28) Anders hierzu Wiener, 2006, 179 ff. (s. o. A 4).
29) Senecazitat und Ausführungen s. Narducci, 1979, 67 f.; Pfligersdorffer, 351: Gegenüber Fortuna habe die göttliche Ordnung, (…) den Rückzug angetreten „unter Preisgabe der Menschenwelt an blind wirkende Kräfte." Zur Krise der Stoa s. Narducci, 2002, 162 ff.
30) Dazu Radicke *passim.*
31) Zu Caesar vgl. Narducci, 1979, 91 ff.; Ahl, 1976, 190 ff. (weiterhin s. u. A. 35). – Caesar hält Reden voller Zorn: 2, 493; 3, 142 u. 357; 5, 318. Auch die *spes* findet sich: 6, 29; 7, 297.
32) Die Zerstörungsfreude lässt sich als Ausdruck des *furor* deuten.
33) Die Aussage *in sua templa furit* deutet Caesars Quasi-Göttlichkeit an und enthält zugleich Vorbehalte sowohl an der Person Caesars als auch an dem julischen Mythos (s. S. 17).
34) So Narducci, 1979, 91.
35) Burck / Rutz, 182; Coffee, 135; Narducci, 2002, 188. Die einsame Größe Caesars betont neben dem Fortuna-Glauben und einem von Affekten bestimmten Handeln Rutz 1989, 141 ff. Das Porträt Caesars ist nicht in sich geschlossen (von Albrecht 1992, 731).

36) Coffee, 154 ff., stellt das soziale Geflecht des Pompeius heraus. Neben seiner Liebe zu Cornelia nennt er die Verbundenheit der Einwohner Larisas und Mytilenes und ebenso des Cordus ihm gegenüber. Als einzige Gestalt sei er in auf Gegenseitigkeit beruhenden Beziehungen eingebunden und repräsentiere somit die Republik in ihrer idealen Form. Dazu füge sich auch sein Wunsch nach Wertschätzung (man denke an das letzten Wort seines inneren Monologs: *amant*, 8, 635). Zu Pompeius insgesamt Ahl, 1976, 150 ff.

37) Man beachte die unterschiedlichen „Vorlieben" der Rivalen, durch das Verb *gaudere* ausgedrückt: Zerstörungsfreude gegenüber Freude über den Beifall im eigenen Theater!

38) Radicke, 141. Zu Cato insgesamt Ahl, 1976, 231 ff.

39) Zum oft auftretenden Gegensatz zwischen zwischen *furor* und *pietas* im römischen Epos und zur überraschenden Tatsache, dass Cato nicht *pius* genannt wird, s. Ahl, 1976, 275 f. (vgl. a. Coffee, 164). Laut Ahl, 276 ff., treffe der Begriff *virtus* Catos im stoischen Sinn bewusstes Handeln besser als die seiner Meinung nach unreflektierte *pietas*.

40) Cato und Caesar als Gegensatz von Gut und Böse, aber auch von *virtus* und Fortuna, z. B. ders., 278. Weiterhin ausführlich Radicke, 141 ff.

41) Radicke 148 f.

42) Schon Thierfelder, in: S 1, 65 f. Weiterhin Effe, 61 (dort weitere Literatur).

43) Von Albrecht, 2013, 186.

44) Dazu ausführlich Ambühl, 2015: Auf Grund der Bezugnahmen Lucans auf Vorgängertexte aus dem Bereich der Tragödie lehnt sie eine eindeutige Schuldzuweisung an Caesar bis zu Buch 7 ab und deutet die Caesarfigur eher als tragische Gestalt (dies., z. B. 206 f., A. 73; 89 ff. u. 228).

45) Hierzu Morford, 13 ff. Zur Parallelisierung zwischen Alexander, aber auch Xerxes und Caesar vgl. a. Kopp, 87 ff. u. A. 60, 61. – Zur Alexander in der Stoa: Sen. *de ira* 3, 17, 1; 23, 1; *clem.* 1, 25; *epist.* 94, 62; hier werden dessen *crudelitas* und *feritas* gebrandmarkt.

46) Vgl. Radicke 149.

47) Bei seinem Bösewicht setzt Aristoteles allerdings den „Umschwung von Unglück zu Glück" (*poet.* 1452 b) voraus, was auf Caesar selten zutrifft; allenfalls die Schwierigkeiten, die er wider Erwarten meistert, ließen sich dieser Definition zuordnen. – Zu Caesar als einer von *nefas*-Tragik geprägten Figur (auf Grund seiner Affinität zu den Verbrechergestalten der Dramen Senecas) s. Verf., 1984, 15 ff., bes. 69 f.

48) So Gärtner, 92 (zu 1, 226 f.): Ein positives Fatum, dessen Vollstrecker er sei, existiere nur in Caesars Gedankenwelt; somit erweise er sich als verblendet.

49) Pompeius ist weder gut noch schlecht (Ahl 1976, 158) und taugt somit zur tragischen Figur. Zu den tragischen Aspekten der Pompeiusfigur s. Verf. 1984, 111 ff.

50) Zu seiner Verblendung und der Konzeption als tragischer Gestalt s. ders., 75 ff.

51) Radicke, 380 f.: Pompeius gebe nach, sich des (stoischen) *fatum* bewusst.

52) Seine Widersprüchlichkeit findet sich auch in Catos *laudatio funebris*, s. Ahl, 158. Schon den Zeitgenossen war Pompeius nicht immer verständlich, z. B. Cic. *fam.* 8, 1, 3: Caelius Rufus stellt fest, Pompeius pflege „anders zu denken als zu reden" (*aliud sentire et loqui).*

53) Marti, in: S 1, 115 ff. Zu den Facetten der Caesarfigur s. Hensel, 32 f.; Radicke, 107 ff.

54) Pompeius als *proficiens*: Marti, in: S 1, 121 ff. Widerspruch schon von Burck, in: S 1, 156 u. A. 22; Lintott, in: S 4, 267 f. Die Dreiklasseneinteilung der *proficientes* (Sen. *epist.* 75, 8 ff.), die von der Weisheit wegführende Stufen beschreibt, wird von Marti falsch ausgelegt und ist daher für die Deutung ungeeignet (Verf., 1984, 133 ff.; vgl. a. Wiener, 2006, 286). Pompeius als *proficiens* weiterhin Radicke, 125 ff.; Ludwig, 145 ff.; die Darstellung einer veränderten Weltsicht müsse nicht am Konzept des *proficiens* orientiert sein (dies., 151).

55) Marti, in: S 1, 112 ff.: Cato verkörpere „das stoische Ideal vollkommenen Gutseins und vollkommener Weisheit" (vgl. Radicke, 140 ff.); skeptisch bezüglich einer stoisiserenden Deutung: von Albrecht, 1992, 731 f. (zu Cato s. a. u. A. 59).

56) So jüngst z. B.: Radicke, 62, 109 ff., 125 ff. u. 140 ff.; Wiener, 2006, 284 ff. (s. a. o. A. 55).

57) Marti, in: S 1, 113, versucht dieses Problem zu lösen mit dem Hinweis auf die Stoa der

römischen Zeit, die Gefühle für unausrottbar hält (Cic. *amic.* 48) und das Freisein von Gefühlen nicht einmal von einem Weisen verlangt (Sen. *const.* 10, 4). Dagegen s. z. B. Sklenár, 80; Johnson, 44 ff.; Bartsch, 1997, 119 ff. (weitere Diskussion s. a. u. A. 59).

58) Vgl. z. B. Coffee, 163.

59) Zur Widerlegung von Johnson, 35 ff.; Leigh, 97, 266 ff. (Cato als Karikatur der eigenen Ideale) s. Raschle, 57 u. 105 ff. Dennoch bleiben Zweifel an der These von Cato als stoischem Weisen: Sklenár, 59 ff.; Wildberger, in: S 2, 56 ff. (zum ersten Auftritt Catos). – Verf. empfindet statt karikierender Züge die Sinnlosigkeit der Haltung Catos, zumindest realpolitisch betrachtet: Lucan weiß um die fehlende Möglichkeit eines Aufbegehrens gegen die Tyrannen (7, 645b f.). Für Cato selbst mag sein Verhalten sinnvoll sein, um Würde und Freiheit zu wahren. Aber ist es das auch für die Soldaten, die er dazu bringt, ohne Jammern zu sterben? Johnson, 56 u. 62 f., bezeichnet diese sogar als Opfer der Aufgeblasenheit eines Mannes, der statt eines stoischen Heiligen ein selbstgerechter Leuteschinder mit einer selbstbezogenen Vorstellung von *virtus* sei. Gar eine Ähnlichkeit zwischen Catos *virtus* und Caesars *furor* sieht Hershkowitz, 231 ff.

60) Rutz, 1989, 15 ff.

61) Radicke, 46 ff. u. A. 3

62) Ders., 49 f. u. 475: Neben den o. g. Szenen sind die Topographien Italiens, Thessaliens und des Nils zu nennen, die jeweils im zweiten Buch einer Tetrade zu finden sind.

63) Dazu ders., 54 f. u. 263.

64) Ders., 55 ff. u. 264, beweist an Hand der vorhandenen Strukturen den geplanten Abschluss mit dem Tod Catos in einem zwölften Buch und widerlegt Thesen über eine vierte Tetrade mit dem Tod Caesars (weiterhin s. o. A. 23 zu Buch 10).

65) Für Catos Tod als geplantes Ende des Werks s. a. Vögler, 244 ff.; Radicke 64 f.

66) Zur Enthüllung des Plans der Fortuna s. S. 112 u. A. 15 zu Buch 10.

67) Vgl. von Albrecht, 2013, 183 u. A. 544, dort als Frage formuliert.

68) Vgl. Vögler, 255 ff., die ähnlich argumentiert.

69) Dazu Radicke, 51 f. – Eine Einteilung in Triaden fehlt; Buch 3 allerdings (mit dem Ende der Seeschlacht vor Massilia) ist abgesetzt von Buch 4, was Radicke mit der biographischen Angabe der Veröffentlichung der ersten drei Bücher in Zusammenhang bringt.

70) Die Struktureinheit mit dem schwächsten Gewicht (ders., 53). Man sollte jedoch die auffällige Positionierung der Erictho-Szene in Buch 6, die als Gegenstück zur Katabasis des Aeneas gestaltet ist, nicht außer Acht lassen (vgl. Masters, 92 f.).

71) Zur Schlussszene der Aeneis z. B. von Albrecht, 2013, 132 ff.; Suerbaum, 345 ff.

72) Hierzu schon Rutz, 1989, z. B. 24 f.

73) Hierdurch wird die Einzelszene stärker hervorgehoben (ders., 1989, z. B. 180 f.).

74) Zu *iam* s. S. 133 f; diese Übergänge wurden mit dem Verfahren der Historiker und nicht der Epiker in Verbindung gebracht (von Albrecht, 2013, 181 u. A. 526).

75) Vgl. Rutz, 1989, 180.

76) Ders., 1989, 181.

77) Hierzu generell ders., 1989, 16 ff.

78) Zu allem ders., 1989, 54.

79) Hierzu Schönberger, 61 ff. (er hat den Begriff „Leitmotiv" in die Philologie eingeführt).

80) Zu den drei Szenen s. ders., 69 ff. (weiterhin s. S. 19 f.).

81) Dazu ders., 77 ff.

82) Im Folgenden wird versucht, die Ausführungen von Radicke, 66 ff., zusammenzufassen.

83) Nesselrath hat die „Beinahe-Szenen" im römischen Epos im Vergleich zu Homer untersucht (zu Lucan s. ders., 92 ff.).

84) S. dazu ders., *ibid.*; zu Homer und dem Götterapparat s. o. A. 5.

85) Hierzu eingehend Ambühl, 2015, 71 ff.

86) So ist die Sonnenfinsternis ein Leitmotiv in z. B. Sen. *Thy.* 40–51), dies., 75 u. A. 55. (zu 1, 549b–52a s. dies., 78 ff.); vgl. Sannicandro, in: S 3, 47 f.

87) Ambühl, 2015, 78

88) Eine eventuelle Assoziation Caesar – Frieden wird von der geläufigeren *pax Augusta* verdrängt (Prinzipat als Knechtschaft s. a. Narducci, 1979, 42 f.; Pfligersdorffer, 347). Zum Komplex des Freiheitsproblems s. die Ausführungen von Lebek, 206 ff.

89) So erweist sich Lucans Cato als prinzipieller Gegner Caesars und des Caesarismus.

90) So Kopp, 70, 91 ff. (Caesar als Symbolfigur des Tyrannen, das Epos als Kampfgedicht gegen den Prinzipat; ähnlich bereits Pfligersdorffer, 346 f.). Laut Auhagen, 93 ff., die den Apenninexkurs (2, 396 ff.) politisch ausdeutet und in dem dort erwähnten Phaethon eine Anspielung auf Nero als Brandstifter sieht, lässt sich auf Lucans oppositionelle Haltung bereits zu Beginn des Werkes schließen. Ob Lucan wirklich Republikaner war, ist nicht zu entscheiden: Sueton nennt ihn „Bannerträger der Verschwörung Pisos" (s. o. A. 10, zur Einleitung). Laut Tacitus ging es diesem gerade nicht um die Wiedereinführung der Republik (*ann.* 15, 50, 1), und Lucan hatte persönliche Gründe, sich Piso anzuschließen, s. dazu *ann.* 15, 49, 3; weiterhin Lebek, 282 u. A. 6, der auf Vacca (p. 336, 2–5) hinweist.

91) Zu positiv Schotes, 63 f. – Ahl, 1976, 120, sieht in Vulteius' Worten eine Pervertierung stoischer Vorstellungen. Scaevas Verhalten ist von einer Mischung aus *virtus* und *furor* geprägt (Hershkowitz, 214).

92) Im Hymnos des Kleanthes wird Zeus mit der Weltordnung identifiziert.

93) Man denke an Andreas Gryphius' Gedichte *„Es ist alles eitel"* oder *„Menschliches Elende"*.

94) Hierzu Hömke, in: S 3, 98 ff.

95) Vgl. Wiener, 2006, 273: „Lucan präsentiert das Geschehen explizit als Schauspiel." Meint sie das stoische Welttheater, so spricht Leigh, 1997, 278 f., von einem unterhaltsamen Spektakel im Amphitheater, wie es sich auch bei der Schlangenepisode zeige.

96) Zuschauende Götter sind keine Neuerung Lucans. Kullmann, 1956, 86, nennt *Il.* 7, 58 ff., wo sich Athene und Apollon in Gestalt von Geiern auf einem Baum niederlassen, um den von ihnen inszenierten Zweikampf zwischen Hektor und Aias zu verfolgen. – Götter als Geier! Auch Homer treibt sein Spiel mit den mächtigen Olympiern.

97) In dem Roman „Anima" (W. Mouawad, München 2015, aus dem Franz. übersetzt) wird die unfassbare Grausamkeit geschildert, die christliche Milizen, von Drogen und ihrem Führer angestachelt, in einem Palästinenserlager an einer Familie begehen. Die Motivik „Freude am Verbrechen" und das Spektakelhafte finden sich in dieser Schilderung wieder, 401 ff.: *„Wir wollten etwas Großes vollbringen. (…) Wir hatten alles getan, was man sich vorstellen kann: Wir hatten vergewaltigt, gefoltert, verstümmelt, wir hatten Organe gegessen. (…) Wir wollten mehr. (…) Maroun (sc. der Anführer) schlug vor, Theater zu spielen. Als Kind hatte er… mit Begeisterung Theater gespielt. Das fanden wir lustig. Wir würden sie einen nach dem anderen töten und zwingen, dem Spektakel zuzuschauen. (…) Maroun steckte ihm eine Handgranate in das Loch, zog den Stift und stieß den Jungen in die Grube. Er explodierte. Seine Körperteile flogen wie ein Feuerwerk durch die Luft, hier ein Arm, da ein Arm. Wir klatschten."*

98) Hömke, 2006, 168, spricht von einer Ästethik des Grauens.

99) Wie ein Schauspieler ist er auf Beifall aus, und sei es sogar des Feindes (Schlonski, 77).

100) Raschle, 89: Durch die Schilderung der ungewöhnlichen Todesarten werde der Leser zum Betrachter des Grauens (wie bei der Seeschlacht von Massilia).

101) Vgl. a. 9, 808 ff. u. 724 ff. (s. o. S. 102); zum *seps* s. 9, 723.

102) Hierzu Leigh, 1997, 277 u. 265.

103) Leigh, 278 ff., bezeifelt ein stoisches Anliegen (s. a. o. A. 95).

104) Hier wird die Ablehnung der Prinzipatsideologie besonders deutlich (s. a. Raschle, 167).

105) Masters, 256, deutet Caesars Blick symbolisch als Blick in die Vergangenheit des Epos und als Hinweis des Dichters auf das geplante Ende des Epos.

106) Zum Erzähler Lucans s. Wiener, 2006, 273 ff. (mit weiterer Literatur).

107) Die folgenden Erklärungen beruhen auf Ludwigs Darstellung der Forschungslage (27–33, dort weitere Literatur). Vgl. a. Ambühl, 2015, 241, A. 155.

108) So Feeney, 1991, 282; Narducci, 2002, 94 ff. Masters, z. B. 88 u. 140 f., geht von zwei Hal-

tungen des Erzählers aus (allwissend und zeitgenössisch). Ähnlich Leigh, 1997, 76.

109) Dazu s. Martínez / Scheffel, mit Beispielen 66 ff.

110) Zur Beweisführung s. Ludwig, 34 ff.

111) Hierzu Seitz, 204 ff. Weiterhin Effe, 61: Die emotional-„auktoriale" Subjektivität bewirke eine Verkehrung der alten narrativen Form epischer Objektivität in ihr Gegenteil. Dagegen bezweifelt Ludwig, 39, die Existenz einer Konzeption objektiv epischen Erzählens.

112) Z. B. Von Albrecht, 2013, 190 f.; Lebek, 271; Effe, 62 f.

113) Diese Kommentare und Apostrophen sind oft durch *heu* oder *pro* eingeleitet (Effe, 68).

114) Vgl. ders., 63 ff., der gar von einem Überlagern und Zerhacken der narrativen Entfaltung des Geschehens spricht; vgl. Narducci, 2002, 104; Petrone, in: S 5, 75, A. 1

115) Hierzu hilfreich Seitz, 216 ff., der an der Schilderung der Flucht aus Rom (1, 466 ff.) die Umwandlung einer auf die Erweckung von Mitleid bedachten Darstellung (Cass. Dio 41, 7 ff.; Plutarch, *Caes.* 43 ff.) zu einer *indignatio*-Szene verdeutlicht (s. o. A. 54 zu Buch 1).

116) Zu Patroklos z. B. E. Block, The narrator speaks: Apostrophe in Homer and Vergil, in: Transactions of the American Philological Association, 112, 1982, 7–22.

117) Hierzu Lesky, 22.

118) Zu dieser und weiteren Stellen s. Suerbaum, 361 (vgl. Narducci, 2002, 88 f.).

119) Zu *infelix Dido* z. B. Suerbaum, 363.

120) Z. B. Suerbaum, 357 ff.

121) Zu den unterschiedlichen Absichten der Leserbeeinflussung durch die Apostrophen bei Vergil (Empathie) und Lucan (Entrüstung) s. Narducci, 2002, 89 f.

122) Vgl. Bartsch, in: S 5, 90 f.

123) Eine echte Kommunikation zwischen Erzähler und Figuren bestreitet Ludwig, 42 ff., zu Recht: Natürlich kann ein Autor nicht mit seinen Figuren Gespräche führen. Verf. hält es dennoch für möglich, dass sich der Eindruck einer Interaktion beim Leser festsetzt, auch wenn die Erzählebenen nicht verlassen oder durchbrochen werden.

124) Zur narrativen Funktion der Apostrophe Ludwig, 70 ff. (mit Überblick zur Forschung).

125) Wiener, 2006, 274 f.: Der Erzähler mache sich zum Beobachter des Geschilderten.

126) Dazu Ludwig, 42 ff., die von Pseudo-Interaktion spricht (s. a. o. A. 124).

127) S. Ludwig, 43.

128) Zur Szene vgl. Ludwig, 42 f.

129) Zu dieser Szene Ludwig, 45 ff., die zudem betont, dass diese Apostrophen in ihrer Funktion der Charakterisierung von Figuren und Situationen und der Vermittlung von Vorhersagen sich eigentlich an den Leser wenden.

130) S. schon Schönberger, 201.

131) In seiner Rede wiederholt Caesar das Urteil des Erzählers über Pompeius (*dedidicit iam pace ducem*, 1, 131) mit den Worten *dux iam pace solutus* (1, 311), wie er auch dessen Aussage über sein „Greisenalter" (1, 130 vgl. 324) aufgreift, er, der ca. sechs Jahre Jüngere!

132) Raschle, 166 f., betont den relativen Wert der Triumphe des Pompeius, die Geschenke der Fortuna und somit vergänglich seien (vgl. 2, 727 f.).

133) Ludwig, 40 f., erklärt die scheinbaren Widersprüche des Erzählers mit seinen unterschiedlichen Bewertungen der Ereignisse, die sich aus der jeweiligen Gewichtung eines Aspekts ergäben. Zum Weiterlesen: N. Kimmerle, Lucan und der Prinzipat. Inkonsistenz und unzuverlässiges Erzählen im „Bellum Civile", Berlin 2015.

134) Zur Szene vgl. Ormand in: S 4, 344f.; Ludwig, 120 f.

135) Vgl. o. A. 114.

136) Vgl. Fuhrmann, 1968, 57.

137) Bezeichnenderweise bedient sich Statius in seiner *Thebais* wieder des Mythos (vgl. von Albrecht, 1992, 748 f.); Silius Italicus behandelt zwar in seinen *Punica* die Geschichte des zweiten Punischen Kriegs, aber auf die Götter mag er nicht verzichten (s. ders., 760 f.).

138) Zum Nachwirken Lucans ders., 733 ff. (mit Literatur); zum Einfluss speziell auf den spätantiken Claudian s. den Sammelband (im Literaturverzeichnis unter Schindler).

VERWENDETE LITERATUR

Beiträge aus den unten aufgeführten Sammelbänden werden sowohl im Literaturverzeichnis als auch in den Anmerkungen mit dem Namen des Verfassers und der Angabe des jeweiligen Bands (S 1 bis S 5) zitiert.

Sammelbände zu Lucan

S 1 = Wege der Forschung, Band CCXXXV, Lucan, Hg. W. Rutz, Darmstadt 1970

S 2 = Lucan im 21. Jahrhundert, Walde C. (Hg.), Leipzig 2005

S 3 = Lucan's *Bellum Civile* Between Epic Tradition ans Aesthetic Innovation N. Hömke, C. Reitz (Hgg.), Beiträge zur Altertumskunde Band 282, Berlin / New York 2010

S 4 = Lucan, Oxford Classical Studies, C. Tesoriero, (Hg.) Oxford 2010

S 5 = Göttliche und menschliche Willensfreiheit von Lucan bis Silius Italicus, Zetemata 142, (Hg. T. Baier), München 2012

In den Anmerkungen wird zur Unterscheidung der Beiträge von mehrfach genannten Autoren das Erscheinungsjahr hinzugefügt. Ansonsten wird nur der Name des Autors, der Autorin, genannt.

Sekundärliteratur

Ahl, F. M., Appius Claudius and Sextus Pompey in Lucan, in: C&M 30, 1969, 331–346

Ahl, F. M., Lucan: An Introduction, London 1976

Albrecht von, M., Geschichte der römischen Literatur von Andronicus bis Boethius, mit Berücksichtigung ihrer Bedeutung für die Neuzeit (in zwei Bänden), Bern, München 1992

Albrecht von, M., Lucan und in die epische Tradition, Große römische Autoren, Texte und Themen, Band 2, 181–196, Heidelberg 2013 (urspr. in: Entretiens Fond. Hardt, XV, Lucain, 1968)

Albrecht von, M., Die Kunst der Vorbereitung im *Aeneis*-Prooemium, in: Große römische Autoren (s. o.), 113–123 (urspr. in: Antidosis, Festschrift für Karl Kraus, Wien 1972, 7–20, überarbeitet)

Albrecht von, Michael, Aeneas, Dido und Turnus: Umkehrungen in der *Aeneis*, in: Große römische Autoren (s. o.), 125–140 (urspr. in: DAV Mitteilungen 40, 1, 2012, 10–23)

Ambühl, A., *Thebanos imitata rogos* (*BC* 1, 552). Lucans *Bellum civile* und die Tragödien aus dem thebanischen Sagenkreis, in: S 2, 2005, 261–294

Ambühl, A., Krieg und Bürgerkrieg bei Lucan und in der griechischen Literatur. Studien zur Rezeption der attischen Tragödie und der hellenistischen Literatur im *Bellum civile* (BzA 225) Berlin 2015

Anzinger, S., Schweigen im römischen Epos. Zur Dramaturgie der Kommunikation bei Vergil, Lucan, Valerius Flaccus und Statius, Berlin / New York 2007

Auhagen, U., Nero – Ein „Phaethon" in Rom. Eine politische Deutung des Apennin-Exkurses in Lukans Bellum Civile (2, 396–438), in: Fabricca, Studien zur antiken Literatur und ihrer Rezeption, Hgg. T. Baier / F. Schirmann, Stuttgart / Leipzig 1997, 91–102

Bachofen, A., Cäsars und Lucans *Bellum Civile.* Ein Inhaltsvergleich, Zürich 1972

Bäumer, Ä., Die Bestie Mensch. Senecas Aggressionstheorie, ihre philosophischen Vorstufen und literarischen Auswirkungen, Studien zur Klassischen Philologie, 4, Frankfurt a. M. 1982

Bartsch, S., Ideology in cold blood. A reading on Lucan's Civil War, Cambridge / New York 1997

Bartsch, S., 2012: Ethical Judgment and Narrational Apostrophe in Lucan's *Bellum Civile*, in: S 5, 87–97

Bleicken, J., Augustus. Eine Biographie, Berlin 2000

Bonner, S. F., Lucan and the declamation schools, in: S 4, 69–106 (urspr. in: AJPH 87, 1966, 257–289)

Burck, E., Vom Menschenbild in Lucans Pharsalia, in S 1, 1970, 149–159 (urspr. in: Gymnasium 65, 139–145, 1958)

Burck, E. / Rutz, W., Die >Pharsalia< Lucans, in: Das Römische Epos (Hg. E. Burck) Darmstadt 1979, 154–199

Canfora, L., Caesar. Der demokratische Diktator. Eine Biographie, aus dem Italienischen ins Deutsche übertragen von R. Seuß, München 2001 / 2004

Cancik, H., Ein Traum des Pompeius (Lucan, Pharsalia 7, 1–47), in: S 1, 546–552

Casamento, A., La Parola E La Guerra. Rappresentazioni Letterarie Del *Bellum Civile* in Lucano, Bologna 2005

Christ, K., Sulla. Eine römische Karriere, München 2003²

Conte, G.–B., Das Prooemium der Pharsalia, in: S 1, 1970, 339–359 (urspr.: Il proemio della *Pharsalia*. Maia, Nova Series 18, 1966, 42–53)

Coffee, N., The Commerce Of War. Exchance And Social Order, Chicago 2009

Dahlheim, W., Julius Caesar. Die Ehre des Kriegers und die Not des Staates, Paderborn 2005

Day, H. M., Lucan And The Sublime. Power, Representation and Aesthetic Experience, Cambridge 2013

Dettenhofer, M. H., *Perdita iuventus*. Zwischen der Generation von Caesar und Augustus, Vestigia 44, München 1992

Dinter, M., … und es bewegt sich doch! Der Automatismus des abgehackten Gliedes, in: S. 3, 175–190

Due, O. S., An essay on Lucan, in: C&M, 22, 1962, S. 68–132.

Eckardt, L., Exkurse und Ekphraseis bei Lucan, Bottrop 1936

Eigler, U., Caesar in Troja. Lucan und der lange Schatten Vergils, in: S 2, 186–201

Eigler, U., *Fama, Fatum* und *Fortuna:* Innere und äußere Motivation der epischen Erzählung, in: S 5, 41–53

Erler, M., Der unwissende Erzähler und seine Götter: Erzählperspektive und Theologie bei Lukan und in Vergils Aeneis, in: S 5, 127–140

Fantham, E., Caesar's Voice and Caesarian Voices, in: S 3, 53–70

Fauth, W., Die Bedeutung der Nekromantie-Szene in Lucans Pharsalia. Rheinisches Museum 118, 1975, 325–344

Feeney, D. C., *Stat Magni Nominis Umbra,* in: S 4, 346–54 (urspr. in: Classical Quarterly, 36, 1986, 239–43)

Feeney, D. C., The Gods In Epic. Poets and Critics of the Classical Tradition, Oxford 1991

Finiello, C., Der Bürgerkrieg: Reine Männersache? Keine Männersache! Erictho und die Frauengestalten im Bellum Civile Lucans, in: S 2, 155–185

Fratantuono, L., Madness Triumphant. A Reading of Lucan's Pharsalia. Plymouth 2012

Friedrich, W.-H., Cato, Caesar und Fortuna bei Lucan, in: S 1, 1970, 70–102 (urspr. in: Hermes 73, 1938, 391–421)

Fuhrmann, M., Grausige und ekelhafte Motive in lateinischer Dichtung, in: Die nicht mehr schönen Künste. Grenzphänomene des Ästhetischen. Poetik und Hermeneutik 3, (Hg. H. R. Jauß), München 1968.

Fuhrmann, M., Seneca und Kaiser Nero. Eine Biographie, Frankfurt a. M. 1999

Gärtner, T., Caesar am Rubikon oder Das Perfekt der gefällten Entscheidung, Glotta 87, 2011, 83–94

Gelzer, M., Caesar, der Politiker und Staatsmann, Wiesbaden 1983 (Nachdr. der sechsten Auflage von 1960)

Glaesser, R., Verbrechen und Verblendung. Untersuchung zum Furor-Begriff bei Lucan mit Berücksichtigung der Tragödien Senecas, Studien zur Klassischen Philologie, 17, Frankfurt a. M. 1984

Glaesser, R., Lucans Synkrisis des Pompeius und Caesar. Hinweis auf einen in der Schule – zu Unrecht – nicht gelesenen Dichter, AU, 1988 3, 53–67

Green, C. M. C., Stimulus Dedit Aemula Virtus: Lucan and Homer Reconsidered, in: S 4, 149–183, urspr. in Phoenix, 45, 230–254, 1991

Grimal, P., Ist die Verherrlichung Neros am Anfang der Pharsalia ironisch? in: S 1, 1970, 326–338 (urspr.: L' Éloge de Néron au début de la Pharsale. Revue des Études Latines 38, 1960, 296–305

Griset, E., Die Prooemia zur Pharsalia, in: S 1, 1970, 309–317 (urpsr. Lucanea II: I proemi. Rivista di studi classici 2, 1954, 185–190)

Griset, E., Die Eloge auf Nero, in: S 1, 1970, 318–325 (urspr.: Lucanea IV: L' Elogio Neroniano. Rivista di studi classici 3, 1955, 134–138)

Hensel, A., In arma furens – Macher oder Monster? Studien zur Gestalt Caesars in Lucans Pharsalia, AU 6, 2008, 32–51

Hershkowitz, D., The madness of Epic. Reading Insanity from Homer to Statius, Oxford 1998 (zu Lucan: 197–246)

Heyke, W., Zur Rolle der Pietas bei Lucan. Heidelberg 1970

Hömke, N., Bit by Bit Towards Death – Lucan's Scaeva and the Aethetisation of Dying, in: S 3, 91–104

Hömke, N., Die Entgrenzung des Schreckens: Lucans Erictho-Episode aus der Sicht moderner Phantastik-Konzeption, in: Fremde Wirklichkeiten. Literarische Phantastik und antike Literatur, Heidelberg 2006 (Hgg. N. Hömke / M. Baumbach), 161–186

Hübner, U., Hypallage in Lucans Pharsalia , Hermes 100, 1972, 577–600

Hübner, U., Studien zur Pointentechnik in Lucans Pharsalia, Hermes 103, 1975, 200–211

Hübner, U., Der Sonnenaufgang vor Pharsalus. Zu Lucan 7, 1-3, Philologus, 120, 1976, 107–116.

Hübner, U., Episches und Elegisches am Anfang des dritten Buches der Pharsalia, Hermes 112, 1984 , 227–239

Jessen-Klingenberg, K.,: Partes in bella togatae. Die Präsenz des römischen Senats in Lucans Bellum civile, Gymnasium 116, 1, 2009, 29–55.

Johnson, W. R., Momentary Monsters. Lucan And His Heroes, London 1987

Klien, A., Formen und Mittel der Charakteristik in Lucans Pharsalia (masch.), Innsbruck 1946

Kopp, A., Staatsdenken und politisches Handeln bei Seneca und Lucan, Heidelberg 1969

Kullmann, W., Das Wirken der Götter in der Ilias, Berlin 1956

Kullmann, W., Gods and Men in the Iliad and Odyssey, in: W. Kullmann, Homerische Motiv, Beiträge zur Entstehung, Eigenart und Wirkung von Ilias und Odyssee, (Hg. R. J. Müller) Stuttgart 1992, 243–263 (urspr. in: Harvard Studies in Classical Philology 89, 1985

Lausberg, Marion, Lucan und Homer, ANRW II.32.3, 1565-1622, 1985
Lebek, W. D., Lucans Pharsalia. Dichtungsstruktur und Zeitbezug, Hypomnemata 44, Göttingen 1976
Lesky, A., Göttliche und menschliche Motivation im homerischen Epos, Heidelberg 1961
Lintott, A. W., Lucan and the history of the civil war, in: S 4, 239-268 (urspr.: CQ 65, 1971 488–505)
Leigh, M., Lucan. Spectacle and Engagement, Oxford 1997
Leigh, M., Lucan's Caesar and the Sacred Grove: Deforestation and Enlightenment in Antiquity in: S 4, 201–238 (urspr. in: P. Esposito, L. Nicastri (Hg.), Interpretare Lucano: Miscellanea di Studi, 167–205, Napoli 1999)
Ludwig, K., Charakterfokalisation bei Lucan. Eine narratologische Analyse, Göttinger Forum für Altertumswissenschaft, Beihefte Neue Folge, Band 6, Berlin, Boston 2014
Malchow, R., M. Annaeus Lucanus Bellum civile. Interpretation der Bücher I–III von Lucans Epos *Bellum civile*, Karlsruhe 2000
Malcovati, E., Zum Prolog der Pharsalia, in: S 1, 299–308 (urspr.: Sul prologo della Farsaglia. Athenaeum, Nova Series 29, 1951, 100–108;
Makowski, J. F., *Oracula mortis in the Pharsalia,* in: CPh 72, 1977, 193–202
Malitz, J., Nero, München 1999
Marti, B. M., Sinn und Bedeutung der Pharsalia, in: S 1, 103–132 (urspr.: The meaning of the Pharsalia, American Journal of Philology 66, 352–376, 1945)
Martínez, M. / Scheffel M., Einführung in die Erzähltheorie, München 2012[9]
Martindale, C., The Politician Lucan, in: S 4, 269–288 (urspr. in: Greece and Rom 31, 1984, 64–79)
Masters, J., Poetry and Civil War in Lucan's *Bellum Civile*, Cambridge 1992
Meier, C., Caesar, Berlin 1982[2]
Menz, W., Caesar und Pompeius im Epos Lucans, in: S 1, 360–479 (Auszüge von 1952)
Merli, E., Historische Erzählung und epische Technik, in: S 2, 2005, 111–129
Morford, M. P. O., The poet Lucan. Studies in Rhetorical Epic, Oxford 1967
Narducci, E., La provvidenza crudele, Lucano e la distruzione dei miti augustei, Pisa 1979
Narducci, E., Ideologia e tecnica allusiva nella 'Pharsalia', in: ANRW II 32.3, 1538–1564
Narducci, E., Lucano. Un' epica contro l' impero, Firenze 2002
Narducci, E., Rhetoric and Epic: Vergil's Aeneid and Lucan's Bellum civile, in: A Companion to Roman Rhetoric (W. Dominik / J. Hall, Hgg.), Blackwell, 2007, 382–395
Nesselrath, H.-G., Ungeschehens Geschehen. ‚Beinahe-Episoden' im griechischen und römischen Epos. Stuttgart 1992
Ormand, K., Lucan's Auctor vix fidelis, in: S 4, 324–345 (urspr. in: Classical Antiquity 13, 1994, 38–55
Petrone, G., I prosperi fata di Pompeo in Lucano, in: S 5, 2012, 75–85
Pfligersdorffer, G., Lucan als Dichter des geistigen Widerstands, Hermes 87, 1959, 344–377
Radicke, J., Lucans poetische Technik. Studien zum historischen Epos, Leiden / Boston 2004
Rutz, W., Studien zur Kompositionskunst und zur epischen Technik Lucans, herausgegeben und mit einem bibliographischen Nachwort versehen von A. W. Schmitt, Studien zur Klassischen Philologie, 42, Frankfurt a. M. 1989 (urspr. maschinenschriftlich 1952)
Rutz, W., Lucans Pompeius, AU 1, 1968, 4 ff.
Rutz, W., Die Träume des Pompeius in Lucans Pharsalia, in: S 1, 509–524 (urspr. in: Hermes 91, 1963, 334–345)
Rutz, W., Amor mortis, Hermes 88, 1960.
Rolim de Moura, A., Lucan 7: Speeches at War, in: S 3, 69–90

Rosner-Siegel, J. A., The Oak and the Lightning: Lucan, Bellum Civile 1, 135–157, in: S 4, 184–200 (urspr. in: Athenaeum 61, 1983, 165–177)

Sannicandro, L., I personaggi femminili del Bellum Civile di Lucano, Litora Classica 1, Rahden / Westf. 2010

Sannicandro, L., Ut generos soceris mediae iunxere Sabinae: Die Gestalt Julias in der Pharsalia Lukans, in: S 3, 39–52

Schindler, C., Republikanische Ideale? Zur Darstellung und Funktion altrömischer Heldengestalten bei Lucan und Claudian, in: Lucan and Claudian: Context and Intertext (Hgg. V. Berlincourt, L. Galli Milic', D. Nellis), Bibliothek der Klassischen Altertumswissenschaft (Hg. J. P. Schwindt), Neue Folge, 2. Reihe, Band 151, Heidelberg 2016

Schlonski, F., Studien zum Erzählerstandort bei Lucan, Trier 1995

Schmitt, A. W., Die direkten Reden der Massen in Lucans Pharsalia, Studien zur Klassischen Philologie, 95, Frankfurt a. M. 1995

Schmitz, Chr., „Umwertung aller Werte" in Lucans Pharsalia, Gymn. 114, 2007, 233–249

Schönberger, O., Untersuchungen zur Wiederholungstechnik Lucans, München 1968²

Schotes, H.-A., Stoische Physik und Theologie bei Lucan, Bonn 1969

Schrempp, O., Prophezeiung und Rückschau in Lucans „Bellum Civile", Winterthur 1964

Schunk, P., Römisches Sterben. Studien zu Sterbeszenen in der kaiserzeitlichen Literatur, insbesondere bei Tacitus, Heidelberg 1955

Seitz, K., Der pathetische Erzählstil Lucans, Hermes 93, 1965, 204–232

Sklenár, R., The taste for nothingness. A study of Virtus an Related Themes in Lucan's Bellum civile, Michigan 2003

Suerbaum, W., Vergils Aeneis. Epos zwischen Geschichte und Gegenwart, Stuttgart 1999

Syndikus, H. P., Lucans Gedicht vom Bürgerkrieg. Untersuchungen zur epischen Technik und zu den Grundlagen des Werkes, München 1958

Sørensen, V., Seneca. Ein Humanist an Neros Hof, München 1985

Tasler, W., Die Reden in Lucans Pharsalia, Bonn 1972

Tesoriero, C., Trampling over Troy: Caesar, Virgil, Lucan, in: S 2, 202–215

Thompson, L. / Bruère, R.T., Lucan's Use of Virgilian Reminiscence, in: S 4, 107-148 (urspr. in: Classical Philology 63, 1968, 2-21)

Tschiedel, H. J., Lucan und die Tränen Caesars, Eichstätter Hochschulreden 46, München 1985

Vögler, G., Das neunte Buch der Pharsalia und die Frage der Vollendung des Epos, Philologus 112, 1968, 222–268

Walde, C., Fortuna bei Lucan – Vor- und Nachgedanken, in: S 5, 57–73

Wick, C., *Plus quam visibilia* – Lukans suggestive Nichtbeschreibungen, in: S 3, 105–117

Wiener, C., Stoische Doktrin in römischer Belletristik. Das Problem von Entscheidungsfreiheit und Determinismus in Senecas Tragödien und Lucans Pharsalia, München / Leipzig 2006

Wiener, C., Stoische Erneuerung der epischen Tradition: Der Bürgerkrieg als Schicksal und die Entscheidungsfreiheit zum Verbrechen, in: S 3, 155–174

Winter, K., Artificia mali. Das Böse als Kunstwerk in Senecas Rachetragödien, Heidelberg 2014

Zwierlein, O., Cäsar und Kleopatra bei Lucan und in späterer Dichtung, Ant. & Abendl. 20, 1974, 54–73

Zwierlein, O., Lucans Caesar in Troja, Hermes 114, 1986, 460–478

Die oben aufgeführte Liste mit Titeln, die mehr als einmal zitiert werden, repräsentiert nur einen kleinen Auszug aus der reichhaltigen Sekundärliteratur zu Lucan. Es sei auf die Übersicht von C. Walde über die gesamte Literatur hingewiesen unter den Internet-Adressen:

www.klassphil.uni-mainz.de/Dateien/Lucanbibliographie_alphabetisch
www.klassphil.uni-mainz.de/Dateien/Neuerscheinungen2008-2013.pdf

Forschungsüberblicke finden sich in:

Rutz, W., Lucan 1943-1963, Lustrum 9, 1964, 243–334

Rutz, W., Lucan 1964-1983, Lustrum 26, 1934, 105–203

Rutz, W., Lucans "Pharsalia" im Lichte der neuesten Forschung (mit einem bibliographischen Nachtrag von H. Tuitje) ANRW II 32,3, 1457-1537, Berlin / New York 1985

Albrecht von, M. u. Niehl, R., „Lucan“ in: Schmidt-Herzog, Hgg., Handbuch der lateinischen Literatur, Band 3 (noch nicht erschienen)

Ausgaben / Übersetzungen / Kommentare zu Lucans Bellum Civile

M. Annaeus Lucanus. Pharsalia, Edited with English Notes by C. E. Haskins, with an Introduction by W. E. Heitland, Hildesheim, Zürich, New York 2004 (urspr.: London 1887)

M. Annaei Lucani Belli Civilis Libri decem, A. E. Housman, Oxford, 1970[5]

Lucanus, De Bello Civile Libri X, Edidit D. R. Shackleton Bailey, Berlin 2009

Lucanus. Bellum civile. Der Bürgerkrieg, herausgegeben und übersetzt von W. Ehlers, München 1978[2]

Luck, G. Lukan. Der Bürgerkrieg, Lateinisch und Deutsch, Berlin 1985

Lucan, Bürgerkrieg, Band I und II, Lateinisch und Deutsch. Eingeleitet, übersetzt und kommentiert von D. Hoffmann, C. Schliebitz und H. Stocker, Darmstadt 2011

Oudendorp, F., M. Annaei Cordubensis Pharsalia sive Belli Civilis Libri Decem, Lugduni Batavorum, 1728

Scholia in Lucani Bellum Civile, ed. H. Usener, Pars Prior, Commenta Bernensia, Leipzig 1889

Adnotationes super Lucanum, ed. I. Endt, Leipzig 1909

Arnulfi Aurelianensis Glosule super Lucanum, ed. B. M. Marti, Papers and monographs of the American Academy in Rome, Volume 18, Rome 1958

Einzelkommentare

Buch 1:

Gagliardi, D. M. Annaei Lucani Belli Civilis Liber Primus. Testo critico, introduzione e commento, Napoli 1989.

Getty, R. J., M. Annaei Lucan De Bello Civili Liber I, Cambridge 1940

Wuilleumier, P. / Le Bonniec, H., M. Annaeus Lucanus Bellum Civile, Liber I, Paris 1962

Buch 2:

Fantham, E. Lucan, De Bello Civili Book II, Cambridge 1992

Van Campen, F. H. M., M. Annaei Lucani De Bello Civili. Een Commentaar, Amsterdam 1991

Buch 3:

Hunink, V., M. Annaeus Lucanus Bellum Civile Book III, A Commentary, Amsterdam 1992

Buch 4:

Asso, P., A Commentary on Lucan, De bello civili IV, Introduction, Edition, and Translation, Texte und Kommentare. Eine altertumswissenschaftliche Reihe, S. Döpp, A. Köhnken, R. Scodel (Hgg.) Band 33 Berlin / New York 2010

Buch 5:

Barratt, P., M. Annaei Lucani Belli Cvilis Liber V, Amsterdam 1979

Matthews, M., Caesar and the Storm. A commentary on Lucan De Bello Civili, Book 5 lines 476–721, Bern 2008

Buch 6:

Korenjak, W., Die Ericthoszene in Lukans Pharsalia, Einleitung, Text, Kommentar, Studien zur Klassischen Philologie 101, Frankfurt a . M. 1996

Buch 7:

Dilke, O. A. W., M. Annaei Lucani De Bello Civili Liber VII, Cambridge 1965

Mancini, A., La battaglia di Farsalo. Saggio di commento a Lucano, Bellum Civile VII, Bari 2016

Lanzarone, N., Belli Civilis Liber VII, Firenze 2016

Buch 8:

Mayer, R., Lucan Civil War VIII, edited with a Commentary, Warminster, Wilts. 1981

Buch 9:

Raschle, C. R., Pestes Harenae. Die Schlangenepisode in Lucans Pharsalia (IX 587-949). Einleitung, Text, Übersetzung, Kommentar, Studien zur Klassischen Philologie 130, Frankfurt a. M. 2001

Wick, C., M Annaeus Lucanus, Bellum civile: Liber IX, Kommentar, Beiträge zur Altertumskunde, hrsg. M. Erler, D. Gall u. a., Band 202, München / Leipzig 2004

Seewald, M., Studien zum neunten Buch von Lucans bellum civile, mit einem Kommentar zu den Versen 1–733. Göttinger Forum für Altertumswissenschaft, Beihefte, (Hgg. B. Bleckmann, Th. Burkard, G. Kloss, J. Radicke); Neue Folge, Band 2, Berlin, New York 2008.

Buch 10:

Berti, E., M. Annaei Lucani Bellum Civile Liber X, Felice de Monnier – Firenze 2000

Schmidt, M. G., Caesar und Kleopatra, Philologischer und historischer Kommentar zu Lucan. 10,1–171, Studien zur Klassischen Philologie, 25, Frankfurt a. M. 1986

Einige Stichwörter